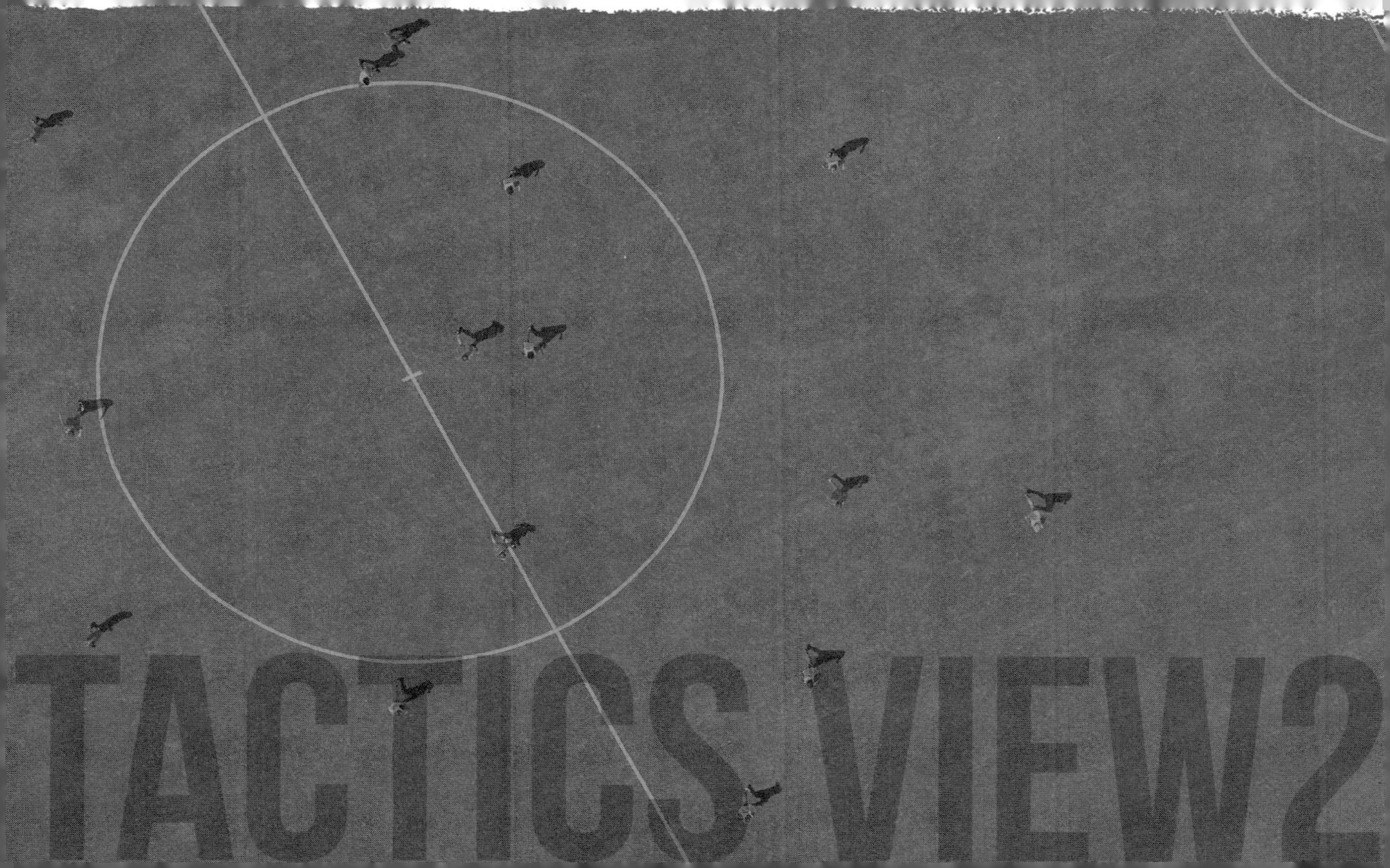
TACTICS VIEW2

TACTICS VIEW2

鳥の眼で観る 進化する欧州サッカーの戦術事例

とんとん TONTON

サッカー戦術分析ブログ『鳥の眼』

はじめに

はじめに、前作『TACTICS VIEW ～鳥の眼で観る一流サッカーチームの戦術事例～』発売から2年が経ち、第二弾を出版させていただくに至ったことを心より感謝申し上げます。

サッカー界は非常に移り変わりの激しい世界です。この2年間のサッカーシーンも様々な出来事がありました。

その中でも外せないのは、何といっても2022カタールW杯。日本代表はまたしてもベスト16の壁を破れずにクロアチア代表の前に散ることとなりました。しかし、スペイン代表とドイツ代表を撃破してグループステージを首位突破するという離れ業は世界に衝撃を与えることとなりました。

特にドイツ戦、圧倒的に押し込まれた前半戦とは打って変わって攻勢に出た後半戦のインパクトは凄まじいものでした。

この試合最大のポイントは後半頭からの「システムチェンジ」、「戦術」変更でした。戦術やシステムでこれだけ流れを引き寄せられるということ、その重要性を誰もが認識したのではないでしょうか？

「戦術を知る」ことはピッチの上で自分とチームを助けます。観る側からすれば、別の切り口でサッカーを楽しむことができます。

W杯ドイツ戦での日本の戦術は機能性こそ異なるものの、鎌田大地が所属し21-22シーズンEL王者に輝いたフランクフルトを参考にしたものです。戦術は海をも越えて伝播し、トレンドを形成していきます。

同大会においてはモロッコ代表がアフリカ勢初となるベスト4進出を成し遂げ、最大のサプライズを与えました。彼らの駆使する守備戦術は現代サッカーのトレンドである「5レーン」を駆使した攻撃戦術を完封しうるものでした。

逆に彼らを崩そうとする列国は、トレンド破りのモロッコの戦術をさらに凌駕するものとなります。このように戦術とはどんどんとアップデートされていきます。

ただし、戦術やシステムはじゃんけんのような性質も持っており、「回帰」することでトレンドを破ることがあります。そのため、トレンドでない戦術やシステムがそのまま廃れてしまうとは考えない方が良いでしょう。5レーンの攻防においても「回帰」することで攻略を見出しているチームが多々見られます。

トレンドはその時期限りの知識となってしまうわけではありません。トレンドの積み重ねでサッカーの戦術史が形作られ、戦い方の教科書として組み込まれます。トレンドを追い、自身の戦術知識をアップデートして組み込むことは非常に重要です。

そして、我々はサッカーにおける「4局面」にも目を向ける必要があります。

栄華を極めたグアルディオラ率いるバルセロナは、パス回しだけでなく強力なプレッシングを武器にしていました。サッカーにおける4局面＋1（「攻撃」、「攻撃→守備」、「守備」、「守備→攻撃」、「セットプレー」）を考えた時に、ポゼッション「だけ」、ブロック守備「だけ」で勝っていくのは難しくなっています。

バルセロナを模倣した高ポゼッションのチームがネガティブ・トランジションで失敗して、

思うように勝利を重ねることができない事例も相次ぎました。

ボール保持の志向が強いチームならボールを奪われたことを想定した「ネガティブ・トランジション（攻撃→守備）」。強力なプレッシングを有するチームに対してはそれを回避する「ロングボール」という「攻撃」のオプション。強固な守備ブロックに対してはセットされる前に攻め込む「守備→攻撃」や「セットプレー」。

近年では複数局面、複数の戦い方で強みを出せる全方位型のチームの躍進が非常に目立っています。

では、現代サッカーのトレンドとはどのようなものなのでしょうか？

キーワードは
・5レーン攻撃（およびその対策）
・ロングボール
・マンツーマンプレッシング
・ネガティブ・トランジション
・カバーシャドウ破りのパス回し

・4局面における複数局面での優位

と様々です。

第二弾となる今作では、近年大きな成果をあげてきたチームや大きな話題となったチームの中でも、特に現代サッカーのトレンドを取り入れた教科書となりうるチームの戦術を取り上げていきます。

各チームの戦術から現代サッカーのトレンドを深掘りすると共に、普遍的なサッカーの原則、機能性を理解する。そして、戦術的知識の強化、アップデートの助けになれば幸いです。

TACTICS VIEW2 鳥の眼で観る 進化する欧州サッカーの戦術事例 【コンテンツ】

パターン **4-2-3-1**

ポジション・役割名称早見表

ゴールキーパー GK

ただ一人違うユニフォームを着用、「手」を用いてゴールを守ることが許された唯一のポジション。近年ではセービング能力だけでなくパス交換に加わる足元の技術やDFラインの背後をケアする飛び出し等も評価の判断材料となっている。

【別称】守護神/フットサル：ゴレイロ
《代表的な選手》 クルトワ、エデルソン

ディフェンダー DF

ゴールキーパーの手前でゴールを守るポジション。近年では攻撃の起点となるプレーも求められる。

【別称】最終ライン

センターバック CB

DFラインの中心に位置してゴールを守るポジション。「大柄でヘディングに強い反面、それほど足の速くない選手」が多くを占めるため、敵のアタッカーについていくだけの「スピード」を持つ選手は評価が高くなる傾向がある。また守備の能力だけでなく、低い位置からパスで攻撃を組立てる際起点となるための足元の技術が求められるようになりつつある。

《代表的な選手》 ルベン・ディアス、ファン・ダイク
【役割】スイーパー：特定のマークを持たず、主にカバーリングを行う選手。リベロ：スイーパーのイタリア語版。特定のマークを持たないため、攻撃時は積極的に前線まで顔を出す。現代サッカーではほとんど存在しない。

サイドバック SB

DFラインのサイドに位置してゴールを守る選手。敵のアタッカーを食い止める守備技術や競り合いの強さだけでなくゲームを作るパス能力、オーバーラップに必要なスピードとスタミナ等、チームの戦術によって求められる能力が異なる、近年重要性が増してきたポジション。

【別称】イングランド：フルバック/スペイン：ラテラル
《代表的な選手》 守備的タイプ＝ベン・ホワイト、ワンビサカ/攻撃的タイプ＝アルフォンソ・デイビス、カルバハル、ハキミ、テオ・エルナンデス/走力タイプ＝カイル・ウォーカー/パスで組み立てるタイプ＝ディ・ロレンツォ

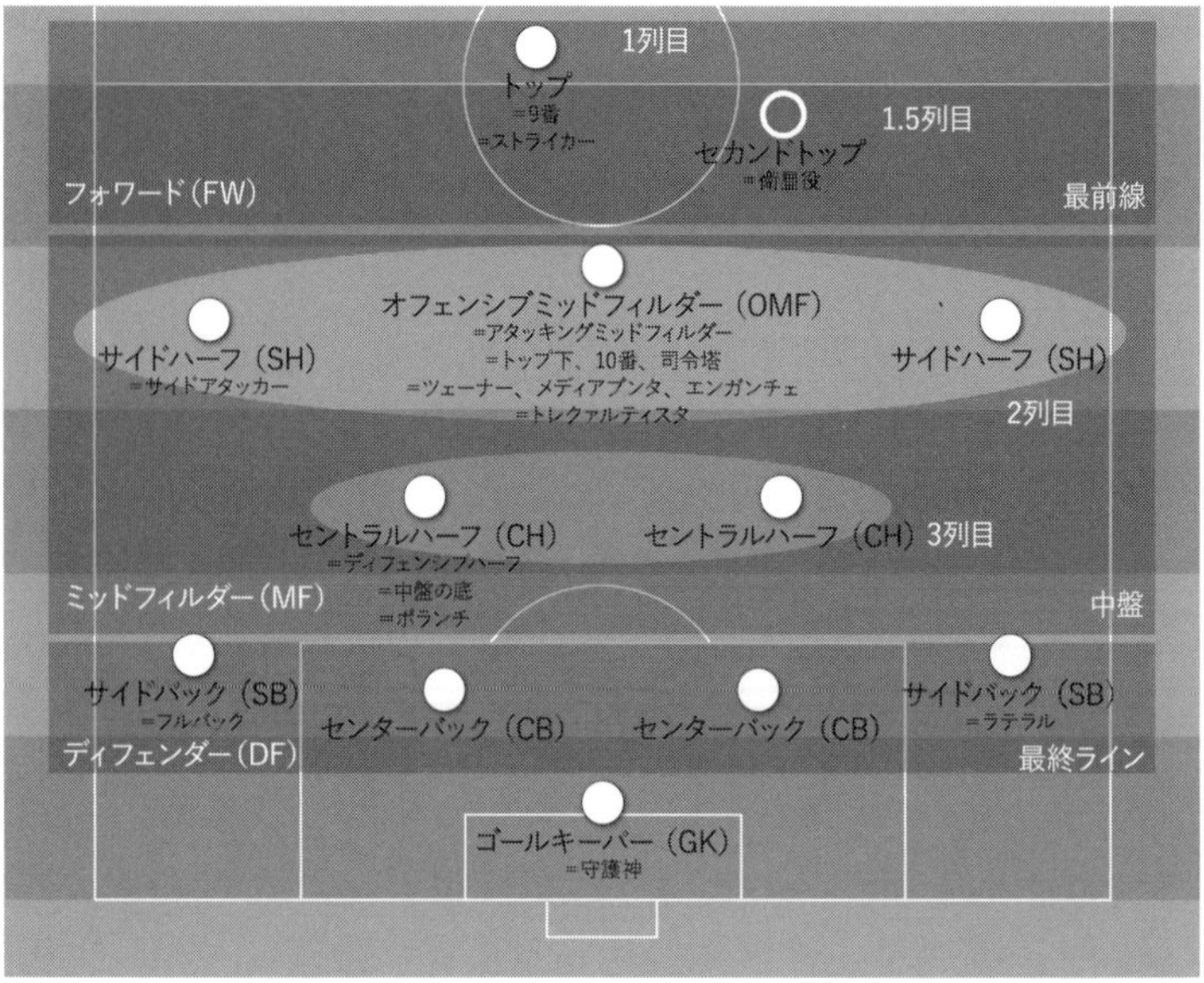

ミッドフィルダー MF

陣形の中心に位置し、攻撃と守備のバランス感覚と運動量が求められるポジション。

【別称】中盤

セントラルハーフ CH

中盤の底が2枚の際の呼称。4-2-3-1、4-4-2等。4-3-3のように中盤が逆三角形で底が1枚の際は別の呼称(後述)。陣形の中心に配置されるため攻守のバランスがとれて、状況を読む判断力があり、視野が広く、スタミナがあり、パス技術に長けた選手が起用される。片方に攻撃的、もう片方に守備的な選手を起用してバランスをとることも多い。

【別称】ディフェンシブミッドフィルダー(DMF)/守備的ミッドフィルダー/ボランチ/3列目(4-2-3-1等の際)/イタリア:メディアーノ
《代表的な選手》モドリッチ、キミッヒ、ベリンガム
【役割】
・ボックス・トゥ・ボックス
自陣のペナルティエリアから敵陣ペナルティエリアまで激しく上下動を繰り返すタイプ
《代表的な選手》スティーブン・ジェラード、レオン・ゴレツカ
・ホールディングミッドフィルダー
守備を重視したタイプの選手。(イタリア:インコントリスタ)
《代表的な選手》カゼミーロ
・インクルソーレ
イタリア語。襲撃者の意味で積極的に攻撃に参加するタイプ。
《代表的な選手》バルベルデ
・ディープライイングプレイメーカー
中盤低い位置でパス回しの中心となりボールを捌き、攻撃を司る選手。(イタリア:レジスタ)
《代表的な選手》トニ・クロース、ジョルジーニョ
・6番と8番
数字で表す役割。6番は守備重視、8番は攻撃重視。4-3-3ではポジション名の別称として用いられる(後述)。

サイドハーフ SH

中盤の底が2枚のシステム(4-2-3-1、4-4-2など)での両サイドの選手。サイドから攻撃を仕掛けるためのドリブル技術やスピード、ゴール前に正確なクロスを上げる能力、CHを助ける守備での貢献が求められるポジション。

【別称】サイドアタッカー《代表的な選手》三笘薫、クヴァラツヘリア

オフェンシブミッドフィルダー OMF

敵陣で攻撃の中心となる選手。花形のポジションであり、最も別称が多いポジション。周囲の選手に点を取らせるアシスト能力、自ら得点するシュート技術、チャンスクリエイトするドリブルや敵の予測を外すプレーが求められる。狭いスペースでボールを操るアジリティや当たり負けしない身体の強さ等、フィジカル面での特徴を押し出す選手も多い。

【別称】アタッキングミッドフィルダー(AMF)/攻撃的ミッドフィルダー/トップ下/10番/司令塔/2列目(4-2-3-1の際、このポジションとサイドハーフの選手を総称して)/シャドー(3-4-2-1等のシステムの2列目の2人)スペイン:メディアプンタ/ドイツ:ツェーナー(数字の10を指すZehnより)/アルゼンチン:エンガンチェ/イタリア:トレクァルティスタ
《代表的な選手》ブルーノ・フェルナンデス、ムシアラ、ウーデゴーア
【役割】
・ニードルプレイヤー
狭いスペースでプレーすることができる、アジリティとボールテクニックに優れたプレイヤー。
《代表的な選手》フォーデン、ペドリ
・「クラシカルな10番」
ピッチ中央に位置して味方がボールを運んでくるのを待ち、パスを受けてからスルーパスやドリブル、シュート等で決定機を演出するタイプ。来たる一瞬に集中するために他のプレーには深く関与しない。「ファンタジスタ」として時代を彩った花形だが、今や絶滅危惧種であるため「クラシカル」という表現が使われる。
《代表的な選手》ファン・リケルメ
・セントラルウインガー
ピッチ中央から離れ、サイドに流れることで攻撃の起点を作る動的なタイプ。偽10番。

フォワード FW

敵のゴールに最も近い位置で得点を求められるポジション。

【別称】最前線、トップ

センターフォワード CF

敵のゴールに最も近いポジション。なによりもまず得点能力が求められるポジションだが、近年はボールを収めて展開するポストプレーやスペースを作るためのデコイ(囮)の動き、守備の能力も重要視されてきている。比較的大柄なプレイヤーが務めることが多い。

【別称】9番/ストライカー/ターゲット
《代表的な選手》ハーランド、オシムヘン、ムバッペ
【役割】
・ポーチャー
パス回しにはほとんど参加せず、ペナルティエリアの中で駆け引きを繰り返し、得点をとることに特化・集中するタイプのプレイヤー。ワンタッチシュートや駆け引きの技術が必須。近年では非常に少なくなっている。
《代表的な選手》フィリッポ・インザーギ、ハビエル・エルナンデス
・ポストプレイヤー
味方からのロングボールや鋭いグランダーのボールを前線で収め、攻撃の起点となる選手。大柄な選手が務めることがほとんどであるが、岡崎慎司のように小柄でもレイオフの技術を駆使して務める選手も存在する。
《代表的な選手》ベンゼマ、ジルー

セカンドトップ ST

CFよりも動的にプレーし、メインターゲットのCFを囮に使ってスペースに侵入したりこぼれ球を拾ったりしてチャンスに顔を出すプレイヤー。大柄なCFに対して、小柄で機動力のあるタイプが起用されることが多い。

【別称】1.5列目/衛星役(CFの周囲を動き回る様子から)
《代表的な選手》グリーズマン
【役割】
・ラウムドイター
広範囲を動き回り、チャンスになりそうなスペースに飛び込む感覚とシュートの技術を駆使して決定機に絡む選手。通常のセカンドトップよりも広範に動く代わりにテクニックはそれほど必要としていない。非常に稀なタイプ。
《代表的な選手》トーマス・ミュラー

アンカー CB

中盤が逆三角形を構成する場合の、底となる選手。機動力はそれほど求められないが、的確なポジショニング、安定した守備能力、パスの技術、広い視野とターンの技術が求められる。守備に重きを置いた選手(ホールディングタイプ)かパス能力に長けた選手(ディープライイングプレイメーカー)を置くことがほとんどであるが、どちらを採用するかはチームの戦術次第である。

《代表的な選手》 ロドリ

6番/スペイン：ピボーテ(2CHの際も使用)/ドイツ：ゼクサー（数字の6を指すsechsより。）

インサイドハーフ IH

中盤が逆三角形を構成する場合の、上の2頂点に入る選手。ドリブラー、パサー、守備型、運動量型等、様々なタイプの選手が配置される。ここに位置する選手の特徴によってチームとしての色も変わってくる。基本的には攻撃的な振る舞いが求められる。

《代表的な選手》 デブルイネ、ギュンドアン

8番/スペイン：インテリオール/イタリア：メッザーラ/ドイツ：アハター（数字の8を指すachtより。）

ウイング WG

3トップを構成する際の両サイドの選手。サイドから攻撃を仕掛けるためのドリブル技術、敵の裏をとるためのスピード、得点に直接関わるシュート技術が求められる。

※サイドハーフとの違い

・サイドハーフ=中盤の底が2人の場合(4-2-3-1等)。守備のタスクがウイングより重い。

・ウイング=中盤が逆三角形のシステム(4-3-3等)の場合。守備のタスクがサイドハーフより比較的軽い。

システムと守備時のポジションの高さ・貢献度で使い分ける。

【役割】

逆足/順足アタッカー

左サイドを担当する選手が左利きの場合順足、右利きの場合逆足。順足の場合、縦に突破してから利き足でクロスをあげられるが、カットインからシュートを撃つ場合は逆足となってしまう。逆足の場合、縦に突破してからのクロスは利き足とは反対の足となってしまうが、カットインからのシュートは利き足で撃つことができる。どちらが望ましいかは、チームの戦術による。

【別称】

スペイン：エストレーモ

《代表的な選手》

ヴィニシウス、ネイマール

パターン **4-3-3**

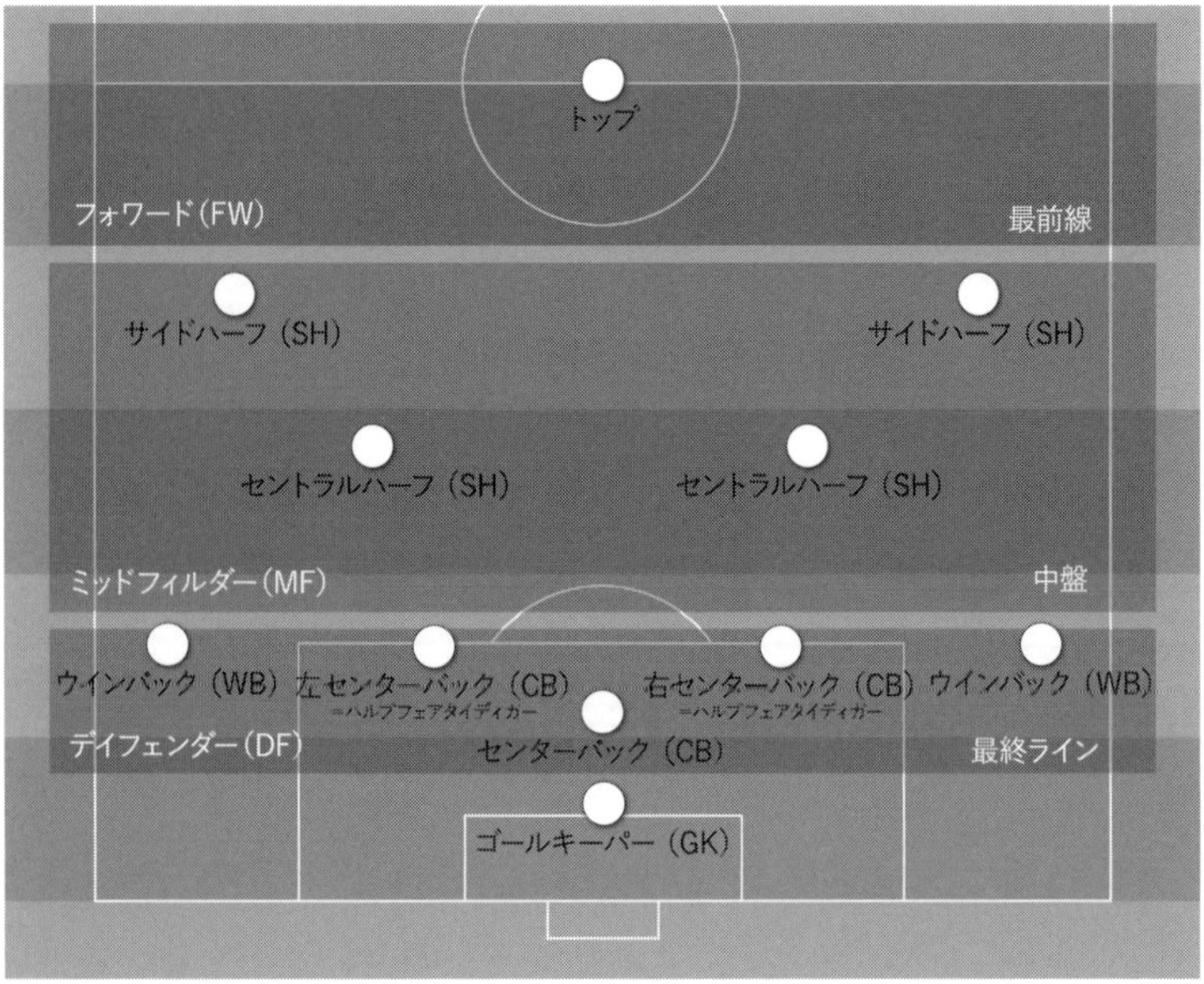

パターン **5back**

ハルプフェアタイディガー HV

ドイツ語。5バックの際の外から2人目の2選手。守備だけでなく攻撃の起点となるビルドアップ能力、サイドをケアするスピード等が求められる。SBが務めることもある。

※本書ではドイツ語でHalbraum（＝ハーフスペース）に位置するVerteidiger（DF）であるHalbverteidigerを「HV」と表記しています。

《代表的な選手》
バストーニ

ウイングバック WB

5バックの際の大外の2選手。サイドバックよりも攻撃的な振る舞いを求められる。本職サイドバックの選手が務めることが多いが、サイドハーフの選手が務めるケースもある。

《代表的な選手》　リース・ジェームズ

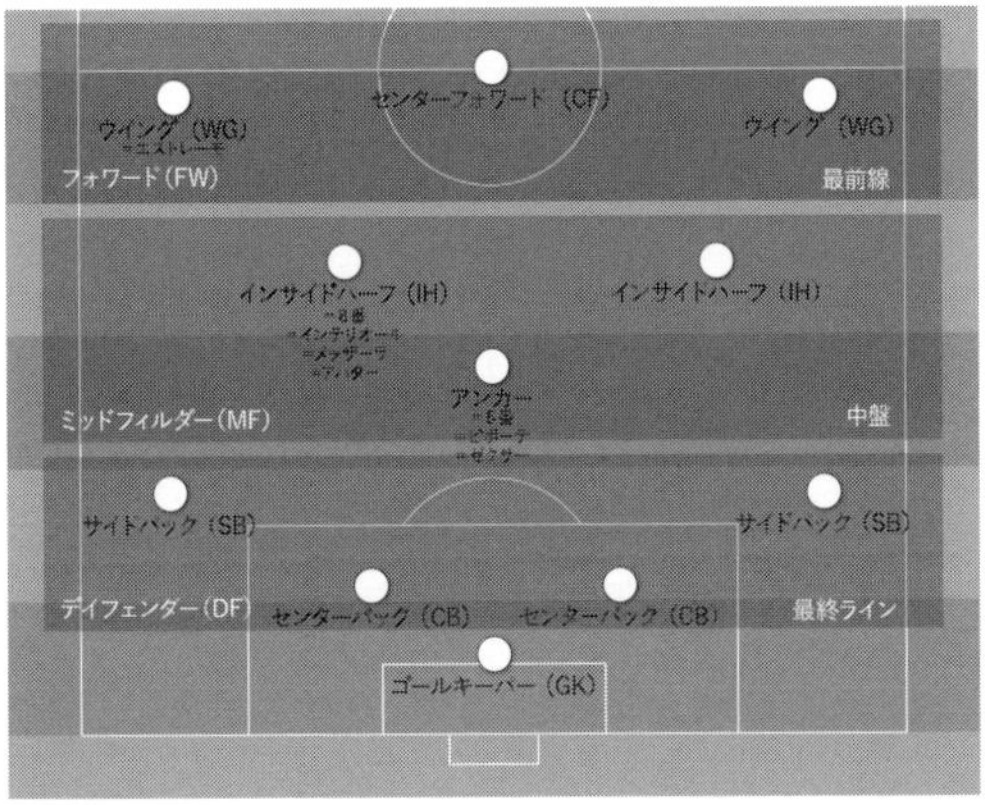

（偽○○）シリーズ **False**

偽センターバック

守備時はDFラインの中央に入るが、攻撃時はアンカーの前まで進出してビルドアップを担う選手。

《代表的な選手》　ストーンズ、マルキーニョス、フォクト

偽サイドバック

守備時はDFラインの中央に入るが、攻撃時はアンカーの前まで進出してビルドアップを担う選手。

《代表的な選手》　ジンチェンコ

偽9番

通常時はCFの位置に入るが、中盤まで下がることで敵に「CBと中盤の選手どちらがマークにつく？」という迷いを生じさせ、敵のマークの所在を曖昧にするポジションをとる選手。

《代表的な選手》　リオネル・メッシ、ダニ・オルモ

偽10番

通常時は10番（トップ下）の位置に入るが、サイドに流れることで敵のマークの所在を曖昧にするポジションをとる選手。流れるのがIH（8番）の選手の場合もこの呼称が用いられる。セントラルウインガーとも呼ばれる。

《代表的な選手》　メスト・エジル

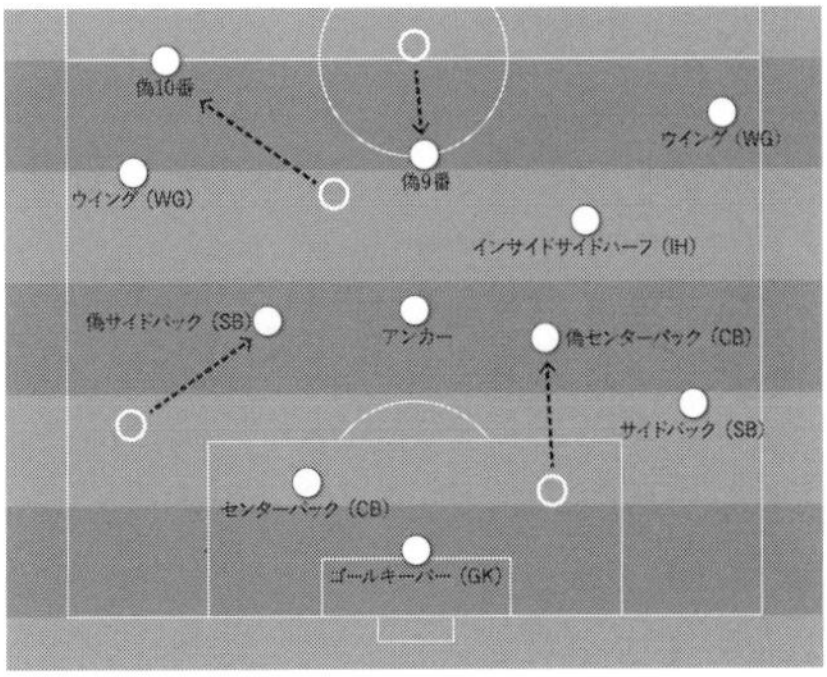

※本文中の図の見方

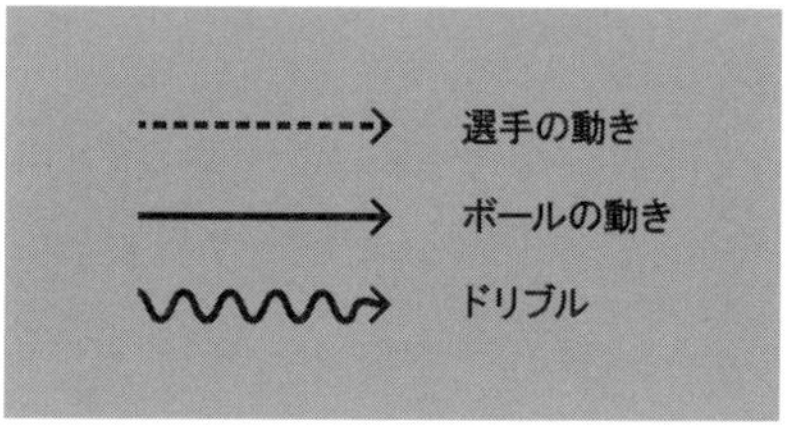

写真：ロイター／アフロ
アフロ
装幀・本文組版・本文作図：布村英明
編集：柴田洋史（竹書房）

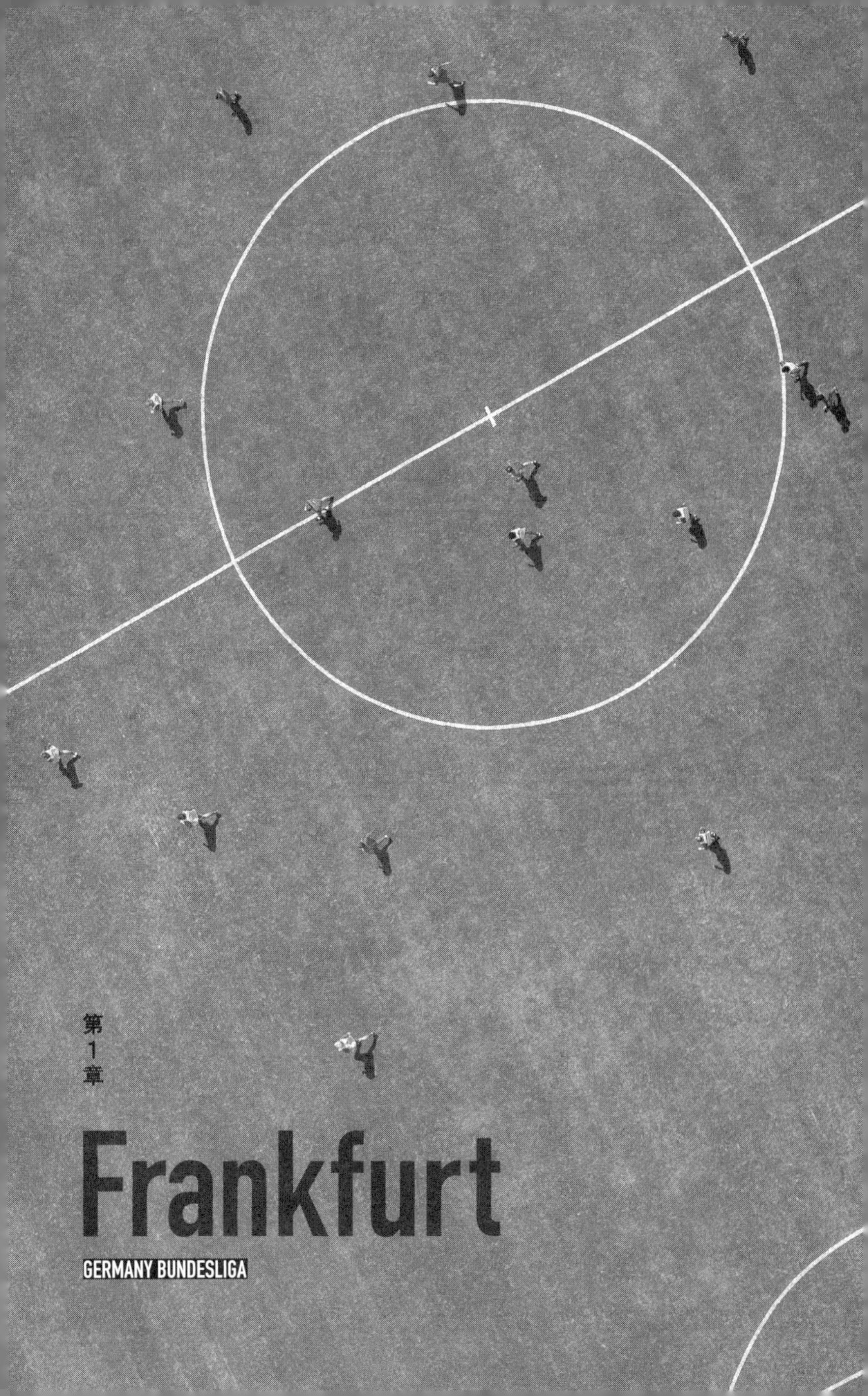

第1章

Frankfurt

GERMANY BUNDESLIGA

フランクフルト

Frankfurt GERMANY BUNDESLIGA

season 21-22

強豪撃破でEL制覇。強気で強固な5-2-3守備ブロック

21-22シーズンのELを制したのは、日本代表・鎌田大地や長谷部誠の所属するフランクフルトであった。レアル・ベティス、バルセロナ、ウエストハムといった並みいる強豪チームを次々と撃破しての戴冠となった。

グラスナー監督率いるフランクフルトの最大の強みは高い位置での「点を取るための」5-2-3守備ブロックと速攻だ。高い位置で奪うべく的確に遂行される彼らの守備は強豪相手にも通用することが証明された。

また、フランクフルトの守備戦術はトレンドである3-2-5システムによる攻撃にも対応した配置となっている。

2022カタールW杯にて、日本代表がドイツ代表に対して大逆転勝利を収めたのは記憶に新しい。逆転劇の要因は後半のシステム変更にあったが、この変更後のシステムはフランクフルトがモデルになったと言われている。

では、そんなフランクフルトの守備戦術とは一体どのようなものなのか？

■基本布陣

フランクフルトの基本布陣は5-2-3だ。

GKにはドイツ代表経験もあるトラップが入る。長谷部も起用されていたCBには鋭い楔とカバーリングが持ち味のヒンターエッガー、右HVにそつなく守備をこなすトゥタ、左HVには鋭い出足で攻撃の芽を摘む期待の若手フランス人プレイヤー、エンディカが起用される。

両WBには本来アタッカーの2人が起用される。右にはドルトムントからローン加入しており、ワンタッチパスやドリブルを起用にこなす当時20歳のクナウフ。左には正確で力強いキックとスピードが持ち味のコスティッチが入る。

スタミナの求められる2CHには万能型ソウと安定した守備をみせるヤキッチ、もしくは巧みなポジションチェンジやパスが得意なローデが入る。シャドーは、右にスピードがあり細かなパスとドリブル、

【フランクフルト「基本布陣」】

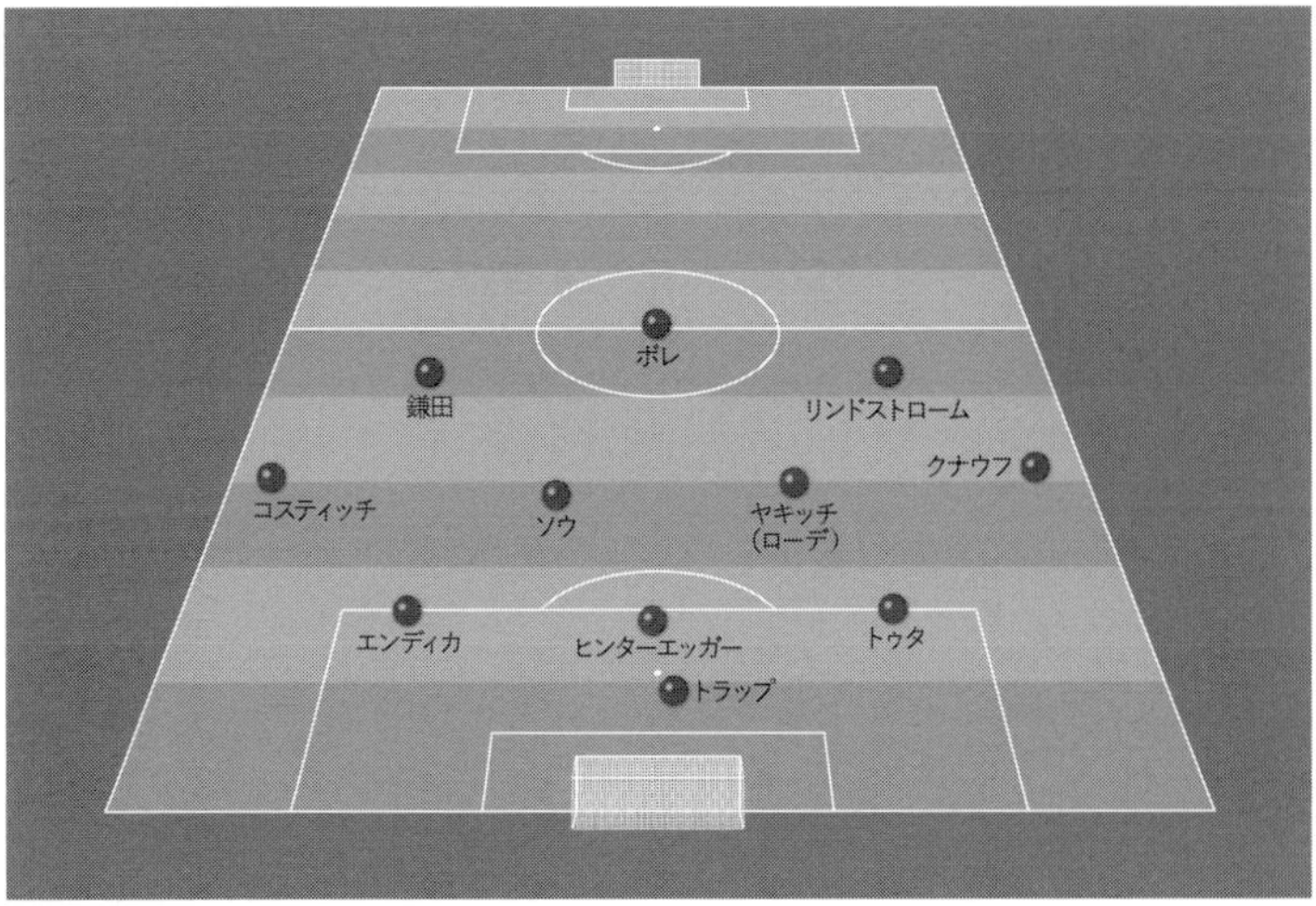

アウトサイドパスで攻撃に変化をつけられる技巧派リンドストローム。左に柔らかなパスと深い切り返しを持ち味に攻撃のテンポを変えられる鎌田が入る。

ＣＦにはスピードがあり、献身的な守備と正確なレイオフパスでカウンターの起点にもなれるボレが起用される。

■チームのスタイル

フランクフルトの持ち味は5-2-3でセットする守備にある。敵陣センターサークルとペナルティアークの間に前線3人をセットし、巧みに中央のコースを遮断しながら高い位置でボールを奪いカウンターに持ち込む戦術が高いレベルで機能している。バイエルンやバルセロナが相手でも同様だ。ただし後半になるとブロックが下がり危険なシーンが増える傾向がある。

攻撃はＣＢヒンターエッガーの楔のパスを合図にボレやリンドストローム、鎌田といった前線の選手が溜めを作り、攻撃力の高いクナウフ、コスティッチのＷＢ陣が大外から攻め上がり敵陣を穿つ。

■守備戦術

フランクフルトは守備時、5-2-3でセットする。プレス開始位置は主に、前半：センターサークルとペナルティアークの間、スタミナ的に厳しくなる後半：自陣に入ってから、という形だ。基本的に誘導をかけるプレッシングを行うというよりも、高い位置で相手のパスを待ち構えるクロップ・リヴァプールのような守備が採用される。

まずは相手のDFラインに相対する前線3枚の役割から見ていく。【図1「守備①」】

CFのボレはアンカーへのパスコースを切る位置取りを維持しつつ、ボールホルダーが前進してきたら寄せに出ていく。両脇のシャドーは、ハーフスペース内寄りでボレとの距離感をある程度維持し、間を通されないよう牽制しつつ、SBへのプレッシャーもかけられるようにポジションをとる。ただしボレとの間を通されないように、という点に関してはそれほどセンシティブではない。なぜならその間には常にソウとヤキッチ(ローデ)の2CHが位置しており、狩場となっているからだ。

相手の中盤が3トップの間から顔を出せば、2CHは必ずついていきアタックする。「3トップの隙間」という形でボールの出し先を限定できればボール奪取への予測が立てやすく、前を向かせなけ

【図1「守備①」】

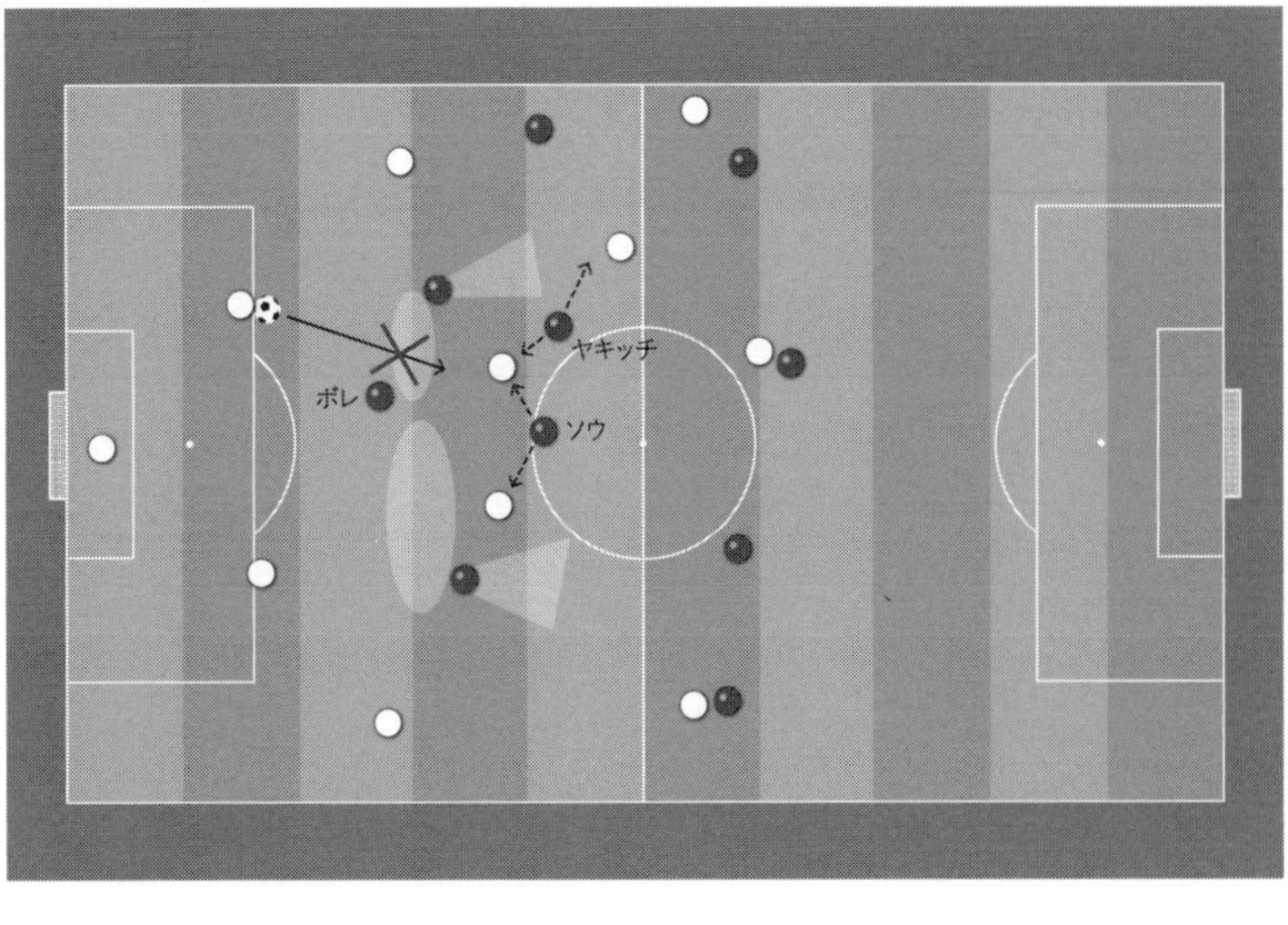

れば3トップによるプレスバックも期待でき、高い位置でのボール奪取につながるのだ。

2CHの守備力とスタミナはフランクフルトの守備において非常に大きなカギを握っている。【図2「守備②」】

例えば相手が外から迂回するようにSBへパスを展開した際、シャドーが的確にバックパスのコースを遮断できていればサイドまでスライドしてボールを狩りに出ていくケースも見られる。基本的にSBに対して高い位置でプレスをかけるのはWBの役割となるが、前進が間に合わなければCHが出ていくのだ。

逆CHもボールサイドまでスライドしてアンカーに対して中を切るように近寄りつつ、プレスの第2波となる。

この時、逆のハーフスペース付近が大きく空くこととなるが、ここはシャドーが下がり気味でカバー

【図2「守備②」】

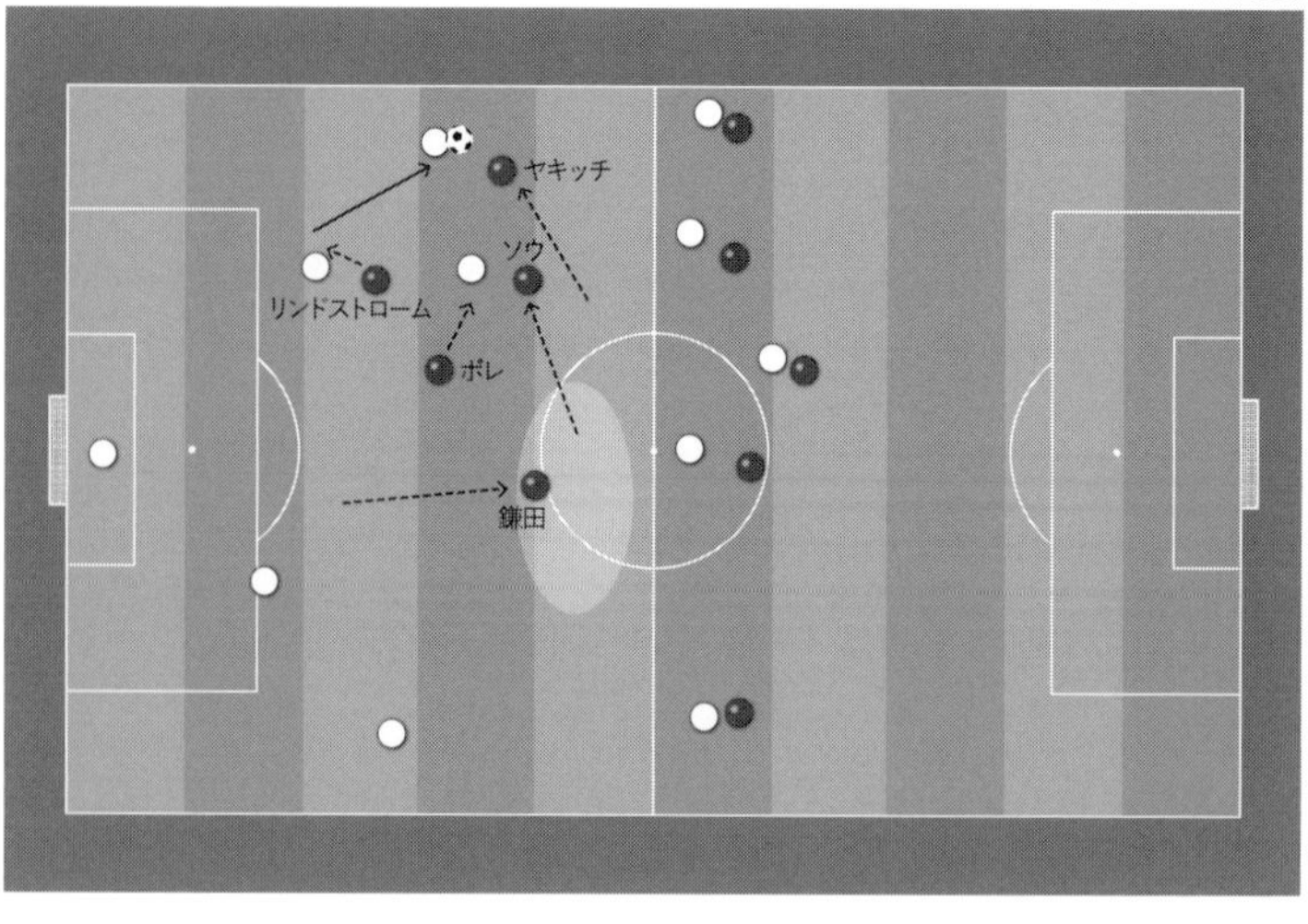

に入る。リンドストロームも鎌田もこの部分のカバーリングの意識を持ち合わせている。ボールと反対サイドのシャドーは、時に自サイドへの展開を防止するために高い位置でＣＢにプレッシャーをかけられる位置もしくはＳＢへのパスコースを遮断するような位置をとり、自サイドへの展開は無いと見ればＣＨのカバーに入れる低い位置をとる必要があり、状況の把握・判断力が求められる。カバーリングの必要がなければ高めの位置でカウンターの準備をするため、味方ＣＨの位置取りも把握しておく必要があるのだ。

3トップの間からＣＨの脇にボールを送り込まれるケースは、一見すると嫌な形であるがＣＨのスライドが容易に間に合うためさほど脅威となっていない。【図3「守備③」】

左サイドであれば出足の良いエンディカがボールをからめとることもでき、シャドーのプレスバック

【図3「守備③」】

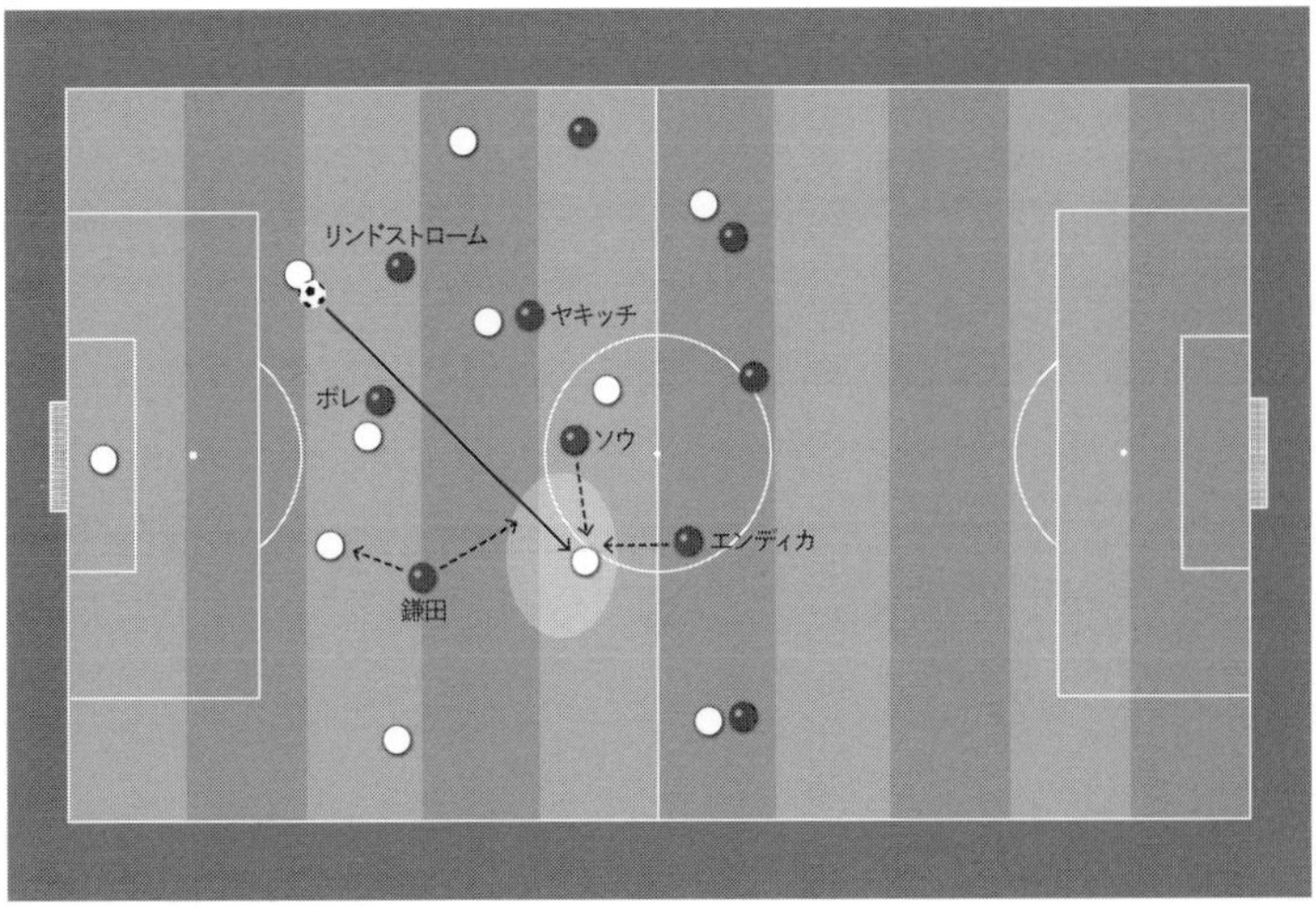

が間に合い高い位置でのパスカットにつながるシーンも多い。
またＷＢの守備位置はチーム全体のプレス開始位置によって変化する。プレス開始位置が高い場合、ＷＢも大きく前進し敵ＳＢにプレッシャーをかけることが多い。【図４「守備④」】
敵ＷＧが高い位置で張っている場合でもＳＢに向かって前進し、ＨＶがサイドにスライドして敵ＷＧのケアを行う。逆にプレス開始位置が低い場合は、ＷＢが前進せずともシャドーやＣＨによるサイドへのスライドが間に合うため、ＤＦラインでの連携ミスが出る可能性を考慮して無理な前進はしない。
ＤＦラインの連携は守備における大きなポイントとなっている。ＷＢが前進した際のスライドもそうであるが、空いたスペースを確実に埋める意識が強い。ＣＨ間を通されたときにヒンターエッガーが、

【図4「守備④」】

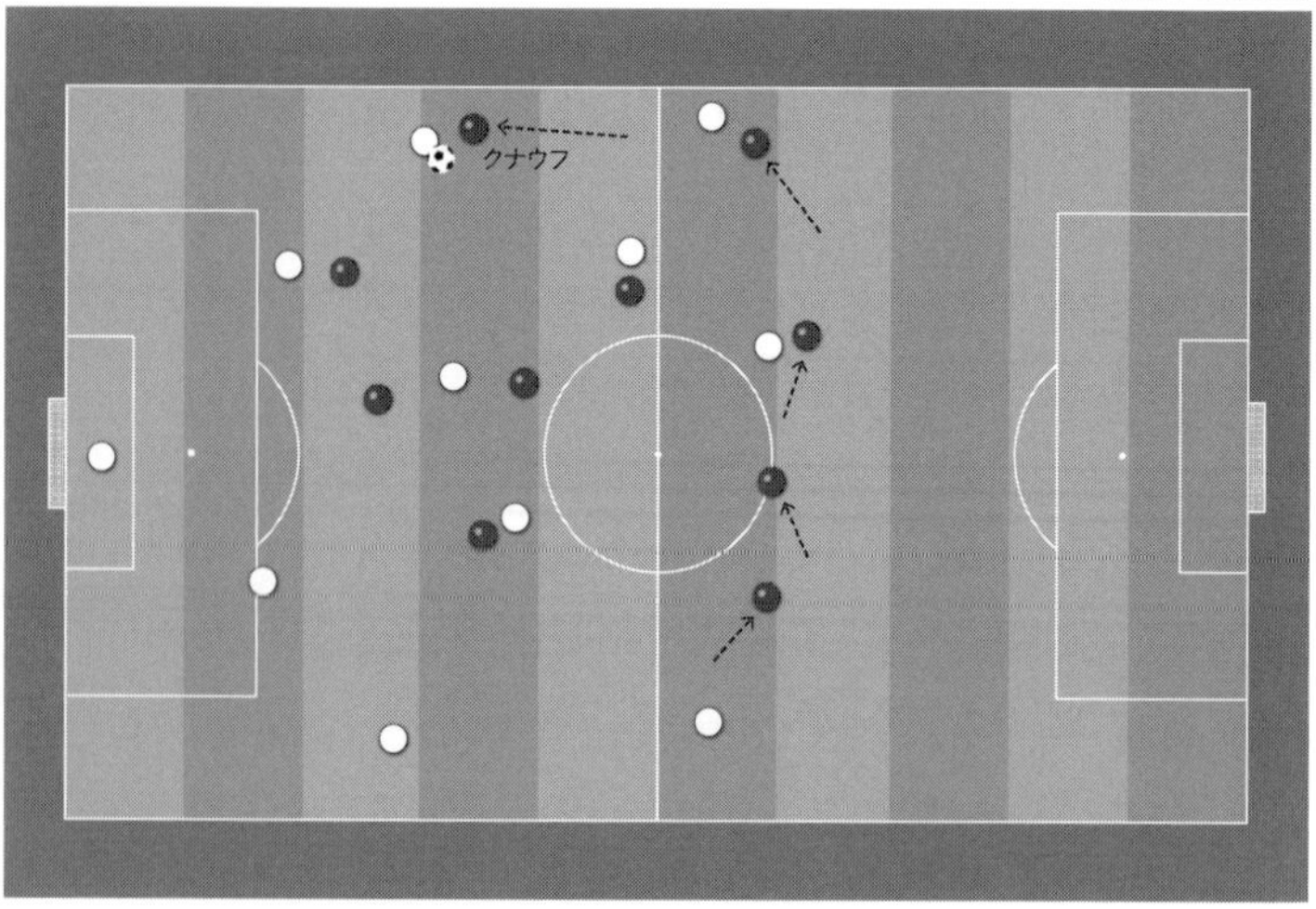

CH脇に通されたときにエンディカがそれぞれ前進して対応するシーンが多いが、その際にDFラインに残った選手たちが確実にスペースを埋めるよう絞ってポジションを修正する。CHのラインが抜かれればDF5人がペナルティエリアの幅まで絞ってシュートブロックできるよう壁を作る。

3バックに対しては配置が噛み合うパターンが多い。【図5「守備⑤」】

例えば、4-3-3から3バック化して3-4-2-1に変形するチームに対しては5-2-3のシステムががっちりと噛み合い、マークの所在が分かりやすくなる。マンマーク気味にプレスをかけることができるようになるのだ。3-2-5での攻撃は4-4-2攻略において抜群の効果を発揮する。取り入れるチームの増えたトレンド的システムだ。その3-2-5に対して効果的にプレスをはめられるという点で5-2-3は優れたシステムとなる。

【図5「守備⑤」】

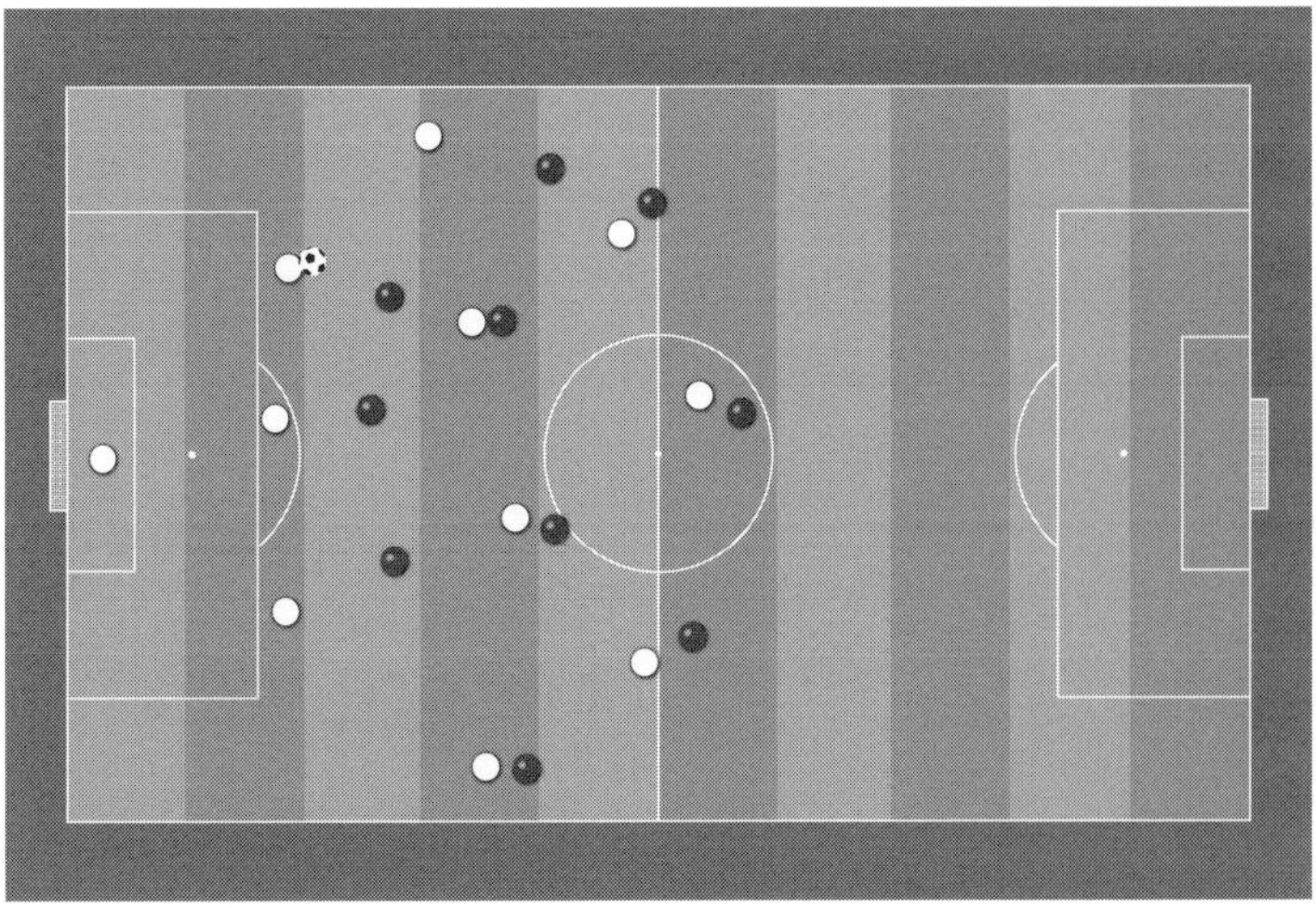

■カウンターへの移行

フランクフルトのカウンターの起点はCFのボレだ。有効なカウンターの多くは、ボールを奪ってから最初のパスをまずボレに当てている。

ボレは非常に優秀なCFだ。身長は174cmと比較的小柄ながら、守備時は的確にパスコースを消し、プレスバックも怠らず、攻撃においてはワンタッチゴールだけでなく正確なレイオフパスを駆使したポストプレーで溜めを作り攻撃にリズムを生む。トゥヘル・マインツ時代の岡崎慎司のような役割を果たしている。

ボレにボールが渡れば、多くの場合敵CBがアプローチに出てくるため最終ラインの人数が減りスペースを作りやすくなる。【図6「カウンター」】

役割がはっきりしているため無駄な思考とそれに費やす時間が削減され、ボレを中心として距離感も保たれる。

【図6「カウンター」】

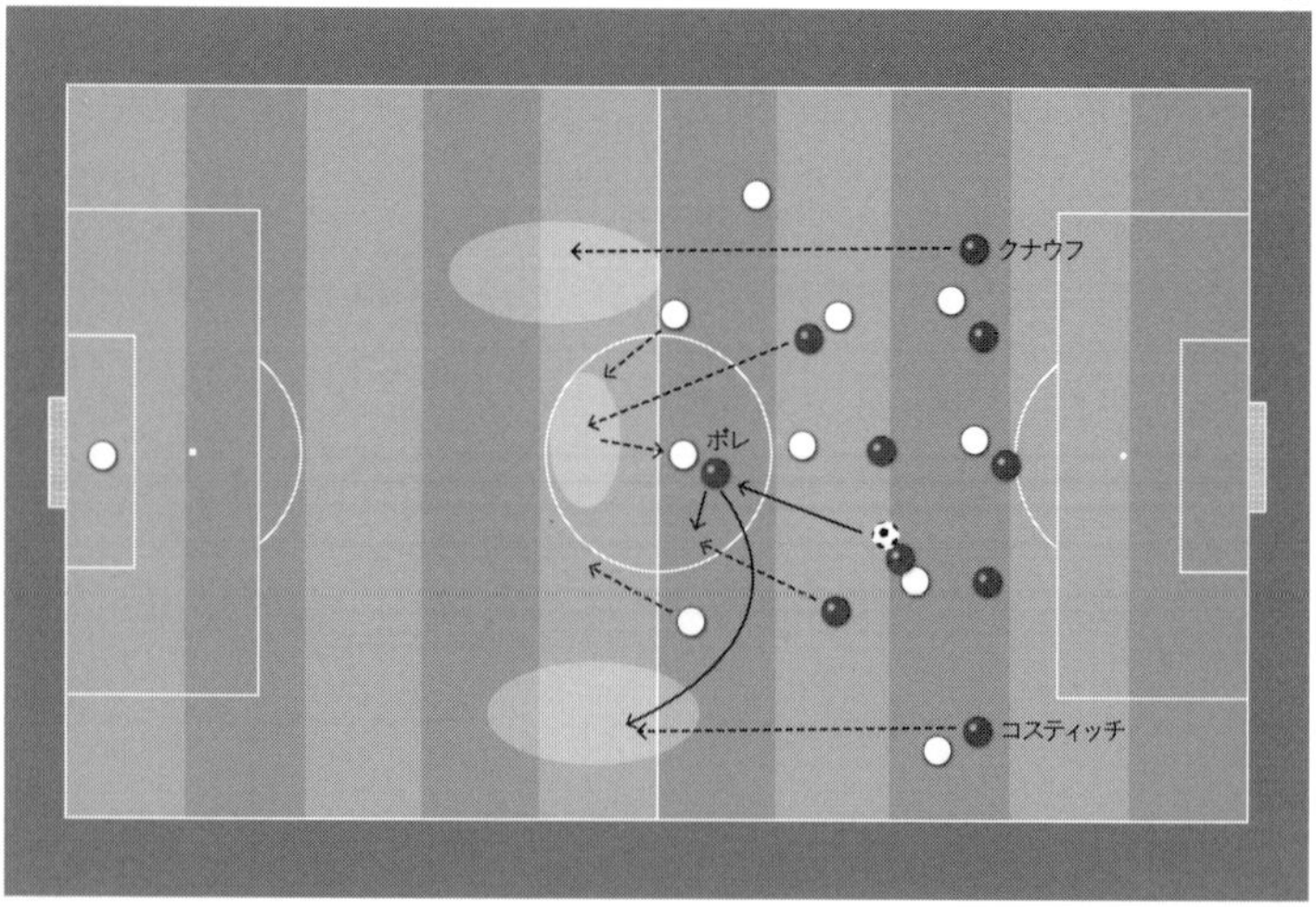

空いた最終ラインのギャップを埋めようとDF陣が中央に絞れば、スピードがありシュート精度の高いコスティッチと、テクニックのあるクナウフといったWB陣が空いた大外を駆け上がっていく。

高い位置でボールを奪取することのできる守備、3トップが前線に構え味方の守備の状況に応じて前方に残ることができる守備方式であるという、守備フェーズからカウンターに移行しやすいという利点も見逃すことはできない。

■攻撃戦術

遅攻においてまずカギを握るのがCBのヒンターエッガーだ。長いサイドチェンジも蹴ることができるが、それ以上に僅かな隙間とタイミングを逃さない左脚の楔のパスが魅力だ。【図7「攻撃」】前線3枚は全員がレイオフパスで攻撃の展開を促すことができるため、相乗効果が生まれている。楔が入ればあとはカウンターと同じく、3トップの距離感と攻撃性能の高い大外WBという配置を活かしてゆったりと攻撃を展開していく。

3トップのポジションは特に固定化されておらず、DFライン手前に入る選手、裏に抜ける選手でレーンを被せることで敵に2択を突き付けるような攻撃が行われる。

EL準決勝1stレグ・ウエストハム戦においては、5-2-1-2で守る相手に対して「2」の脇と間を突くために2シャドーが下がりCHのローデが位置を上げるポジション変更を実施する等、状況に応じて配置を調整する柔軟性を見せた。

■ウィークポイント

フランクフルトのウィークポイントは、後半戦の戦い方だ。非常に体力の消耗が激しい守り方となるため、後半戦はシャドーを中心に全体の守備位置を下げて戦う。守備位置を下げればカウンターに移行するのも難しくなるが、それ以上に敵の細かなパスワークからピンチを迎えるシーンが増える。特にサイドに人数をかけられ、1人でサイドを担当するWBを狙われるとあっさり崩されてしまうことも少なくない。

そのため、勝利のためには前半戦で確実にリードを奪いたいというのがフランクフルトの本音だろう。高い位置での守備からの速攻が持ち味であり、遅攻自体にそれほど破壊力があるわけではないため、先制点は非常に重要となる。

【図7「攻撃」】

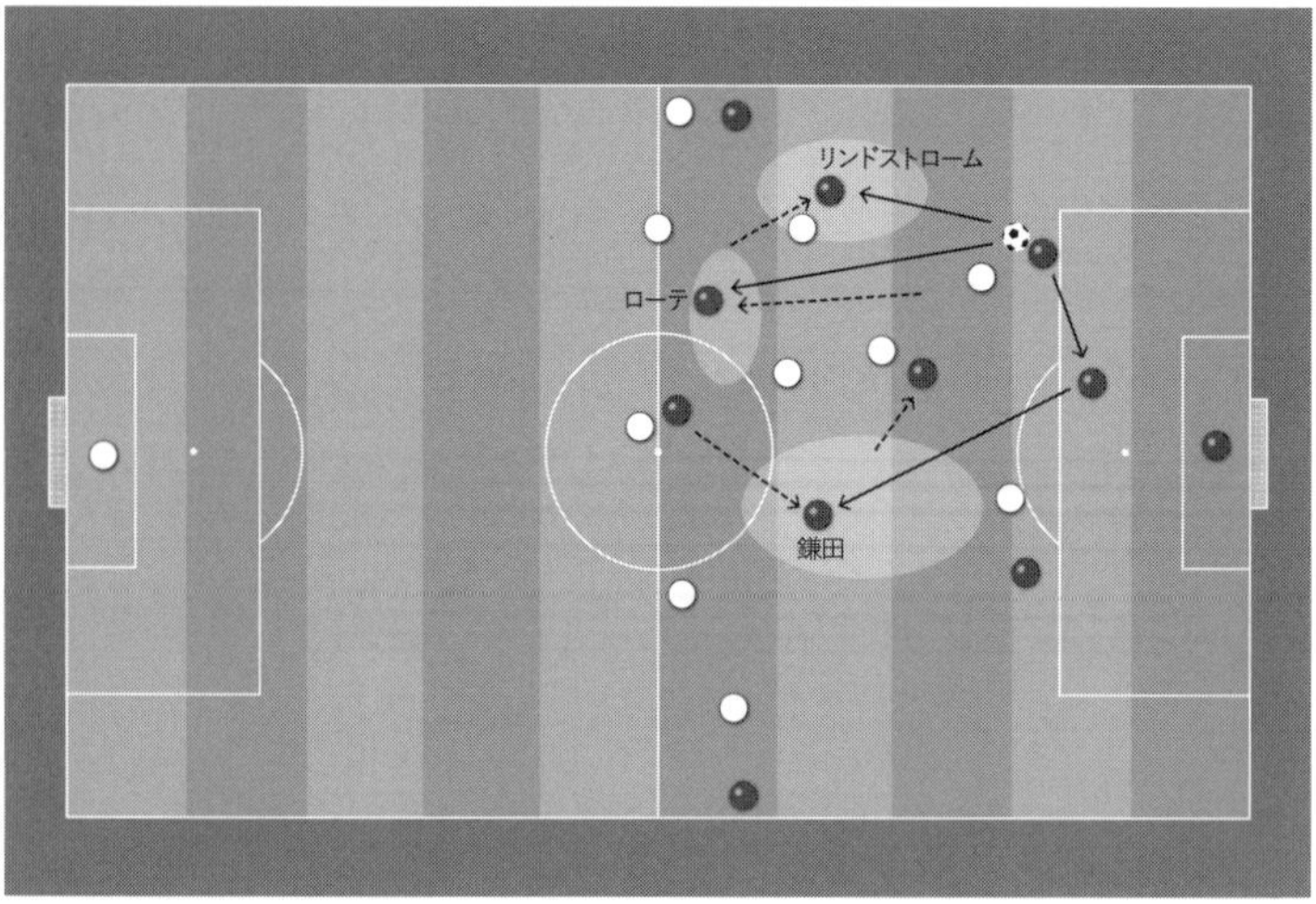

またその遅攻について、ボールを奪取されてから陣形が崩れた状態でカウンターを迎えるシーンが少なくない。ポジションチェンジも交えた攻撃で、ＣＨとＷＢがバランスを崩しリスク管理できない状態となると一気にゴール前に運ばれてしまう。

ＣＨの守備におけるパフォーマンスが非常に重要となるが、敵の技巧派プレイヤーにかわされてしまう等中盤での守備が機能しないと致命傷となりかねない。

■おわりに

グラスナー率いるフランクフルトは強気な守備とそこからの速攻が魅力のチームだ。精神的な部分となるが、バルセロナやウエストハム相手でも「点を取るため」の守備を遂行できる勇気は、どのチームにも備わっているものではない。

どのポジションにも実力者を備えたフランクフルトは非常にバランスの良い構成となっている反面、特にＣＨのパフォーマンスが非常に重要となる危うさも備えたチームであった。

３-２-５での攻撃がトレンドとなる中で、その対策として押さえておきたい守備戦術を見事に体現していた。

フランクフルトの章で2022カタールW杯日本代表vsドイツ代表を例に取り上げた。では、実際この試合の「システムチェンジ」において何がどう変わったのであろうか？

◆3エリアでみる前半劣勢の原因

日本は前半戦、ドイツ代表の攻撃の前に全く歯が立たなかった。日本が前半苦戦した原因はシステムの噛み合わせである。

日本は攻撃時4-2-3-1、守備においてはトップ下の鎌田大地（フランクフルト／ドイツ）がCF前田大然（セルティック／スコットランド）と並ぶ4-4-2のシステムを採用した。

対してドイツは左SBのラウム（RBライプツィヒ／ドイツ）を前線高くに押し上げる3-2-5で攻撃を推し進めていった。3-2-5というシステムは4-4-2を崩すうえで最も効果的なシステムだ。このシステムの噛み合わせでは一般的に3つのエリアが守備側のネックとなるが、この試合でも大きな問題となった。それが下図のエリアだ。【図❶「弱みとなった3つのエリア」】

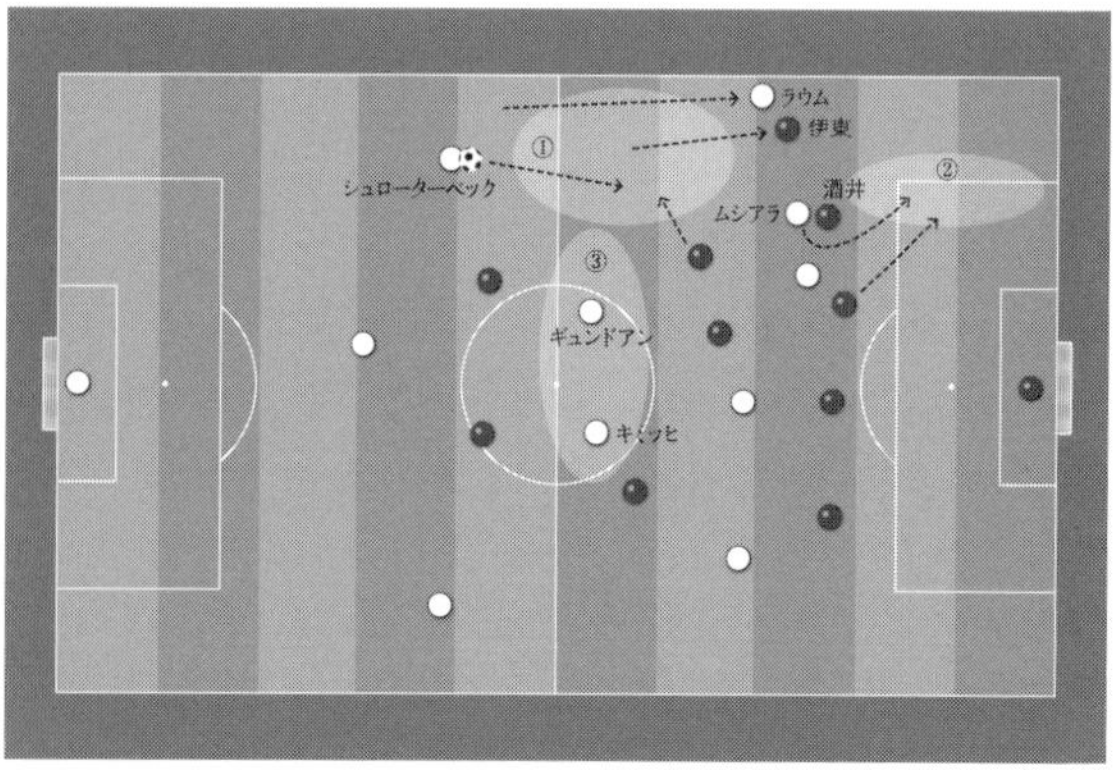

【図❶「弱みとなった3つのエリア」】

この噛み合わせで真っ先に問題に晒されるのがSHだ。右SH伊東純也（スタッド・ランス／フランス）が、ラウムの位置取りによって押し込まれてしまった。伊東が中途半端に位置を引か

（※所属チームは2022年W杯当時）

されたことで、①のエリアをケアできる選手がいなくなり、シュローターベック（ドルトムント／ドイツ）が完全にフリーでボールを持ち運べることとなった。

伊東が下がらなければ最終ラインが4vs5の数的不利に陥ってしまう。しかし、シュローターベックのケアもしなければならない。

そんな葛藤が生じる中、伊東は完全に引くことをしなかった。「シュローターベックへのアプローチとカウンターも意識しつつラウムをケアできる」、といった悪く言えば中途半端な立ち位置となった。右SB酒井宏樹（浦和レッズ）と伊東で担当エリア・担当のマークがずれ、ラウムと前線のムシアラ（バイエルン・ミュンヘン／ドイツ）、どちらがどちらをマークする？　という迷いから、右サイド深い②のエリアにラウムやムシアラの侵入を許すケースが相次いだ。

そして中盤の遠藤航（シュトゥットガルト／ドイツ）や田中碧（デュッセルドルフ／ドイツ）がシュローターベックのケア、そして②のエリアに入っていく選手のケアを行う必要が出てくると、③のエリアに位置するチームの心臓・キミッヒ（バイエルン・ミュンヘン）＆ギュンドアン（マンチェスター・シティ／イングランド）の対応をできる選手がいなくなってしまう。この中央へのパスコースが開放されると、中からも右からも左からも攻め込まれてしまう。オセロで要所の四隅を取られるような不利な状況となる。

そうした状況で生まれたのが前半33分の失点シーンだ。【図❷「失点シーン」】

ズーレ（ドルトムント／ドイツ）に久保（レアル・ソシエダ／スペイン）が寄せ、田中がキミッヒをケアする中で、守備ブロックの隙間でボールを受けるハフェルツ（チェルシー／イングランド）がフリーとなる。田中がハフェルツを追いかけると、ミュラー（バイエルン・ミュンヘン）を経由して田中が元々マークしておりフリーとなったキミッヒにボールが渡る。この時振り回された田中は、手の打ちようがなかっただろう。

この状態で日本の右サイドでは酒井と伊東の間で混乱が起きていた。

「危険なエリアにいるムシアラをどう抑えるか？」

この試合のムシアラは19歳ながら突出したパフォーマンスを披露。日本のDF陣は大きく揺さぶられていたため、この迷いが生じるのは当然だ。

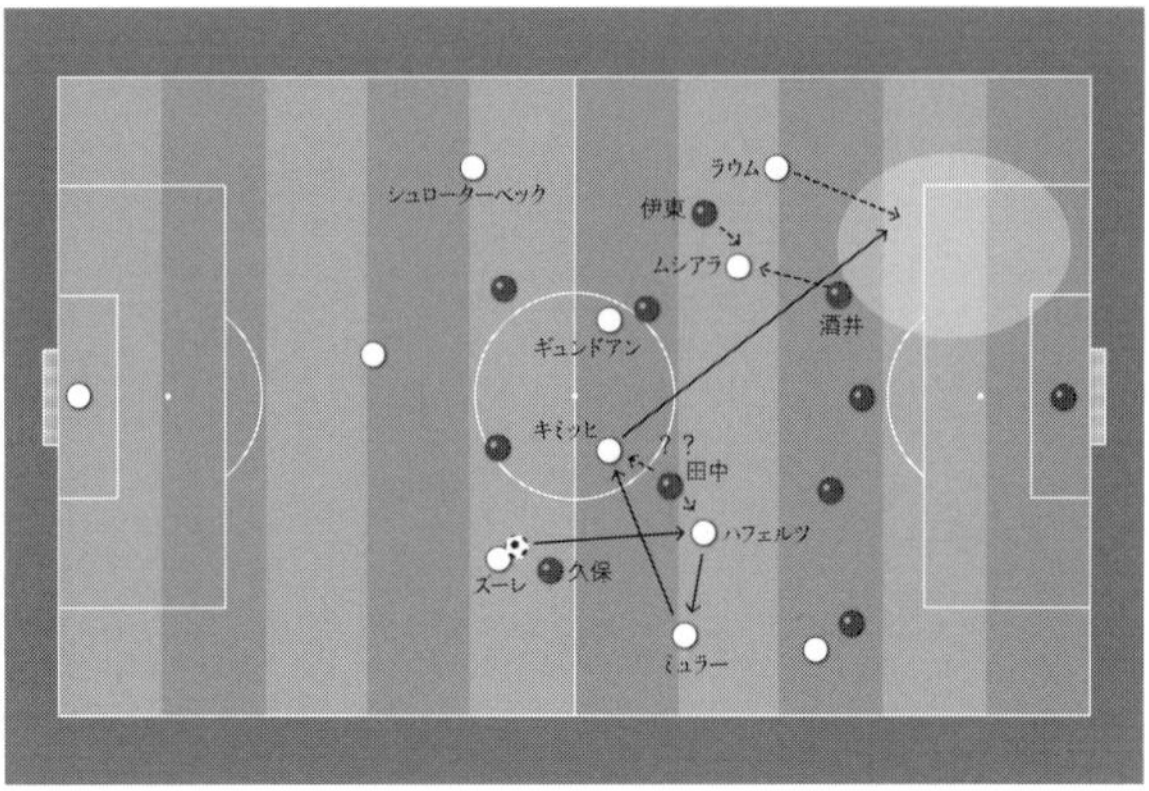

【図❷「失点シーン」】

酒井はムシアラをいち早くケアしようと動いたが、伊東はシュローターベックも気にしており、ラウムに間に合う位置取りではない。ここでキミッヒからラウムへ美しいロブパスが渡り、完全にフリーにさせてしまったのだ。

以上のような形が前半45分間永遠と続き、完全なる劣勢に陥った。

◆完璧な後半の修正

では、後半の大逆転劇はどのように生まれたのか？

強豪ドイツにはいくつかの弱点が存在した。後半はこれらの弱点、特に5-2-3へのシステムチェンジが大逆転勝利に繋がる特大の打ち手となった。

5-2-3への変更は、前半戦散々苦しめられた右サイドの役割（マーク）を整理するのに効果を発揮した。【図❸「5-2-3」】

誰が誰のマークにつくのか？　という迷いの一切が払拭される、ドイツのシステムにガッチリと噛み合う5-2-3は、チーム全体でドイツを嵌め込むプレッシングを行うのに効果抜群だ。心臓となるキミッヒをもケアできる最高の打ち手は、ドイツがそれまで何度も欧州予選で苦戦したものであった。

格上相手にマンツーマン気味に噛み合わせてプレッシングを行う守備方式は、欧州においてし

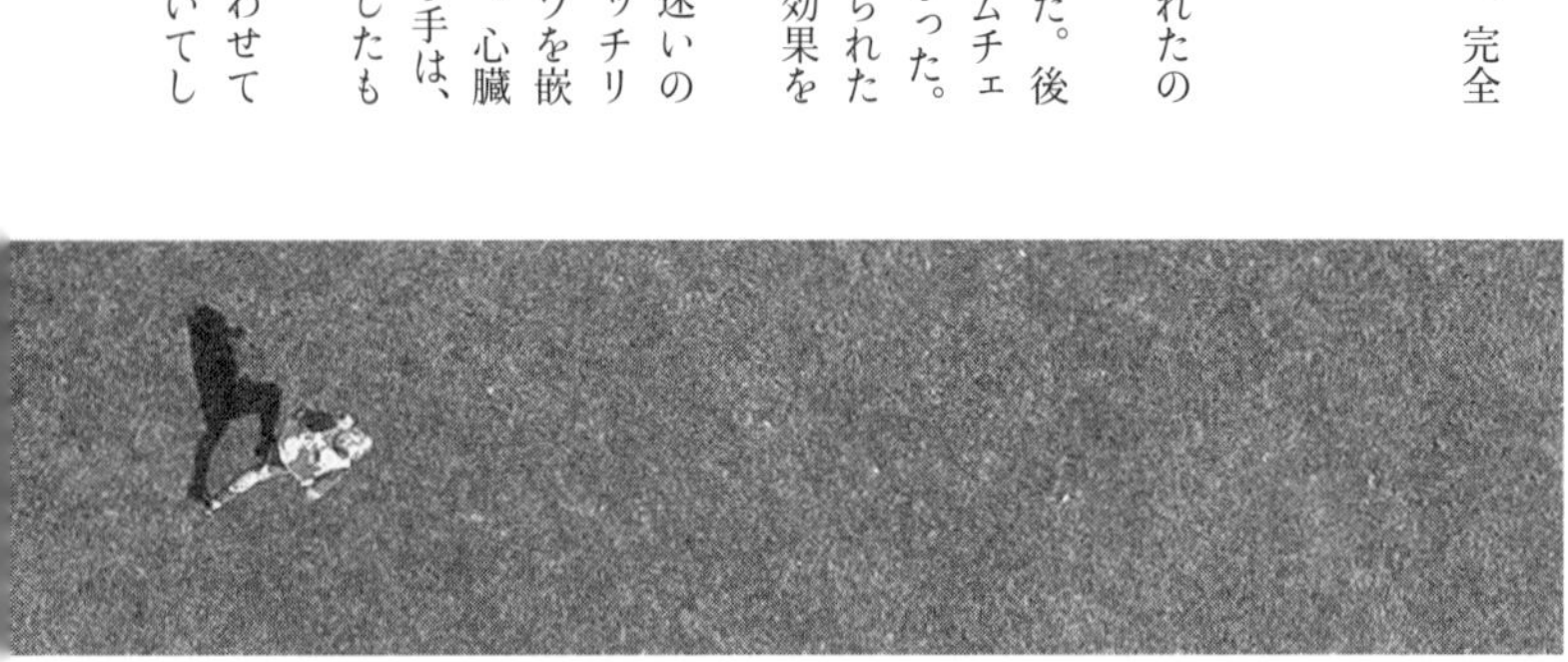

ばしば見られる光景となっている。

ドイツのプレスが弱まる後半に前からプレスをはめ、前線メンバーのスピードを活かして3バックの隙間を狙ったカウンターを繰り出す。ドイツのCHは選出人数が少ない上に強度が低いため、被カウンター、ブロック守備のいずれにおいても安定していない。さらにCB陣はズーレのようにカバーリングに乱れがある選手が存在する。

プレスをかい潜るためのロングボールを収めるのに長けた選手も、ドイツは活用できなかった。

ドイツをプレスで押し込むことで、彼らの弱点であるブロック守備の粗を突いたという側面も勝利の要因の一つだ。

日本がボールを保持して攻撃する場合、ドイツは4-2-3-1に戻しての守備となり、マークが噛み合わなくなる。前半日本が苦しんだ戦い方をドイツに強いる形となったのだ。

前半でベンチに下がった久保に代わる選手が前線メンバーでなくCB冨安健洋（アーセナル／イングランド）であった点から、3バックへのシステムチェンジは森保監督の狙い通りであったと予想される。

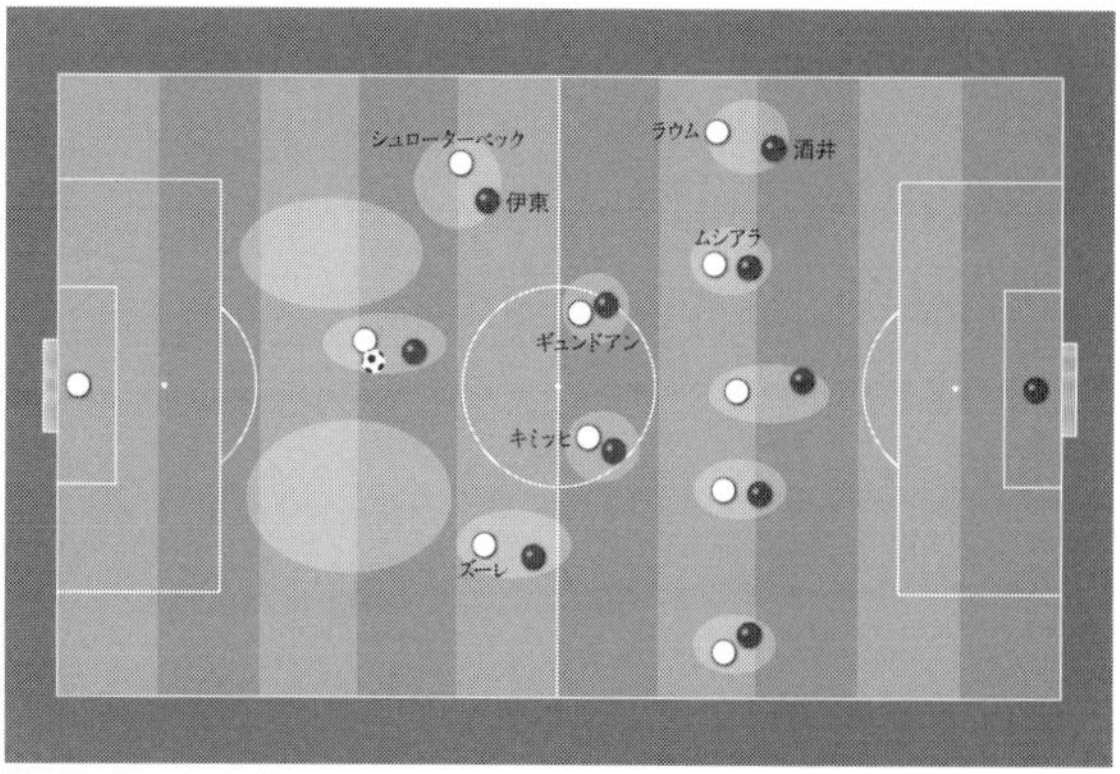

【図❸「5-2-3」】

後半にシステムチェンジを行い、続々と攻撃的なプレイヤーを投入、ドイツのお株を奪うプレッシングで勝利を収めたこの試合は、まさに「快心の出来」の一言に尽きる。

第2章

Napoli

ITALY SERIE A

ナポリ

Napoli ITALY SERIE A

season 22-23

33年ぶりスクデット獲得。爆発的な攻撃力を支えた「3つの柱」

22-23シーズン、スパレッティ率いるナポリが33年ぶりのスクデットを獲得し、CLでもベスト8進出を果たした。

前季の主力4人が退団する中でも的確な補強と個々人の奮起、そして何よりチームとしての機能性でカバーし、その穴を感じさせるどころかより強力な集団へと変貌を遂げた。

ナポリの魅力は爆発的な攻撃力だ。その攻撃力を支えスクデット獲得の要因となったのは、彼らの中に存在した「3つの柱」である。この3つの柱があるからこそ爆発的な攻撃力が生まれたのだが、このどれか1つでも欠ければナポリの強さは損なわれてしまう。

では、その3つの柱とは何か？　どのように機能していたのか？

■基本布陣

基本布陣は4-3-3だ。リーグ3位であった前季から4人の選手が入れ替わっている。

GKにはオスピナに代わってメレトが入る。左CBにはチェルシーに移籍したクリバリに代わり、ボールの扱いが巧みな韓国人CBキム・ミンジェが起用される。

CHで攻撃を司ったファビアン・ルイスの代役は170㎝と小柄でアジリティに長けるスロバキア代表ロボツカだ。左WGのインシーニェの後釜には1000万ユーロ（約14億円）で加入した推進力ある突破が武器のジョージア代表21歳クヴァラツヘリアが据えられた。

その他のポジションは前季と同じだ。右SBにポジショニングが良く万能型でバランスの取れるディ・ロレンツォ、右CBに安定した守備力を誇るラフマニ、左SBに足元の技術の高いマリオ・ルイ

【ナポリ「基本布陣」】

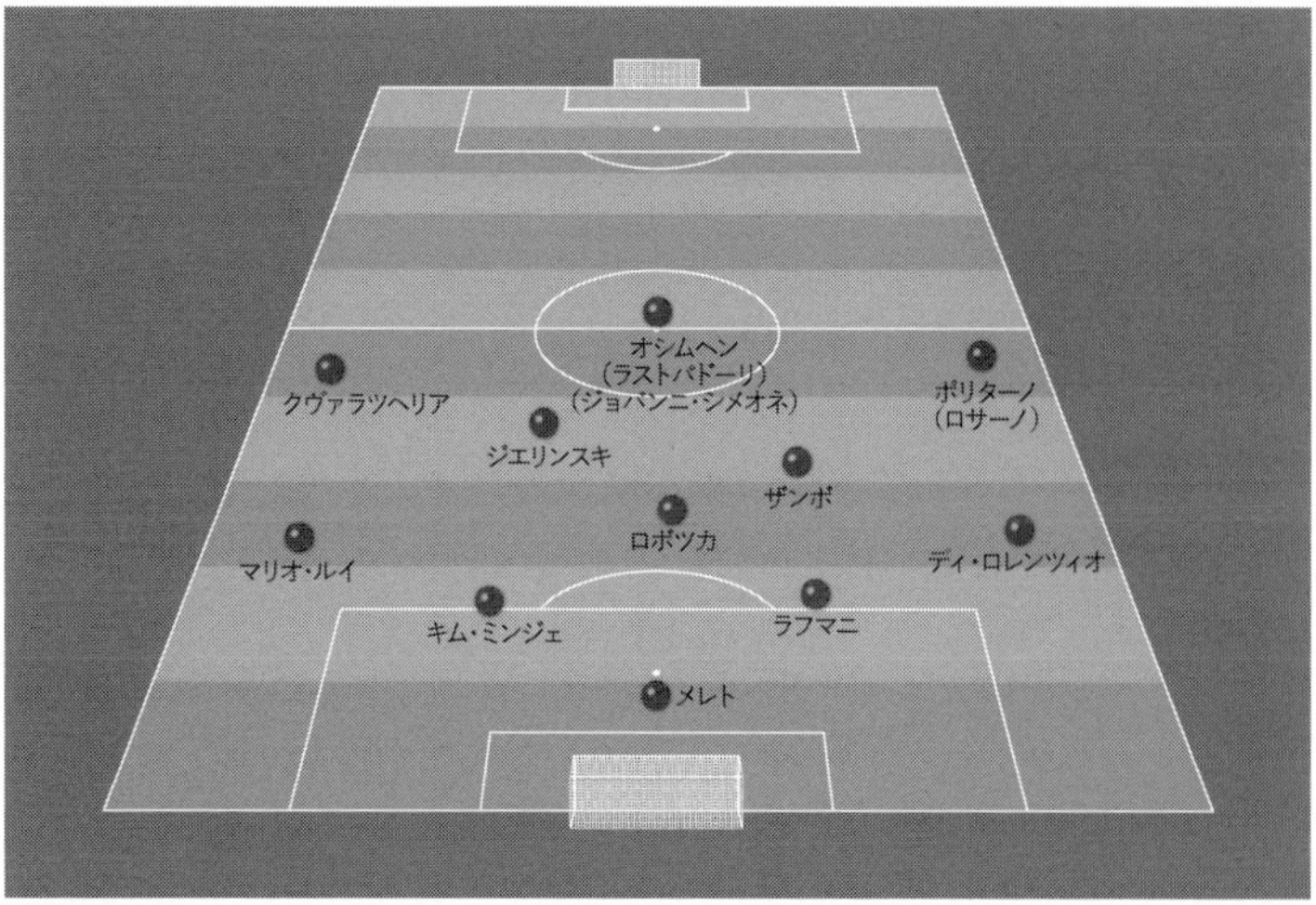

が入る。

右IHにはリーチが長く自在に配球のできるザンボ、左IHにギャップへの侵入と推進力が持ち味のジエリンスキ、右WGにはアジリティに長けたポリターノやロサーノが起用され、最前線には圧倒的なフィジカルとスピードを誇る絶対的エース・オシムヘンが君臨。イタリア代表にも選出されたラスパドーリ、前季ヴェローナで得点を量産したジョバンニ・シメオネがベンチに控えるCFの層は厚い。

■チームのスタイル

レギュラー選手が4人退団したものの、チームのスタイルは変わらない。丁寧なパス回しで前進を図るためポゼッション率はリーグトップだ。各選手がバランスを見ながらポジションを調整しつつゴールに迫る。相手のプレッシングが厳しい場合はオシムヘンへのロングボールを利用して打開を図っていく。

守備においては前線から相手のシステムに応じてポジションを調整し、マンツーマン気味にプレスをかける。カバーシャドウでの限定をかけるのはCFオシムヘンのみだ。

ショートパスによるビルドアップが上手くいかなければロングボールとプレッシングにより打開を図り、オープンな展開となればジエリンスキや左WGのクヴァラツヘリアのドリブルと推進力が発揮される。

このように「ショートパスを用いたビルドアップ」、「ロングボール」、「プレッシング」といった複数の戦術を用いることで手詰まりを防ぐ、万能攻撃型であることがナポリの強さの秘訣となっている。相手のプレッシングを前に「ビルドアップ」が上手くいかない→「ロングボール」と「プレッシング」で得点を狙う→「オープンな展開」に持ち込み得点を狙う→相手が引いて守れば「ビルドアップ」が容易になる、といった具合だ。点を取るために局面を転換でき、そのどの局面からも点が取れるのだ。

上記より、複数の局面がシームレスに繋がっていることが分かるだろう。つまりどの局面からも点が取れるため特定局面への依存が少ない反面、どこか一部の機能性が落ちると連動して他の機能性も落ちてしまい、全体的な攻撃力が低下するということだ。

例えば、ロングボールの精度が低ければ、相手は躊躇なくプレッシングを行うことができるためビルドアップの難易度があがる。プレッシングの機能性が落ちれば相手にボールを運ばれて押し込まれ、オープンな展開に持ち込むことが難しくなる、といった具合に一局面の良し悪しが他の局面にも影響を与えていく。

オープンな展開に持ち込むことも戦い方の一つとして備えているという点は、クヴァラツヘリアがブレイクを果たした要因にも通じている。

3本の柱(「ショートパスを用いたビルドアップ」、「ロングボール」、「プレッシング」)自体はシンプルであるが、これらが実際どう機能しているのかに注目していく。

■敵陣を崩す配置の妙

まずは「ショートパスを用いたビルドアップ」だ。

ナポリはポジションを微調整して組み立て、前進することに長けている。そのトリガーとなるのがディ・ロレンツォ、ロボツカ、ザンボである。

中盤の配置と微調整から見ていこう。この部分は前季よりもさらに精度の上がった部分となる。

ナポリの中盤は相手のシステムと噛み合わないように配置をずらしていく。例えば相手の中盤が逆三角形の場合、ロボツカとザンボが並列になると相手のマークがかみ合ってしまう。そのため、ザンボが右IHのポジションをとる。こうすることで、ロボツカの対応に出てきたIHの背後を突いていく。

右CBがボールを持つ状態で敵左IHがロボツカ、アンカーがザンボを捉えるようであれば、それだけでも敵の陣形は乱れる。【図1「中盤のローテーション①」】

【図1「中盤のローテーション①」】

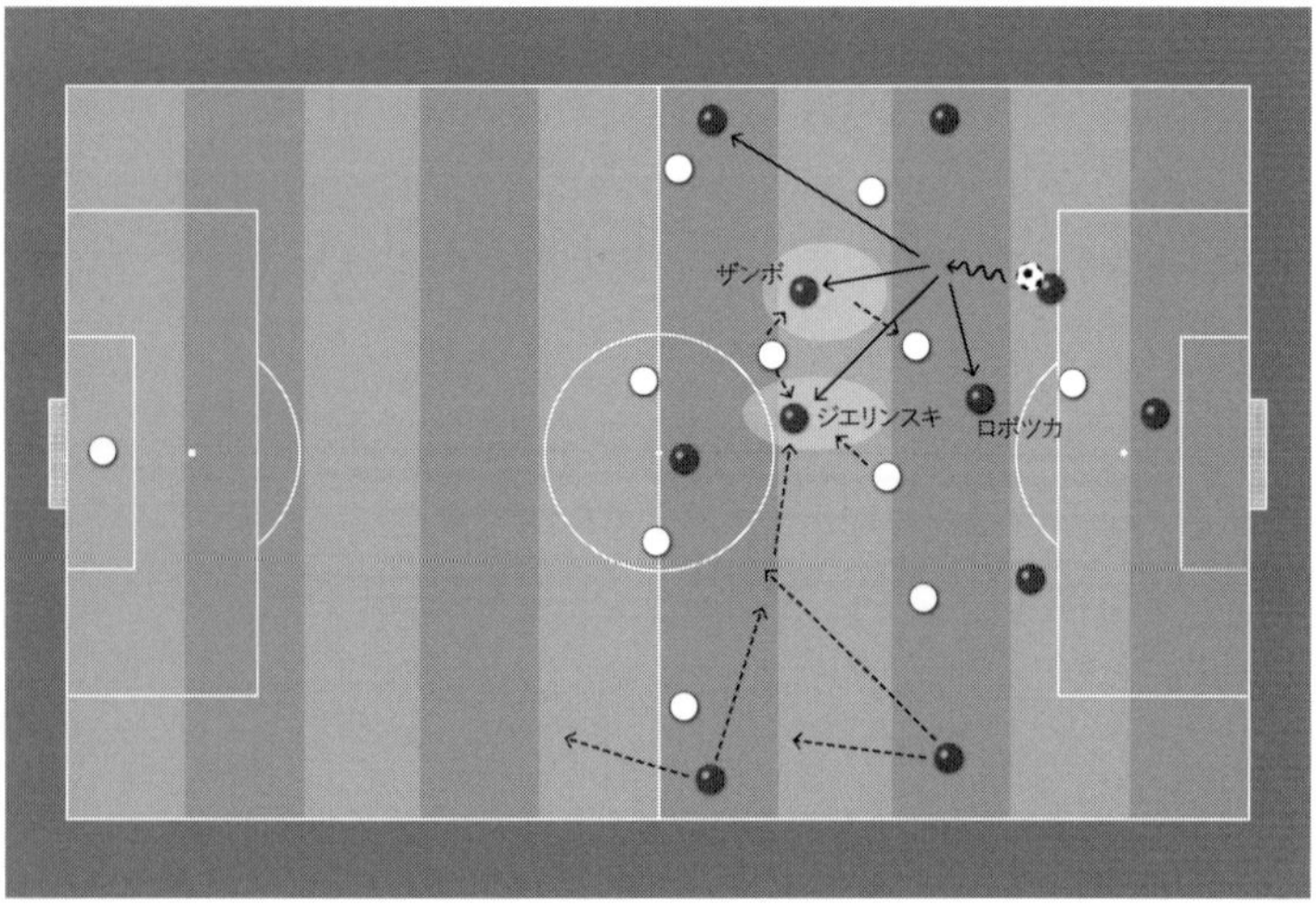

この状態でジエリンスキがトップ下の位置をキープ、もしくは左IHの位置からど真ん中に絞ると、相手の右IHはどの程度絞ればいいのか判断に苦労する。低い位置で中央まで絞り込む必要があるからだ。

このジエリンスキの動きは非常に効果的であり、どのチームでも見られるものではない特徴的なものとなっている。

ロボツカはアジリティに長けた当シーズンのキーマンだ。ターンに加えて、敵を一瞬外してショートパスを通すのが抜群に上手い。アウトサイドパスも駆使することができるためジエリンスキへの縦パスが通りやすい。そしてジエリンスキはレイオフパスもターンもこなすことのできるプレイヤーであるため、攻撃の幅が広がっていく。

また敵の右IHがアンカーのロボツカをケアする場合、ジエリンスキがそのまま空くこととなる。【図2「中盤のローテーション②」】

【図2「中盤のローテーション②」】

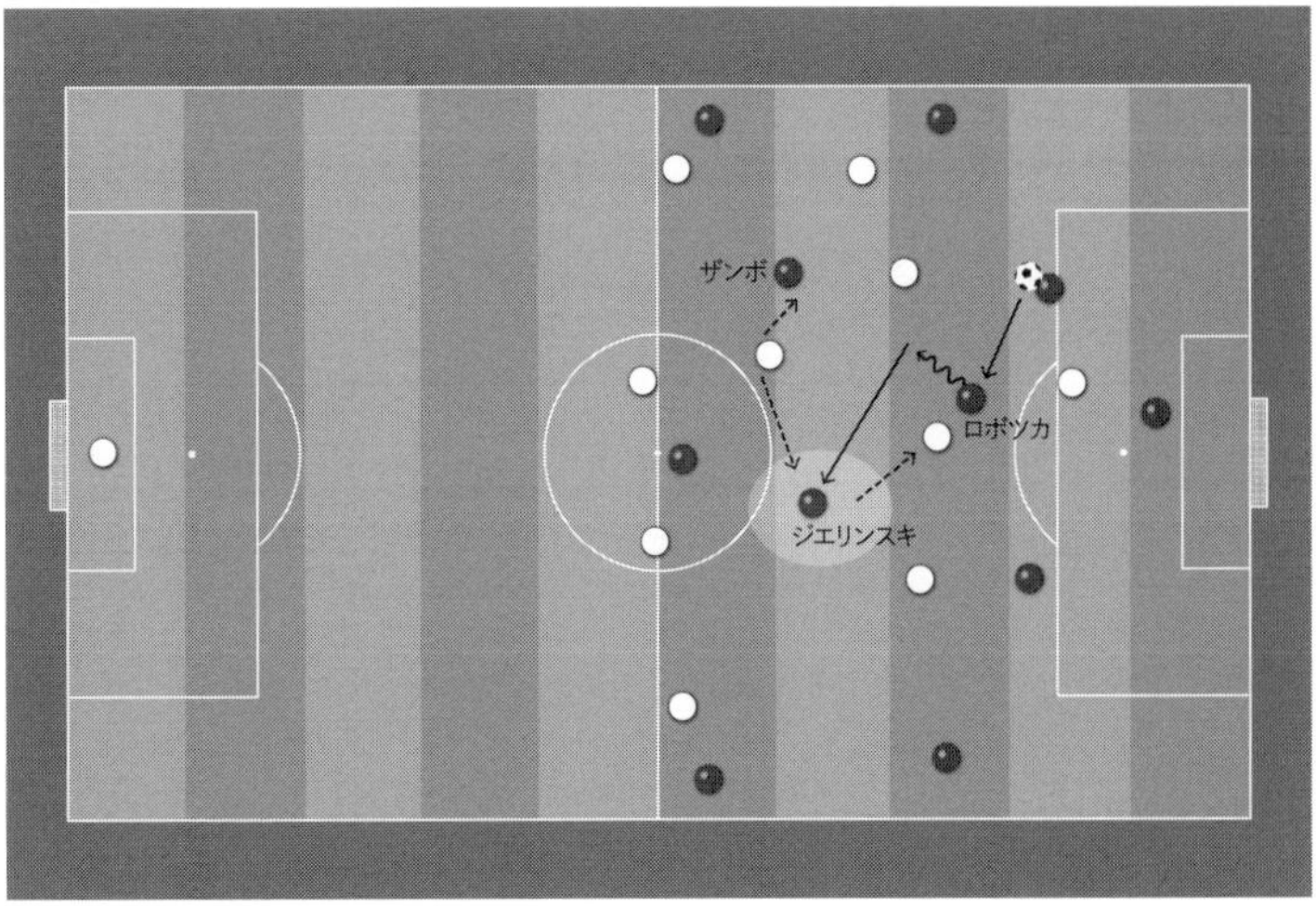

ロボツカが左からプレスを受けることとなれば、右から進んで前線へ楔を試みることができる。そうなると敵のアンカーは空いたジエリンスキだけでなくザンボ、そしてオシムヘンへの警戒が必要となる。一人で全てのパスコースを切ることはできないため、ロボツカは空いた選手を使って攻撃を推し進めていく。

ただし、オシムヘンがグラウンダーの楔を受ける機会はさほど多くない。敵CBが警戒するというのも要因の一つだが、裏への抜け出し、およびロングボールとゴール前でのターゲット役となることに重きが置かれているのだ。相手がマンツーマンで守る際はコースが空くため、彼がボールを呼び込む機会が増える。

ここまでは敵が中盤逆三角形であった場合の配置となる。アンカーのロボツカが中央・左右両サイドと広範にサポートに行くことで、特定の人物がマークを受け続けるという機会は減る。敵が中盤正三角形でロボツカにマークをつけるようであればナポリはザンボを落とした2CHに変化させ、空いたスペースをジエリンスキが突くという形で、中盤でグルグルポジションを入れ替えられるのが彼らの特徴となっている。

中盤のポジションチェンジにはアンカーのロボツカも含まれる。そのため彼は常に低い位置に留まっているわけではない。例えばロボツカがマンツーマン気味につかれた場合、ジエリンスキやザンボが低い位置に降り、入れ替わるようにロボツカが前進していく。【図3「ロボツカの前進」】

ここまで中盤でのマークの噛み合わせを外す形を紹介してきたが、マークが噛み合わずに空いた

IH（ジエリンスキもしくはザンボ）に対してCBが前進して見るチームも当然存在する。その場合、前進によりDFラインの人数が1枚減るため迷いなくオシムヘンにロングボールを送り込んでいく。ビルドアップにおける陣形・仕組みがロングボール戦術にもつながるという仕組みとなっているのだ。

敵を押し込んだ後はIHが低い位置に降りて積極的にボールに絡み、中盤3枚が近距離を維持してボールを回す意識が見られる。IHは逆サイドまで大きく移動することも少なくない。

彼らのパス＆ムーブは敵陣にスペースを空けるために利用される。3人でパスを回す場合、彼らは互いのリンクを切らないように移動する。互いのリンクを切らないためには仮想的な四角形を意識する必要がある。【図4「仮想四角形」】

仮想四角形の空いている頂点にムーブすることで常に互いのパスコースを確保し、リンクを切らない

【図3「ロボツカの前進」】

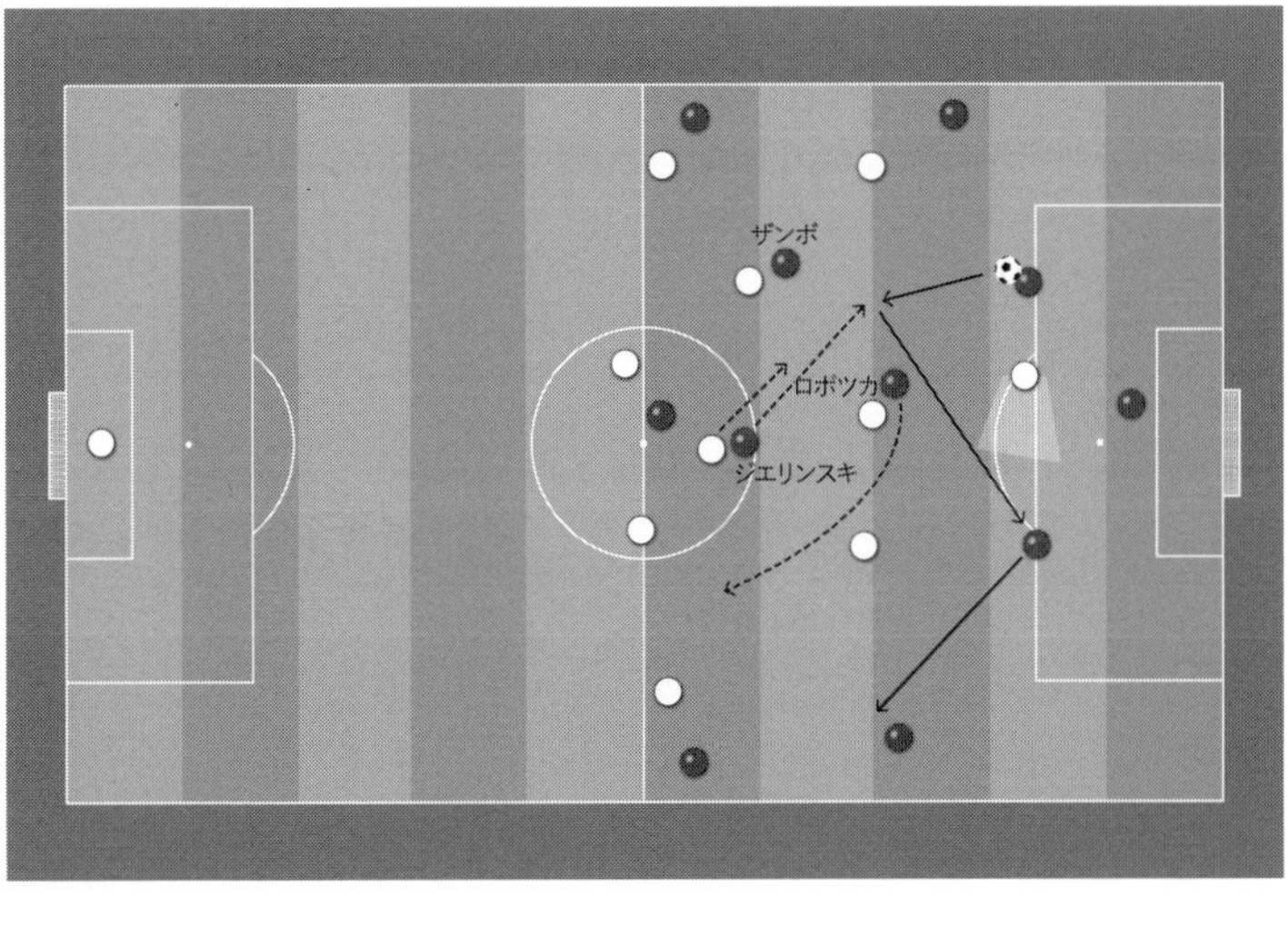

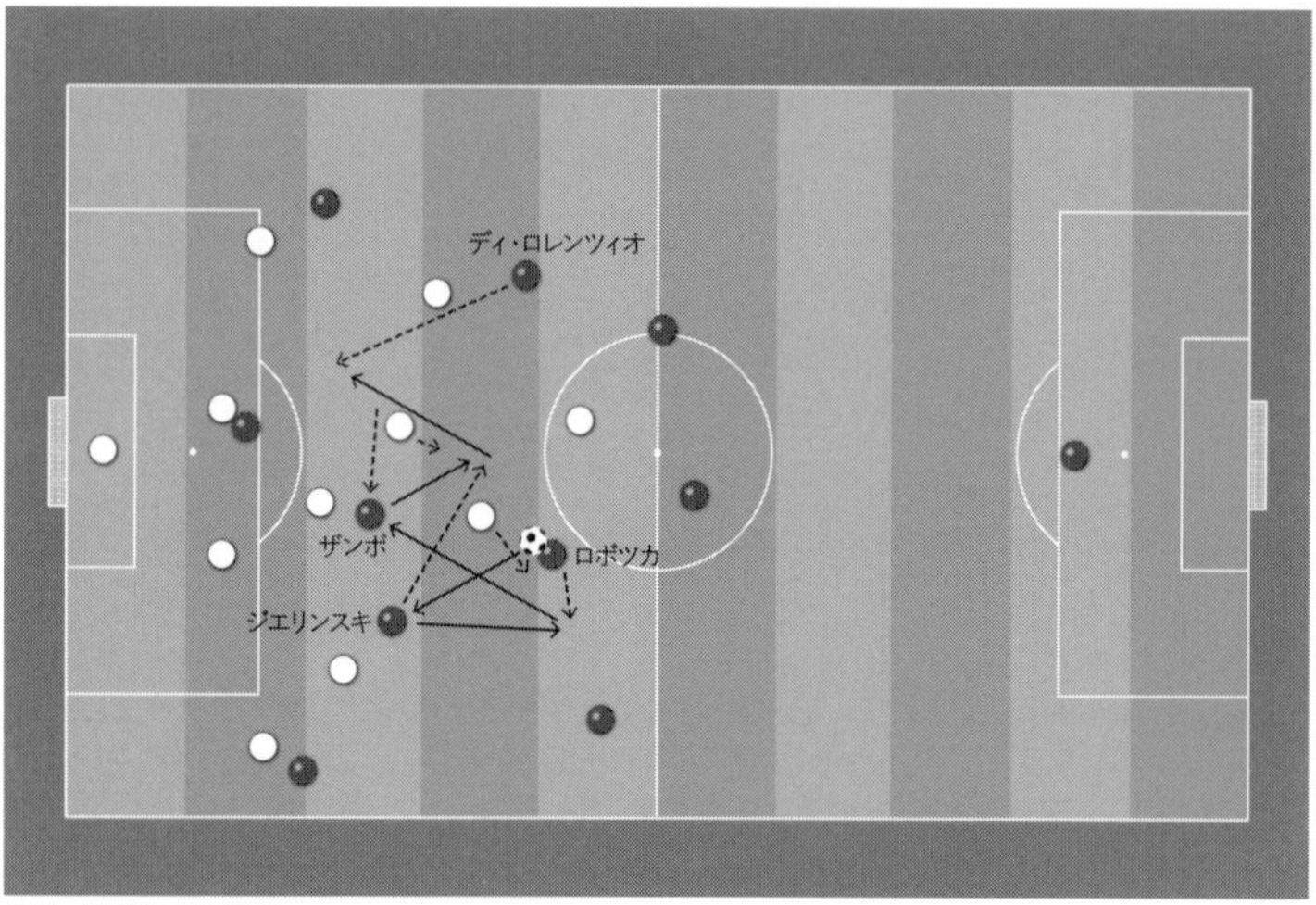

【図4「仮想四角形」】

【図5「横移動のワンツー」】

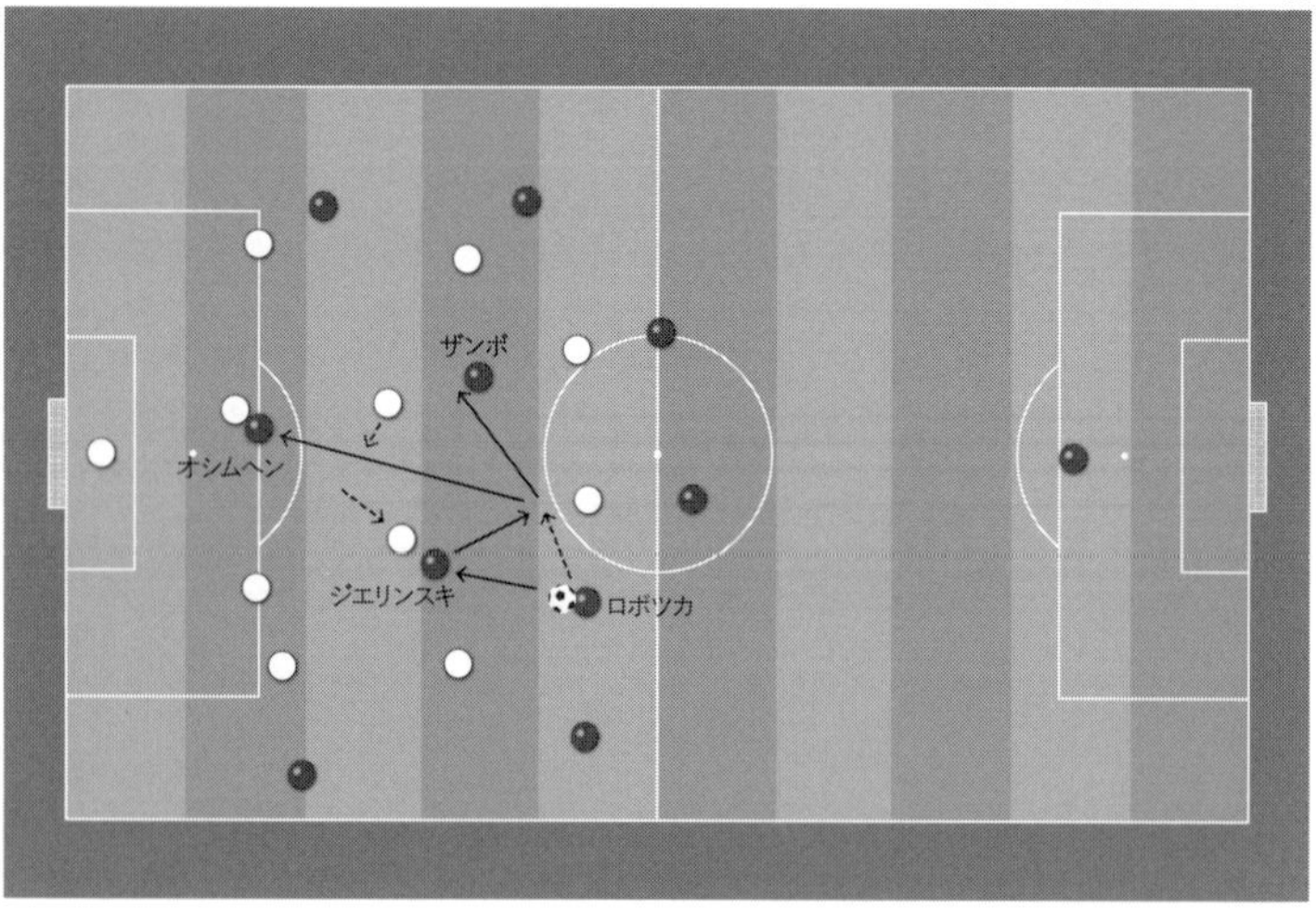

ようにすることが可能となる。空いた頂点というのは多くの場合対角となる。そのため、ムーブはボールを保持していない味方2人の間を抜ける形となる。（【図4】の例ではジエリンスキの動きだ）

こういった動きは低い位置で行うので、自然と前線の枚数が薄くなる。敵の中盤とDFラインの間は特にだ。ここに入り込むのがSBのディ・ロレンツォとルイだ。彼らはIHの空けたスペースに果敢に侵入していく。ハーフスペースへの侵入は特に効果的だ。このIHとSBの関係性はモドリッチ&カルバハル、クロース&メンディのコンビプレーを備えたレアル・マドリードに似た部分となる。プレーエリアとインテリジェンスに富むSB陣が、IHのプレーエリアの広さに合わせる形だ。

2人組でパスを回す場合、横移動のワンツーがよく見られる。この動きはロボツカを中心に、多くの選手の間で見られるムーブだ。【図5「横移動のワンツー」】

斜め前方にいる味方に短いパスを当て、数メートル横に移動して斜め後方でボールを受けるワンツーは、狭い局面からの脱出や、敵を動かしたいときに多く用いられる。例えば【図6】であれば、ロボツカが元いる位置からだとオシムヘンへのパスコースは切られており、ザンボもCHに警戒されている。しかし、ジエリンスキとのワンツーで横移動し、角度を変えることでオシムヘンへのパスコースが開ける。敵CHがそのパスコースを警戒して絞れば、ザンボのマークが緩む。

こういったパスを用いることで自分たちのボール保持を落ち着かせると同時に敵を動かし、角度を変えて敵陣を穿つ糸口をつかんでいくのだ。一見、何気ないパス交換に見えるが、このパスを使えるか否かで展開力に大きな差が生まれていく。

■ディ・ロレンツォのポジショニング

組み立て時には中盤のポジションチェンジに加え、DFラインにも変化が起きる。そのキーマンとなるのが右SBディ・ロレンツォだ。彼は攻守にバランスのとれたSBであり、特に秀逸なポジショニング能力を活かしナポリの攻撃を後方から支えている。

ディ・ロレンツォが見せるポジション移動を紹介していく。

① 4バック→3バックへの変換において、3バックの一角に入る
② IHザンボが降りてきた場合に開いて上がる
③ CHの位置に絞る
④ CHの位置から斜め後ろに開いて敵をひきつける

まず4バックから3バックへと変換する場合、彼は絞って後方に留まる。これは相手を押し込めている際、攻撃に変化を加えるために実行されることが多い。配置に変化を加えることで敵の陣形に綻びを作り出すのだ。

相手のプレッシャーが激しいときはDFラインに変化は与えず、中盤のみの変化にとどめる。ディ・ロレンツォは縦のロブパスも得意としており、SBの位置から送り込むロブパスはロングボール戦術やシンプルに裏を狙う攻撃において重宝されている。

サイド低い位置の彼から裏に抜ける右WGポリターノへのロブパス、アンカー周りのギャップで受けるジエリンスキへの斜めのパス、そしてチャンネルに入り敵を背負うオシムヘンへの楔等、敵のマンツーマンプレスをかい潜るロングボールは有用な攻撃オプションとなっている。【図6「プレス回避」】

SBはプレッシングの狙いどころにされてしまうケースも多く、盲目的に「CBからSBへのパスは悪」という言説もあるが、彼の場合は相手を十分に外に引き付けて前線や中央に送り込むことができるため、逆にプレス回避手段となっている。これには当然ターゲットのオシムヘンや裏に抜けるポリターノ、中盤の配置といったプレス回避のための構造も重要であり、相乗効果を生み出す関係性となっている。どちらかが欠ければ機能しない。

IHのサンボが降りてくれれば、ディ・ロレンツォはポジションを上げる。CBからボールを受けるの

【図6「プレス回避」】

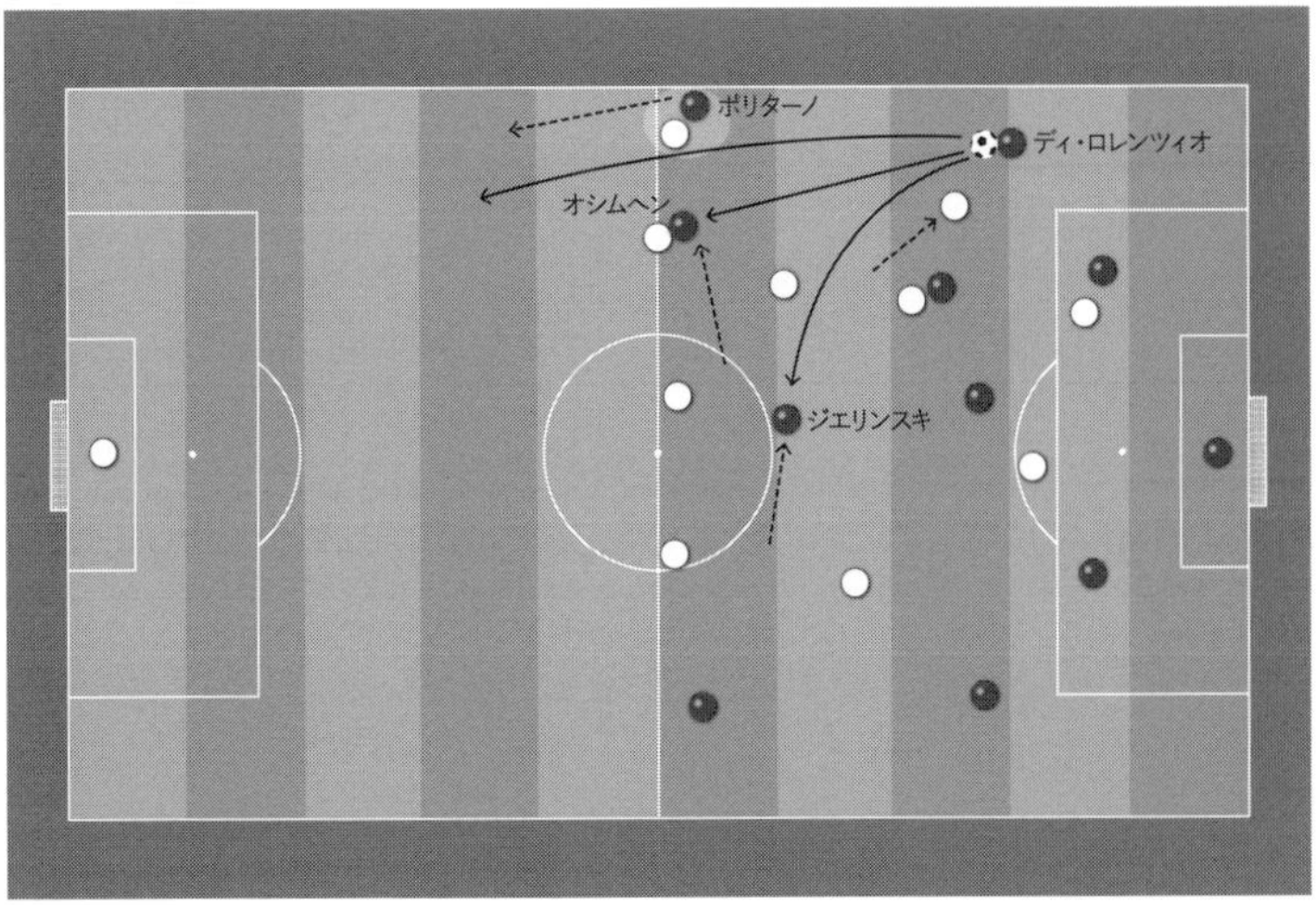

ではなく、CB→ザンボ→ディ・ロレンツォといった形でパスを受けるためだ。【図7「ザンボとディ・ロレンツォの関係」】

ザンボがそのままサイド低い位置に流れてくれば、逆に内側に絞ってIHの位置をとることもできる。内側への動きに抵抗がない柔軟性も彼の強みだ。味方選手の位置を見てポジションを修正していく。

左サイドから押し込んでいる際はCHの位置に絞り、被カウンター対策と同時にセカンドボールを狙っていく。【図8「ディ・ロレンツォのCH化」】

その位置でボールを受ける際はCHとしての役割をこなすため、右CBのラフマニがサイドに寄り、ディ・ロレンツォがCB間に降りるといったポジションチェンジもみられる。アンカーならともかく、SBがCB間に降りるというのは珍しいパターンだ。

しかし、チームとしていかに配置バランスを保ち

【図7「ザンボとディ・ロレンツォの関係」】

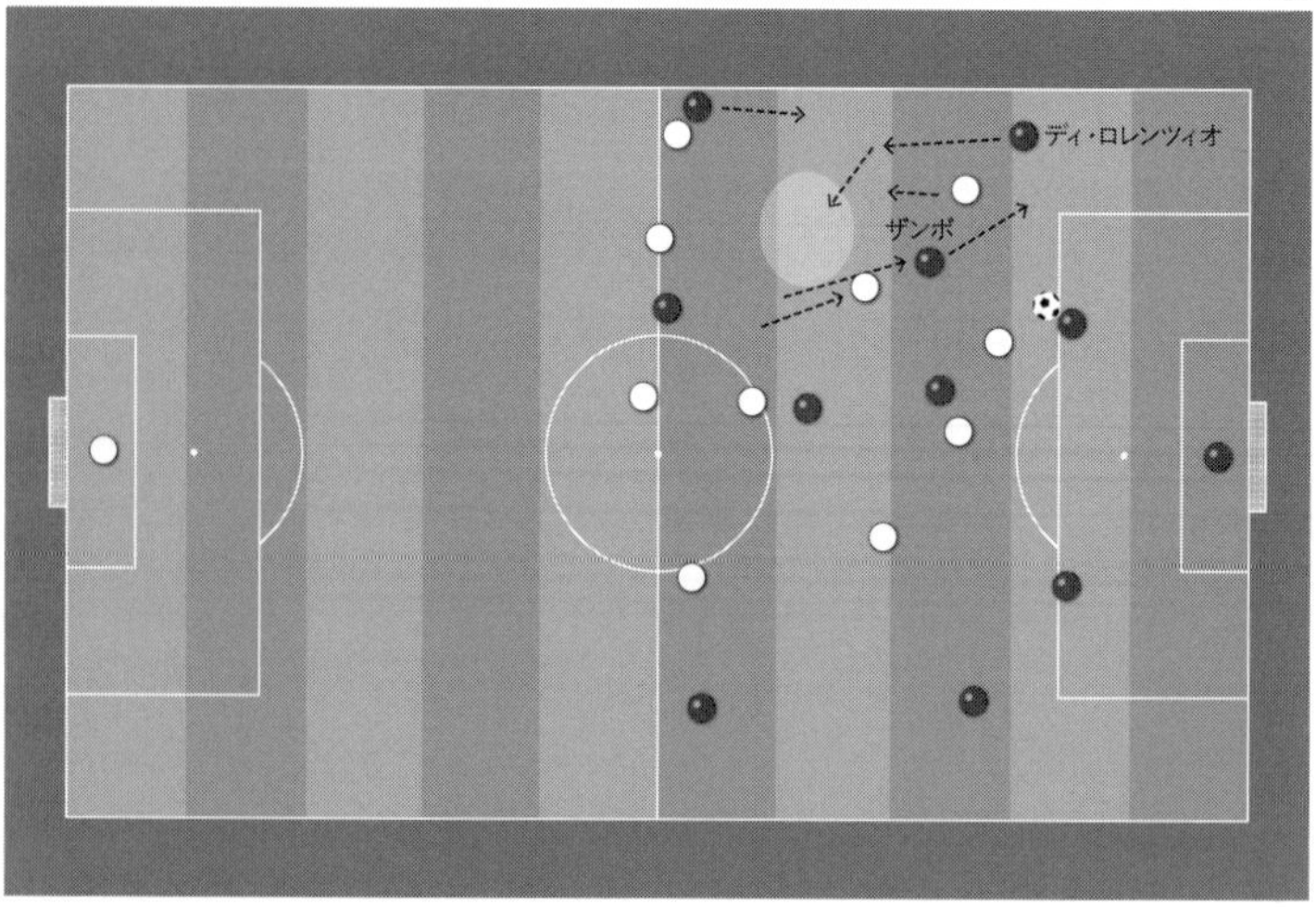

効率よく得点をとりにいくのかが明確に擦り合わされていれば、こういった動きも当然発生する。

ＣＨの位置からバックステップで下がりつつ元のポジションに帰還する動きについては見逃されがちであるが、これも相手をひきつける効果があり、サイドチェンジ等のパスコース創出につながっている。ただ戻るだけではない、無駄のないプレーぶりが光っている。

左のマリオ・ルイはシンプルにパスの技術やアジリティに優れている。タイプは違うものの両ＳＢにパスをつなげる選手が揃っていることもナポリの特徴の１つといえる。

■ＳＢ陣のポジショニング

ナポリの攻撃においてディ・ロレンツォだけでなく左のマリオ・ルイも含めたＳＢのポジショニングというのは強みの一つとなっているため、もう少し

【図8「ディ・ロレンツォのCH化」】

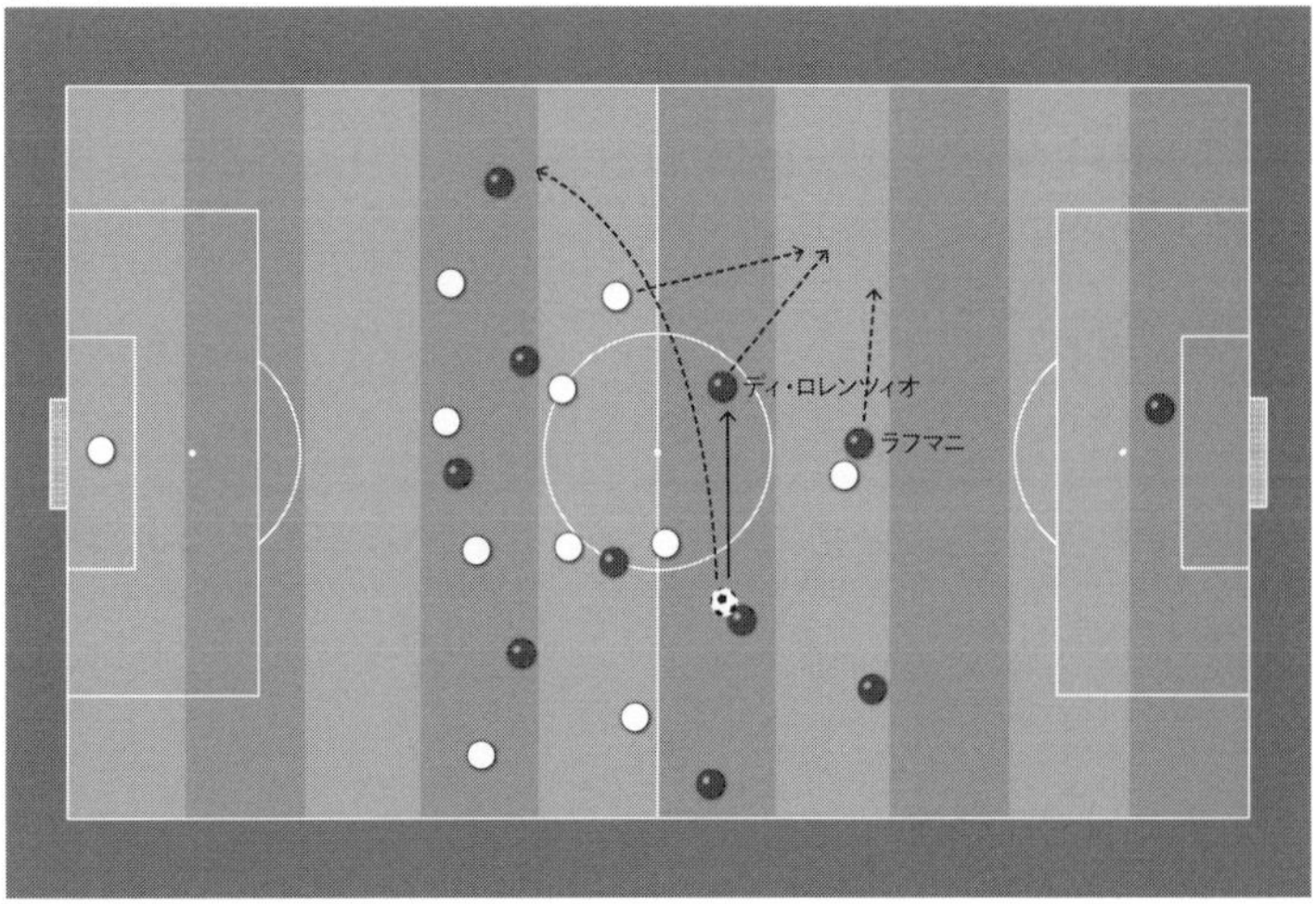

紹介していく。

速攻をかける際や逆サイドに展開する際は、逆SBが的確なタイミングで攻撃参加を仕掛ける。逆SBの攻撃参加は守備陣にとって死角になりやすく、対応が難しい。ただし、攻撃が失敗した時のリスクも考慮する必要がある。左サイドからの攻撃の際は、ザンボがアンカー位置まで下がって組み立てに参加する傾向もあるため、右SBディ・ロレンツォが上がってもある程度安全は担保される。

また、速攻や逆サイドへの展開の際にどの位置でボールを呼び込むのかという点も重要だ。敵と味方の配置を見ながら判断がなされる。ディ・ロレンツォの場合、右WGが開いている状況が多いためハーフスペースで顔を出すことが多い。【図9「速攻」】

押し込んだ後もオーバーラップ、インナーラップ、ハーフスペースでのサポートと位置取りの選択肢が豊富だ。ディ・ロレンツォは対峙する左SHが絞っ

【図9「速攻」】

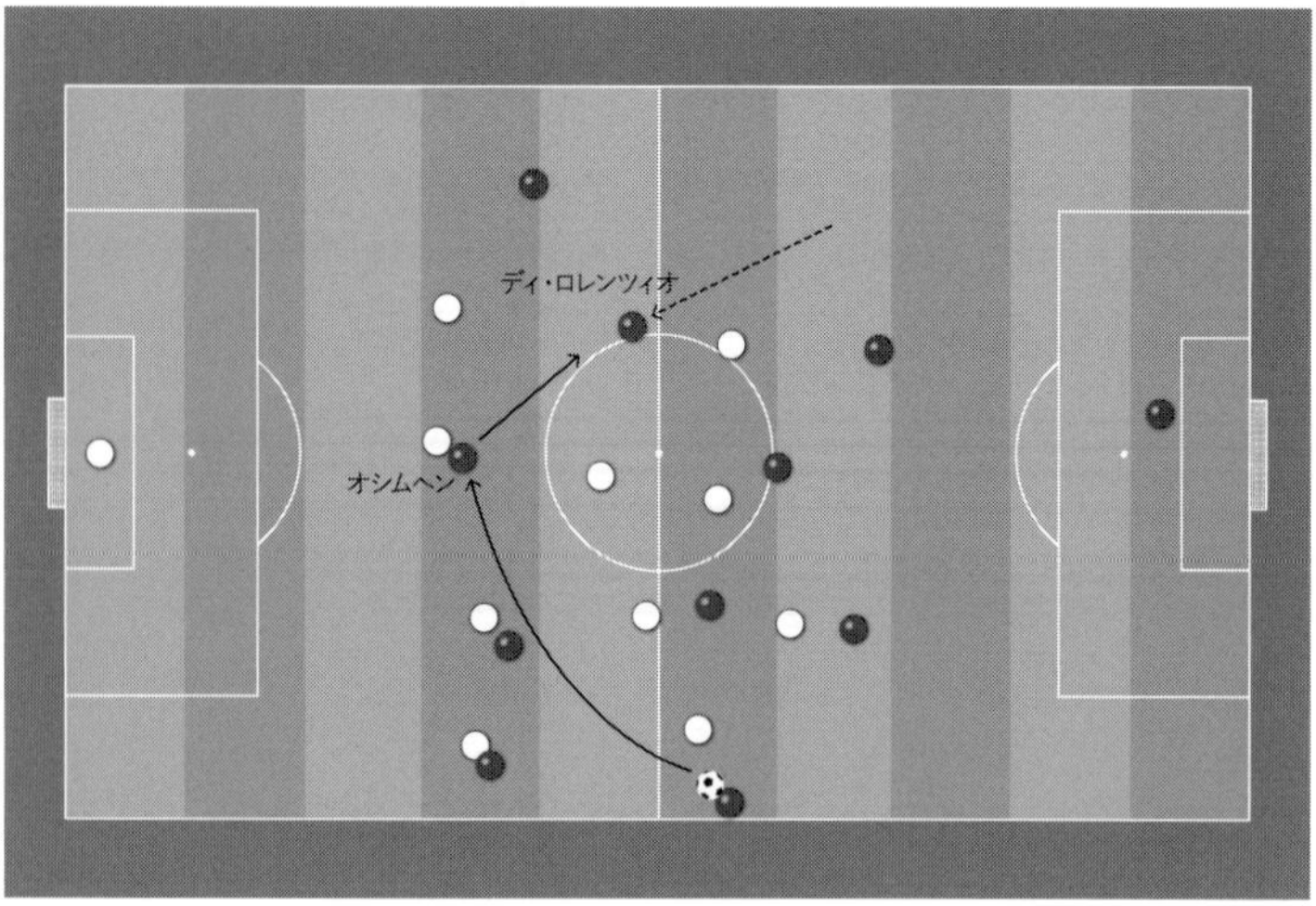

た位置で守りにつくのを見てオーバーラップを選択することで敵SBに対して数的優位を作ったかと思えば、味方WGがタッチライン際に立つのを見てインナーラップに切り替えることもできる。

左SBのマリオ・ルイは個での打開を期待できるクヴァラツヘリアとの位置関係を大切に、ハーフスペースでのサポート役兼セカンド回収役や、クヴァラツヘリアのカットインに合わせたオーバーラップを仕掛ける等、黒子として今季のクヴァラツヘリアの活躍を支えている。強力なカットインを備え、アタッキングサード攻略における最重要人物となっているクヴァラツヘリアのサポートは非常に重要であり、SB陣の優れた状況把握と判断力がナポリの攻撃に厚みをもたらしている。【図10「マリオ・ルイのサポート」】

SBの彼らが上がった際はWGが引く等してリスク管理が行えているのも特徴だ。WG・IH・

【図10「マリオ・ルイのサポート」】

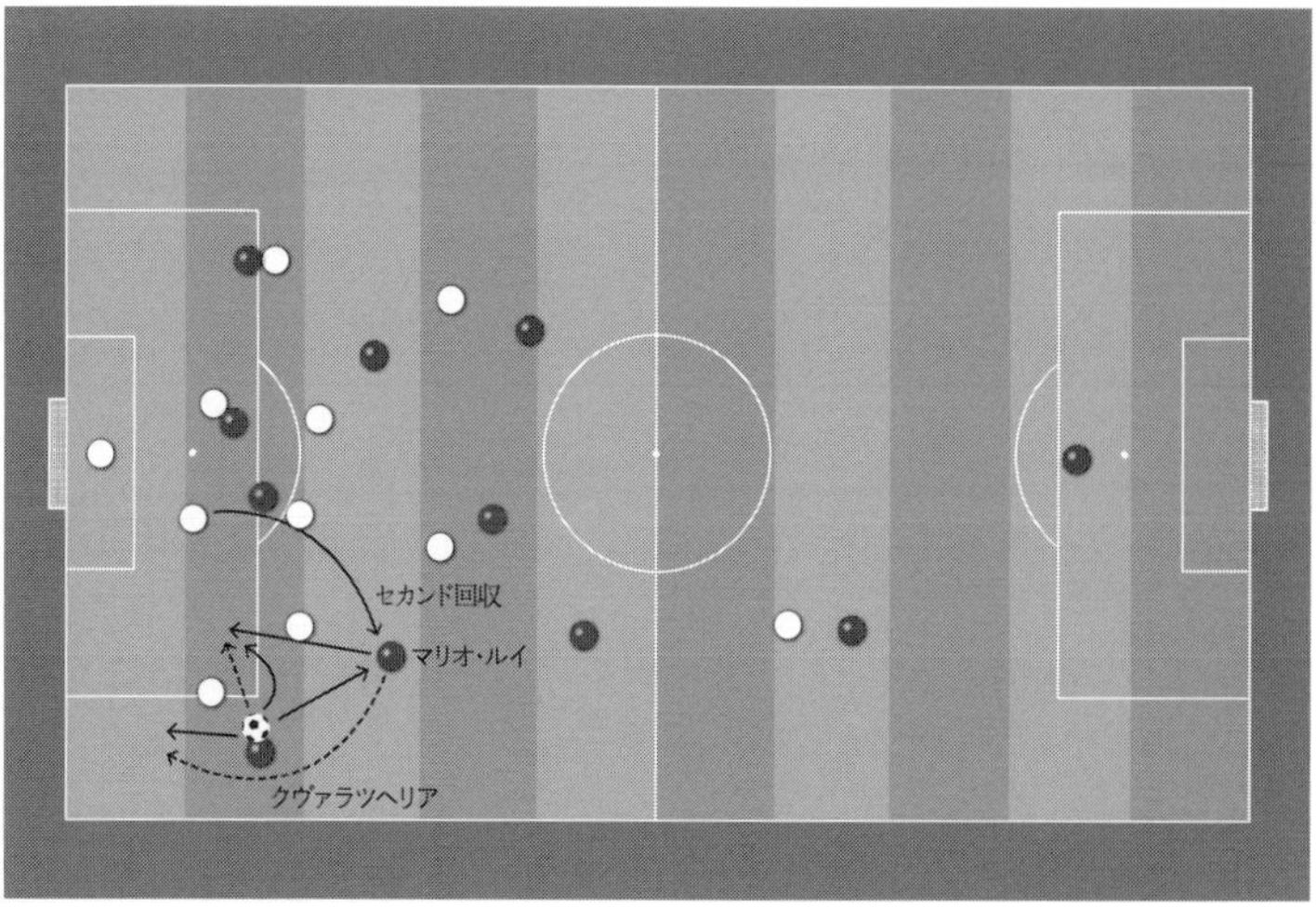

SBのユニットのうち、一人が必ず低い位置をとりリスク管理される。

CL決勝トーナメント1回戦となったフランクフルト戦2ndレグの2点目は、内に絞るSH鎌田の位置を見てオーバーラップを仕掛けたディ・ロレンツォがそのまま前線に残り、逆サイドからのサイドチェンジに合わせてインナーラップを仕掛けたことで生まれている。この際、後方にはザンボとマリオ・ルイが残り、リスク管理までが万全になされていた。

■左サイド攻撃

ナポリの左サイドには推進力あるドリブルでチャンスメイクのできる攻撃の要・クヴァラツヘリアが君臨する。この左サイドではアタッキングサードに入る前段階からWGクヴァラツヘリア、IHジエリンスキ、SBルイによる細かな連携が試みられる。トリガーとなるのはジエリンスキだ。彼がロボツカの

【図11「ジエリンスキ」】

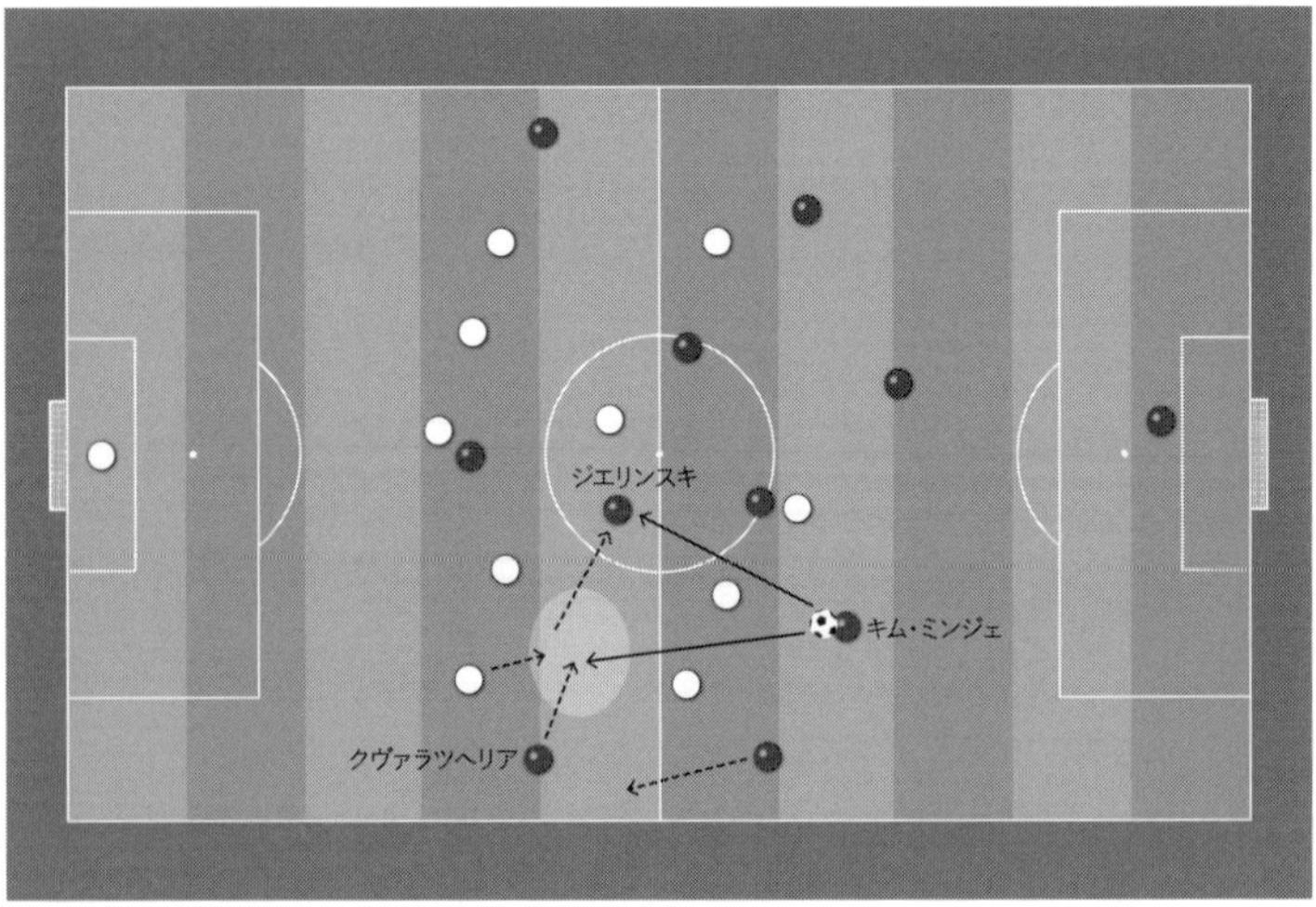

脇に降りる、もしくはトップ下の位置に絞る形で、彼が元いるスペースを開けた時に連携が生まれる。

　ジエリンスキがトップ下の位置に絞ることで、CBキム・ミンジェやアンカーのロボツカには、敵CH間へのパスコースが提供される。【図11「ジエリンスキ」】

　この状況で、CBキム・ミンジェがパスを出せるちょうどよいタイミングでクヴァラツヘリアは斜めに絞って降りる。この動きに対して敵WBが絞ればSBルイがサイドを駆け上がっていく。

　ジエリンスキが下りるパターンでも同じだ。彼が空けたスペースにクヴァラツヘリアが入り込み、ボールを受けてターンしたジエリンスキから楔が送り込まれる。

　この2人による連携攻撃はもう一つ見られる。

【図12「連携」】

　クヴァラツヘリアとジエリンスキがほぼ並行に位

【図12「連携」】

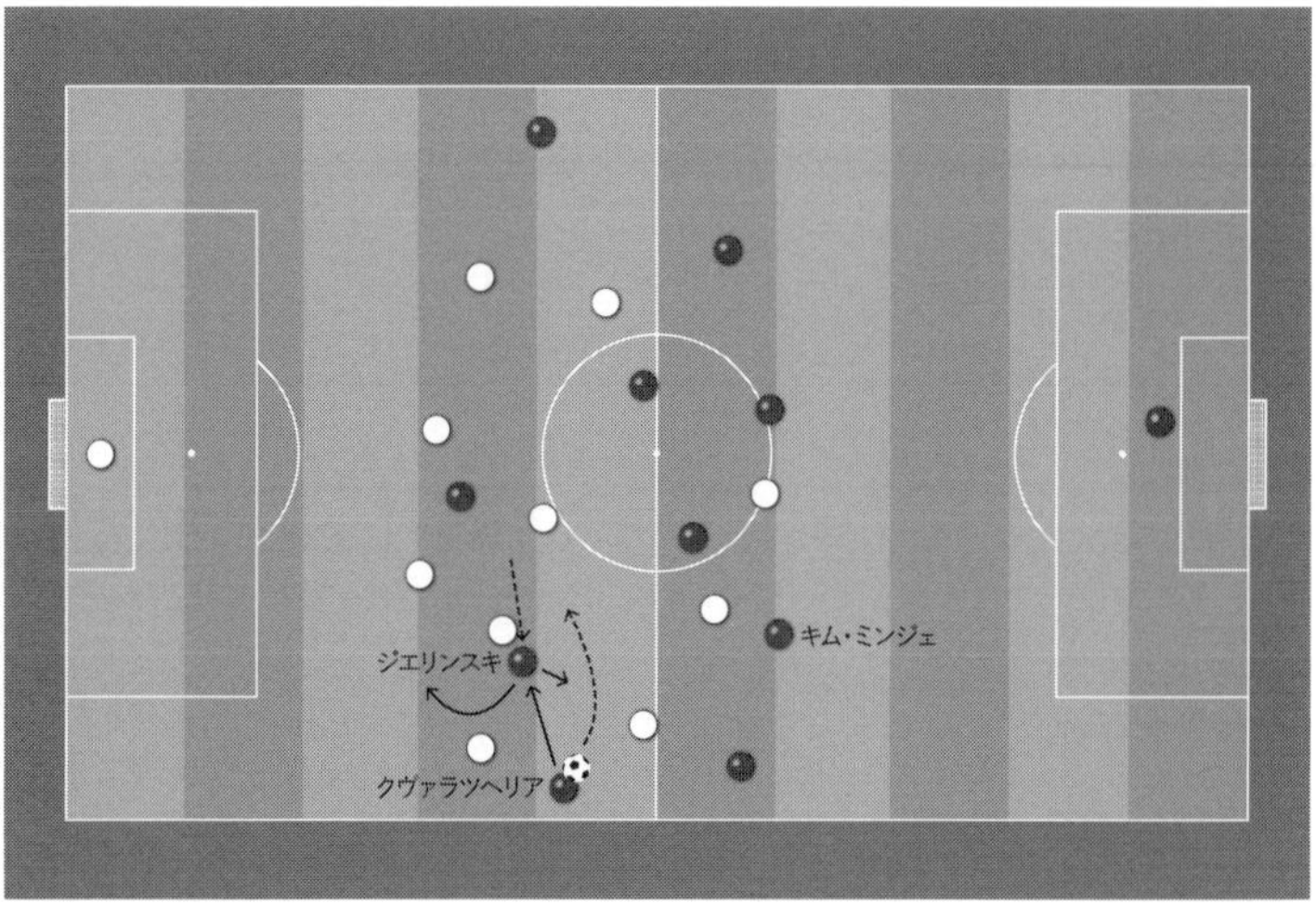

置した状態で、クヴァラツヘリアがワンツーで内側に抜ける連携だ。ロボツカの例に挙げたものとほぼ同じである。ハーフスペースに位置したジエリンスキが敵ＣＨをブロックすることでクヴァラツヘリアが自由になることができ、場合によってはジエリンスキが自分自身で縦に抜けることもできる。こうした細かなユニット攻撃で敵陣を突破していくのが左サイド攻撃の特徴だ。

このプレーにも言えることだが、ナポリは外と中を巧みにリンクさせることでチャンスを作っている。後述のサイドからのロングボールから始まり、ディ・ロレンツォはインナーラップでＷＧと関わることができ、クヴァラツヘリアやロサーノは後方へのドリブルで敵を外して中央のロボツカにボールを預けることができる。いずれのプレーも、サイドのプレイヤーによる中央とのリンクの重要性をうかがわせる。

■ロングボールとオープンな展開

こういったショートパスとポジションチェンジを用いたビルドアップが相手のプレッシング等で抑え込まれてしまった場合、ナポリがとる策はロングボールとプレッシングだ。まずここではロングボールについて見ていく。

ロングボールのターゲットとなるのはオシムヘンであり、彼の能力だけでロングボールによる前進を完結、シュートに持ち込むこともできる。パワー・高さ・スピードを兼ね備えた彼に両ＷＧを加えた３vs３のエリアにロングボールを送り込むのがナポリのロングボール戦術だ。【図13ロングボール」】

オシムヘンを狙ったボールが送り込まれると、サイドに張ったWGは中央に寄っていき、セカンドボールをDFライン裏やオシムヘンの手前で回収する。4バックが相手でも3vs3にもっていくために、先述の中盤の配置で相手選手を1人DFラインからおびき出しておく傾向が強い。

これは相手のプレッシングを回避し前進するとともに、オープンな展開へと移行するという効果もある。ロングボールの蹴り合いになり、両チームが間延びし、ピッチに大きなスペースが生まれるようになれば、ジエリンスキやクヴァラツヘリアといった推進力あるドリブラーが水を得た魚のように躍動、ピッチを切り裂きゴールに迫ることができるのだ。

クヴァラツヘリアが今季セリエAで最も大きなインパクトを残している選手のひとりとなっているのは、彼の能力に加えてこういったナポリの戦い方も大きな要因となっている。実際対峙したACミラン

【図13「ロングボール」】

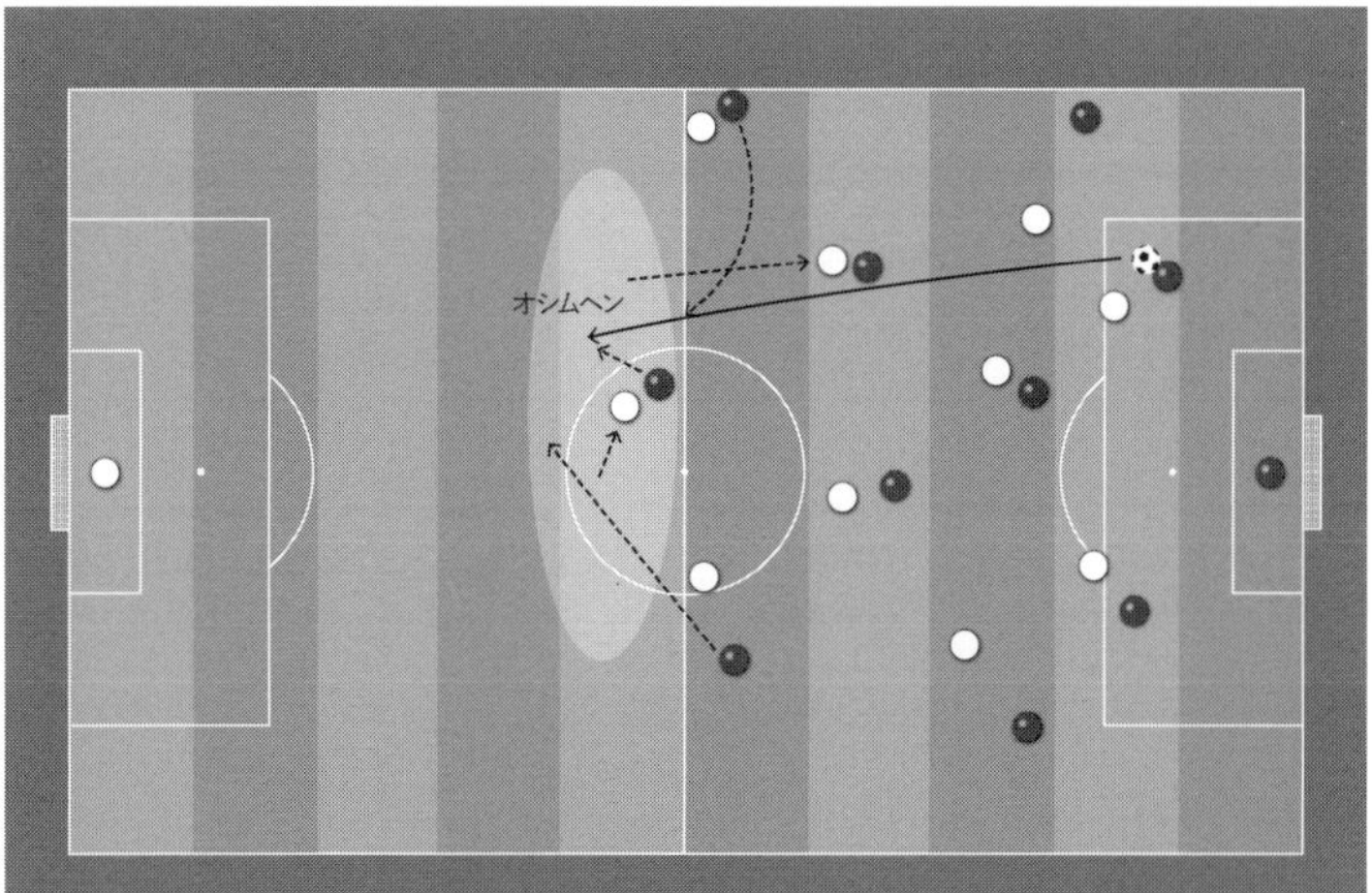

のカラブリアやフィオレンティーナのドゥドゥには抑え込まれるシーンも見られ、個人能力での打開だけでは難しい。

ＣＦがラスパドーリやシメオネの場合は空中戦の強さは無いもののポストプレーやシュート技術の高さ、ゴール前での抜け出しやスピードに長けるため、ロングボールは裏のスペースやセカンド回収を狙ったものへと変わる。

シーズン中盤からは、ロングボールにもう一つのオプションが加わった。サイドから中央への斜めのボールだ。ＳＢやＷＧから中央に向かって送られる斜めのボールに対し、ハーフスペースの選手が拾えない場合は全てオシムヘンの元へとこぼれていく。配置上、当然だ。【図14「斜めのパス」】

前線からプレスをかけるチームであればＣＨは前から選手を捕まえに出ているためオシムヘンへのパスコースをケアできる位置には立っていない。この

【図14「斜めのパス」】

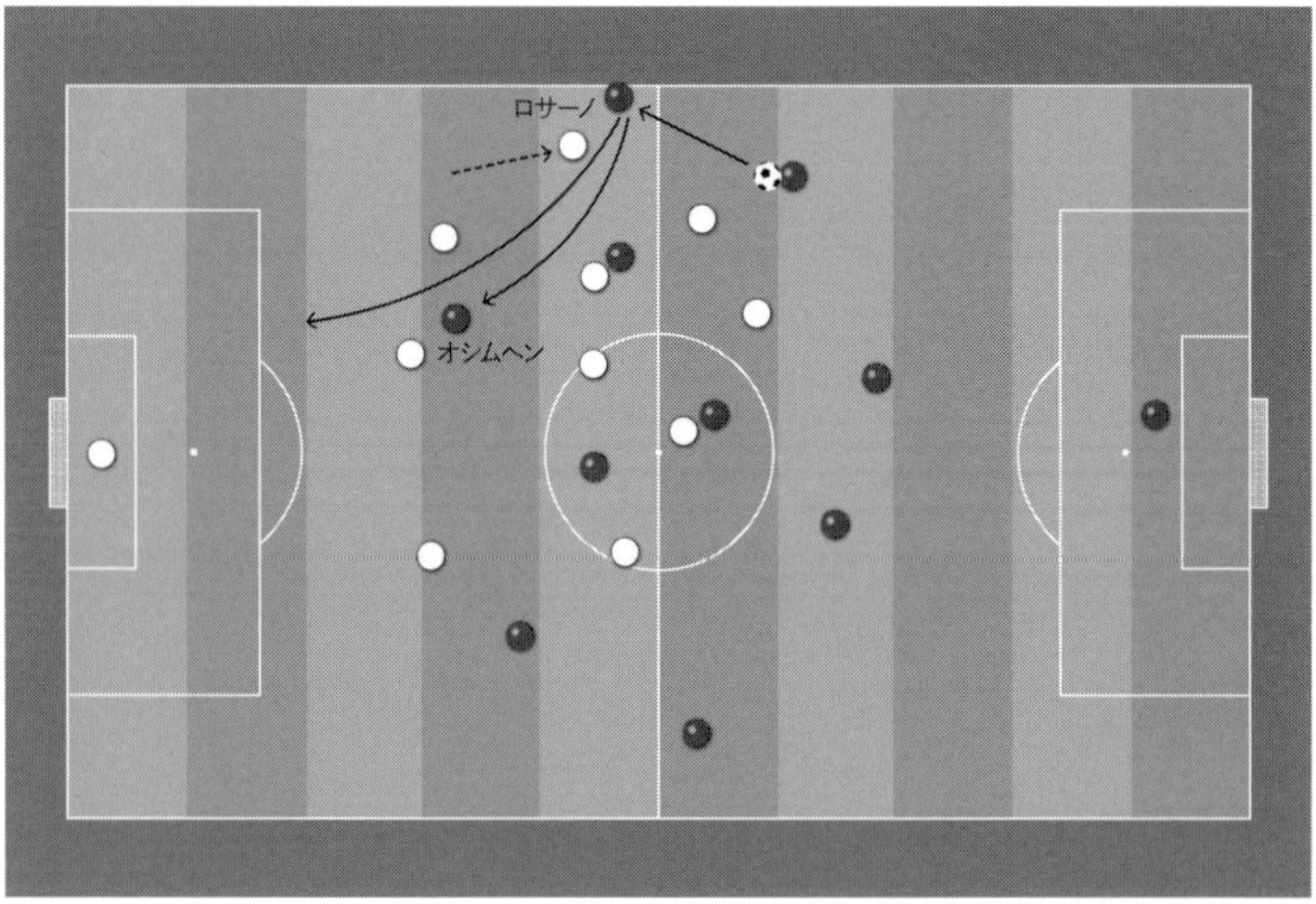

斜めのボールをオシムヘンが収めることで前進していく。多くのケースでオシムヘンが処理して攻撃を展開してみせた。

特にWGがSBを釣り出した状態＝DFラインが1枚減った状態であれば、ほとんどのケースで逆脚ダイレクトのロブパスを送り込んだ。これはオシムヘンが敵CBと1vs1になるような状況であり、敵CBに対してパワー・スピード・高さのうち勝るもので勝負をかけてボールを収め、シュートまで持ち込むことも可能だ。リスクをかけない攻撃手法でもある。

サイドに張り出すディ・ロレンツォと絞ったポリターノでも同様の関係性が見られ、チームとして刷り込まれている。

■局面を転換させるプレッシング戦術

組み立てに苦労する場合、オープンな展開に持ち込むことで、クヴァラツヘリアやジエリンスキの推進力を活かした打開を図ることのできるナポリ。彼らがオープンな展開に持ち込む手段はロングボールの他にもある。プレッシングだ。

ナポリのプレッシングにおいて、カバーシャドウを用いてアプローチをかけるのはCFのオシムヘンのみだ。押し込まれた状態でもチームを鼓舞してプレッシングの先陣を切っていく。当然オシムヘンだけではカバーできない場合も多く、後続メンバーがマンツーマン気味に対応していく。これがナポリのプレッシングのベースとなる。

「どの選手に誰がつくか」は毎回固定ではなく、自身の近くの選手に前から合わせていき、後方で帳尻を合わせていく形となっている。

特に中盤は流動的だ。多くの場合左IHのジエリンスキがCBへアプローチをかけるためオシムヘンの高さまで前進していく。その後方、敵の中盤3枚に対しては対応が分かれる。

①ロボツカが敵アンカー、キム・ミンジェが敵右IH【図15「プレス①」】

②ザンボが敵アンカー、ロボツカが敵右IH【図16「プレス②」】

プレッシングの噛み合わせとは、試合や状況によって異なる。例えばCLリヴァプール戦であれば、敵右IHに対して左SBがアプローチをかけ、右WGサラーに対してはCBキム・ミンジェがケアす

【図15「プレス①」】

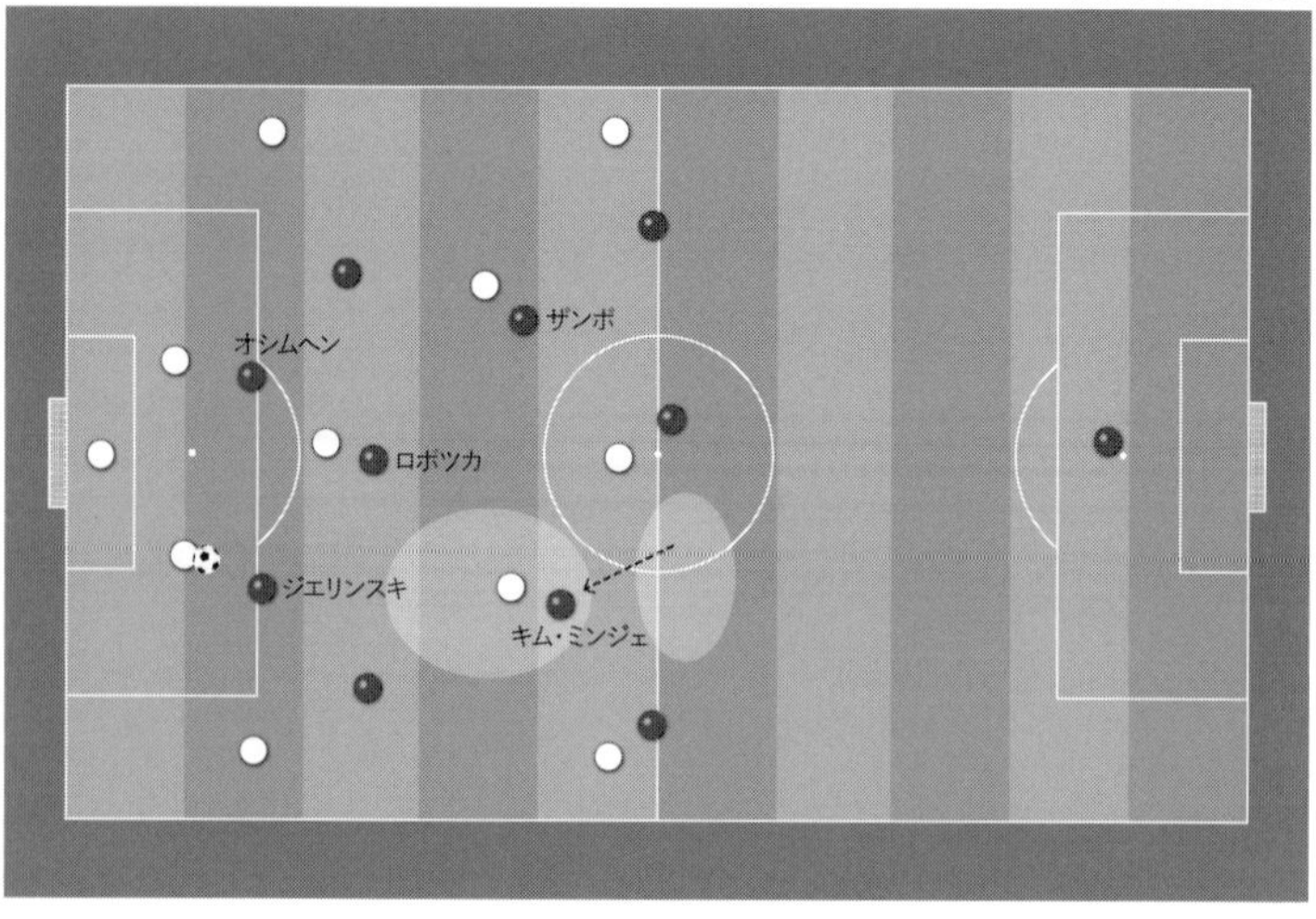

るような場面も見られた。

　マンツーマン気味に合わせてロングボールを選択させ回収するのがナポリのプレッシングとなる。状況に応じてマークの相手を切り替えていくが、ここがあやふやになる場面も決して少なくない。その場合はゾーン気味に切り替え、前線でのボール奪取からリトリートに変化させていく。

■守備戦術のウィークポイント

　守備のウィークポイントは大きく2つだ。

①プレッシングにおけるマンツーマンの齟齬
②撤退守備時の中盤の連携

　まずはプレッシング時のマンツーマンの齟齬だ。上述の通りマンツーマン気味に前からアプローチをかけていくが、都度マッチングの相手が異なる。その

【図16「プレス②」】

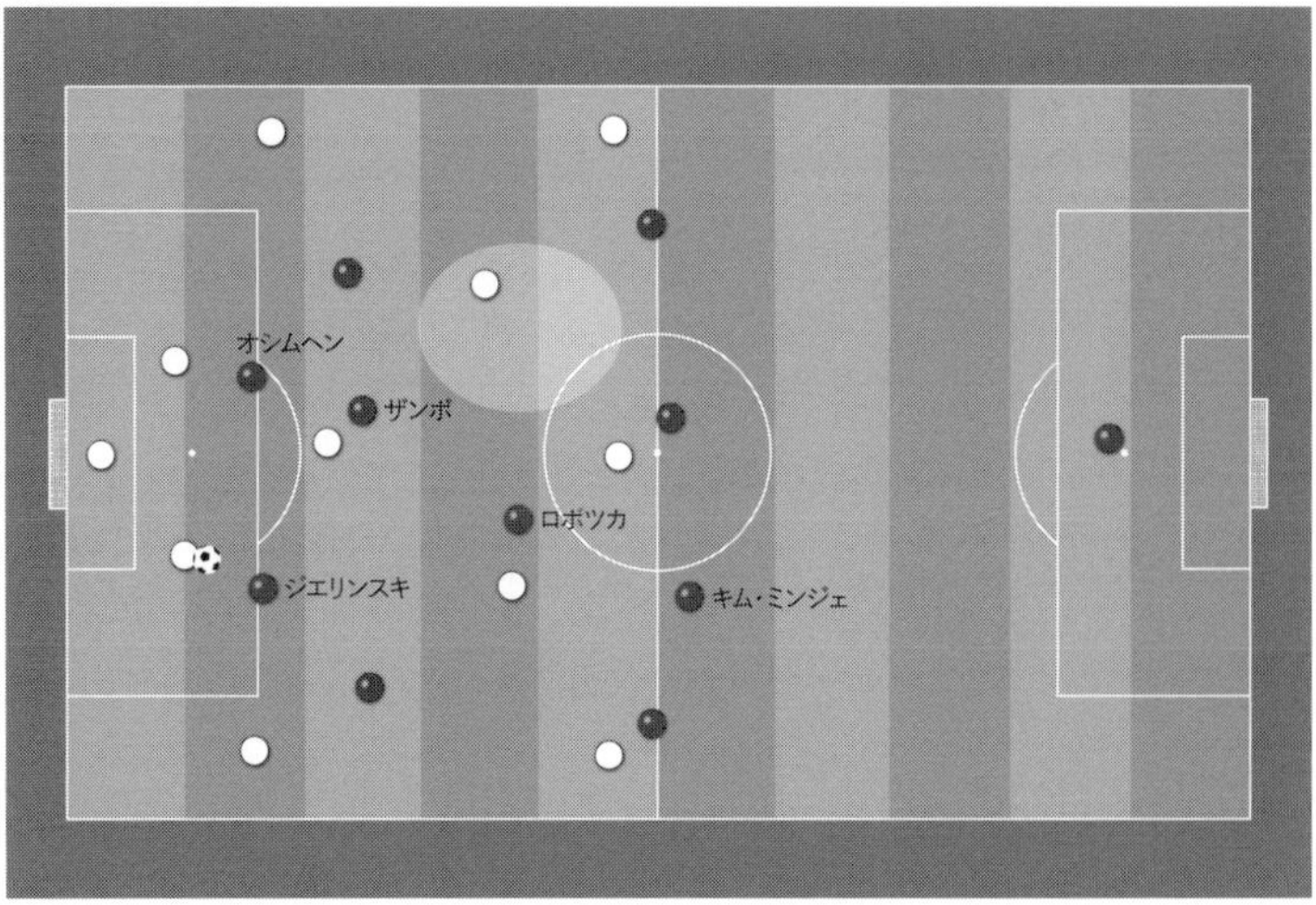

ため役割の変化についていけずにギャップが生まれてしまうケースも見られる。流動的となるのは中盤であるため、最も多いのは敵ＩＨがフリーとなる形だ。

例えば

①ロボツカが敵のアンカーを見るために前進するものの、キム・ミンジェが前進しきれずに敵右ＩＨを抑える選手がいなくなってしまう

②ロボツカが右ＩＨ、ザンボがアンカーを抑えるものの、逆サイドのＩＨに手が回らずにそこにセカンドが落ちるようロングボールを送り込まれる

といった形だ。ＤＦライン手前のケアは大きな課題となる。

そして撤退守備にも課題が残る。特に前季から課題となっているのは右ＩＨザンボの背後のスペースだ。ザンボは背後のスペースを消す意識が希薄で、高頻度で楔のパスを通されてしまう。右ＷＧポリターノが絞って引いて守備をすれば、サイドに大きなスペースを与え、対応が後手に回ってしまう。その空いたサイドからロングボールを入れることもできる。左ＳＢのマリオ・ルイは小柄であるため、敵の左ＳＢ→右ＷＧへ対角のロブパスが送り込まれると対応が難しくなる。

ナポリの撤退守備は効率よく敵の攻撃をからめとれるものではなく、人海戦術で耐え忍ぶものとなっている。ただしＤＦラインの連携とカバーリングに関しては非常に優れており、守備局面においい

て大きな支えとなっている。

■CL敗退にみるウィークポイント

CLは組み合わせで見ても決勝進出が期待されたが、準々決勝で同じセリエAのACミランの前に敗れ去ることとなった。

この試合ではナポリのウィークポイントが露呈されることとなった。まずは上述の守備時の問題だ。

CHクルニッチを右後方に落として3バック気味に攻撃を組み立てるミランに対してプレッシングがはまらずDFライン手前に大きなギャップが生まれると、そこにロングボールを落とされた。プレスをひっくり返されると、DFラインのみで守るようなシチュエーションが増え、マイナスクロスに対応できないシーンも見られた。

そのマイナスクロス以上に脅威となったのがラファエル・レオンの存在だ。長身の彼はロングボールのターゲットになるだけでなく、推進力溢れるドリブルで敵陣を切り裂くこともできる。ナポリはオープンな戦況で彼を止めることができなかった。

ナポリはメンバーを固定してシーズンを戦ったことによる疲労、そしてCL準々決勝というプレッシャーに晒されていた。そういった点も影響してか、ビルドアップを早々に諦めてロングボールを選択することが多かった。リスクが少ないとはいえ、相手を自陣に引きつけるという前提が崩れれば、スペースが生まれないため連動してロングボールの機能性が落ちるのは上述の通りだ。プレッシングが決まりにくい状況でロングボールにより逆に攻撃を作られ、レオンの個の能力に屈する。まさにナポリのやりたいことをＡＣミランにやられた形となった。

■おわりに

ナポリの爆発的な攻撃力を支える「３本柱」は、「ビルドアップ」、「ロングボール」、「プレッシング」である。

中盤とＳＢが柔軟にポジションを変化させるレアル・マドリードにも似た優れたビルドアップをベースとし、相手のプレッシングにより手詰まり状態に陥ったらオシムヘンへのロングボールを選択。加えてプレッシングも利用してオープンな展開に持ち込み、クヴァラツヘリアやジエリンスキの推進力を活かしていく。

ビルドアップに複数パターンを持たせるというよりも、ロングボール、カウンター、オープンな展開での個を活かす戦い方と様々なオプションと各局面での強さを備え、別の戦術を用いて局面を転換し、打開できるのがナポリの強さの秘訣だ。

試合の大半はナポリがボールを保持する状態で進んでいくが、試合を動かすのはロングボールやプレッシングとなることが往々にしてある。

また、ナポリは攻守の人数バランスに優れている。ＳＢ、ＷＧ、ＩＨというサイドのユニットでリスク管理を行い、状況によってはWGが後方でリスク管理を行う。

ボール保持を行うチームにとって、ボール保持以外の部分で違いを出せるかというのは大きな意味を持つ。22-23シーズンのナポリが勝利を重ねてきたのは、こういった戦術の幅の広さが一大要因であることに疑う余地は無い。

第3章

Manchester City

ENGLAND PREMIER LEAGUE

マンチェスター・シティ
Manchester City
ENGLAND PREMIER LEAGUE

season 22-23

「教科書的配置」と「進化型3-2-5」徹底解剖

現代サッカーを語るうえで欠かせないのが、ペップ・グアルディオラ率いるマンチェスター・シティだ。研究熱心な彼は常に世界の戦術の最先端を行く。どの監督よりも安定した成績を残しており、22-23シーズンはプレミアリーグだけでなく、FA杯とチャンピオンズリーグをも制覇。3冠という偉業を成し遂げた。彼が世界最高の監督の一人であることは疑う余地もない。

そして成績だけでなく特筆すべきはその内容だ。22-23シーズン前半は敵のシステムに応じて2バック、3バック、4バックと柔軟にシステムを変更して戦った。後半には一定の流動性を維持しつつ、あらゆる相手に対応しうる汎用性を「3-2-5」に持たせて戦うことに成功した。「3-2-5の進化」が後半のシティのキーワードだ。

今回はそんなペップ・シティのサッカーを、攻撃戦術を中心に徹底的に解剖していく。相手のシステムに応じてペップがどのようなシステムを採用し、どのような攻め筋を見せたのか。それはシステムの噛み合わせと攻め筋の教科書であり、現代サッカーを理解するうえで大きな意義のある学びとなるだろう。

そして、シーズン後半にペップが進化させた「3-2-5」はどのようなものであったのだろうか？

■基本布陣（シーズン前半ベース）

GKは圧倒的なキック精度を誇るエデルソンが絶対的な存在として君臨する。CBに入るルベン・ディアス、アカンジ、ラポルト、ストーンズ、アケは皆足元の技術に長け、ビルドアップで貢献できるプレイヤーだ。

SBは右に強靭なフィジカルと圧倒的なスピードを誇り偽SBとしても花開いたウォーカー、ポジショニング能力が高く狭いエリアでも活きるリコ・ルイスが起用される。シーズン前半の左SBはアウトサイドを駆使した高精度のパスを供給できるカンセロが入り、後半はカンセロの移籍によりアケが起

【マンチェスター・シティ「基本布陣」】

用されることが多くなった。

アンカーのロドリもポジショニング能力が高く、DF陣と前線を繋ぐチームの核となっている。IHには高低どちらでもリンク役をこなすギュンドアン、強烈で正確なキックとスプリント力を活かしアシスト・得点のどちらもこなすことのできるデブルイネが入る。右ウイングはアジリティと守備能力、豊富な攻撃の選択肢を備えた多彩なベルナルド・シウバ、抜け出しとドリブル能力に秀でるマフレズ、キープ力のあるフォーデンが起用され、左ウイングはドリブル突破とプレーの判断能力に長けたグリーリッシュが入る。

CFには圧巻のパワーとスピードで得点を量産したハーランド、スピードとリンクプレーが得意なアルバレスが務めた。

■チームのスタイル

マンチェスター・シティの特徴はなんといってもビルドアップにある。複数のパターンを持ち合わせ、相手に応じて形を変えながらゆったりと前進を図るため、ポゼッション率はリーグトップだ。

それだけでなく前線にスペースが空けばすかさずハーランドにロングボールを送り届けるという選択肢も持ち合わせている。

ボールを奪われた際は即時奪還を図り、ショートカウンターや攻撃の再構築を行う。

相手がボールを保持する局面ではWGやCFが攻撃方向に制限をかけるようにプレッシングを行

い、他のメンバーがマンツーマン気味に敵につくことで敵の攻撃の猶予をそぎ落としていく。

■パスの回しにおける共通認識

シティのビルドアップは変幻自在に形を変える。それでも変わらない、不変のルールが存在する。彼らは中央で主導権を握るため、ＣＨがボールに触れる回数が多い。どのポジションの選手も陣形の中心であるＣＨを経由することでチームとしての攻撃の選択肢を狭めることなくボールを前進させようという意識が強い。

こういった意識のもと、相手が中を固めた状態になって初めてワイドの選手を使っていく。例えばＣＢがボールを持っている際、単純にワイドの選手にパスを送るのではなく、ＣＨに一度ボールを預け、その場でリターンをもらったのちにワイドの選手にパスを送る。

この1つのリターンでシティの選手の位置取り自体に変動はない。しかし、ボールの動きにつられて相手の守備陣が内側に収縮するため、ワイドが空く。つまりこのリターンを1つ入れるだけでワイドの選手にボールが渡った際の「時間」と「スペース」を提供できる。そのためプレー幅とクオリティが飛躍的に上昇するのだ。

ワイドの選手がボールを持った際、スペースと時間の問題、両チームの配置から判断し、数ある選択肢のいずれも可能性が低いと判断すれば、潔くボールを下げて攻撃のやり直しを行う。この「ダメなら戻す」の判断が的確で早いのも重要だ。無理なトライは攻撃のクオリティを大きく低下させるうえにチームのテンポを乱すことにつながる。

CBからCHにボールを入れられるタイミングでパスを送り、そこから先の中央の楔がだめならCBにリターンを返し、空いたサイドに展開。サイドから打開ができなければ後ろに戻してやり直して中央を狙う、という形で前進において効果的な順かつ成功確率の高い順にソートをかけながらプレー選択をしていく。その判断力と、どのプレーが効果的であるのかという共通認識が優れているため、まるでひとつの生き物のように連動して前進できるのがシティの優れた点だ。

■ウイングの武器(質)は「突破力」にあらず

ワイドの選手はグリーリッシュ、マフレズ、ベルナルド・シウバ、フォーデンと、ドリブル技術に長けたプレイヤーが顔を揃えている。しかし、ほとんどのケースで利き足とは逆となるサイドで起用される(例えば右利きのグリーリッシュは左サイドで起用される)ため、縦方向へドリブル突破をしても逆足でのクロスとなり、さほど脅威とはならない。

シティのウイングはよく「質が高い(=突破力がある)」と表現される。もちろん彼らはドリブルの技術に長けている。しかし彼らは縦へのドリブル突破以上にプレーの選択肢の豊富さに特徴がある。突破のドリブルは数ある選択肢のひとつに過ぎない。

ワイドにてボールを足元で受けた彼らの選択肢は以下の通りだ。

①カットイン（敵スライドの逆ベクトルへ）〈逆足〉
②前線の数的優位の活用（逆サイドでフリーとなるワイドの選手への展開）〈逆足〉
③対角、ゴール前へのロブパス（ドリブルアット、視野操作）〈逆足〉
④GKとDFの間にアーリークロスを送り込む〈順足〉
⑤チャンネル（SBとCBの間）ランを狙うIHへのスルーパス
⑥溜めを作り、IHデブルイネのオーバーラップを使う〈主にvs5バック〉
⑦ハーランドを狙ったクロス
⑧ワンツーパス
⑨縦への突破からマイナスクロス
⑩後ろへのドリブルで敵のプレスから抜け出す
⑩後ろにパスを戻してやり直す

逆足ウイングは基本的に中への展開を模索していく。内側や後ろにボールをコントロールしてからの中央や逆サイドへのロブパス、チャンネルへ抜けるIHへのパス等だ。

先述の通り、「ダメなら戻す」の判断の早さと的確さも求められており、数ある選択肢からどれを採用するかという判断が非常に重要となる。

ドリブルが武器となるが、それ以上に「選択肢の豊富さ」で敵DFを困らせるのだ。

シティのWGは勝負所を見誤らない。状況を的確に読み取り、勝てる勝負を選んで仕掛けていく。

彼らにとってのドリブルはパスコースを作り出すためのものであることが多い。特にグリーリッシュは後ろ(自陣方向)にドリブルする機会が多い。サイドで奪おうという敵の守備の狙いを外しているのだ。これはチームとしての攻撃の選択肢を広げるためには非常に重要なプレーである。「サイドで奪いたい」という相手チームの狙いを外して中央にボールを返しているのだから重要であるのは当然だ。縦への突破よりも後ろ向きに外す形でドリブル技術が活かされている。このやり直しから再びボールを受けた際、豊富な選択肢で勝負できれば御の字なのだ。

■ワイドの選手に時間とスペースを与えるために

シティはワイドからの攻撃に多様なパターンを備えている。ただし、それを活かすためにはワイドの選手および前線の選手に時間とスペースを与える必要がある。シティのビルドアップはまさに、「いかにワイドの選手に時間とスペースを与えるか」が一つの目標となっているのだ。では、どのようにそれを作り出していくか?

シティの中央を意識したパス回しは、サイドでスペースと時間を作る手段となる。そして、これとは別に2つの手段が存在する。

まずはウイングの選手の個人戦術だ。主に降りる動きと裏への抜け出しとなる。裏へ抜ける動きはDF陣に対して最大の恐怖を植え付けることができる。ゴールに直結する動きとなるからだ。これとは真逆の降りる動きはマークを逃れてボールを呼び込みやすくなる。

マークの選手がDFラインを離れて食いついてくれれば、DFラインの枚数を1枚減らすことに繋がる。DFラインの枚数を減らすことができれば、ハーランドやIH、逆WGが飛び出すためのスペースが増えるということになるため、それはWGだけでなく、ボールホルダーの選択肢の増加に繋がる。

この降りる動きと裏に抜ける動きを繰り返すことによる駆け引きが試合を通して行われている。抜ける方向は内と外の両方を備えている。

また、ここでいう「ワイドの選手」とは、WGのことだけではない。サイドに流れるIHも同様だ。ギュンドアンやデブルイネも非常に能力の高い選手であり、時間とスペースを与えれば攻撃を一気に加速させられる。

ワイドの選手に時間とスペースを与える手段のもう1点が、ビルドアップにおける「配置」だ。簡単に言えばワイドの選手に手が回らないよう、中央に選手を配置して中を固めさせるのが主となる。

例としては次の3つだ。

①SBを絞らせる(偽SB)
②IHがウイングの手前に降りる(IHがフリーになる)
③敵の中盤の隙間に入る(敵選手を中央に釘付けにする)

「中央を意識したパス回し」、「ウイングの選手の個人戦術」、「ビルドアップの配置」。これらを駆使してワイドを空けて攻撃を展開する。ただし、外一辺倒になれば警戒されるため、中でパスを回して崩せることが前提となる。

では実際にシティはどのように配置を施していったのか？

シティは相手のシステムに応じて配置を変えることのできる柔軟性の高いチームだ。ここからは相手の守備システムに応じたシステムと攻め筋を、シーズン前半戦の戦い方から徹底的に紐解いていく。

基本的に最終ラインの枚数を相手のＦＷの枚数＋1とすることを前提に、全体の配置が決まっていく。

〈表「システム変化と攻め筋」参照〉

■ vs 4-2-3-1

シティは様々な形にシステムを変えていくが、

〈システム変化と攻め筋〉

相手のシステム	シティのシステム	攻め筋
4-2-3-1	2-3-5	SBが敵SHを絞らせる WG or IHが敵SH-SB間を利用する
4-2-2-2	3-2-5	敵SHに対する優位を利用し、HVを起点として組み立てる
5-2-3	4-2-4	敵シャドーを外に広げる 前線4人で中央3レーンを利用する
4-5-1	2-3-5	敵SHを絞らせてSBをおびき出し、DFラインの枚数を減らす 4バックに対する5トップの優位を活用する（サイドチェンジ＋チャンネルラン）
5-3-2	3-1-3-3（3-3-4）	アンカーエリアのスペースとIHに対する優位を活用する ワイドの2レーンを3人で利用する（オーバーロード）
	3-2-5	ピッチ中央で、敵中盤-FW間を利用する（CHがメイン）
5-4-1	2-2-3-3	敵SHを絞らせてWBをおびき出し、4バック化させる IHがサイドに流れてアーリークロスを活用する
4-3-2-1	2-3-5	IH脇のスペースを活用（アーリークロス等）4バックに対する5トップの優位を活用 （サイドチェンジ＋チャンネルラン or IHオーバーラップ）
3-2-3-2（マンツーマン）	4-3-3	ポジションチェンジ、ローテーション、ロングボールを活用
4-3-3	3-2-5	敵中盤-FW間のCH、もしくは敵IH脇でフリーの選手を作り、 4バックに対する5トップの優位を活用する

ベースとなったのは両ＳＢがアンカー脇に絞ることで形成される2-3-5だ。

敵が4-2-3-1の場合、ピッチの至る所で配置のミスマッチが発生する。【図1「4-2-3-1①」】

①前線5枚vs4バックの数的優位
②ビルドアップ5枚+敵前線4枚　数的優位
③IH&SBで敵CHに対して数的優位
④WG&SBで敵SHに対して数的優位

両SBに対して敵SHが絞って対応する場合はWGへのパスコースが大きく空くこととなるため、先述のWGの選択肢のほとんどを使える状態となる。

WGがボールを受けるうえで重要となるのが「ポジションの高さ」だ。敵の中盤ラインまで引いて受けることで相手のSBをDFラインから引きずり出

【図1「4-2-3-1①」】

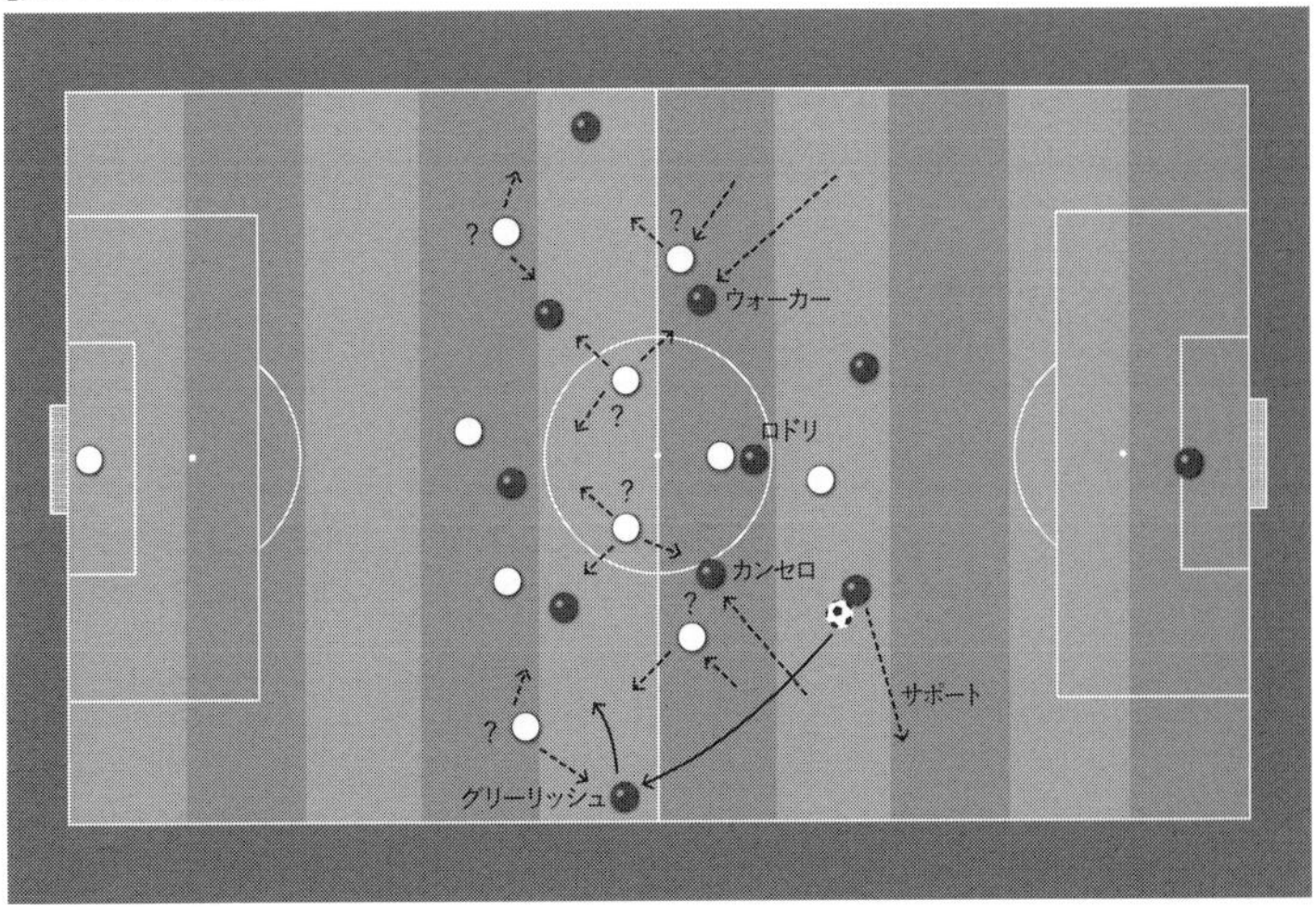

することができる。そうなれば、敵ＤＦラインは横幅を３枚で守らなければならなくなるため、より大きなスペースが生まれて攻撃が展開しやすくなる。ここが非常に重要なポイントとなる。

注意すべき点はＣＢのサポート位置だ。グリーリッシュがボールを受けた際、ＳＢが中央に絞っているため後方へバックパスで逃げるのが難しくなる。そのためＣＢはＷＧにパスを出したと同時にすかさずサイドに開いてサポートのポジションをとる必要がある。

逆に、ＣＢがボールを持った際にＷＧがサポートを行わなければ、ＣＢは外への逃げ道を失ってしまう。ＷＧがあまりに低い位置でサポートをすれば攻撃への関与が弱まり、高すぎるとＣＢが孤立するという難しさが、シティのＷＧのポジショニングに内包される。

ただし、グリーリッシュの場合は溜めを作るプレーが非常に上手く、バックパスの判断にも優れている。後方へのドリブルで味方へのパスコースを作ることもできる。ＣＢへのサポートのパスコース作りが上手いうえに、ＣＢのサポートが多少遅れて自身が孤立しても奪われることなくプレスを脱出してやり直すことが可能だ。

ワイドの選手に求められる能力は突破以上に、「やり直しの技術」と、「最適なプレー選択」なのだ。

中盤に３枚（両ＳＢ＋アンカー）を置くのはカウンター対策にもつながる。セカンドボール回収やネガティブ・トランジションで前進できるプレイヤーが３枚確保されているため広いエリアをカバーでき、守備にも好影響を与える形で攻撃を進めることができるのだ。

ワイドからの展開でサイドチェンジやロブパスも選択肢に持ちセカンドボールの発生が見込まれ

るシティにおいて、この3枚の布陣というのは重要な役割を担っている。

2-3-5は各選手のポジショニングが非常に重要となる。誰かがズレればたちまちに機能性が落ちる。2CBが開きすぎて距離感が遠くなれば、パスの距離が長くなる=足元にボールがついている時間が減る。つまりは中盤の選手にパスを出すタイミングが減ることで彼らとのリンクが弱まり中央での優位性も弱まる。WGの位置が高すぎてCBへのサポートが無ければ、CBの配球が行き詰まる。中央に入るSBが、中に入った後に動き過ぎると、周囲のバランスが崩れる上に中盤の選手同士のパスもなくなり主導権を握れない。自分が誰を引きつけるか、誰とどこでリンクしているかを理解しておくことが重要であり、その共通認識が異様なまでにとれているのがシティの強みとなる。

グリーリッシュへのマークがタイトである場合、

【図2「4-2-3-1②」】

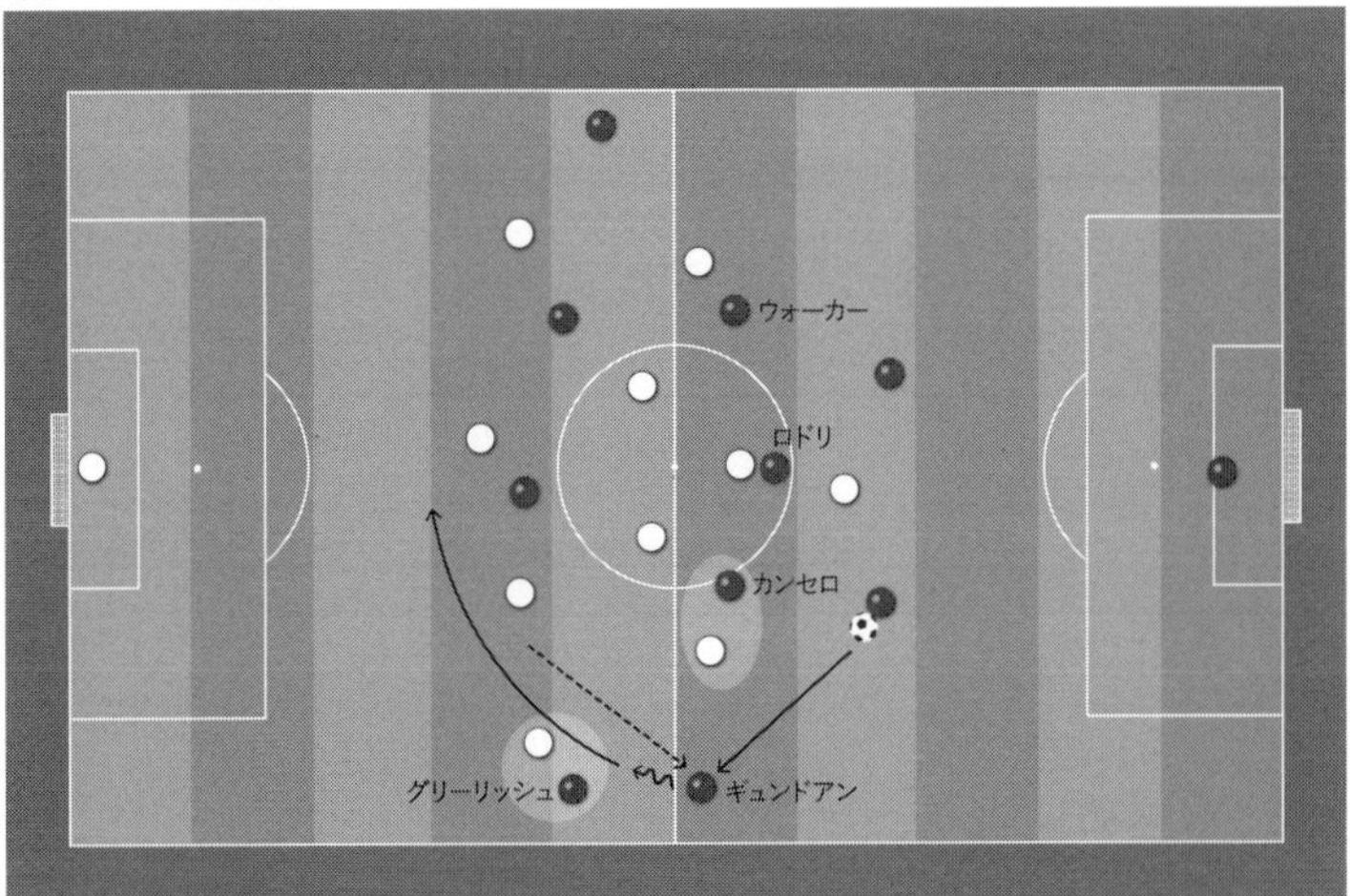

ーＨがサイドに流れながら降りてボールを引き出す。【図２「４‐２‐３‐１②」】

　これはデブルイネ、ギュンドアン共に得意とするプレーだ。彼らのこの動きに対して中央のＣＢやＣＨは出ることができず、ＳＢもグリーリッシュにつく必要があるため、ノーマークで受けやすくなる。ここからドリブルで持ち運ぶ、ハーランドへアーリークロスをあげるといった選択肢を駆使し攻撃を展開することができる。

　敵のトップ下にアンカーのロドリが捕まっており停滞する場合、ロドリはＣＢの間に降りるプレーを見せる。【図３「４‐２‐３‐１③」】

　ただし完全に降りきることはせず、トップ下を引きずり出せる絶妙のポジショニングを見せる。このポジション取りに対して敵のトップ下がついてくれば、空いた中央のスペースに向かって両ＳＢがさらに絞り込む。こうすることで「ＳＢを誰が見るか？」

【図3「4-2-3-1③」】

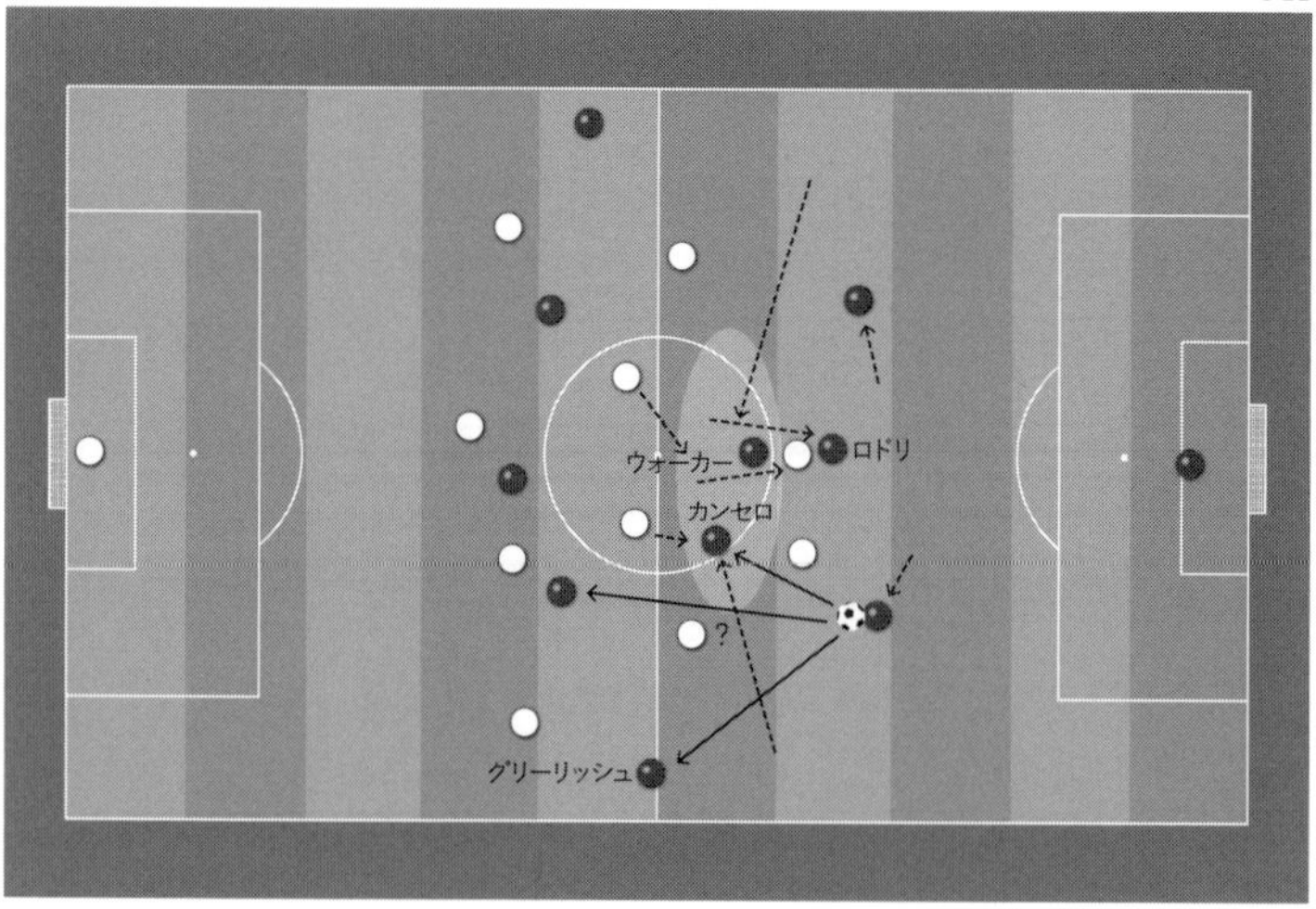

という問題が深刻なものとなる。仮にＣＨが見ることとなれば、その背後のＩＨへのパスコースが明確に空くため、楔を入れやすくなる。

■vs 4-2-2-2

4-2-2-2に関してはビルドアップ策が確立されていると言える。それは3-2-5だ。

シティの場合右ＳＢのウォーカーが絞り、左ＳＢのカンセロがポジションを上げることで形成される。シーズンの経過とともにワイドはグリーリッシュが担うこととなっていく。このシステムもピッチ上の各所で数的優位を生むことができる。【図4「4-2-2-2①」】

まずはボールホルダーの左ＨＶ&左ＳＢ vs 敵ＳＨの優位だ。4-2-2-2というシステムは基本的に中央遮断をコンセプトとしているため、ＳＨは内側を切ってくる。その場合、左ＳＢカンセロがフ

【図4「4-2-2-2①」】

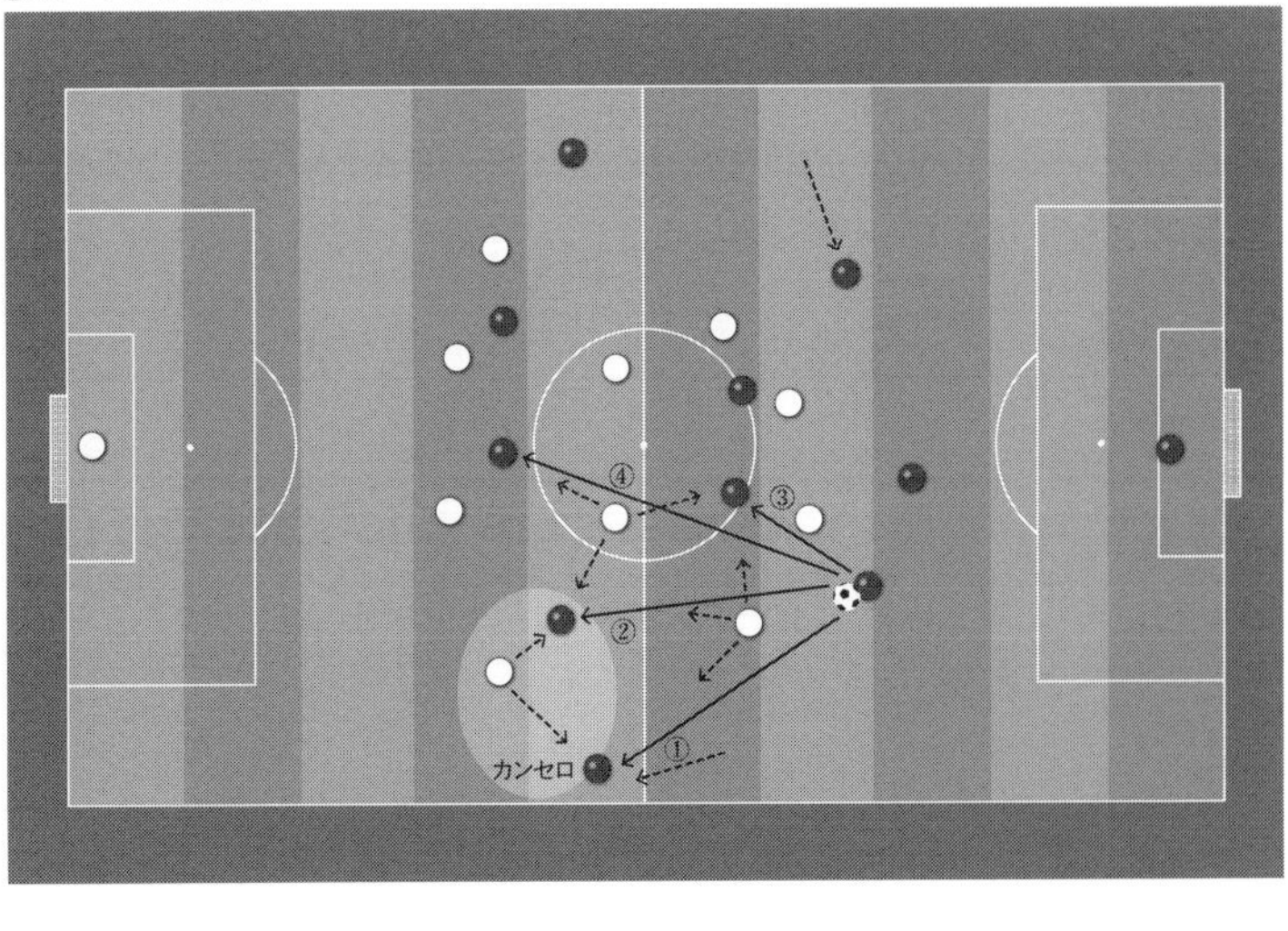

リーとなる。【図4】における①のコースでパスが渡ると、カンセロ&ＩＨ vs 敵ＳＢという優位が生まれる。敵ＳＢがカンセロへアプローチをかければ、ＩＨがＳＢ裏に抜け出していく。

敵ＳＨが外を警戒すると【図4】②のＩＨへのパスコースが空いてくる。この①と②のパスコースが、攻略におけるポイントとなる。

敵ＣＨが低い位置を取り②のケアを行うのであれば、【図4】③のパスを受けるＣＨがフリーになれるため、楔の起点をＨＶより高い位置に持ってくることができる。ＣＨから楔を打てるようになるのだ。

さらに【図4】④、ＣＨ間に位置するＣＦへの楔のコースが空いてくる。

こういった選択肢からどのルートでゴールに迫るのかを、状況を的確に判断して前進していく。

ＨＶに対して敵ＳＨが出てくるようであれば敵ＳＨの背後のスペースを利用していく。このスペー

【図5「4-2-2-2②」】

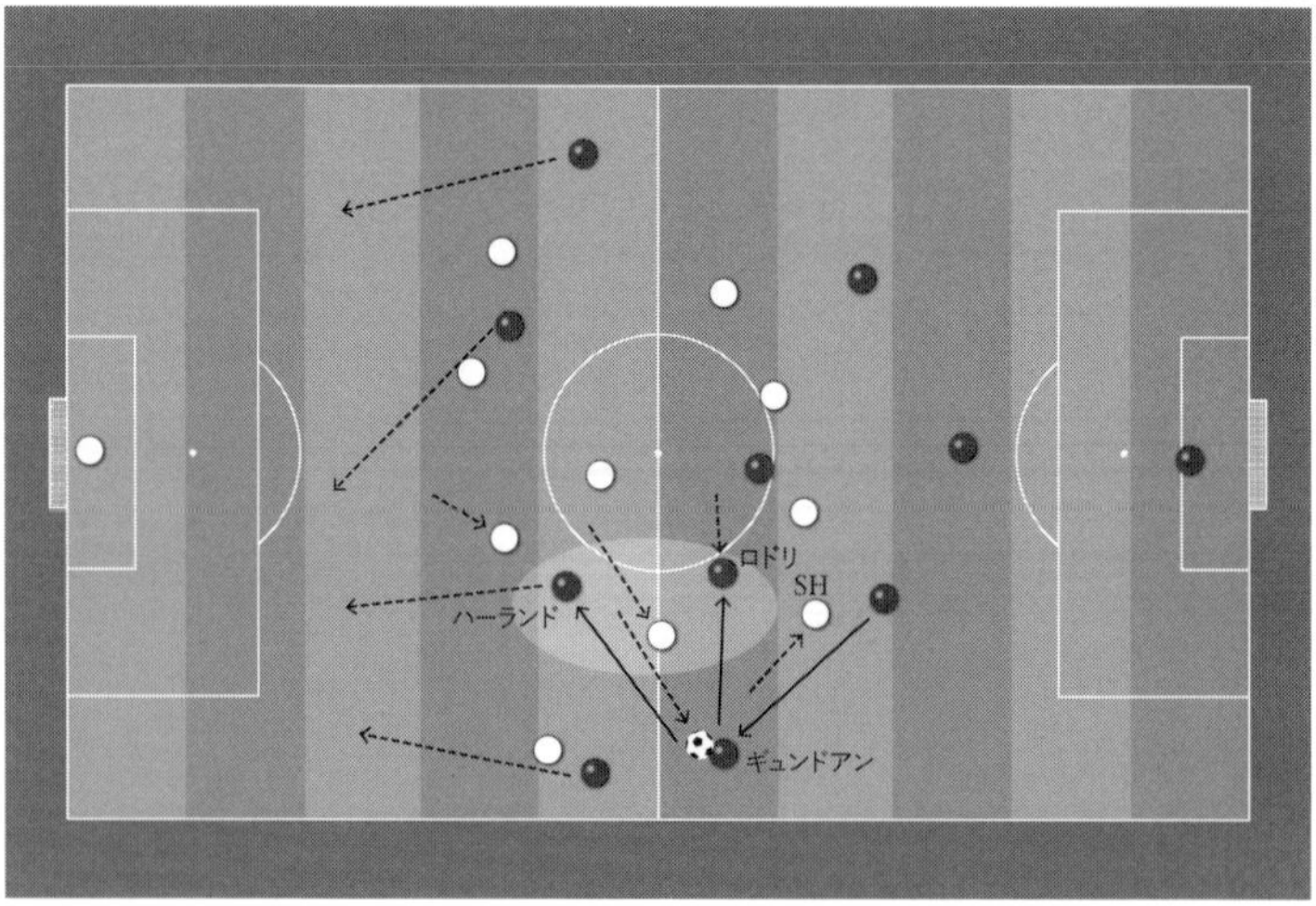

スにＩＨのギュンドアンやデブルイネが流れることで、フリーで敵のプレスを掻い潜った状態を作り出すことができる。【図5「4-2-2-2②」】

ＳＢがＷＧ位置の選手に釘付けにされており出てくることができないため、サイドに流れるＩＨに対してはＣＨが対応することになる。そうなると次はハーフスペースにギャップができあがる。ハーフスペースではＣＨとＣＦハーランドがパスコースを提供する。

つまりＨＶからのパスルートとしてはＨＶ→ＩＨ→ＣＨ（ＣＦ）というルートが効果的なものとなり、サイドを警戒すればＨＶ→ＣＨというパスコースが生まれ、これもまた相手の守備の1stラインを抜けることのできるルートとなった。

中央でパスコースを提供するため、特にシーズン後半のハーランドは降りてボールを呼び込むことが増えた。彼はポストプレーに関しては取り立てて優れているわけではないが、フィジカルの強さとシンプルなバックパスでパスコース提供役となった。また仮に味方3バックへのプレッシャーが弱い場合、ハーランドは低い位置から助走をつけて敵ＤＦライン背後に抜け出す動きを見せた。圧倒的なフィジカルとスピードを誇る彼が助走をつけて背後に飛び出してくれば相手にとってはひとたまりもない。ハーランドはパサーの状態を見極めてスプリントすることで、シティのロングボール戦術に破壊力をもたらした。

シティが1stラインを越えると、敵は中央を密にしてコンパクトな状態を作り出し守ろうとする。ＷＧがワイドのやや低めの位置でボールを呼び込みチャンネルを広げてＩＨを走らせる等、ＷＧが主体となりその後のフィニッシュ局面を作り上げた。ＷＧは突破力に注目される傾向があるが、シティのＷＧの優れている点は選択肢の豊富さと攻撃の作り方であるのだ。

攻撃が行き詰まるようであれば、ＣＨのシウバが左後方に降りて組み立てに関与する。彼の動きによりカンセロやＩＨへのパスがより通りやすくなる。

【図6「4-2-2-2③」】

ただし左に比重を置くため、敵もスライドを強めて対応してくる。そうなった場合、逆サイドへのサイドチェンジが有効となる。逆サイドでも敵ＳＢに対して数的優位ができあがっている仕組みとなっているのだ。

■vs 5-2-3

5レーンを効果的に利用して攻撃を行うマンチェスター・シティに対して、横幅を5枚で守る5バッ

【図6「4-2-2-2③」】

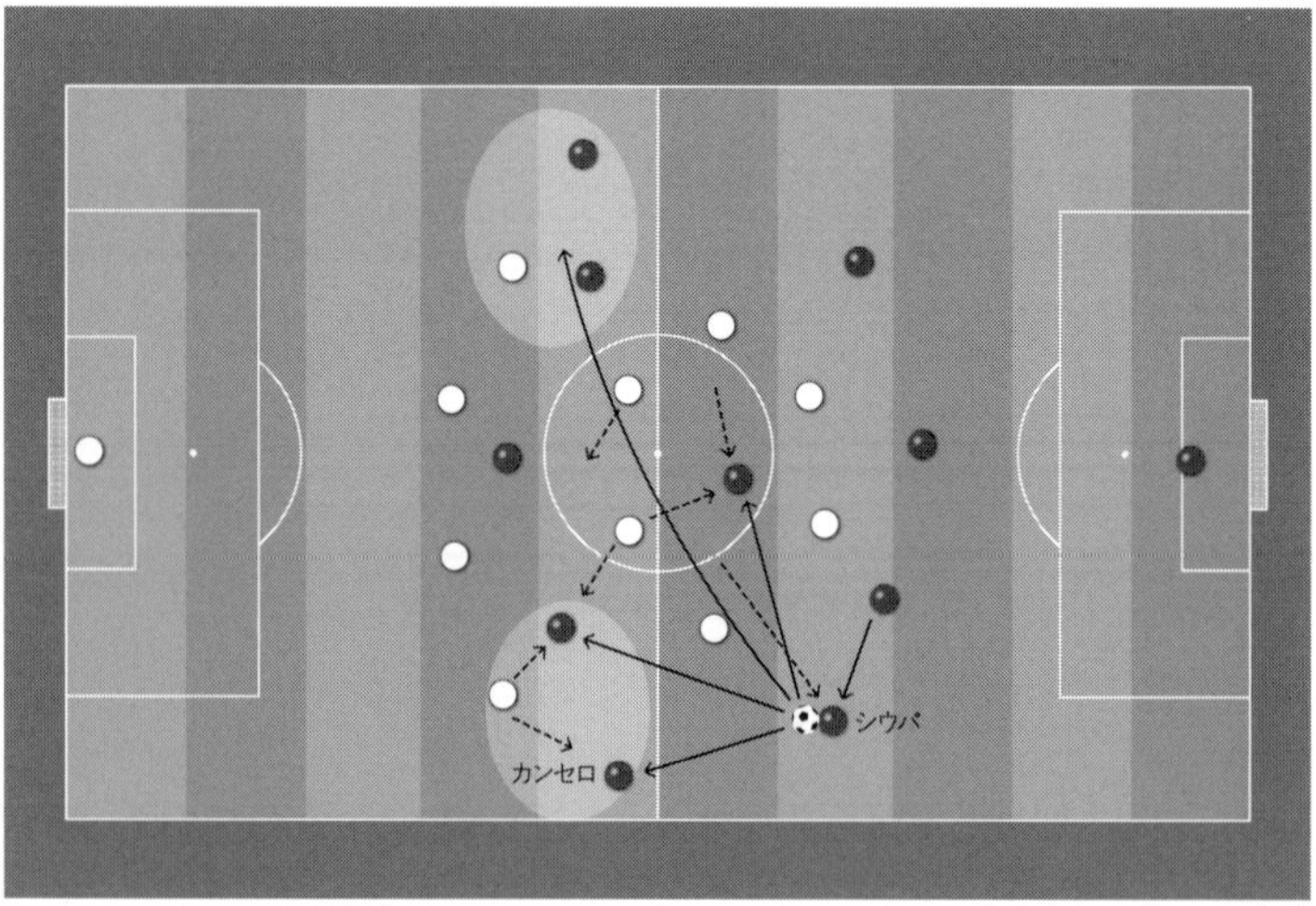

クや中盤5枚のシステムを採用しているチームが増えている。そんなチームに対してシティはいかに攻撃を組み立てているのか？

まずは5-2-3の攻略法から見ていく。

ペップ・シティだけでなく、21-22シーズンのCLを制したレアル・マドリードがチェルシーと対戦した際にも形成したのが「4-2-4」だ。

モロッコの章でも言及するが、シティやレアル・マドリードも「5」を使って守る相手に「4」の配置で攻撃を展開している。

まずは両SBを最終ラインに置いたビルドアップで、敵シャドーを横に広げていく。【図7「5-2-3」】

シャドーが対応しない場合、【図7】でいう左サイド2レーンで3vs2の数的優位ができあがるため、SBメインでそのまま前進していく。

シャドーがSBに対応することで内側の守りが薄くなるため、CBからCHや絞ったSHへのパス

【図7「5-2-3」】

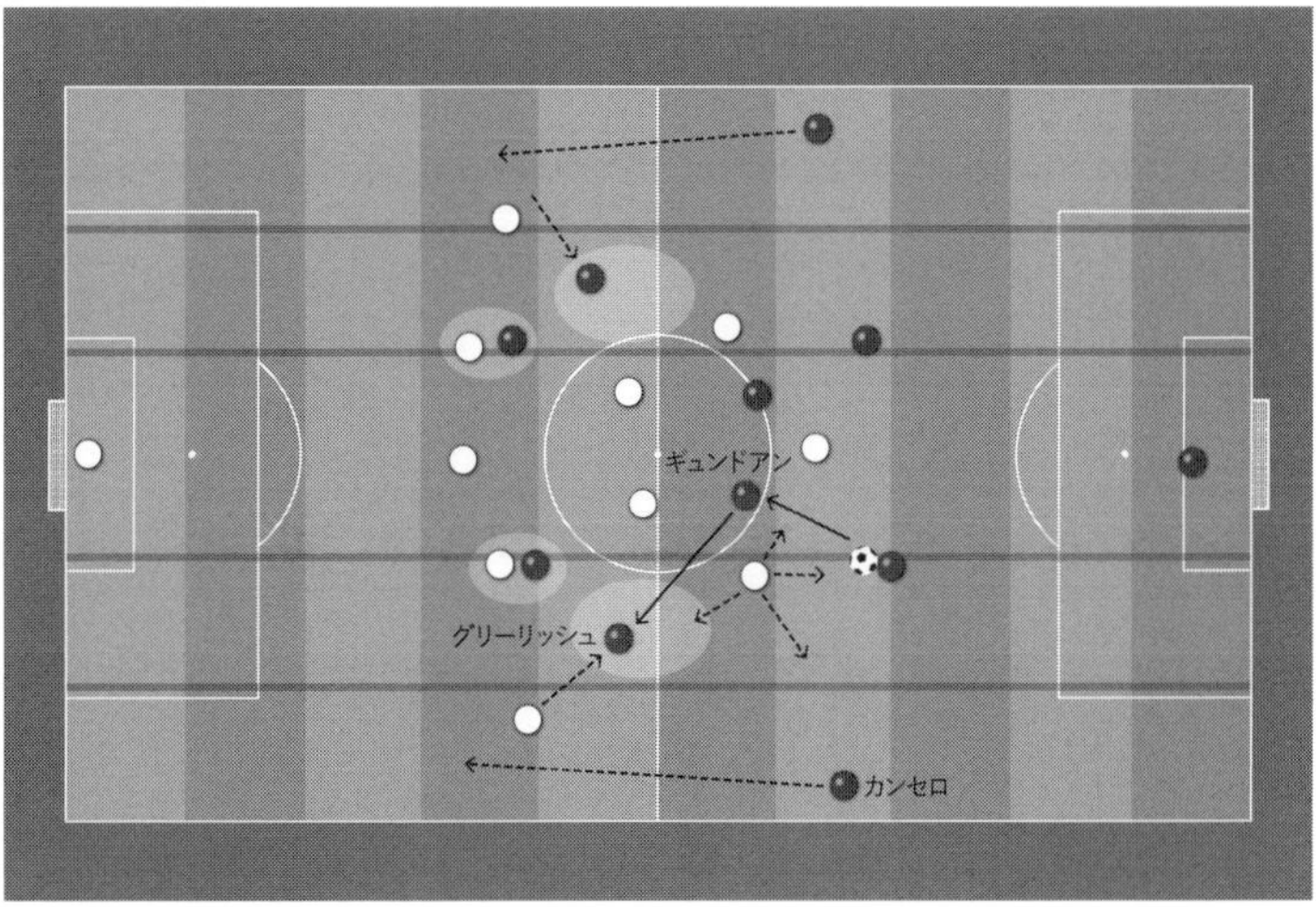

コースが空いてくる。ハーフスペースをFWとSHが共用しているため、SHが敵CH脇でボールを受ける際に、敵HVがFWをマークしなければならないため迂闊に前進できないというのがこのシステムのポイントだ。敵HVのマークを受けないSHはフリーになりやすい。

SHが敵CH脇でボールを受ける際、低い位置で組み立てを担っていたSBはオーバーラップで幅をとる。こうすることで敵WBに対しても数的優位を作り出すことができる。サイドレーンを1人で守るWBに対して、オーバーラップで優位を作る手法だ。

仮にSHへの警戒を強めて敵CHが低い位置をとる場合、こちらのCHがフリーとなる。そうなると守備側にとってはピッチ中央で1列目を通過された状態で守備を行う必要がでてくる。攻撃に制限をかけることができなくなり、どこからでも攻め込まれるリスクを伴う苦しい状態に陥るのだ。

【図8「4-5-1①」】

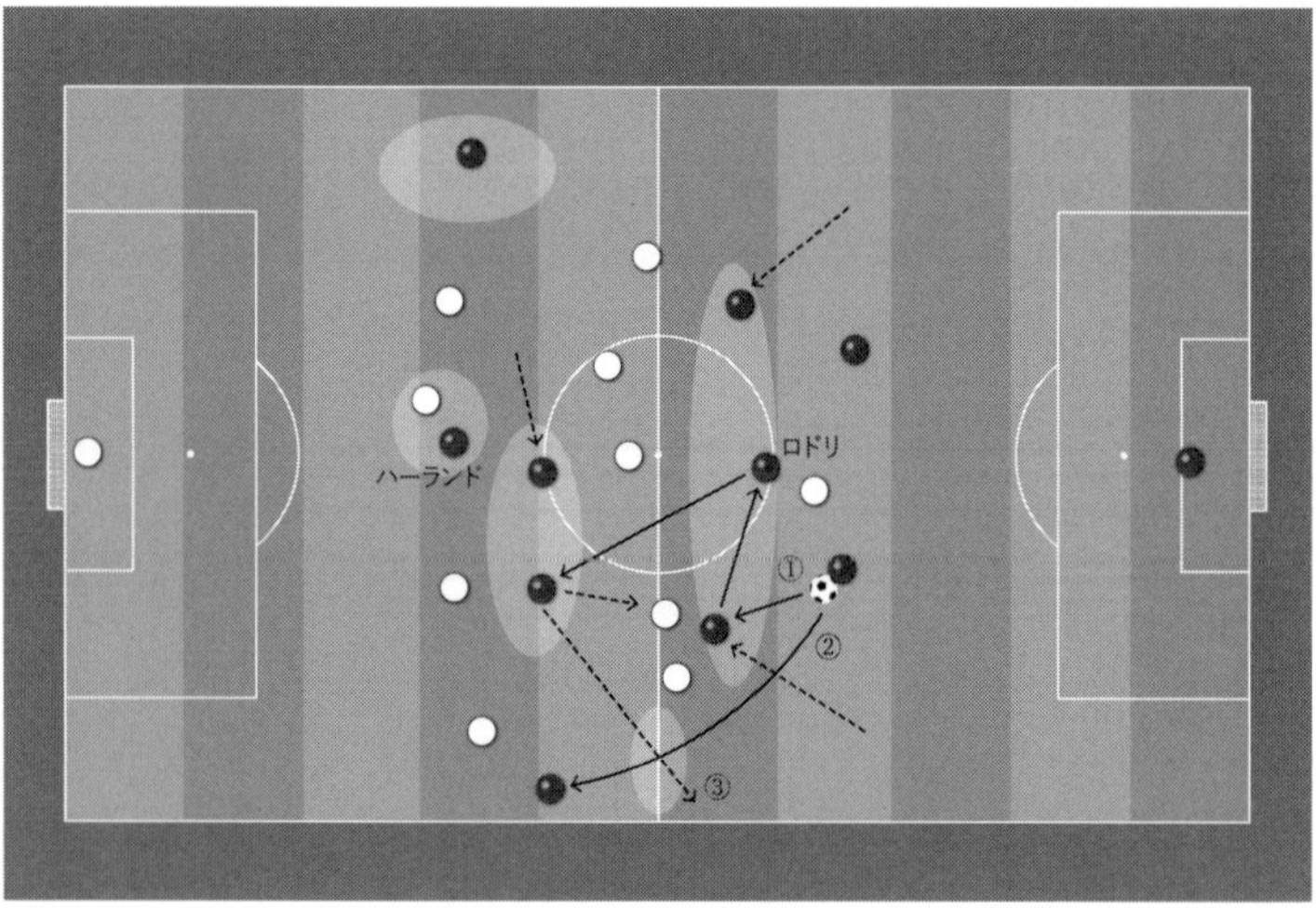

■vs 4-5-1

4-5-1に対して採用するシステムは両SBをアンカー脇に絞らせた2-3-5だ。敵1トップに対して2CBで数的優位が確保されている状態であるため、安定性は申し分ない。そして、敵4バックに対して前線5枚で数的優位がとれた状態となっている。そのため、ここでは「いかに中盤の5枚のラインを通過するか?」という点に重きが置かれる。【図8「4-5-1①」】

中盤を5枚とし、5レーンを封鎖しようという考えはトレンドの一つであるが、その5枚が絞った位置をとれば、シティにとっては攻撃しやすいものに変わる。敵を中央に絞らせるためには当然、中央でボールを保持できなくてはならない。そして、「楔が打ち込まれる危険性がある」と敵に脅威を与えなければならない。そのため、ロドリをはじめとする中盤の選手がカギを握る。

キーとなるアンカーのロドリは絞った両SBよりもやや下がった位置をとる。CBからボールを受けたSBの落としを受けられるポジショニングだ。【図8】①のように彼がこのポジションをとった場合、落としを受けると同時に瞬時にギャップを突くことができる。

中盤3枚を餌に敵の中盤を食いつかせ、空いたギャップに素早くパスを打ち込んでいくのだ。この時、逆IHもセンターレーンまで移動してくる。ハーランドが敵CBを釘付けにし、空いたスペースを利用するためだ。

ロドリのポジションは敵CFとほぼゼロ距離と言っても良いほど近い距離だ。敵CFとほぼゼロ距離であっても、敵CFのベクトルは前のCBに向いているためロドリとは自然と距離が空く。そしてこの距離がゼロに近いほど、敵中盤との距離が長くなるということだ。敵中盤との距離が延びるほどロドリはスペースのある状態でプレーでき、敵の中盤が釣り出される距離も長くなるため、前線のメンバーに享受するスペースが大きくなる。彼は必ず敵を背中に置き、ボールと敵の間に身体を挟み込むようにドリブルやターンをするため、ボールロストが少ないうえに時間とスペースを確保できる。まさに現代最高レベルのアンカーである。

敵ＳＨが絞った場合、【図8】②のようなタッチラインに沿うようなパスも要求される。シティの選手は皆このパスが上手く、ＩＨのチャンネルへのランニングとセットで活用されるケースが多い。【図8】③のようにＷＧが敵ＳＢを釘付けにする中で、ＩＨがサイドに流れつつ降りることでフリーとなるプレーも多い。

とにかくこのシステムは、ウイングがワイドで時間とスペースのある状態で持つことさえできれば、ＤＦ４枚vs前線５枚の数的優位を活かした攻撃(サイドチェンジも含む)を駆使して展開できる。そのため、中盤５枚を分解・通過することが重要なのだ。

敵を絞らせたうえでシティが駆使するのはサイドチェンジ＋チャンネルランのコンボ戦術だ。【図9「４-５-１②」】

敵の中盤５枚の練度が高くギャップができない場合、ショートパスでの中盤通過ではなくサイドチェンジでの通過を目指す。中盤のギャップ作成を省略し、いきなりＤＦ４枚vs前線５枚の数的優位を突き付ける形だ。

この時重要なのが以下の3点だ。

①サイドチェンジを蹴る中盤の選手が低プレッシャーの状態であること

②ＩＨが敵中盤背後でボールを受けられる状態を作っておくこと

③サイドチェンジを受けるＷＧはやや低めに位置をとること

パサーとなる中盤の選手へのプレッシャーが厳しい状態であると、サイドチェンジの質が落ちてしまう。また、ＩＨが敵中盤背後でポジションをとることで敵を中央に圧縮させ、サイドのスペースを確保する必要がある。これが無いと、敵ＳＢのスライドがサイドチェンジに追いついてしまう。

そして、サイドチェンジを受けるＷＧがやや低めの位置を取ることで、相対する敵ＳＢとの間合いを

【図9「4-5-1②」】

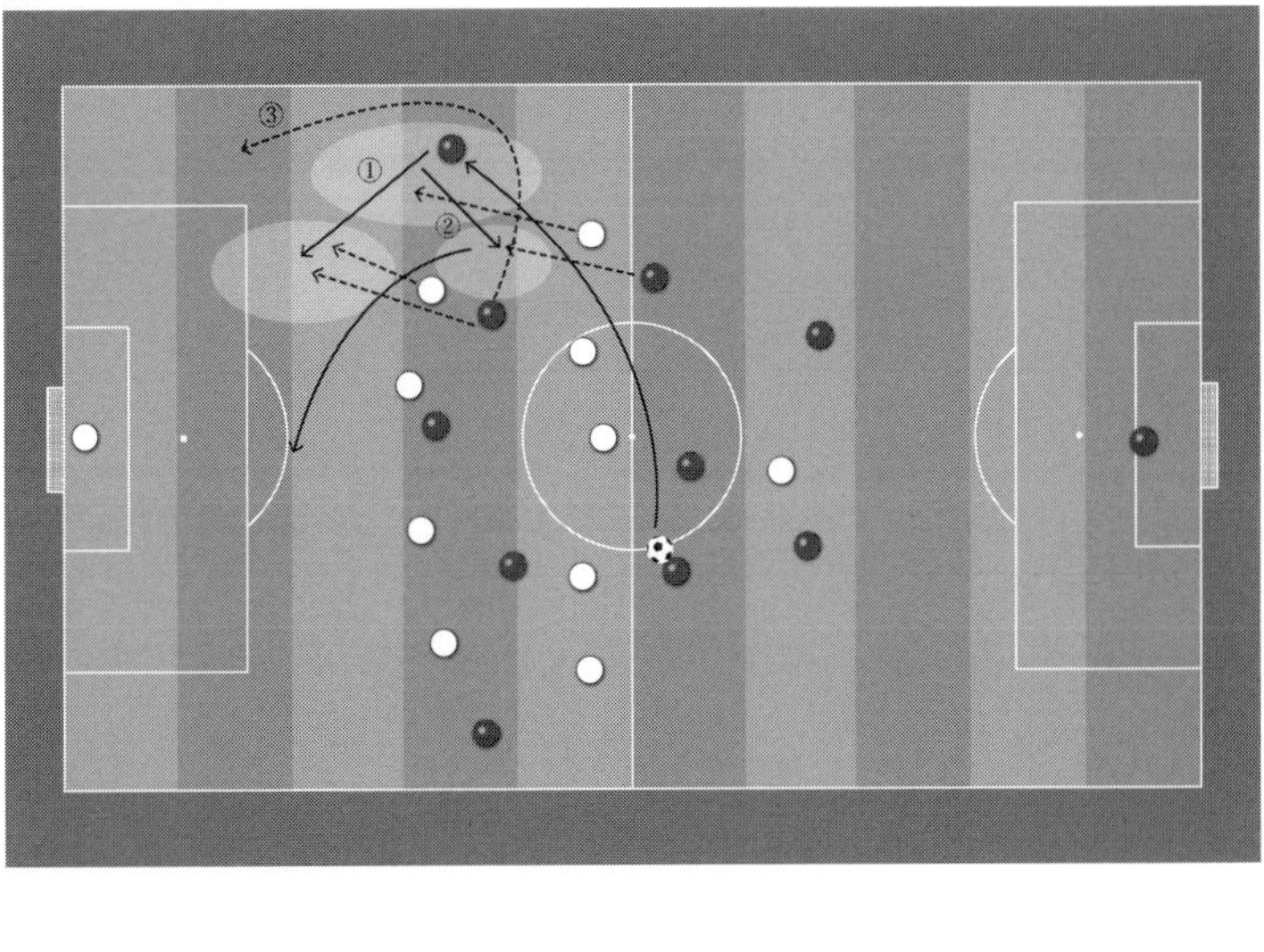

確保できる。そこから仕掛けを開始することでクオリティとプレーの選択肢が担保される。仮にSBが前進してくれれば、DFラインの枚数が減ることとなるため、IHの侵入やハーランドへのクロスがより効果的となる。

サイドチェンジが成功した場合、IHは【図9】①のようにチャンネルを突くランニングを見せる。サイドチェンジとチャンネルランはスライドの乱れを突くうえでも相乗効果を得やすい連携プレーだ。

ここをケアされた場合、【図9】②のようにハーフスペース後方のスペースが空くため、サポートの選手からクロスを送り込むことができるという2段構えの攻撃が可能となる。

このシーズン急激に増えた動きが【図9】③のようにIHがWGの外をオーバーラップする動きだ。これはデブルイネ特有の動きとなる。従来オーバーラップとは、SBが低い位置から外を駆け上がるのみであったが、デブルイネの動きはさらに「内から外」という要素も加わっている。この動きは敵からすると対応が困難な動きだ。CB、CH、SHともに持ち場を大きく離れることとなり、SBはWGの対応をする必要がある。デブルイネの走力とキック精度がこの新たなユニット戦術をペップ・シティに生み出す形となった。

またGKへのバックパスを起点とした敵陣攻略も多く見られる。【図10「バックパス」】

2-3-5の状態でGKへのバックパスで仕切り直しを図る際、絞っていたSBが外へと開くためマークに混乱が生じる。特に外切りするWGはCBを警戒するためSBがフリーとなる。仮に敵IHがSBを見るためにサイドに出ていけば中央のIHが空くこととなる。このIHとSBの空いた方の選手に正確なロブパスを送り届けることができるのがGKエデルソンの強みだ。仮に敵CBが前進してくれれば、空いたDFラインを狙うCFハーランドへ一気にロングボールを送り込んでいく。

　こういったGKへのバックパスと同時にシステムを微妙に変化させる手法は他のシステムでも見られるものであり、配置の変化による打開だけでなくエデルソンのキック精度やハーランドのフィジカルを活かせるものとなっている。

■vs 5-3-2

　5-3-2に対しては3-1-3-3のシステムを採用する。3-3-4と表現することもできる。左SBのカンセロがウイングの位置にポジションをあげることで構成される。【図11「5-3-2①」】
　相手の2トップに対して最終ライン3枚で数的優位を作るとともに、アンカーにロドリを配すること

【図10「バックパス」】

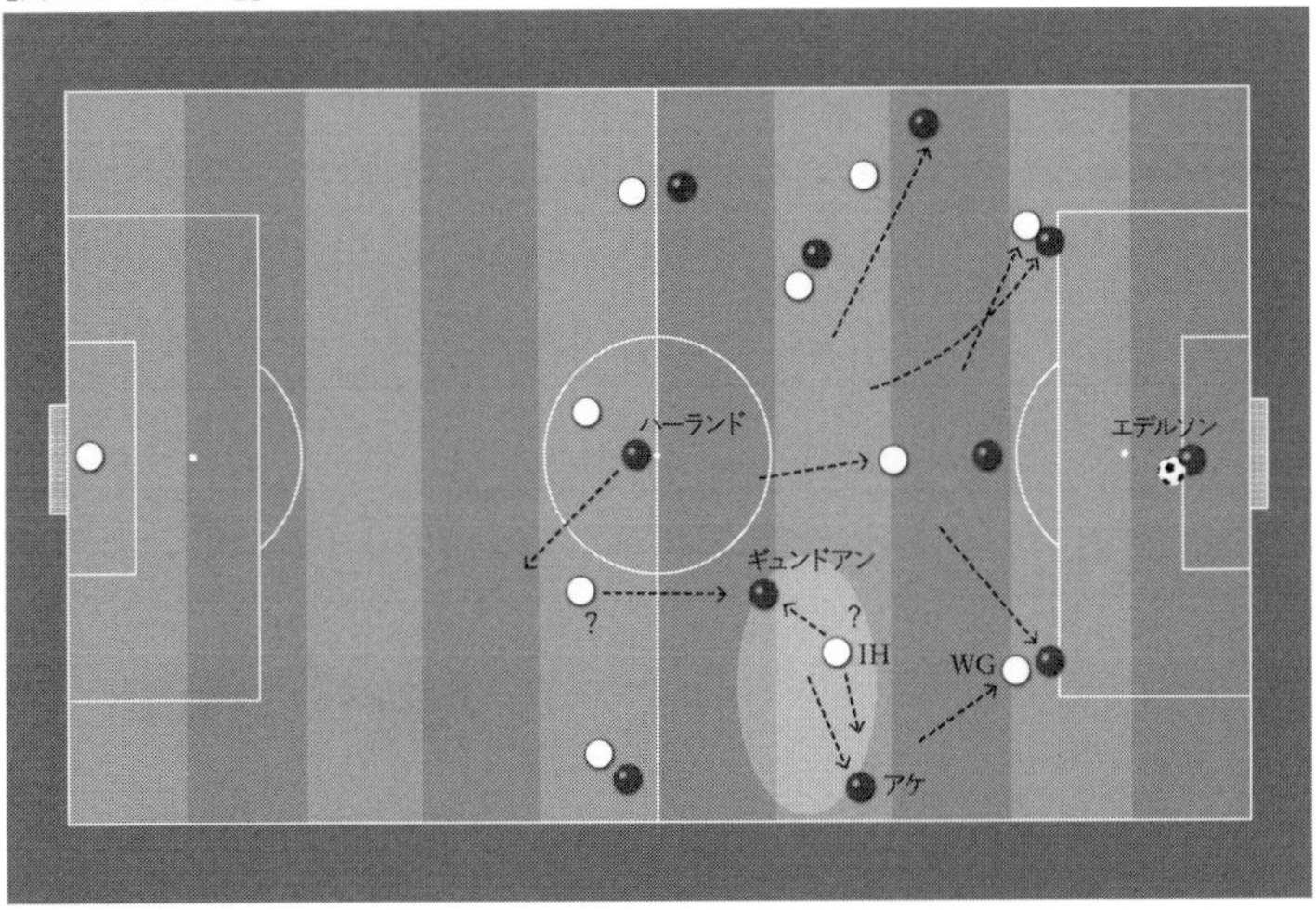

で完全なる安定をもたらす。仮に3バック間のパスコースを切られても、ロドリを経由することで消されて「影」となったパスコースを利用することができる。

　このロドリの位置はシステムの噛み合わせ上、プレスを受けにくい。そのため頻繁にロドリに当てると同時に、2列目の選手がこのスペースに降りてリンク役になるシーンも多い。

　こうした中盤のリンクを用いてHVがボールを持つと、敵IH vs HV&IHという数的優位が生まれる。基本的にIHは敵IHの脇にポジションをとる。そこで受けられれば中央の密度を落とすことができる。敵HVを釣り出すことができればアルバレスやシウバの抜け出しを利用できる。

　このシステムにおいては大外の選手の抜け出しがカギとなる。中央のロドリのエリアに大きなスペースができあがるため、そこからのパスに対してWG

【図11「5-3-2①」】

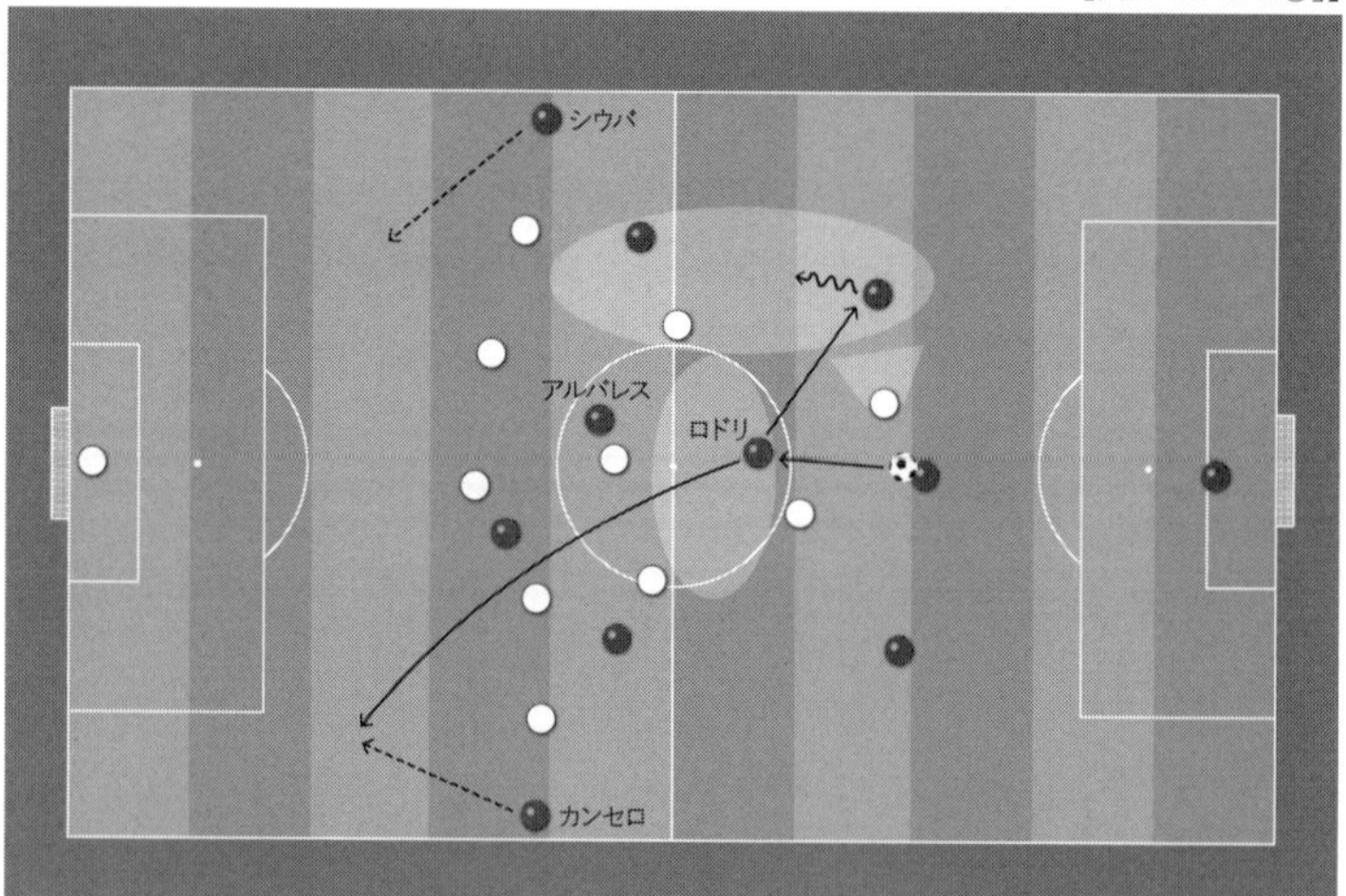

が抜け出す形だ。このロドリのエリアを広げると同時に、HV裏のスペースを空け、セカンドの回収を行うのが2列目、特にIHの仕事となる。

もうひとつの攻め筋がオーバーロードだ。2レーンを3選手で共有することで数的優位を生み出していく。3-1-6のような形だ。相手のIHが大外レーンに対応できるようであればHVからのパスコースが限定されてしまうため、ロドリを使ったパス回しで敵IHのスライドを乱れさせておく必要がある。【図12「5-3-2②」】

敵IHがDFラインに吸収されるような形で対応する場合、ハーフスペースからのアーリークロスを利用していく。ワイドでボールを受けたカンセロがバックパスを選択し、敵がDFラインを上げるタイミングで中央のハーランドやファーサイドにアーリークロスをあげていく。

敵からすると、DFラインをあげるタイミングで

【図12「5-3-2②」】

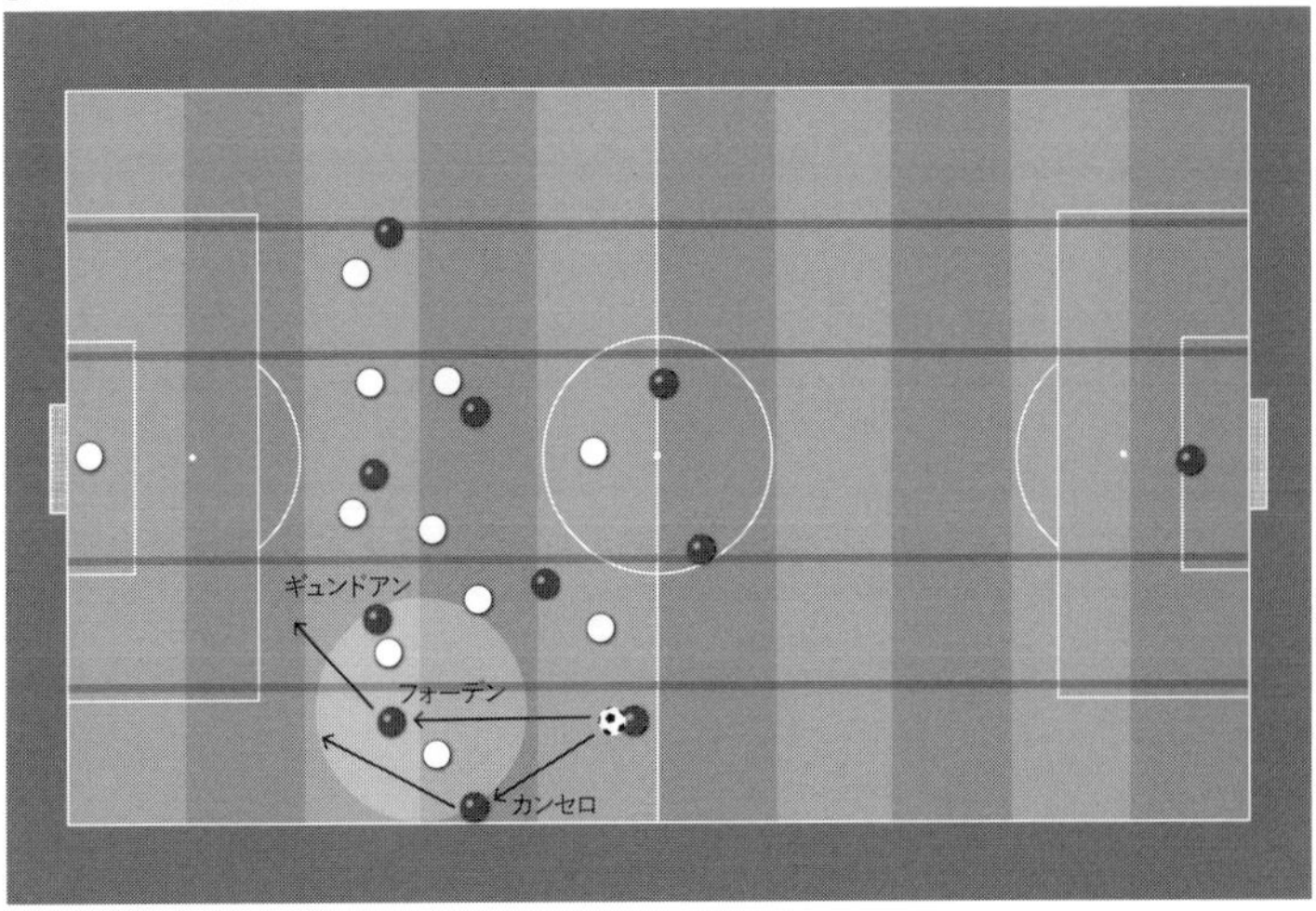

クロスを送り込まれるためDFラインの統率がとりにくく、加えて下がりながらのクリアが求められるため対応の難しいものとなるのだ。

vs4-5-1同様、IHデブルイネによるオーバーラップも見られる。5バックのチームはWBが大外をケアできるという安心感がある反面、WB1人で大外を守るという傾向も強い。そのため、IHのデブルイネが大外を急襲、2vs1を作るオーバーラップは5バック攻略の上で理に適ったものであるといえる。場合によってはHVの選手が大外を駆け上がるシーンも見られる。

5-3-2攻略に3-2-5を採用する場合、CHがより積極的に敵中盤の空けたスペースへと介入していく。

2CHは敵アンカーとIHの間、および敵中盤とFWの間のスペースの利用を図る。持ち味を発揮するのはリコ・ルイスだ。彼はウォーカーほどのスピー

【図13「5-3-2③」】

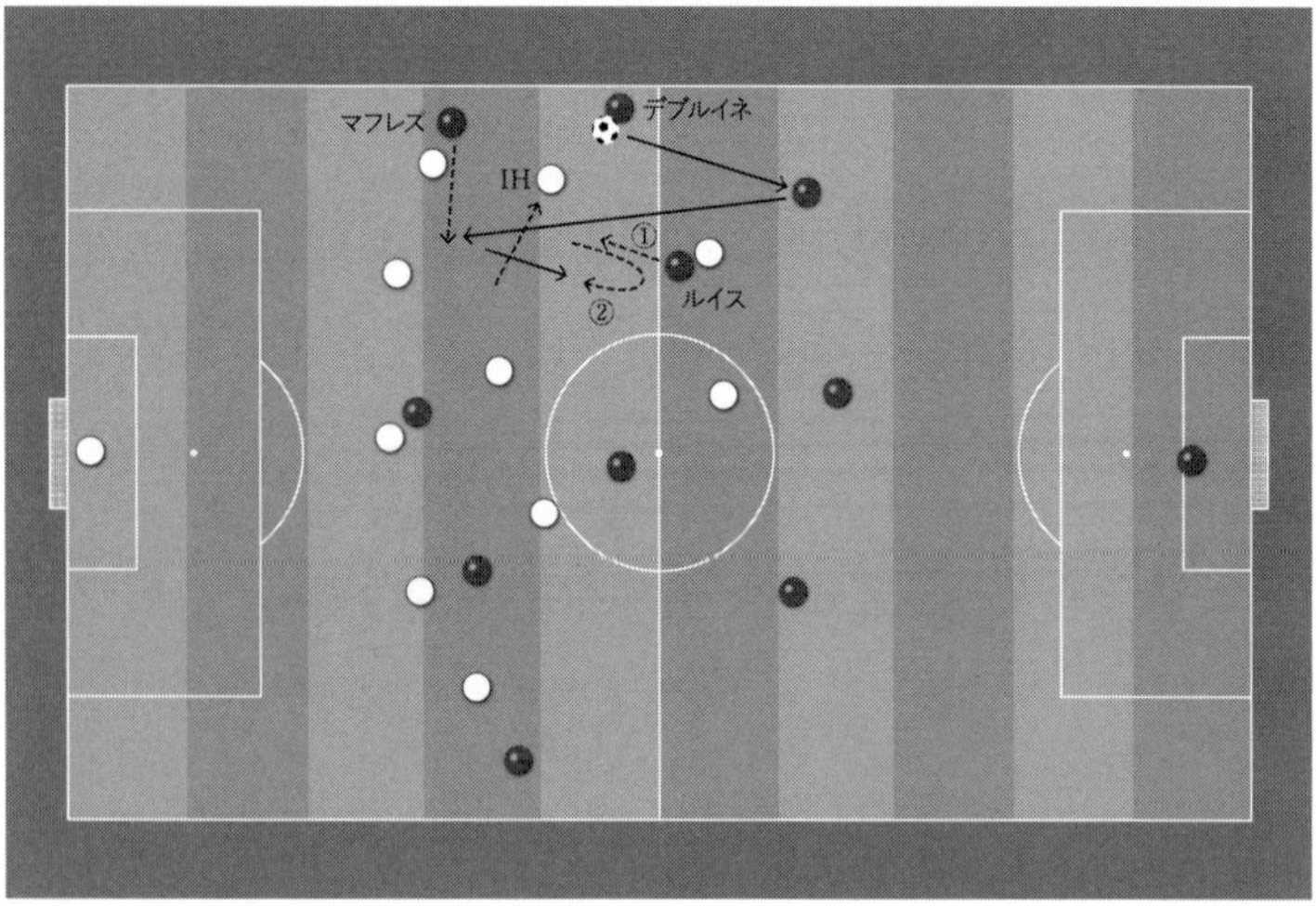

ドやフィジカルは無く、ロドリほどの配球やポジショニングの能力は無い。しかし、ロドリ以上のスピードとアジリティ、ウォーカー以上の配球とポジショニング、そして何よりファーストタッチの的確さと動き直しの早さを備えている。

【図13「5-3-2③」】のようにワイドに位置したIHデブルイネにボールが入り、敵IHが外に出ていった場合、狙うべきスペースは先述の敵アンカーとIHの間、および敵中盤とFWの間となる。

まずは①のように前進してデブルイネからボールを受けに行く。CHの前進の動きに対して、マークについているFWが下がって対応するのは難しいため、マークが剥がれやすい。

敵IHがルイスへのパスコースを消していれば、デブルイネは無理をせずに後ろに下げる。マフレズはデブルイネがサイドで受けるタイミングでは外に張ったままでいる。彼が早いタイミングで絞ってしまうと、敵WBがマフレズを受け渡し、デブルイネのマークに前進できてしまうからだ。そのため、デブルイネにパスが出されたタイミングで絞る。

デブルイネがバックパスを出したタイミングではマフレズがハーフスペースに位置しているため、ルイスはHV→マフレズへのパスを予測し、マフレズからの落としを受けられるようにポジションを②のように修正し深さを作る。こういったポジションの修正が非常に早いため狭いエリアでのパス回しを苦にすることがない。HVに対して敵IHがアプローチをかける場合は、デブルイネのいる外経由でパスを受けられるようにポジションをとる。敵にとっては奪いどころが無くなってしまうのだ。

横の動きでマークの受け渡しミスを発生させるケースも多い。キーとなるのはＷＧだ。低めの位置でボールを受けて敵ＷＢを釣り出すと同時に、ＩＨが外に流れていく。この動きに敵ＩＨがついていけばハーフスペースにギャップができるため、ＷＧがカットインで切り込み、中央や逆サイドへと展開していく。【図14「５-３-２④」】

ＩＨを敵ＨＶが見る場合、ＷＧがボールを味方に預けるとともにＨＶ裏へ抜け出すといった内側への動きでチャンスを演出することもできる。ＨＶ裏は多くのポジションの選手が狙うエリアとなっているのだ。

■ vs 5-4-1

５-４-１を相手にする際はじめに考えるのが、「いかに敵を４バックに変形させるか」という点だ。つまり、中盤４枚の脇までＷＢをおびき出して４

【図14「5-3-2④」】

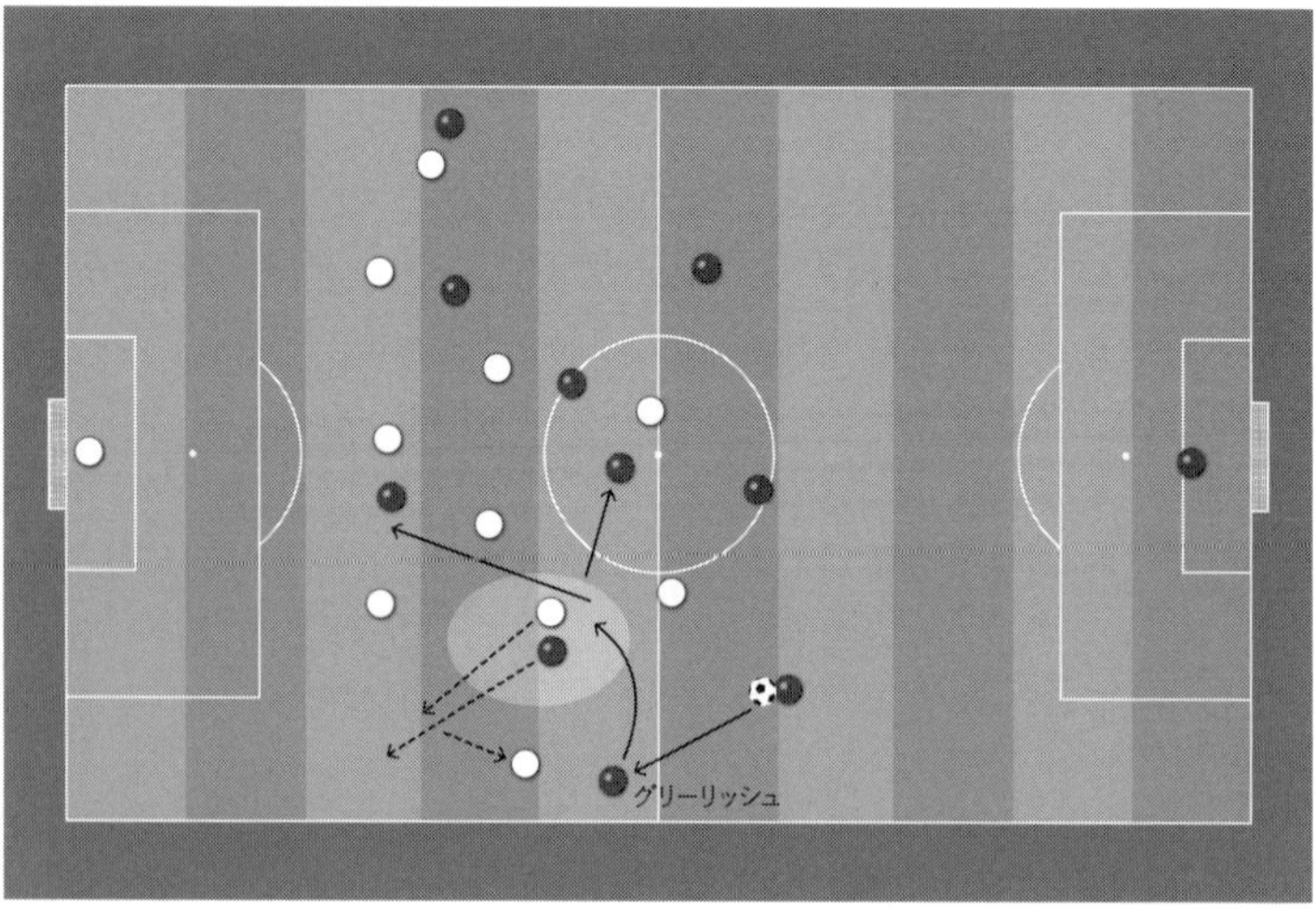

バック化させることが重要となる。【図15「5-4-1①」】

シティの採用するシステムは左SBカンセロがポジションを上げ、右SBウォーカーがアンカー脇に絞る2-2-3-3だ。後方の「2-2」は状況に応じて右SBウォーカーが降りて3-1にも変化する。

前線は、必ずハーフスペースに入る選手を設ける。これにより敵SHをハーフスペースに釘付けにすることで、ワイドのスペースをWBが対応するよう仕向けるのだ。WBをおびき出すため、ワイドの選手は敵中盤ライン程度の高さにポジションをとる。こうして敵の5バックを一時的に4バック化させることでスペースを作り出していく。ワイドの選手が余裕のある状態でボールを持つと、前線の選手は一斉にDFラインの隙間に抜け出す動きを見せ、アーリークロスを狙っていく。敵DFにマークの受け渡しと下がりながらの対応を強い、かつロドリの回収力を

【図15「5-4-1①」】

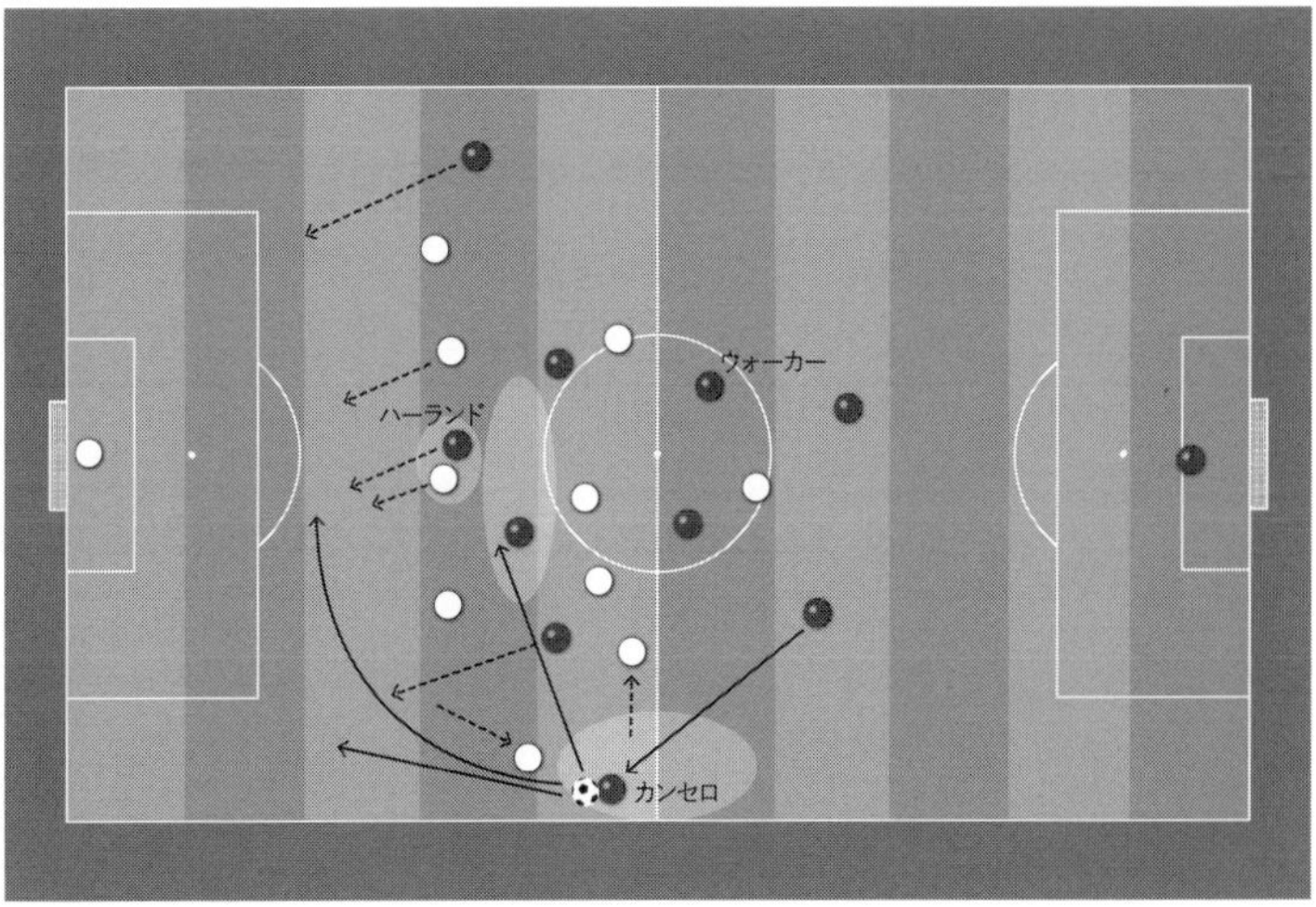

活かしていく形だ。

　この抜け出しにおいてチャンネルに抜ける選手と、敵DF-中盤のライン間に位置する選手を作り出す。ボールホルダーに複数の選択肢を持たせるためだ。DFライン背後へ抜け出す動きをすれば、DFラインが下がりDF-中盤のライン間は大きく空く。そこに潜り込む選手へ斜めの楔を打ち込むのも効果的な一手となっている。CFのハーランドが大きな存在感を示しており、彼がCBをひきつけることで空く手前のスペースを活用するのだ。これはワイドの選手がボール持った際だけでなく常に2列目が狙っているスペースとなっている。

　ベルナルド・シウバやマフレズがワイドでボールを持つ場合、敵DF-中盤のライン間を斜めにドリブルで縫うプレーも見せる。これも敵からすると対応の難しいドリブルコースとなる。

　また、vs5-4-1においてもIHがサイドに流れ

【図16「5-4-1②」】

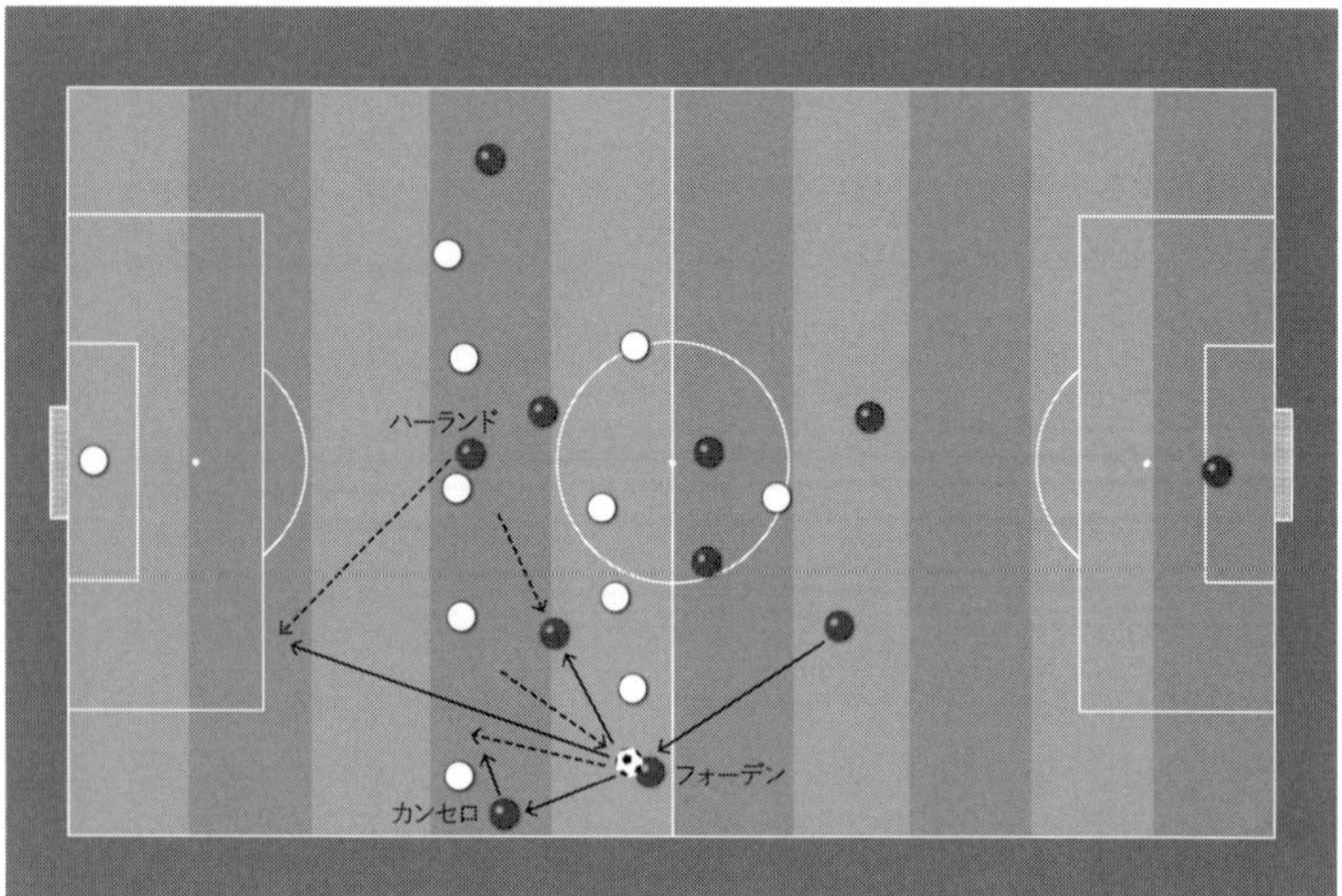

つつ降りる形が頻繁に見られる。vs５バックにおける定石とも言えるものとなっている。【図16「5-4-1②」】

カンセロの手前に空いたスペースに降りることでフリーの状態を確保し、寄ってきたトップ下の選手とともにオーバーロードを形成。３人での連携に加えて、トップ下のケアに出たＨＶの裏をハーランドが狙うといった連携も見られる。

いずれも起点はサイドとなるが、その前に中央でボールを回し、敵を中央に引き寄せることが重要である。中央で回せないのであれば、敵ははじめからサイドだけ警戒していれば良いのだ。

■vs 4-3-2-1

４-３-２-１に対して採用するのは２-３-５だ。中央を遮断しようという意図の強いこのシステムに対しては敵ＩＨの脇と、敵ＤＦ４枚vs前線５枚とい

【図17「4-3-2-1」】

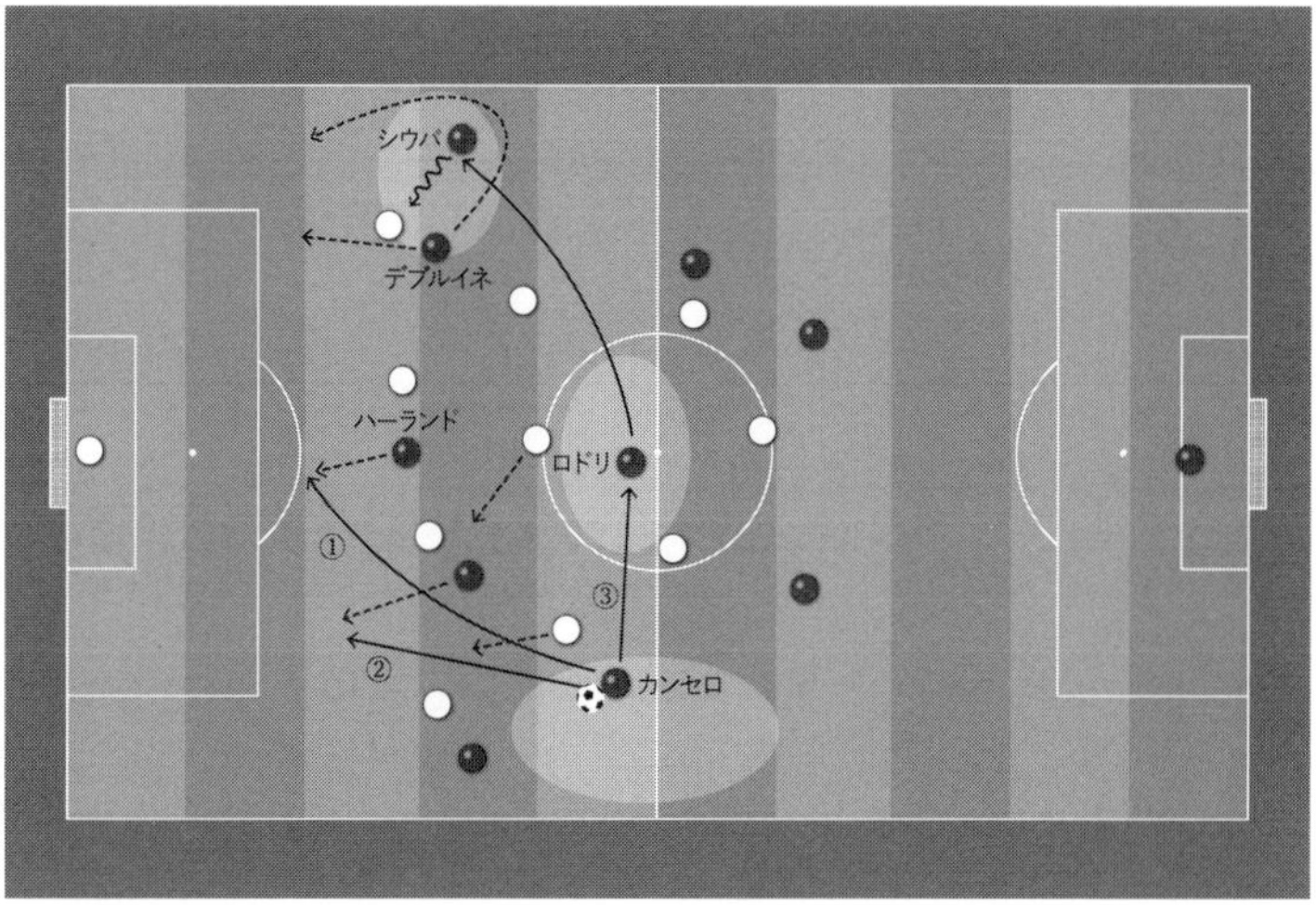

う数的優位を利用して攻撃を推し進めていく。【図17「4-3-2-1」】

中央を遮断し、ロドリを試合から締め出すというのはシティと戦う際、効果的なアプローチとなる。彼のエリアで主導権が握れないとなると、攻撃の選択肢は大幅に削られてしまう。

そんな中でシティはまず、敵IH脇のエリアを利用して攻撃を展開していく。右サイドではIHデブルイネが流れ、左サイドではカンセロがIH脇のエリアに入る。キック精度の高い彼らは、【図17】①のようにシンプルに敵4バックの背後に順足でハーランドに向けて蹴りこんでいく。WGが敵SBを釘付けにしていることも影響し、サイドへのプレッシングはかかりにくくなっているため、ノープレッシャーでボールを送り込むことが可能だ。

これを嫌った相手のIHが横にずれると、ロドリのエリアが薄くなっていく。これに加えて【図17】②のようにハーフスペースの選手がチャンネルへのランニングを加えることで敵IHがDFラインに吸収されるケースも増える。こうして押し込むことでロドリのエリアを使えるようになっていく。

このエリアが使えるようになることで、【図17】③のようなサイドチェンジが有効な攻撃手段となっていく。逆サイドでは得意の5レーンを活かした配置で敵SB vs IH&WGという構図ができあがっているのだ。特にIHデブルイネ&WGシウバのコンビは凶悪だ。デブルイネはチャンネルランだけでなくオーバーラップまでこなすことができ、シウバはそれに合わせてカットインやスルーパスを出すことができる。

〈IH脇からのシンプルな攻撃→チャンネルランでの押し込み→ロドリのエリアを開放する→4

バックvs前線5枚の数的優位を活かしたサイドチェンジ〉

という流れで攻略を図っていくのだ。

■3-2-3-2（マンツーマン）

マンツーマン気味に守る相手に対して、シティは4-3-3の布陣で臨む。この意図は、流動的なポジションチェンジの実施、そして敵DFラインの枚数を減らすことにある。いずれもマンツーマンの弱みにつけこむものだ。

2-3-5や3-2-5での攻撃は比較的固定的な配置となる。対して4-3-3はボールを動かしながら自分たちも動的にポジションを移動していく。特に多く見られるのはIHがサイドに流れつつ降り、WGが内に絞り、SBがポジションをあげるローテーションだ。【図18「3-2-3-2①」】

この中でも特に効果的なのはWGによる横の移動動

【図18「3-2-3-2①」】

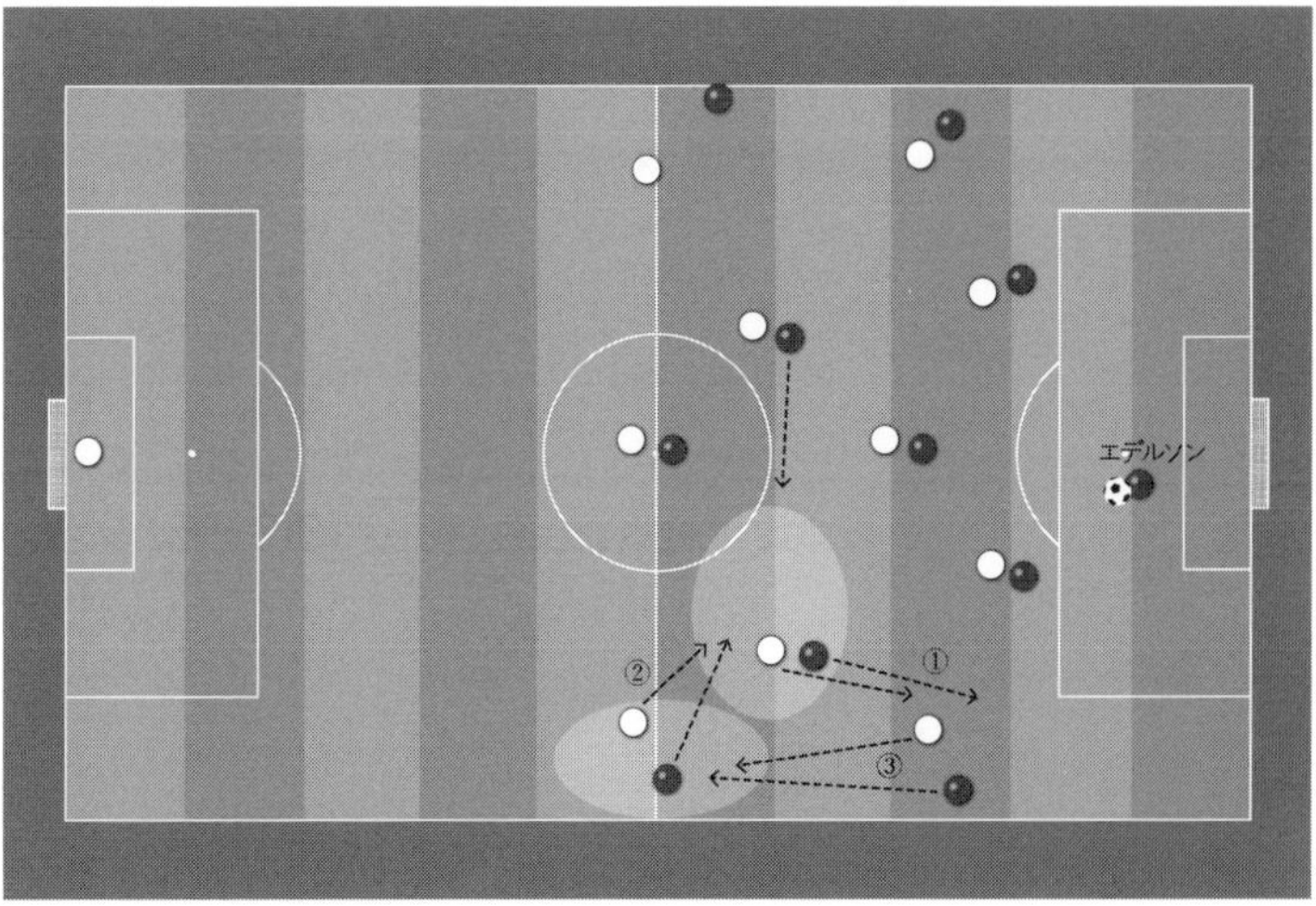

であり、これを取り入れることでマンツーマンを難しくしていく。通常のシティはサイドに2人の選手を置くことがないため、4-3-3の時のみに見られるのがこの三角形によるローテーションとなる。逆IHが見せるボールサイドへの横移動もマンツーマンを剥がすひとつの手段だ。

個人で見ても、それぞれが降りる動きと抜ける動きを繰り返し、マークを剥がす動きを見せる。こういった個人戦術に加えてローテーションというユニット戦術を組み込むことでスペースとマークの剥がれる選手を生み出していくのだ。

そして、このシーズンから新たに加わったのがハーランドという強大な武器だ。4-3-3のシティに対してマンツーマンでつく場合、DFラインは3枚となる。両WGがワイドに張れば中央の広大なスペースでハーランドがDFと1vs1という状況が生まれる。【図19「3-2-3-2②」】

【図19「3-2-3-2②」】

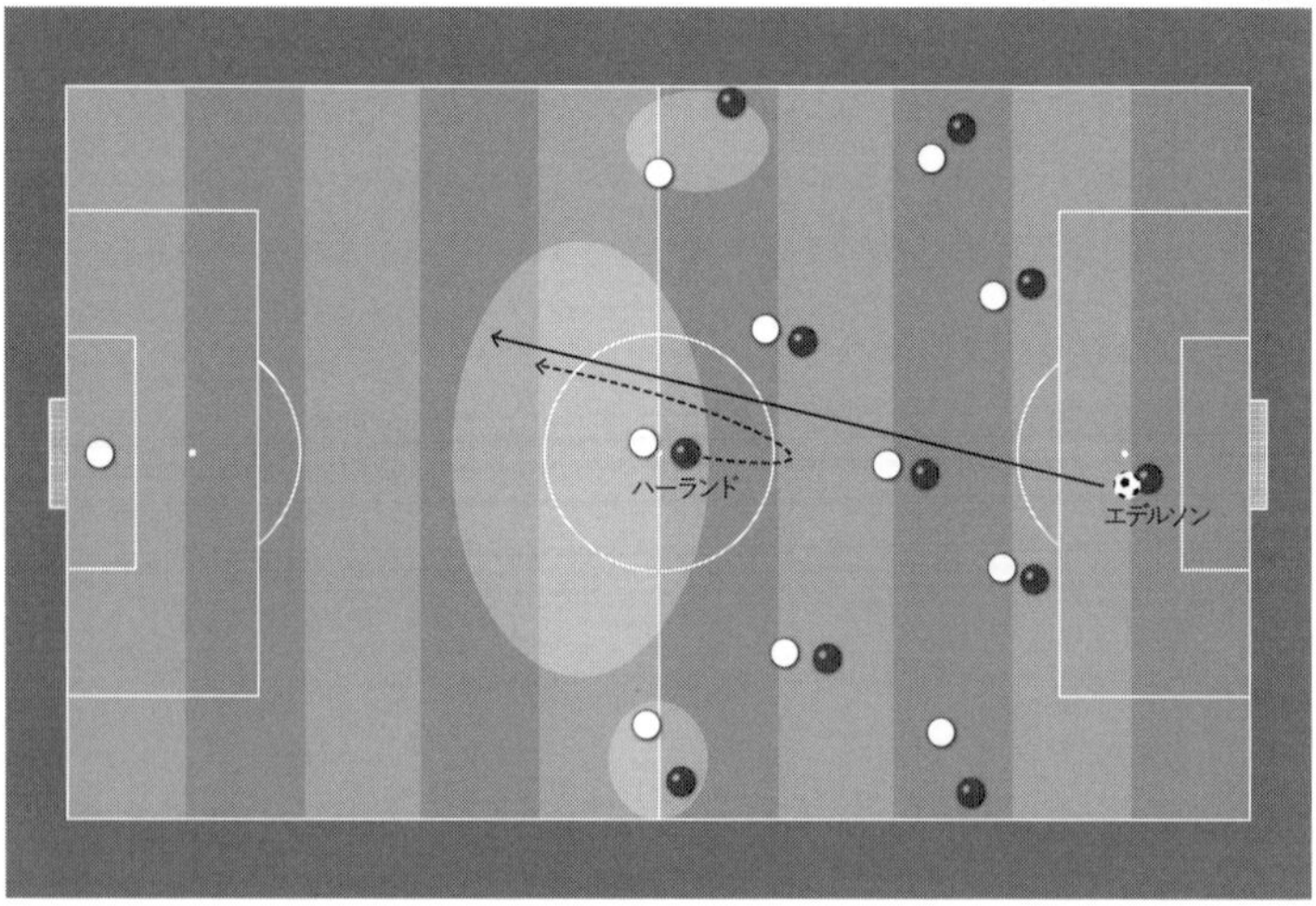

ＧＫのエデルソンがＤＦラインに加わることで「＋１」を確保し、ボールホルダーに生まれる時間と余裕を用いてハーランドにロングボールを送り込む。そういった攻撃が可能となるのだ。

実際に14節のブライトン戦では、ＧＫエデルソンのロングボールに抜け出したハーランドが敵ＤＦを弾き飛ばし、得点をあげた。ハーランドに競り合いの強さ、スピードの両方で勝てるＤＦは世界に存在しないと言っても過言ではないというレベルだ。敵の死角や動きの逆を突くオフザボールにも優れている。彼はスピードか競り合いかの少なくともいずれかでＤＦに勝ることでロングボールを収めていく。

シーズン終盤のブライトン戦ではハーランドの手前に落とすロングボールで前進を図った。こういったマンツーマン対策を嫌った相手がゾーンに移行すると、これまでどおり固定的な配置でゆったりとボールを前進させていく。

■vs 4-3-3

4-3-3に対するシティは3-2-5で臨むことが多い。いかにフリーのボールホルダーを作り、数的優位と裏抜けを活かしたロングボールを送り込むかという点がテーマとなる。【図20「4-3-3①」】

3バックは深い位置をとり、相手の中盤の間伸びを狙う。ＣＨの2人が敵の囲いの中に入り、3バックはなるべく彼らにボールをつけていく。2ＣＨは2人の間でのレイオフパスで前を向く場面を見せる。彼らが前を向くことができれば、前線5枚vsDF4枚という数的優位ができあがっており、フリーとなっている選手にボールを送り込みやすいからだ。特に逆サイドの数的優位は最も利用しやすいものとなっている。

この時、ロドリの立ち位置に注目する必要がある。ロドリは逆サイドのHVからパスを受けられるようアンカーの位置まで絞り、かつ相方となるCHの後方でレイオフパスを受けられるようなポジションをとる。こうすることで、ボールホルダーであるHVの選択肢を増やす。

敵CFがプレスバックをかければ、身体でブロックしてボールを守りつつターンをして展開する彼の得意技でいなしていく。相方CHのレイオフパスを受ける、DFラインに降りる、敵CFに対してCBと数的優位を作るといった数多の選択肢を生み出すような絶妙なポジションをとっているのだ。マン

【図20「4-3-3①」】

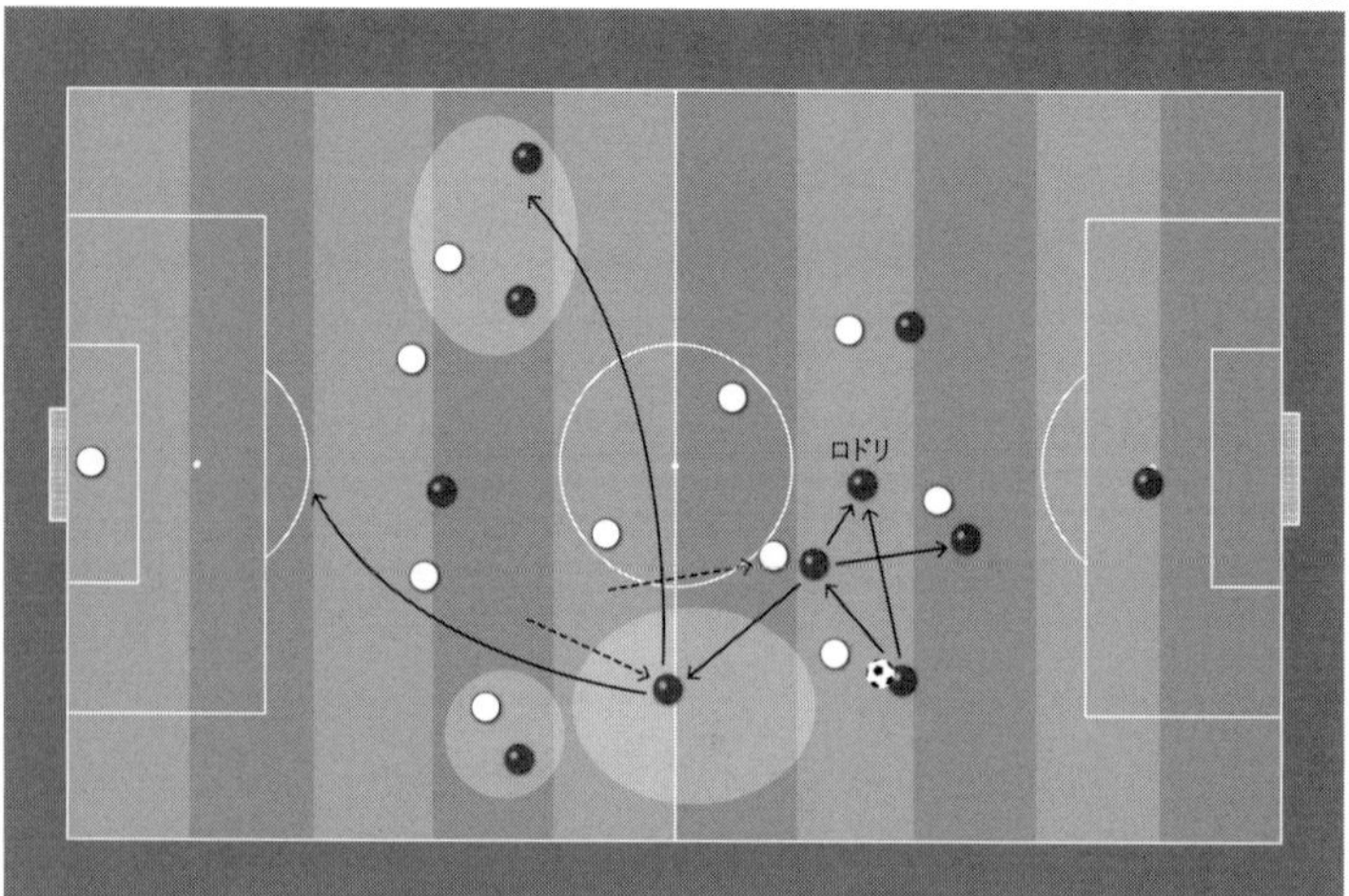

チェスター・シティのパス回しの核は間違いなくロドリであるといえる。

ただし相手も中央を密にするため、基本的にCHは3バックへボールをリターンしていく。一見押し戻されているようにも見えるが、敵I Hが対応に出てくるということは敵アンカー脇のスペースが空くということであり、これは敵を食いつかせる餌となっているのだ。

HVは敵WGのプレスのかけ方を見て、サイドが空けばWGの背後から前進を図り、CHからパスを受ける。

こういった5人でのパス回しで敵の前線3枚を牽制し、隙があればI Hに楔のパスを入れていく。そこがなかなか空かないようであれば、サイドのスペースを使っていく。WG、もしくは流れたI Hのいずれかが敵I H脇でボールを要求する。このエリアでボールを収めると、逆サイドでできあがっている数的優位を活かしたサイドチェンジで攻撃を推し進める。

敵の4-3-3がフラットな陣形を形成している場合はいかに攻略していくか。前線3枚でCB→CHへのパスコースを消すように守り、サイドに誘導してからI HとSBで挟み込むような守備方法を採るチームに対して、まずはサイドからハーランドへのボールの供給を狙っていく。【図21「4-3-3フラット①」】

サイドのエリアでボールを持った際、WG vs 敵SB、I H vs 敵CBという構図ができあがり、ハーランドに対するのは敵の逆CBとなる。ハーランドの方がボールホルダーに近いため、先に触ってシュートに持ち込むことができるのだ。

右サイドではＩＨのデブルイネがサイドに流れ降りる、左サイドではＣＨを落としてＨＶアケがサイドに出る形でハーランドへの供給元となる。

ハーランドへのボールの供給が難しい場合、ボールを逆サイドに逃がして敵陣形を打開していくプレーが重視される。右サイドにおいてデブルイネが流れ降りていくのは先述の通りだ。ここで敵ＩＨを外に釣り出すことで、逆サイドへの筋道を作っていく。【図22「4‐3‐3フラット②」】

デブルイネのすぐ脇でＣＨリコ・ルイスがサポートに入り、リコ・ルイスに対しては、ＷＧマフレズがタイミングよく絞りボールの逃げ道を作る。ロドリも同サイドに寄ることで前向きに展開できるサポート役となり、逆サイドへと送り込んでいく。アジリティあるリコ・ルイスがポイントとなり、細かな連携ができる点はシティの右サイドの特徴となっている。

【図21「4-3-3フラット①」】

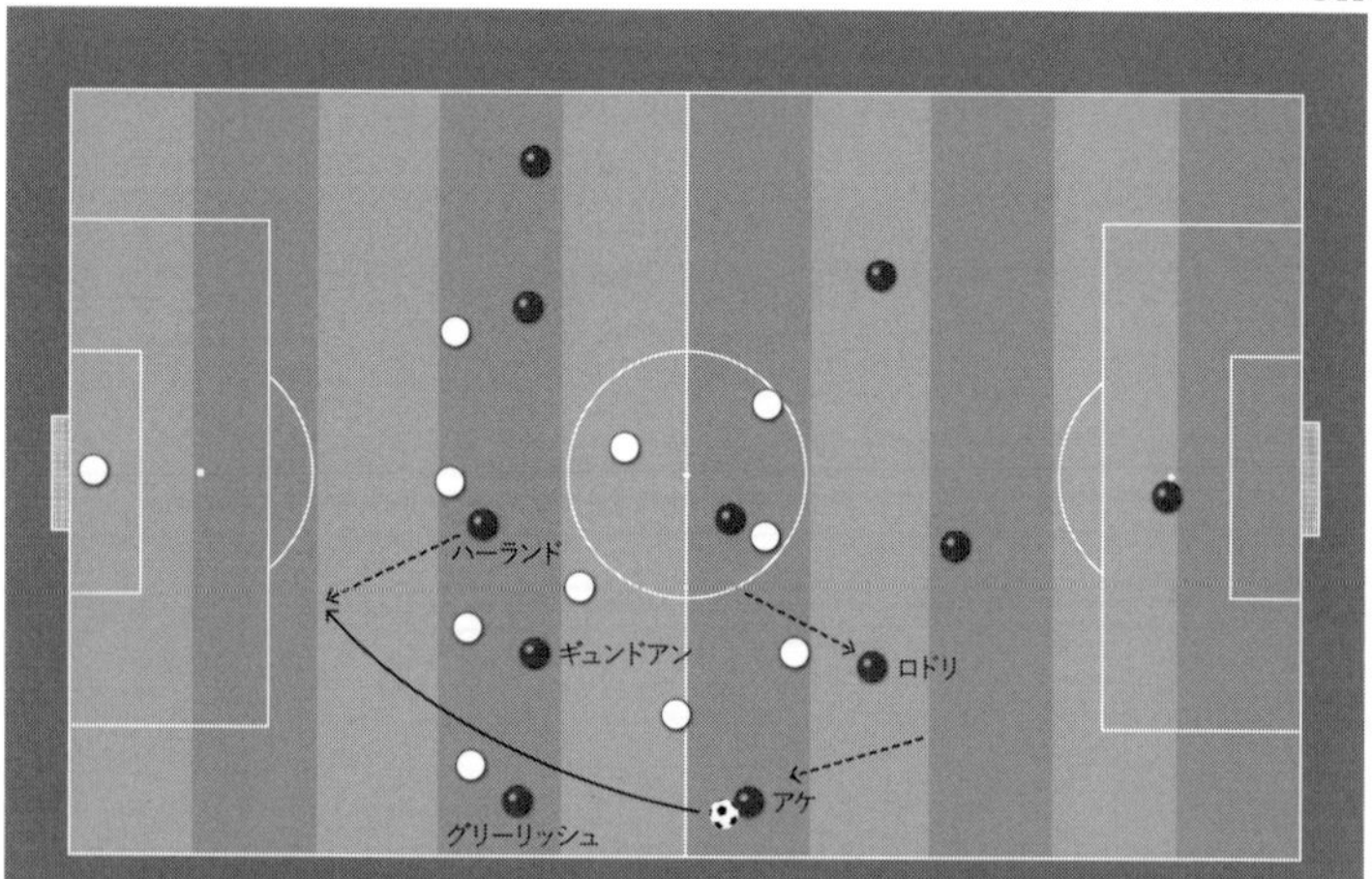

左サイドにおいてはグリーリッシュが持ち前のドリブルを駆使し、単独でボールを逃がすプレーを見せる。彼は後ろ方向にドリブルして敵の守備陣を潜り抜け、逆サイドへと展開することができる。【図23「4-3-3フラット③」】

シティのWGは突破力ばかりにフォーカスされるが、敵陣を外に広げて逆サイドから打開させるような状況判断と、それを行うため後方へのドリブルで逃がすプレーができる点が大きな強みとなっている。勝負所を見誤らないのはシティのWGとしての必要条件だ。

■W杯以降のアプローチ「進化型3-2-5」

ここまで説明したペップ・シティのシステム変更は、W杯開幕以前に多く見られたものだ。W杯前は敵のシステムに応じて柔軟に自分たちのシステムも変更するというアプローチをみせていた。

【図22「4-3-3フラット②」】

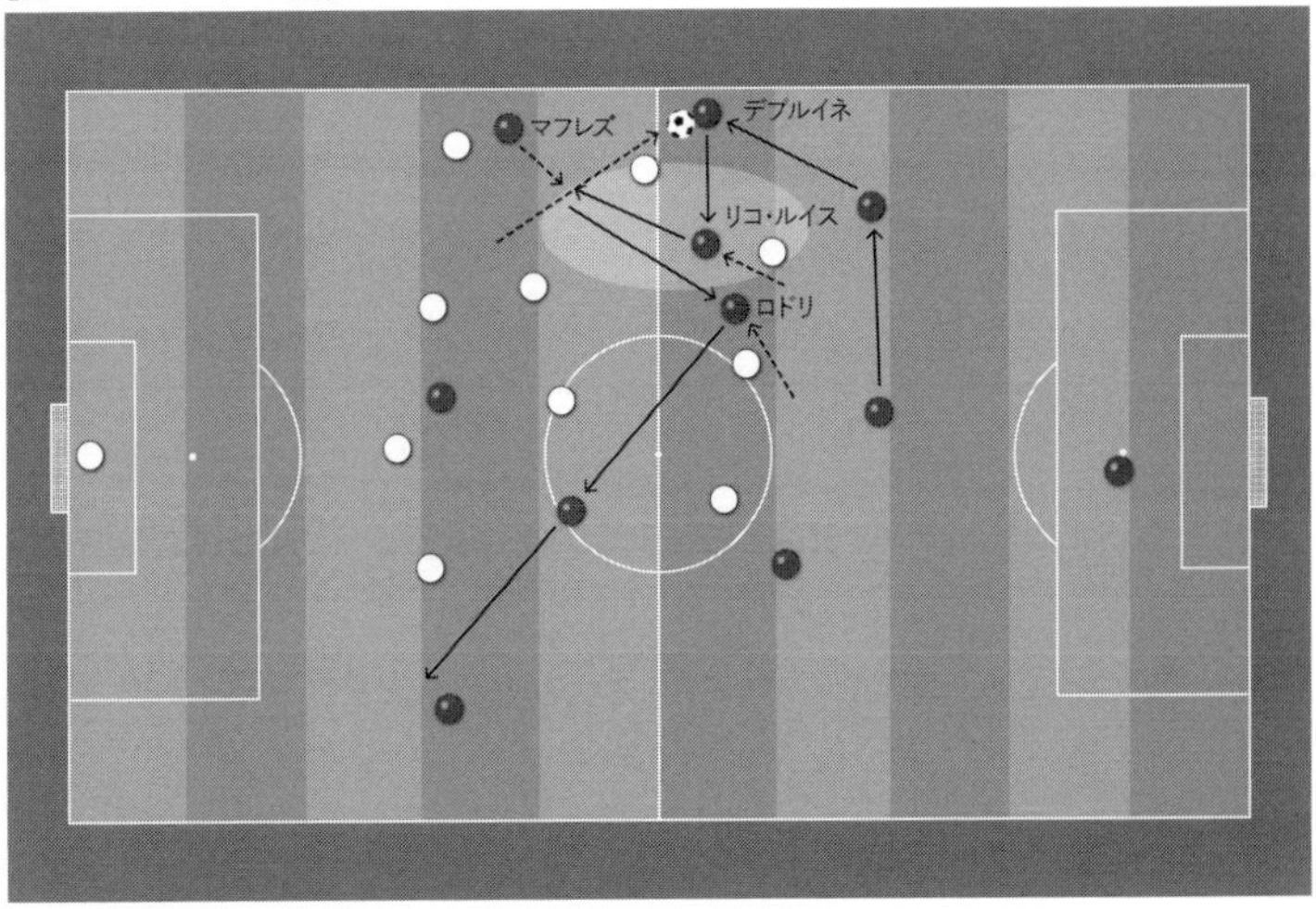

W杯以降もシステム変更自体見られたものの、ほぼ1つのシステムに集約することが多くなった。それが「3-2-5」だ。ここからはシティの3-2-5の機能性、および後半戦に見られた特徴を見ていく。

シティの3-2-5は基本的に片方（主に右）のSBもしくはCBがアンカーのロドリの脇に入ることで構成される。アンカーをCB間に落として両SBを上げることで構成される3-2-5の場合、攻撃性能の落ちるSBがアタッカーの位置に入ることになる。シティの変形方法はそういったタスクと強みのミスマッチが起きない変形となるため、機能性に優れている。

W杯が終わってすぐは、右SBリコがロドリの脇に入る形が多かった。しかし、徐々に右CBストーンズが1列上がることで「偽CB」としてその役割をこなす機会が増えていった。ストーンズは動きすぎてDFからIHへのパスコースを潰すこともなく、的

【図23「4-3-3フラット③」】

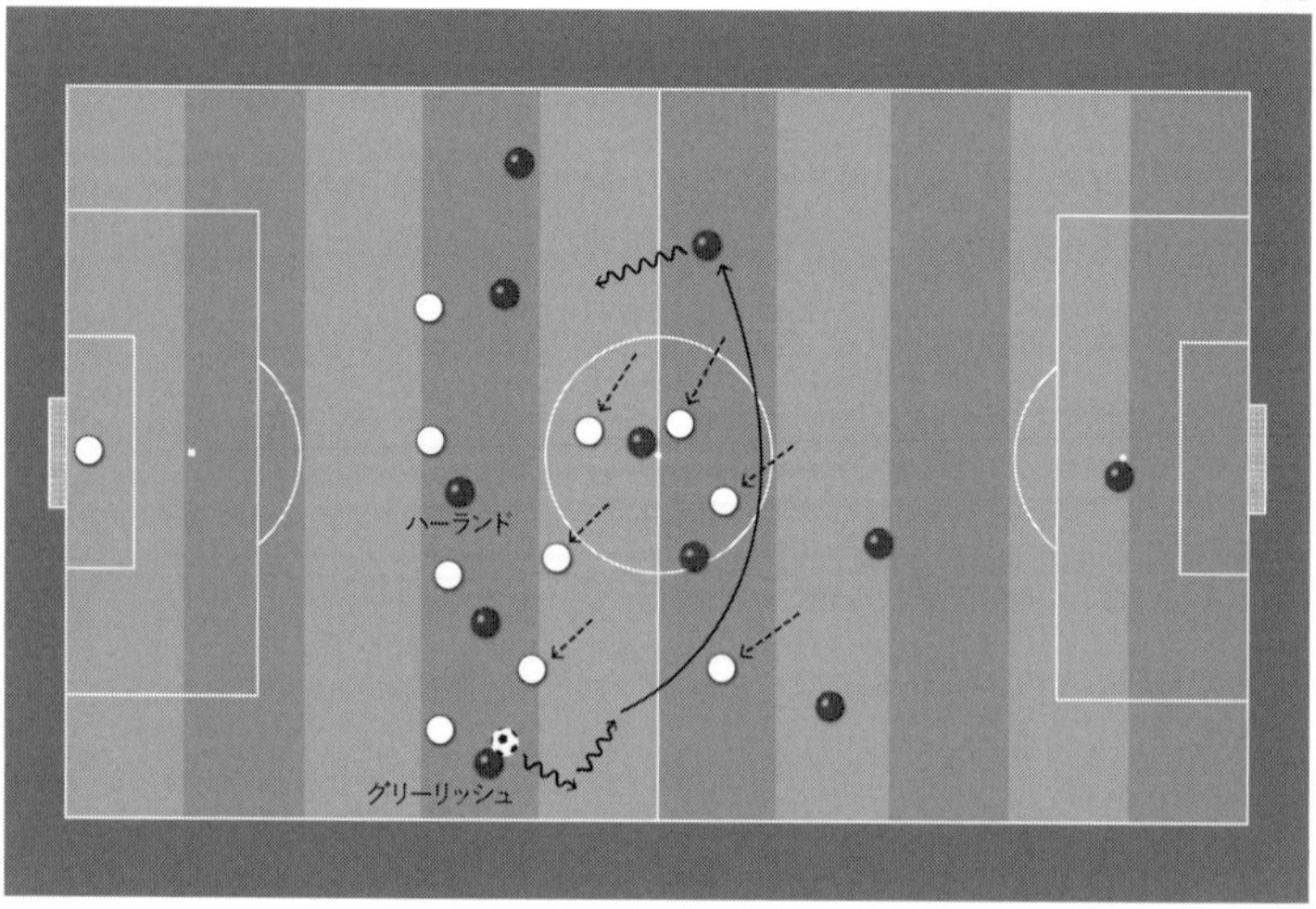

確なポジションを取ってパスを回すことができる。守備能力が高いため中盤での守備の強度も大幅に増した。右CBのストーンズを口ドリの脇にあげる形がひとつの完成形であると言える。

シティの3-2-5の最大の利点であり特徴は3バック+2CHが柔軟に配置を変えられるという点にある。片方のHVが開き気味のポジションを取り、CBが左右どちらかにずれ、CHの片方が降りる「疑似4バック化」はその代表例だ。その他、両HVがワイドに開く「1バック化」、片側のHVだけ前進する「SB化」等だ。

敵の守備組織に応じて3バック+2CHがポジションを微調整することで、どんな守備戦術を採用する相手に対しても対応しようという、全員の戦術理解度が試される「進化型3-2-5」である。一般的なチームの3-2-5は静的で固定的な配置となるため、変化の応用が利きにくいが、シティの3-2-5は敵がどのシステムを用いて守っても対応しうる汎用性を持たせることに成功したのだ。

進化型3-2-5のシティは、ビルドアップ担当の選手のうちフリーとなった選手が前進する。CHが低い位置をとり5枚でビルドアップを行えば敵がどんなシステムを用いてもフリーの選手を作ることが容易い。

ただしこれには欠点がある。後方での数的優位の確保と前進は容易いが、前方の枚数と中盤での組み立て役が足りなくなるケースが見られる点だ。当然CHが1列目を越えた位置をとることでの解消も一つの手だが、敵のシステムに応じて2バックと3バックを切り替えるよりも流動的となり、呼吸を合わせるのも難しい。

W杯明け直後は3バックが広い距離感を維持してのビルドアップが主となったが、次第にその関係性に変化が生まれていった。3バックの横の伸縮性が増し、CHとの関係性が変化していったのだ。これに伴い、シティの攻撃は3-2-5をベースとしつつも柔軟に形を変えることが可能となった。

■運ぶドリブルはどこへ運ぶ？

前を向いた状態で敵の守備の1stラインを越えることがビルドアップにおける目標となるがこれを達するためにシティはどのような動きを見せているのか？

目立つのが3バックのボールの運び方だ。特にアケ（もしくはストーンズ）に見られる動きであるが、HVの彼は前でなく中央に向かってドリブルをする。CHとのリンクを重視しているからだ。CHにボールが入れば攻撃の選択肢が大幅に増すことをア

【図24「アケ」】

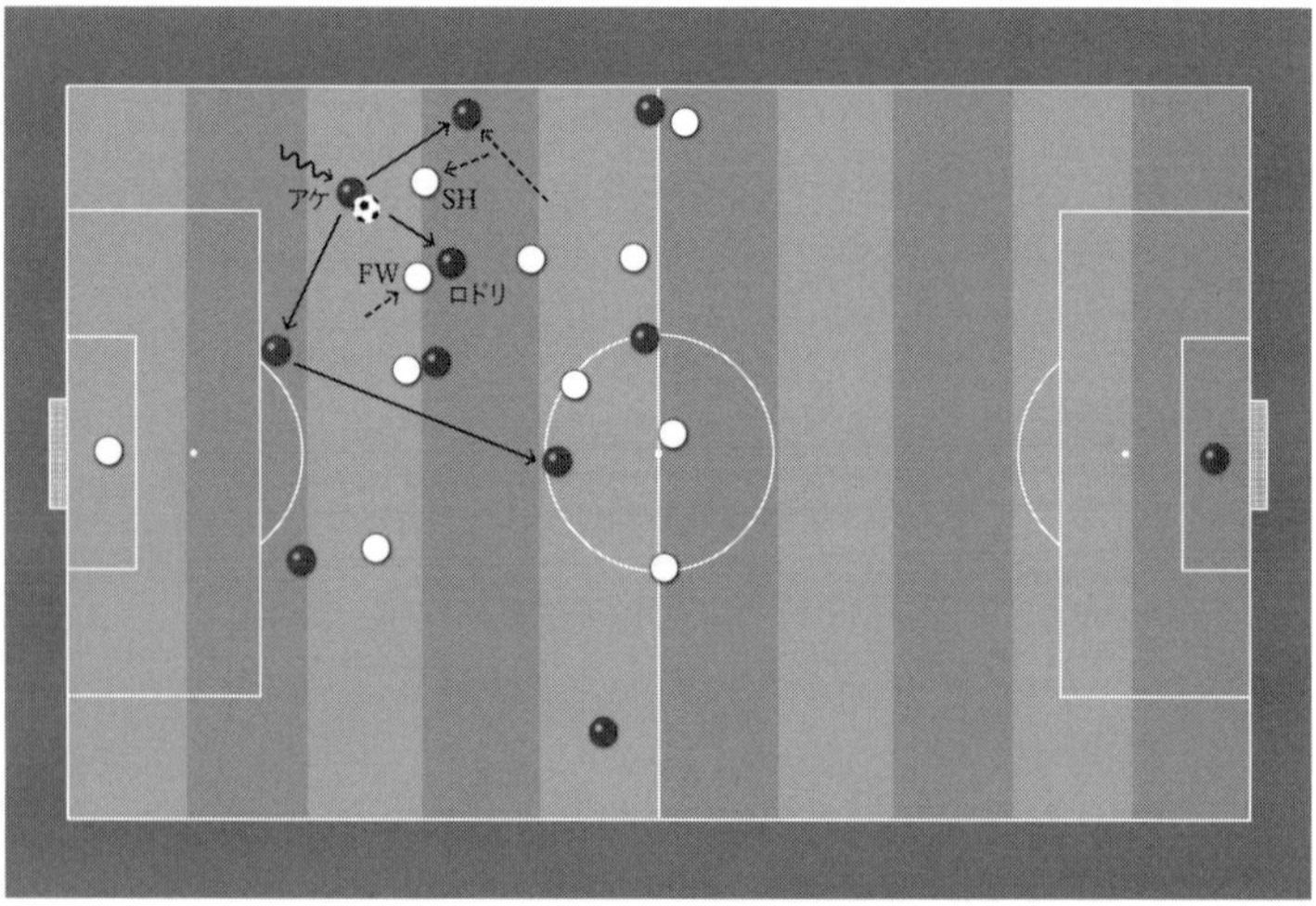

ケは分かっているのだろう。【図24「アケ」】

ロドリとの距離が近くなることで簡単に彼にボールを入れることが可能となる。ロドリは敵とボールの間に身体を挟み込むターンの技術が高く、敵の手の届かない影に入ることができる。

ではロドリへのパスコースがふさがれた場合はどうか。その場合、敵CFやSHが絞ったということになる。つまり味方CBがフリーの状態になったということであり、サイドに流れるIHもフリーの状態であるということだ。アケはすかさず空いている選手にボールをはたく。単に前進するのとCHに向かって前進するのとでは目的の明確化、CHとのリンクという点で相違が見られるのだ。こういった点も、ビルドアップに柔軟性を生むポイントとなる。

■核となるCHの変化

W杯期間が明けたのち、CHの動き方に変化が見られた。「敵の守備の1stラインの手前」で受ける等、1stラインを出入りする機会が増えた。これがシティの最大の変化であり、「進化型3-2-5」ビルドアップにおける最大のポイントだ。

CHが1stライン手前に引くことで数的優位を確保でき、敵を前方に釣り出すことができる。後ろの枚数が担保されれば、「特定の選手」ではなく「目の前にスペースができた選手」が前進することができ、DF陣の攻撃参加の縛りも弱まる。先述のようなDFの運ぶドリブルも行いやすく、1stライン手前に降りたロドリもそれを多用している。

反対サイドのＨＶ（ＣＢ）とＣＨのパスコースが確保できると、攻撃ルートは大幅に増える。そして、ＣＨの片方が1stラインの手前に位置するとそれが実現しやすくなる。

例を挙げる。ロドリが1stライン手前に降りて呼び込み、先述のドライブとバックパスを駆使することで敵を引きつけ、逆サイドにギャップを作り出す。

【図25「ロドリ」】

ここでストーンズが受けずに絞った状態でいることでＣＢ→ＩＨへの楔のコースを空け前進させることができる。このようにＣＨが動的になることで本来の形にこだわらずに守備陣形を穿つことが可能となっている。

ただし後方に人数をかけるビルドアップは、前方での攻撃に人数が割けないという事態に陥りやすい。

また、ＣＨを務める2人の関係性が薄いとたちま

【図25「ロドリ」】

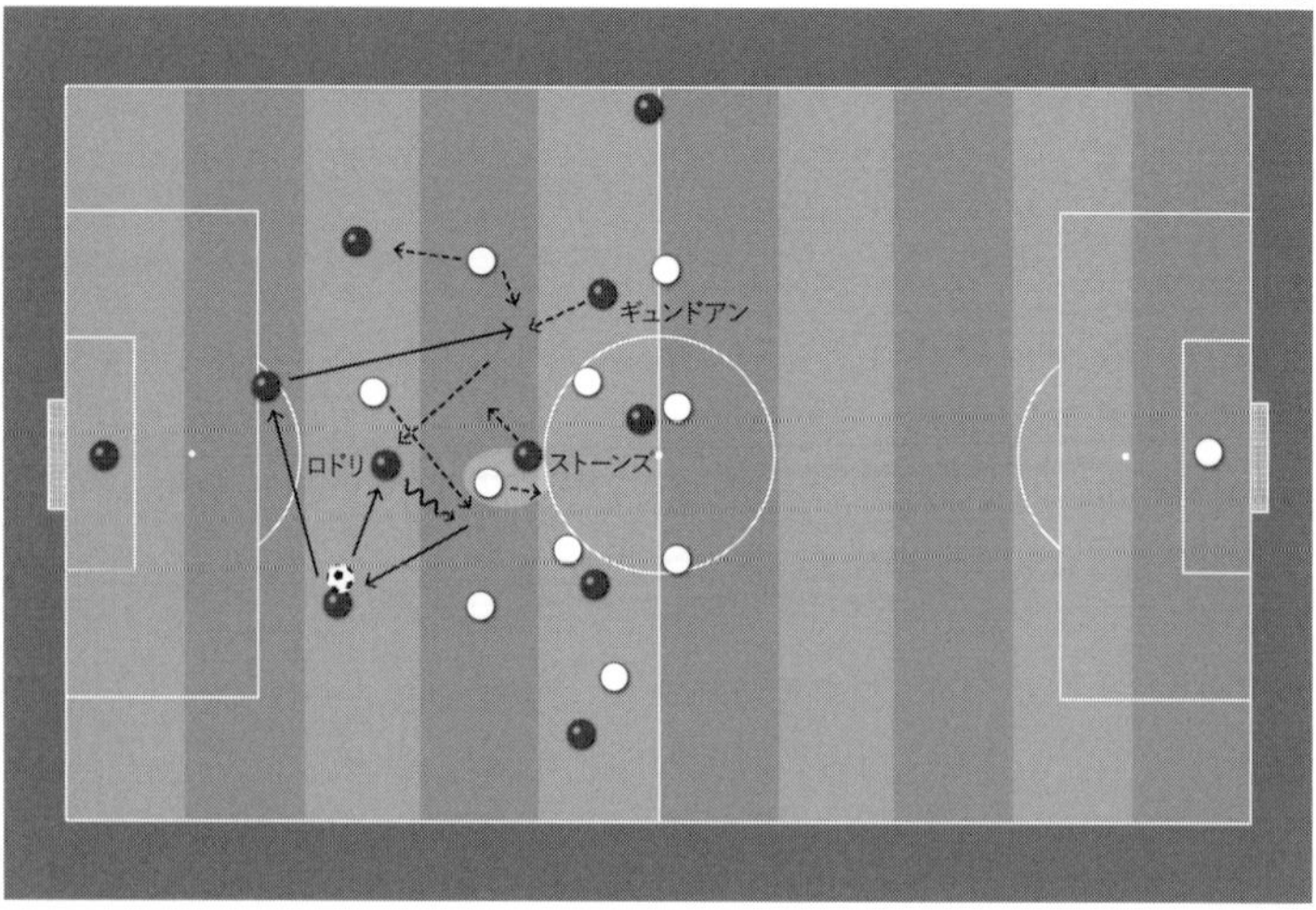

ち停滞感が生まれる。例えばロドリとシウバであれば共にビルドアップ能力が高いため一見安心であるが、互いにサイドの分担がされたような関係性であるうえ、シウバが動きすぎるために2人の関係が弱まり、逆に攻撃ルートが制限されてしまうのだ。

より効果的に、はっきりとCHの動きの変化がみられるのがvs5-4-1に対するアプローチだ。

■vs5-4-1

1トップに対する3-2-5ではまず3vs1という「+2」の概念を考える必要がある。3vs2で守備を行う場合、パスコースを消しながらボールホルダーにプレスをかける(1人で2人を対応する)ことで数的不利をかき消すことが可能だ。対して1人で切れるパスコースはひとつであるため、1人で敵3人、3vs1に対応することはできない。

シティはこの「+2」の概念を3-2-5に活かし

【図26「3 vs 1」】

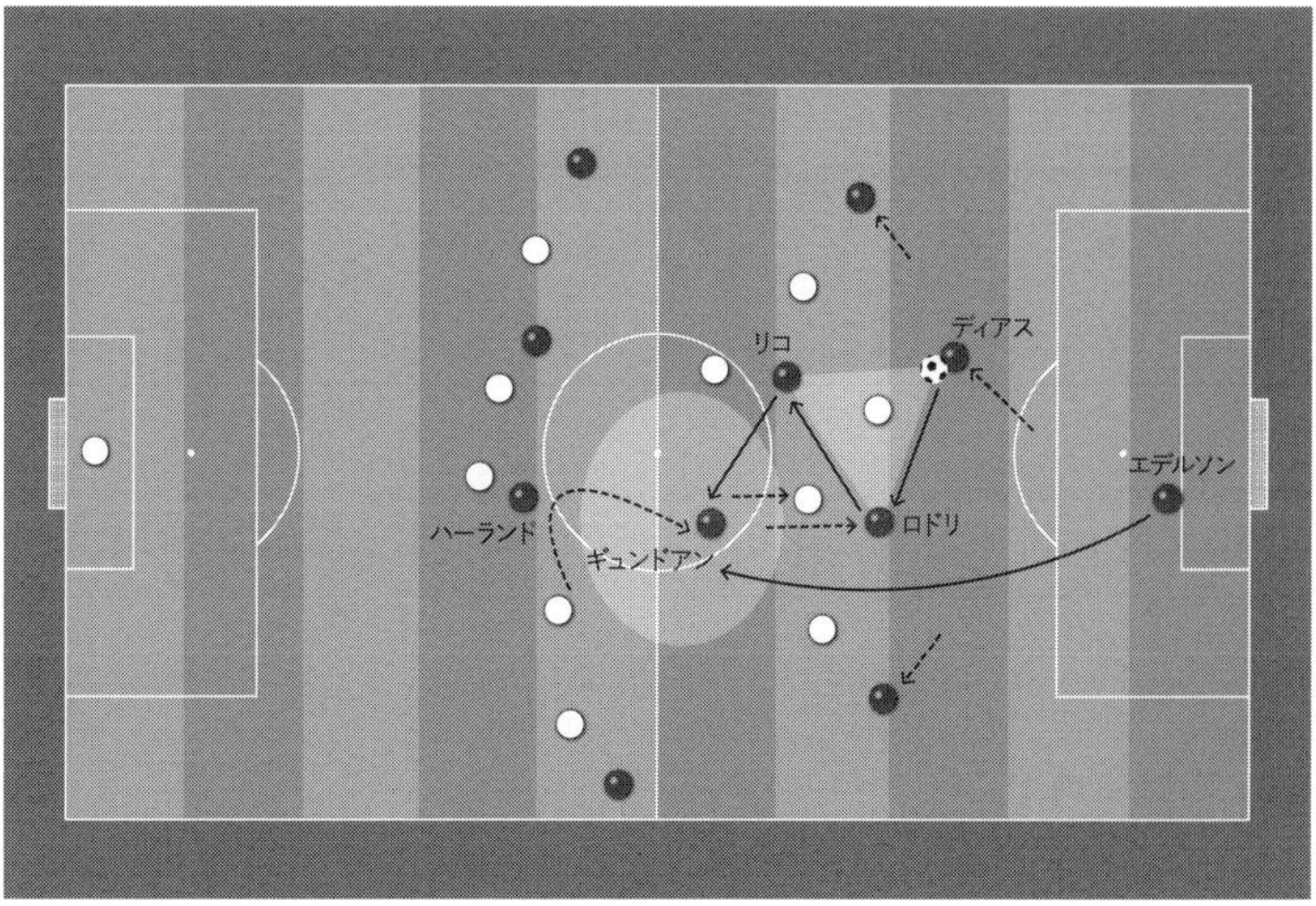

ている。ただし、3バックvs敵CFの3vs1ではない。CB＋2CHvs敵CFだ。【図26「3vs1」】

鋭い楔が持ち味のCBディアスは中央ではなく左右どちらかに寄った位置をとる。CHが敵の1stラインの手前に降りるうえで非常に重要だ。彼の位置に応じて、彼とは逆サイドのCH（ロドリ）がCFの脇まで降りる。もう片方のCH（リコ）はディアスの前方で、ロドリと段差ができるように立つ。この「つながりのある複数の階層を生み出す」ことがポイントだ。簡単に言えば三角形だが、「辺」ではなく「頂点」が底に来る傾いた三角形となる。全員の高さが異なる三角形だ。

この陣形は様々な形で楔を狙うことができる。敵がCFの援護のためのプレスに出てこなければ、ロドリとリコがストレスなくボールを前進させることができる。リコにプレスがかかった場合も同様にロドリが前進させることができる。

敵CHがロドリにプレスをかけてくる場合、前進してきたCHの背後にリコを経由してボールを送り込んでいく。エデルソンがボールを持つ場合、ロドリの背後に直接ボールを付けることも可能だ。的確な配置と段差を利用した効率の良い攻撃が可能となる。

リコはファーストタッチの前に細かなステップを入れて前を向くことができる。ただし、三角形を構築しているため180度のターンはさほど必要とされていない。ロドリへの展開も考慮しあらかじめそちらを向いていることも多いため、技術のある選手が技術的負荷の低いプレーをこなすことができるという仕組みが、余裕ある攻撃を生み出している。

忘れてはならないのは、ロドリの背後のスペースを利用する選手の存在だ。試合によっては、シウバをトップ下の位置に据えた3-2-1-4が採用された。狙いは明らかで、ロドリとリコが釣り出した敵CHの背後を狙わせることだ。彼は常に敵CH間、背後、脇を狙い続けた。彼がCHと近い距離をとることで敵のCHの気をひき、代わりに2トップがCHの背後でボールを受けることも可能だ。そうなった場合シウバはレイオフを受けられるポジションに即座に切り替えることで攻撃を促進した。

ギュンドアンが入った3-2-5の場合、ギュンドアンはいつも通り、味方CFを利用してその手前でボールを受ける。もしくは自身のマークについているCBから離れ、別CBのゾーンに入ってから降りることでマークを外すプレーや、ロドリの背後でボールを受ける素振りから一気にDFライン背後に抜け出すプレー等でボールを呼び込んでいく。

それでも相手が中央を堅く閉ざせば、サイドに移ったHVがフリーでボールを保持できるようになる。アケ等はロブパスの精度も高いため、サイド低い位置からハーランドへ向けた長いスルーパスでチャンスメイクすることができる。

敵を完全に押し込むことに成功した場合、ファイナルサードでは敵HV裏を突く攻撃が多く見られる。【図27「ファイナルサードでのHV裏」】

敵を完全に押し込んだ場合、中央での優位を確立できているケースが多い。CHが前を向いて自由にボールを扱える状態であれば、IHがハーフスペース外寄りと中央を出入りすることでライン間を狙いつつ敵HVを釣り出し、その背後にWGやCFが入り込むことができる。

■vs 4-3-3

W杯後は後方での組み立てにおいて、両HVが大きく開くアプローチを多くみせた。これは、敵の陣形を外に広げ、縦のコンパクトさを乱す（極端にコンパクトにさせる、もしくは間延びさせる）ことで前線にパスを供給しやすくなるという効果を持つ。守備側からすると横に広げられることで前線の守備網にギャップが生まれてしまい、そのスペースを埋めようと後方守備陣が前進すると極端にコンパクトなブロックを形成することとなり、背後へのボールに対応するのが難しくなる。【図28「4-3-3ワイド」】

前進して埋めるか否かが曖昧となる、もしくは埋めないという判断を下した場合に守備ブロックの内部にギャップが生まれ、間延びしたエリアができあがる。

CHは敵守備陣の1列目を越えるか越えないかの高さに位置し、すぐにDFラインのサポートに降り

【図27「ファイナルサードでのHV裏」】

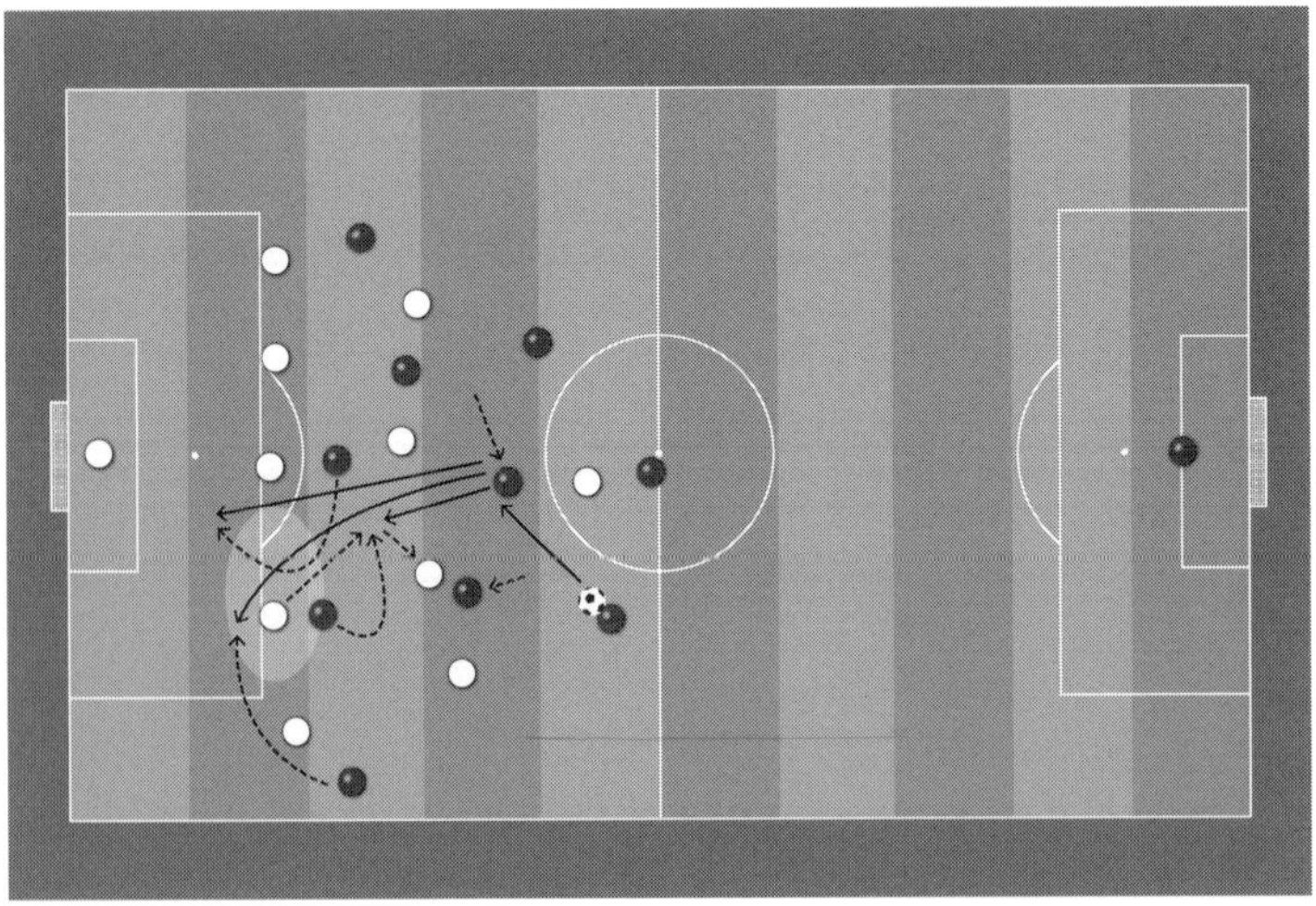

られるよう準備をする。ビルドアップを担う5人が横に広く、縦にコンパクトになる形だ。CHとCBで局所的な数的優位を作り、その隙にHVがサイドに移動して攻撃に加わっていくため、相手からすると捉えにくい攻撃となる。CHが1列目を越えない高さに位置する場合、敵は1列目だけで対応しようとすれば数的不利で1列目の隙間から前進を許し、2列目以下が前進して対応すればその背後の守備陣形にスペースができあがる。

これは、19-20シーズンに圧倒的な攻撃力でCLベスト8まで進出したアタランタに近い攻撃志向だ。

広がったHVに対して敵のWG以外（IHやSB）がプレスに出てくると、前方へのパスを送り込むための大きなスペースが生まれる。敵WGが出てくると、その寄せ方に応じて縦のWG、もしくはCHかCBいずれかのパスコースが空いた状態となる。

【図28「4-3-3 ワイド」】

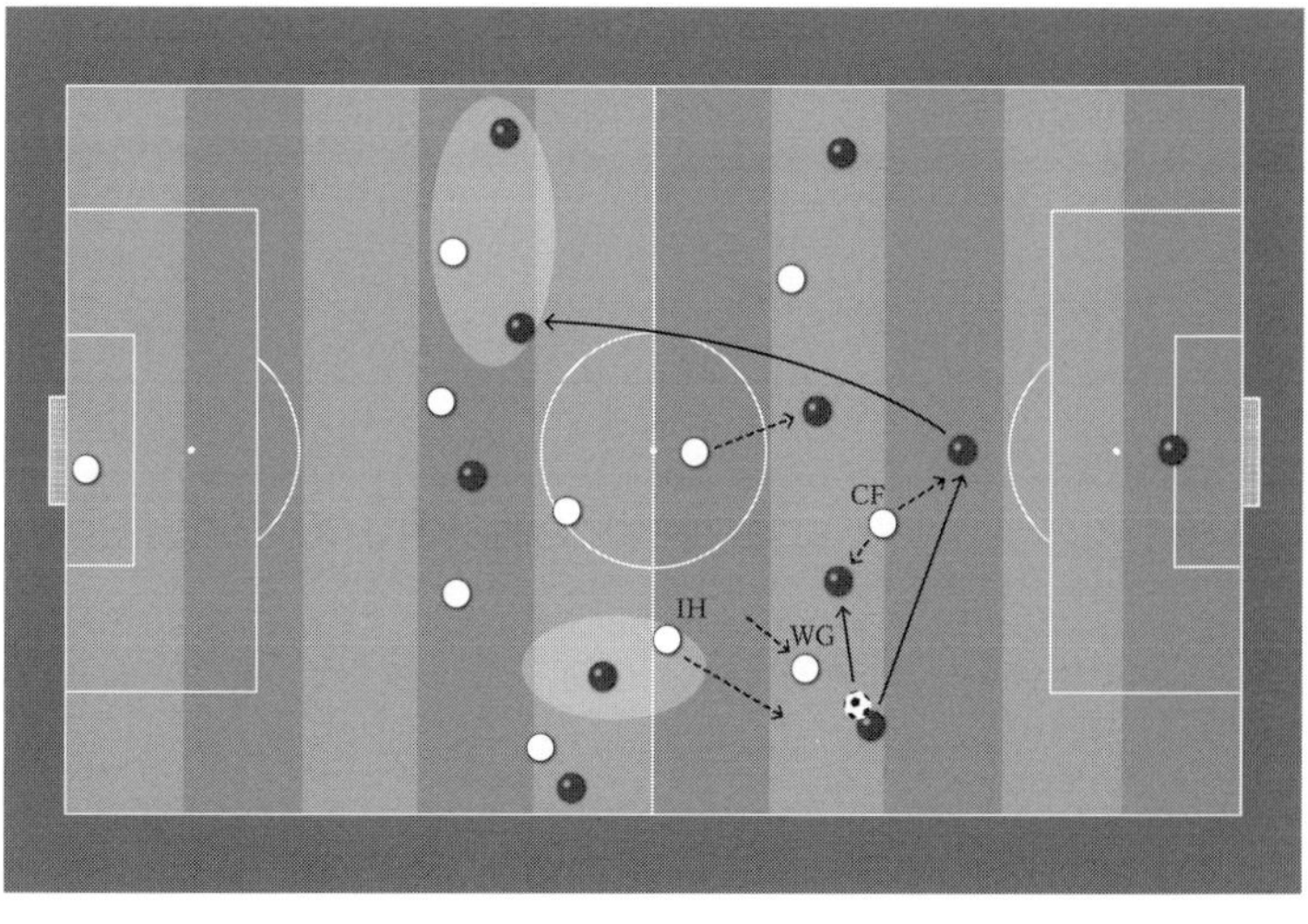

敵WGが縦を切り敵CFがCBを切るとCHが空き、間延びした状態を作ることができる。多くの場合敵はCHを切るため、HVはCBに戻す。そうなると敵は陣形がサイドに偏り、WGとCFの間もしくは逆サイドが大きく空くこととなる。CHも余裕をもって前を向くスペースができ、前線5枚にパスを送り込みやすくなるのだ。

この陣形ではCBが最後方で1バックのような形となる。ロングボールの起点になる必要もあるため非常に重要なタスクを担うこととなる。

1列目を越えないCHにとって重要なのはいかに敵をひきつけ、味方3バックに楽をさせられるかという点となる。1列目を越えないということはパスカットされる危険性が少ないということだ。そのためCBはボールをCHに預けやすい。CHがボールを持つということは、

①敵の誰かがアプローチに出てくる
②3バックが動き直し、受け直す時間ができる

ということである。

①の「敵」とは誰か？　それが中盤の選手であれば、敵の中盤-DFラインの間にスペースができあがることとなる。「敵」が本来3バックをマークする選手であれば、3バックのうちで1人フリーとなる選手が生まれる。その選手は前を向いてフリーの状態でボールを前進させることができる。つまり

CHがスペースを作っているのだ。

このように1列目を越えない時のCHは①のように敵を引き付けて敵守備陣に「スペース」を作り出す。②のように一度ボールを預かることで3バックに「時間」を与えるという補佐的な役割を担うこととなる。

繰り返しとなるがCBの役割も重要となる。CBがボールをすぐに放してパスをする場合、中央で主導権を握りにくくなってしまう。いかにボールを自身で保持して敵をひきつけるか、前方にスペースがあれば楔やCHへのパスをつけていくかという点がポイントとなる。

ストーンズはボールを前方に持ち出すのが上手い。前方に持ち出すことで、楔を警戒するため守備陣形は収縮する。収縮が弱ければ当然楔を打ち込んで行くのだが、十分に収縮させた場合は隣のHVに斜めのバックパスを送る。このパスを受けるHVはオープンな状態で前を向くことができ、逆サイドのHVに展開することもできる。こういったプレーを繰り返し、敵の守備陣形を穿っていくのだ。

■vs4-3-2-1（HVが開くアプローチ）

進化型3-2-5における「HVが大きく外に開くアプローチ」は2つの面で効果を発揮する。【図29「4-3-2-1（HVが開くアプローチ）」】

①後方の組み立て人数を最小限として、中盤や前方に人数を割くことができる

②サイド低い位置でボールを保持することができる

4-3-2-1で守備ブロックを組む相手を想定する。4-3-2-1は中央を固めることができるが、相手SBにプレスをかけるのが難しい。この4-3-2-1を崩そうと3バックシステムで組み立てる場合、相手の弱点となるSBの位置に選手を配置することができない。

こういった時に、柔軟に配置(HVの位置)を変えることができるのがシティの3-2-5の強みだ。CHが低めの位置をとりHVをワイド(通常のSBの位置)に開かせることで、敵のプレッシングがかかりにくいエリアに選手を配置することができる。

HVがワイドでボールを持つことで、敵DFライン4枚vs前線5枚という数的優位エリアへパスを供給しやすくなる。HVウォーカーはニアのチャンネルや余った大外へのサイドチェンジを用いてその

【図29「4-3-2-1(HVが開くアプローチ)」】

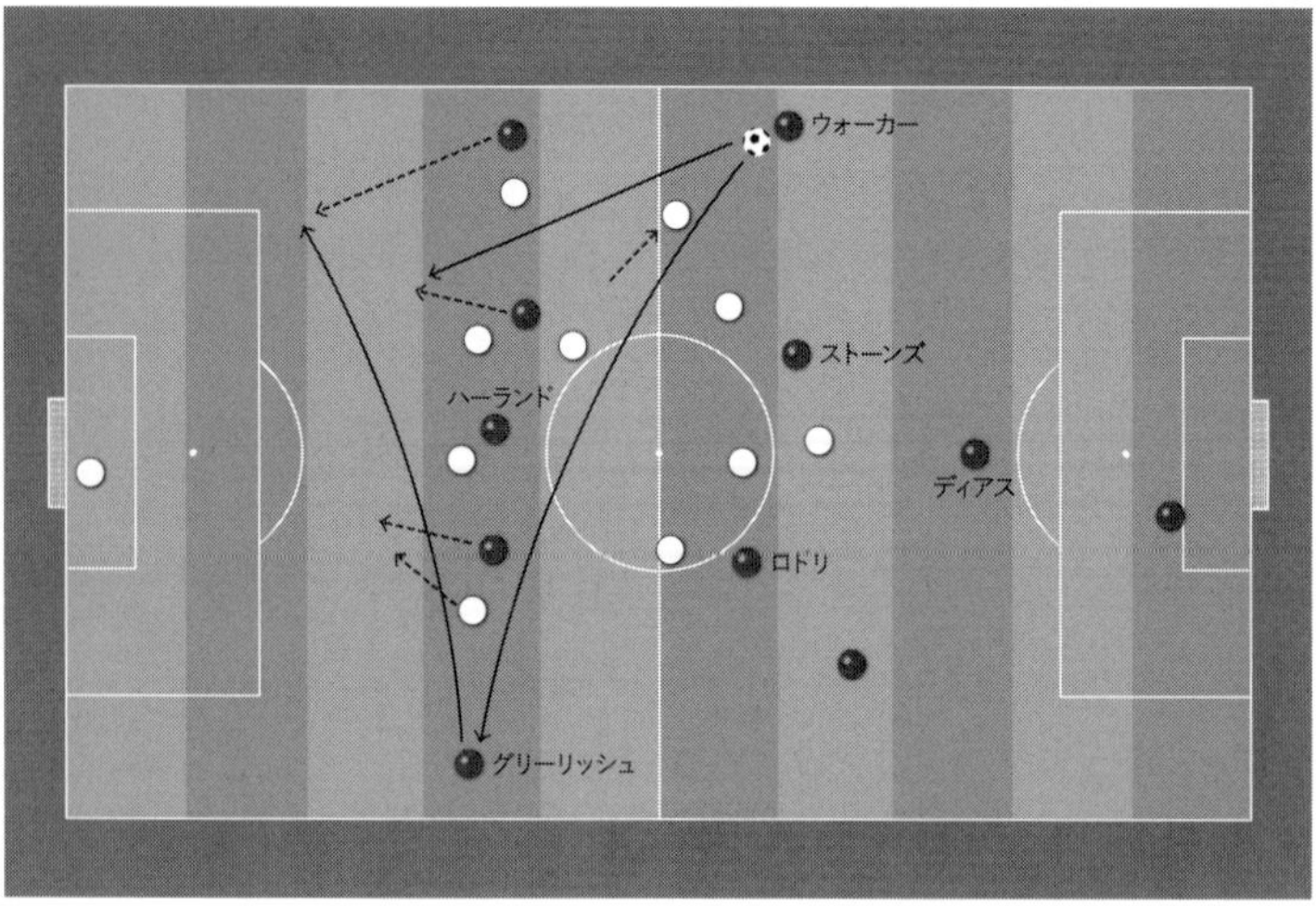

優位を活用していく。サイドチェンジが決まれば、連続的に優位を活用してグリーリッシュから逆サイドへインスイングクロスを送り込むことが可能だ。

逆にHVが開く弊害は何か？　それは従来の3バックの強みを失ってしまうことだ。特に4-2-2-2攻略において見られる。既に述べた通り、4-2-2-2に対してはHVがハーフスペースの位置にポジションを取り、敵SHに複数の選択肢を突き付けて困らせるのが定石である。しかし、HVが開きすぎてしまうとSHはポジショニングに困らずにプレッシングを行うことができるため悪手となるのだ。

■ vs 4-2-3-1（CHマンツーマン）

4-2-3-1で敵CHがIHにマンツーマンでつくチームに対しては、2つのアプローチをとった。

【図30「4-2-3-1（CHマンツーマン）」】

【図30「4-2-3-1（CHマンツーマン）」】

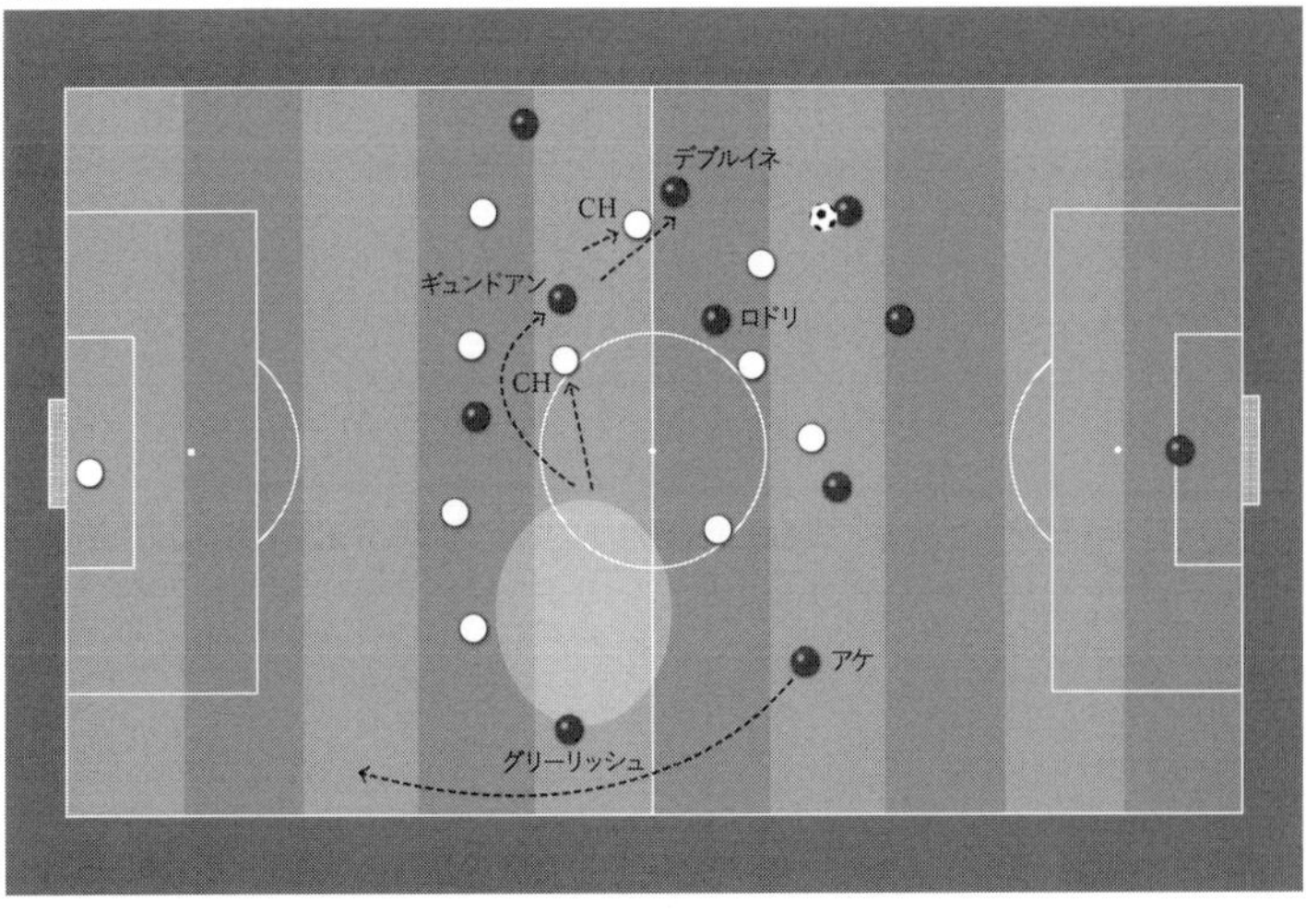

①ＩＨが逆サイドや中央に流れてボールを呼び込む
②ＷＧのカットインを活用する

マンツーマンはシティにとって厄介な問題だ。しかし、前線が良い形でボールを呼び込むことができれば、敵の陣形を崩すと同時に個の能力で突破することもできる。

まずはＩＨ（ギュンドアン）のポジショニングだ。彼が中央に位置すればスルーやフリックを用いた細かなパス攻撃でゴールに迫ることができる。

彼のマークの外し方は秀逸だ。敵ＣＢの近くに位置した状態からＣＨの間や脇に移動する等、最初にマークを受けた状態をあえて作り出してから、受け渡しを難しくさせるようなポジションの移動を行うことでマークを剥がしていく。

右ＩＨが下りればそれと同時に右サイドに流れることで空いたスペースに入り込む動きも見せた。

このギュンドアンの動きは右の空いたスペースを使うことができると同時に、左のハーフスペースにスペースを作り出すことができる。この空いたスペースを活用するのがグリーリッシュだ。

グリーリッシュは世界トップクラスのカットイン技術の持ち主である。ギュンドアンが空けたスペースを利用するドリブルはお手の物だ。彼のドリブルに合わせるように左ＨＶのアケが連動する。アケはオーバーラップとインナーラップを使い分けることができる。

オーバーラップする場合敵ＳＢに対して２vs１の状況を生み出すことができ、かつ敵ＳＢはグリーリッシュの動きについていくためフリーでボールを受けることができる。

インナーラップはチャンネルを突くことができると同時に、敵ＳＨを押し込むことができる。グリーリッシュは無理な勝負を仕掛けないため、アケに送り込まずにＣＨへのバックパスを選択するケースも多い。

インナーラップでボールが出てこなかったアケはサイドに逃れる。この時受け渡しがいくつも発生するため、グリーリッシュの動きに紛れてワイドでフリーの状態となりＣＨからパスを受けることができる。

３バックの両脇が開き気味となったため、こういったＨＶが前進する攻撃も多くみられるようになっている。

また敵が４-２-３-１の場合、敵ＳＨは中央に絞り気味となる。展開力があるロドリが中央に位置しているからだ。彼は敵のいないスペースに向かってドリブルすること、そして敵とボールの間に身体を挟み込みターンすることに非常に長けている。そのため、敵ＳＨが絞った程度では彼の良さが消えることは無く、彼に敵ＳＨがアプローチする分ＨＶがフリーで前進できる状況が増加していく。

■vs４-２-３-１（ゾーン）

４-２-３-１で守る敵を３-２-５で攻略する際、敵ＳＨの位置取りを崩すところからスタートする。この狙いは2-3-5と同じだ。
この時ポイントとなるのは2CHだ。彼らは敵CFの背後、敵SH-トップ下の間にポジションをとる。【図31「4-2-3-1(ゾーン)」】
こうすることで陣形の隙間を通されるパスを嫌うSHが中央に絞るのだ。ここでリコとロドリのCH同士のパス交換が選択肢に存在すれば、隙間を通すのが容易になる。逆にCH間のパスが無ければ隙間を通すのが難しくなるため、敵SHを絞らせる効果も半減する。
敵SHを絞らせることで、WGへのパスを通しやすくなる。WGはやや低めの位置で受けることで敵SBとの間合いを確保でき、敵SBが前進して守るようであれば敵DFラインの枚数を減らすことに成功したといえる。WGはカットインや縦へ押し込むドリブルの他ハーフスペースを経由しつつ大きく空いた逆サイドへの展開を利用していく。

【図31「4-2-3-1(ゾーン)」】

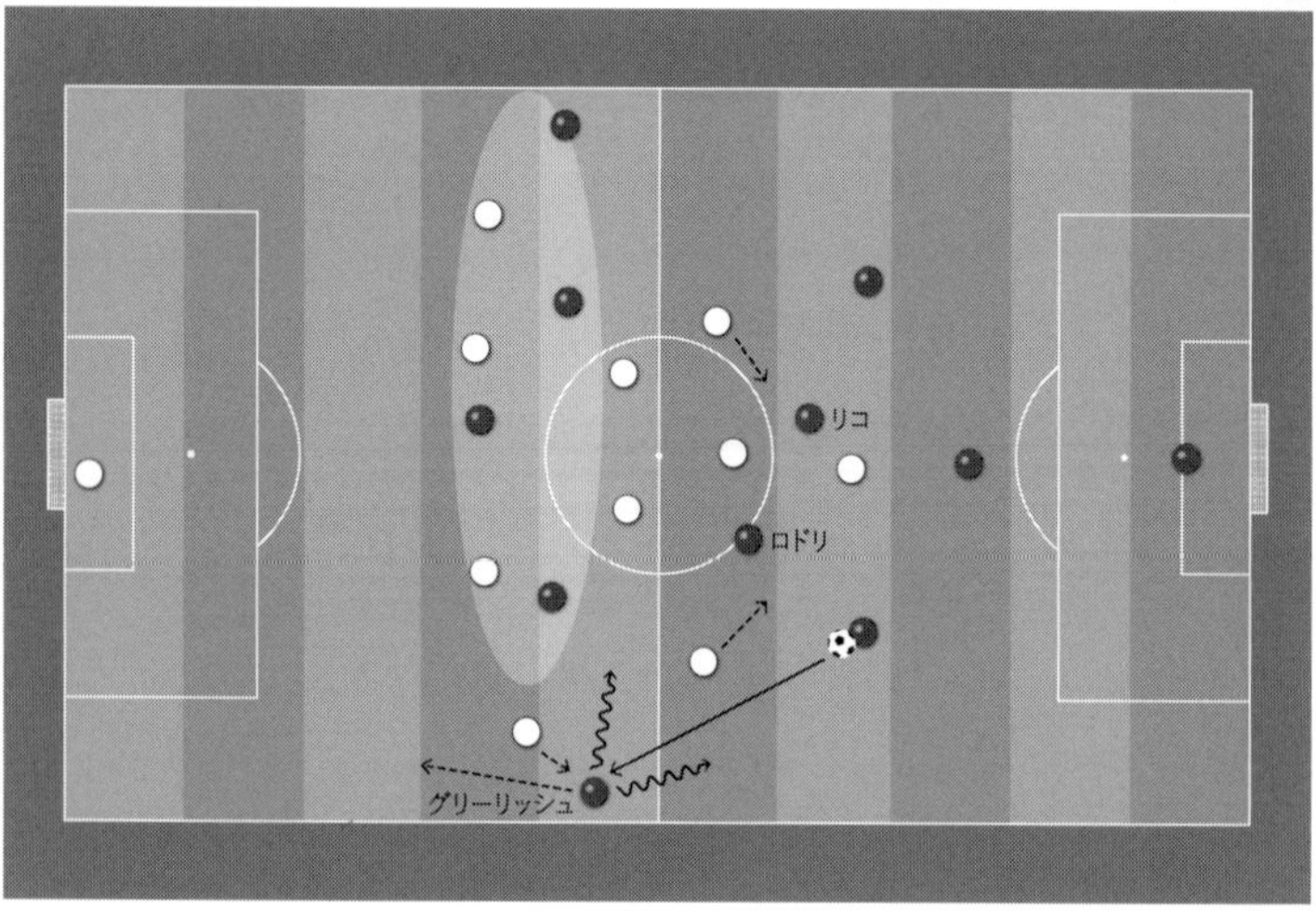

陣形としてはW杯前の2-3-5よりもCB陣がややワイドで余裕をもってボールを保持することができ、オーバーラップもしやすい形となっている。

WGを使って敵陣深く侵入する場合、ダブルチーム気味に対応するチームもいる。それは5-4-1や4-5-1等システムに囚われず見られる対応である。その場合、単純なクロスはあげない。カットインを狙うか、ハーフスペース低めで待機するCHやIHにボールを預ける。敵DFラインはバックパスに合わせてラインを押し上げようとするためマークがズレやすいうえ、ゴールに近いハーフスペースからのクロスはハーランドへピンポイントで合わせることもできる。得点をあげる絶好の舞台が整うのである。【図32「ダブルチームに対して」】

デブルイネはチャンネルラン、オーバーラップに加え、チャンネルに走るフェイントを入れてからその場に留まることで敵との間合いを確保し、ハーフ

【図32「ダブルチームに対して」】

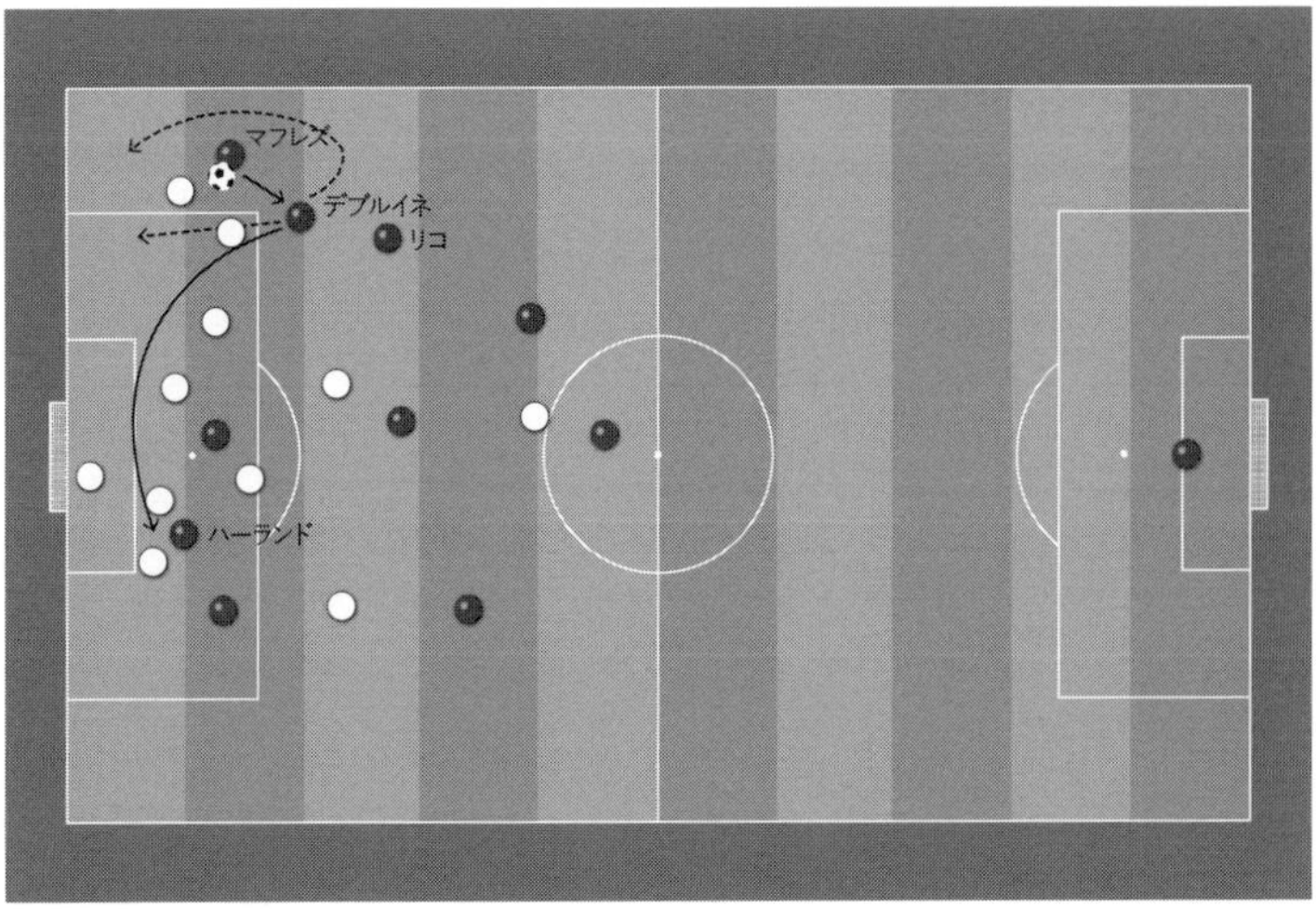

スペースからクロスをあげる等様々なオフザボールのバリエーションを持っている。どこからでも正確なクロスをあげることができる彼にとってオフザボールの豊富さは鬼に金棒だ。

敵ＳＨがハーフスペースからのクロスを狙うデブルイネを警戒しダブルチームを解いた場合、ＤＦラインと中盤の間へのクロスのルートができあがりやすくなる。マフレズはデブルイネを囮にカットインし、ＤＦラインと中盤の隙間や、中盤手前のＣＨへ早いグラウンダーのクロスを上げるのも有効な選択肢のひとつとなる。【図33「マフレズからのクロス」】

■vs 4-1-4-1（ハイプレス）

当シーズンにおいてリーグタイトルレース最大のライバルとなったのはアーセナルであった。シティがこのシーズン戦った相手の中で、最も激しく、高い位置からプレッシングをかけてシティを苦しめた

【図33「マフレズからのクロス」】

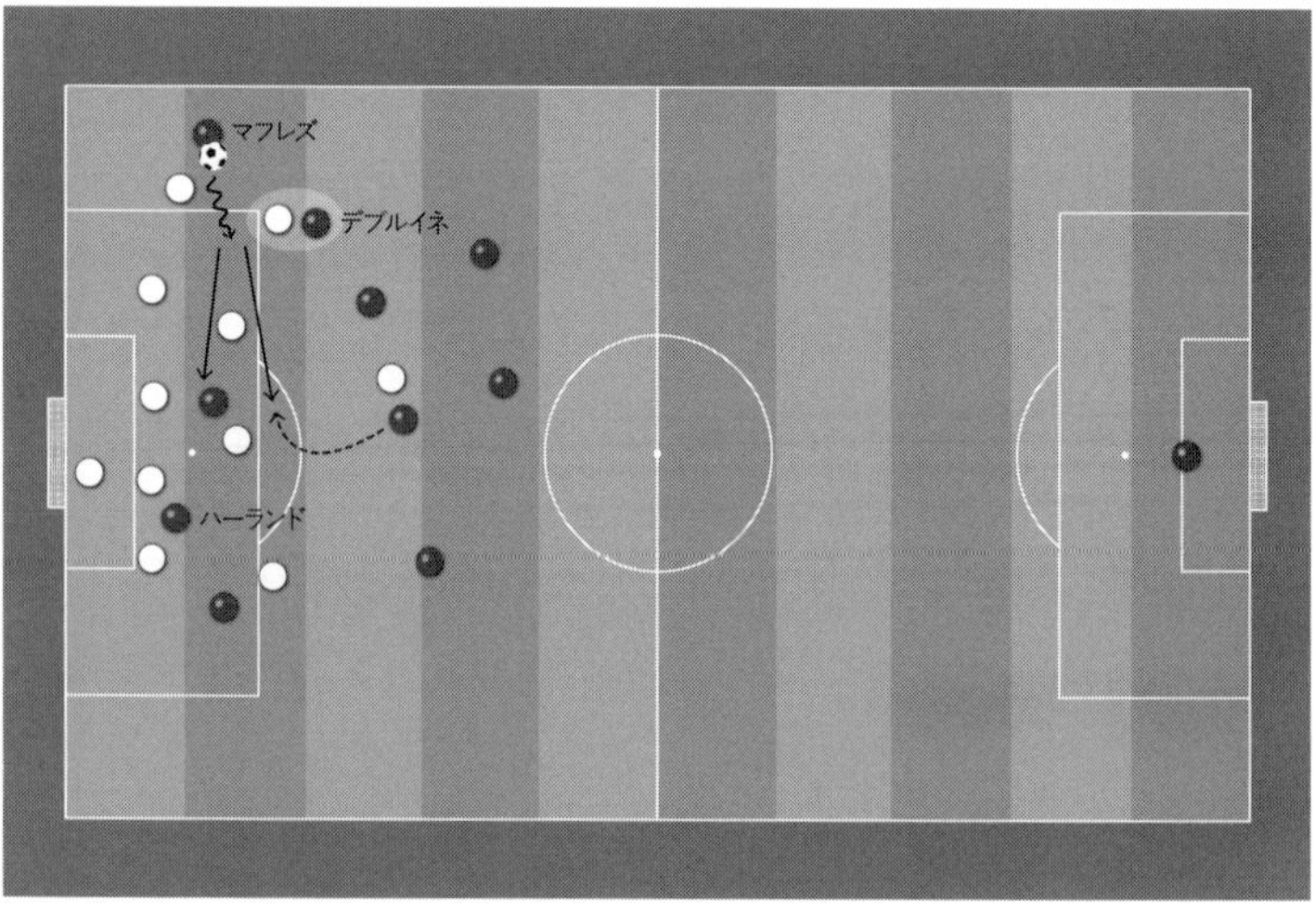

チームがそのアーセナルである。
アーセナルのプレッシングを前にシティは安定したビルドアップを行うことができなかった。そんな中で活きたのがブライトン式ビルドアップだ。
ベースは4-2-4だ。守備も4-2-2-2で行うため、ポジションチェンジは至って少なくなる。GKをパスの選択肢に加え、両CBがペナルティエリアの幅程度に広がった状態から攻撃がスタートする。SBの立ち位置で敵SHを外に広げることで、GK+2CB+2CHの5人で敵2-H+CFを相手に組み立てる形だ。特に敵-HはCBとCHの2人を相手にする必要が出てくる。【図34「ブライトン式ビルドアップ①」】
この状態でシティが目指したのは、逆サイドのCBへの展開だ。ボールサイドのデブルイネに向かってアンカーのトーマスがスライドするため、逆CBにボールを振るとハーランドが比較的フリー

【図34「ブライトン式ビルドアップ①」】

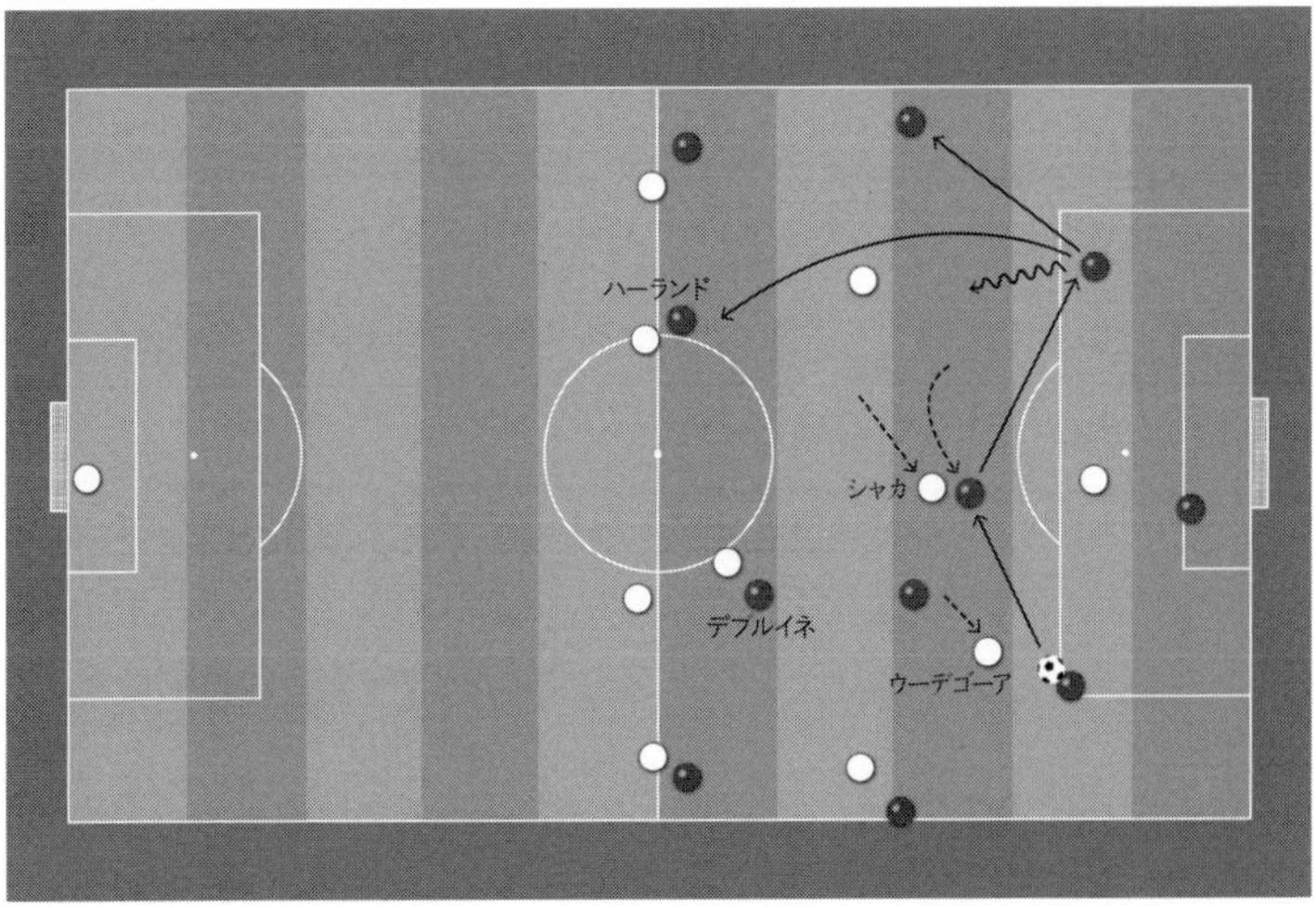

の状態でボールを受けることができるようになる。アーセナル側はＣＢを１枚前進させて対応するが、中盤のフィルターがかかっていない状態となるため、ロングボールの活用が容易となるのだ。スペースが空いていればＣＢ自身がボールを運ぶこともできる。

逆ＣＢに振るために行うのは逆ＣＨによるアンカーポジションへの顔出しだ。これはブライトン、シティ共に普段から行っているアクションである。

【図35「ブライトン式ビルドアップ②」】

前線の数的不利を嫌がり、それを解消するためにトーマスが前進してシティのＣＨ陣をケアする場合、アーセナルは２ＣＢでデブルイネとハーランドをマークする必要がある。数的同数状態だ。そうなるとデブルイネがハーランドへ近づき、ハーランドへのロングボールを背後や手前で拾うことでＤＦラインを掻き乱すことができる。実際にこの形で幾度も

【図35「ブライトン式ビルドアップ②」】

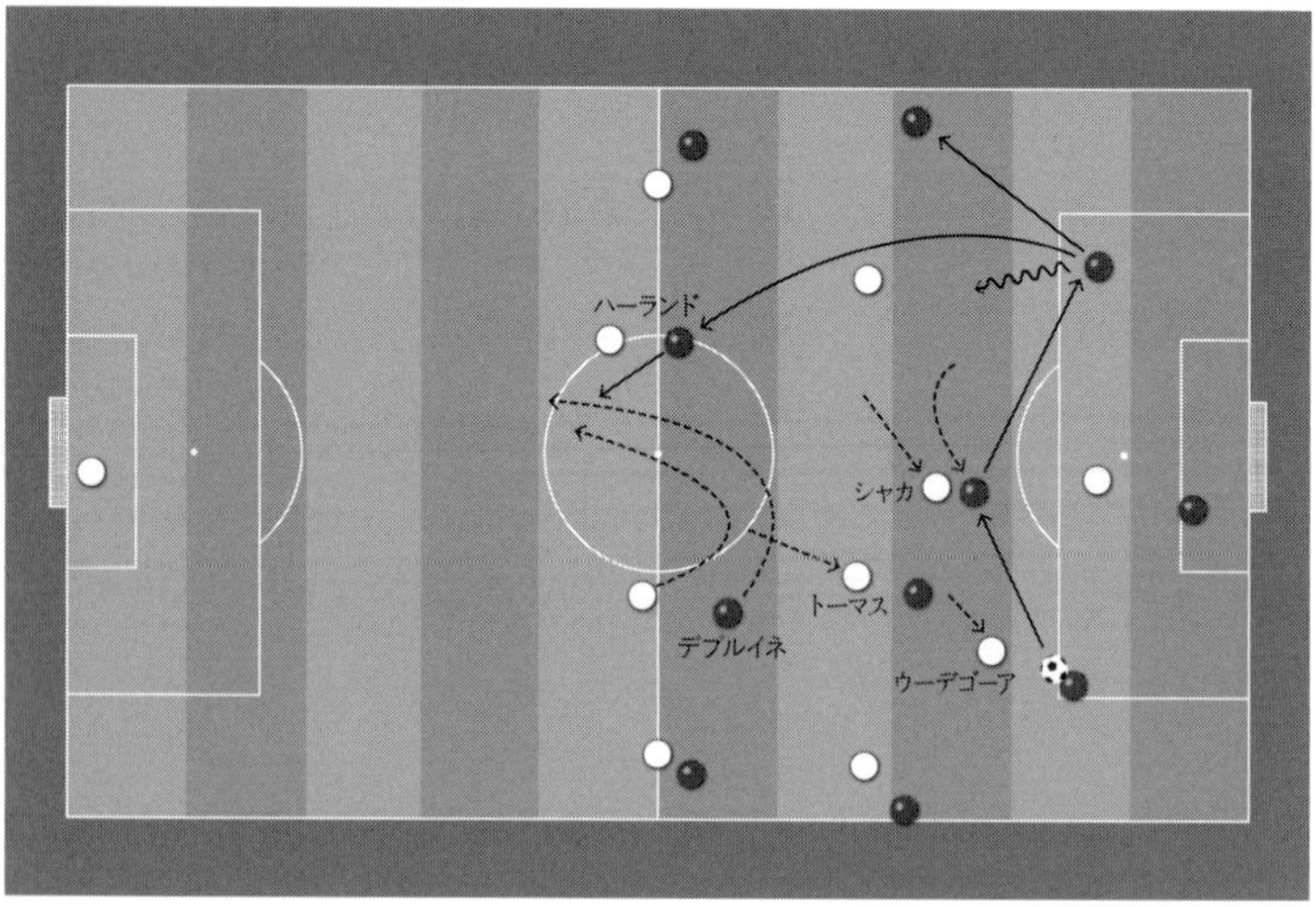

チャンスを作り出し、得点も生まれることとなった。

■ vs 5-3-2（CL決勝インテル戦）

5-3-2との対戦は、何といってもCL決勝のインテル戦が参考になる。

この試合のシティは3-3-3-1（3-1-3-3）を採用した。シーズン前半のように、相手のシステムに応じて採用するシステムを変えるアプローチだ。

【図36「インテルの守備とシティの3-3-3-1」】

右SBストーンズを絞らせ、左IHギュンドアン（デブルイネ）と共にインテルのIHの脇に配することで、バレッラとチャルハノールに負荷をかけ、敵陣を崩していくというのがこの5-3-2崩しの定石となる。

しかし、インテルはシティに臆することなく、積極的な守備によって前半はほとんど侵入を許さなかった。ストーンズとギュンドアンに対してはIHでは

【図36「インテルの守備とシティの3-3-3-1」】

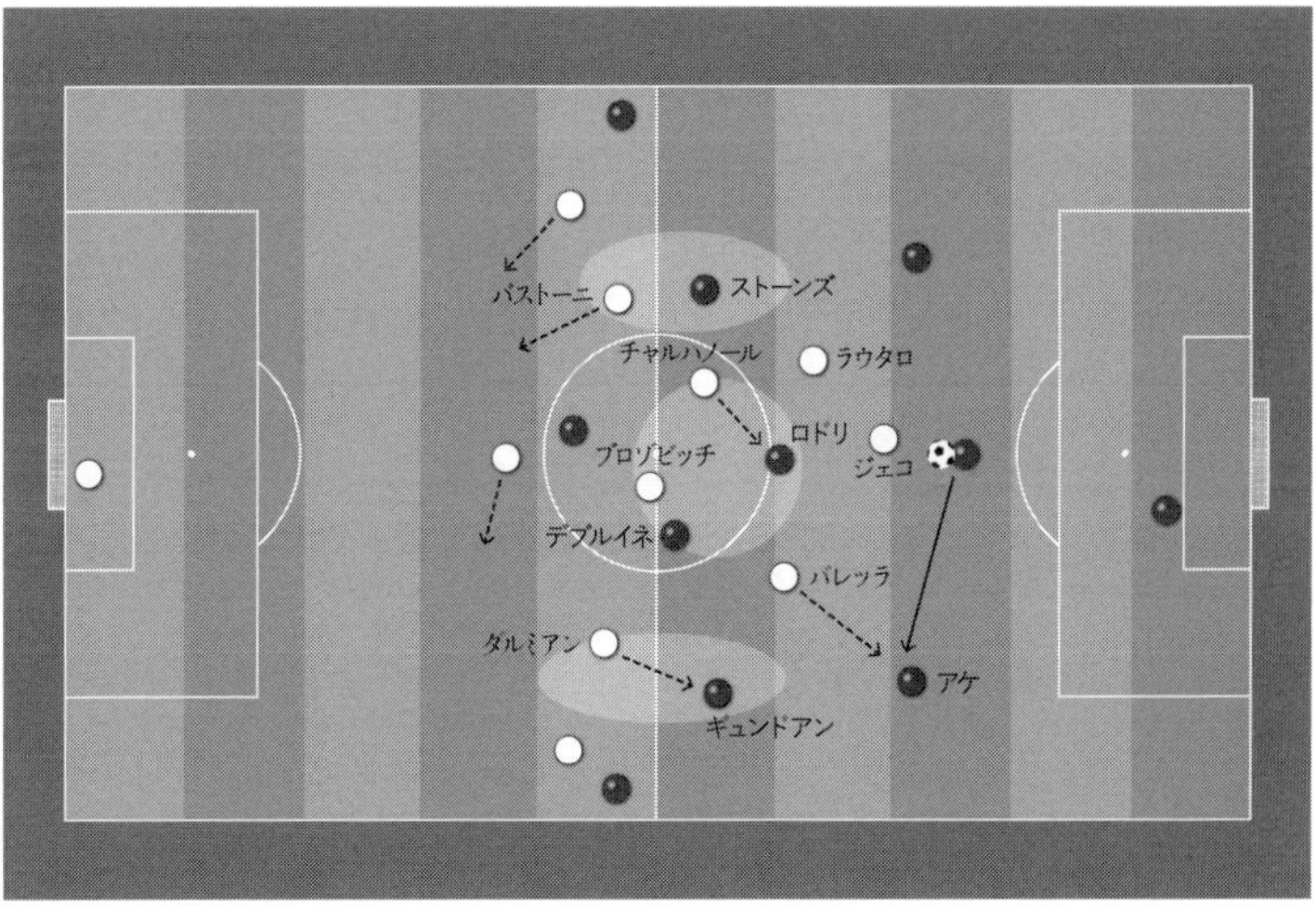

なく、ダルミアンとバストーニという左右のＨＶが前進してアプローチをかけていった。ボールサイドのＨＶが前進を図るが、そこで生まれるＤＦラインのギャップはスライドによって決して許さない。

サイドではＷＢとＩＨ、ＩＨとＣＦといった形で、異なる高さのポジションの選手同士がダブルチーム気味にカットインコースを塞いでいく。【図37「インテルのカットイン封じ」】

インテルにとって、中盤とＦＷが成す五角形の内部に位置するロドリ、トップ下に位置するデブルイネのケアは大きなポイントとなる。

ロドリに対しては2トップによるカバーシャドウも利用しつつ、チャルハノールとブロゾビッチがマークを受け渡してケアをする。余った方がデブルイネにつく形となる。

ラウタロとジェコがＣＢとＨＶに、バレッラも1列上がってＨＶアケにアプローチすることで一時的

【図37「インテルのカットイン封じ」】

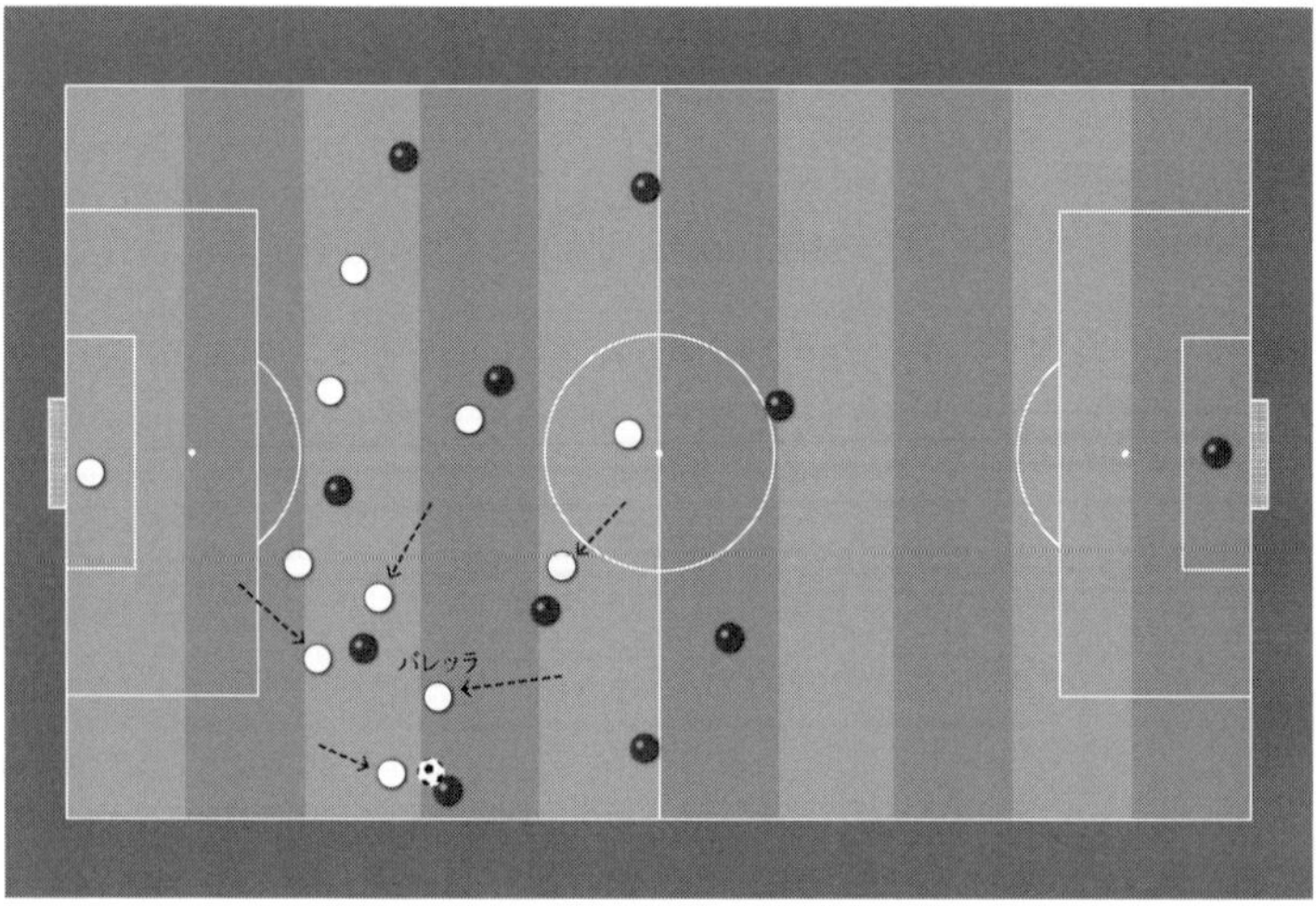

に5-2-3のような形でプレッシングをかけることにも成功した。

前半で崩しきれなかったシティは1つの変化を見せた。ロドリの立ち位置を下げたのだ。

前半のロドリはインテルの中盤とFWが成す五角形の内部に位置していたが、後半からは五角形から抜けた低めの位置、CFとシャドーの間にポジションを取った。シーズン後半戦でシティが利用し続けてきた進化型3-2-5の応用だ。【図38「進化型3-2-5を3-3-3-1で応用」】

この変化によりインテルはマークが噛み合いにくくなった。バレッラがロドリをケアすれば、アケにフリーで運ばれてしまう。アンカーのブロゾビッチが前進すると、トップ下のフォーデンには左ーHのチャルハノールがスライドしてつく必要がある。となると、右のハーフスペースが大きく空くこととなる。ここを利用したのがストーンズだ。彼はこの試

【図38「進化型3-2-5を3-3-3-1で応用」】

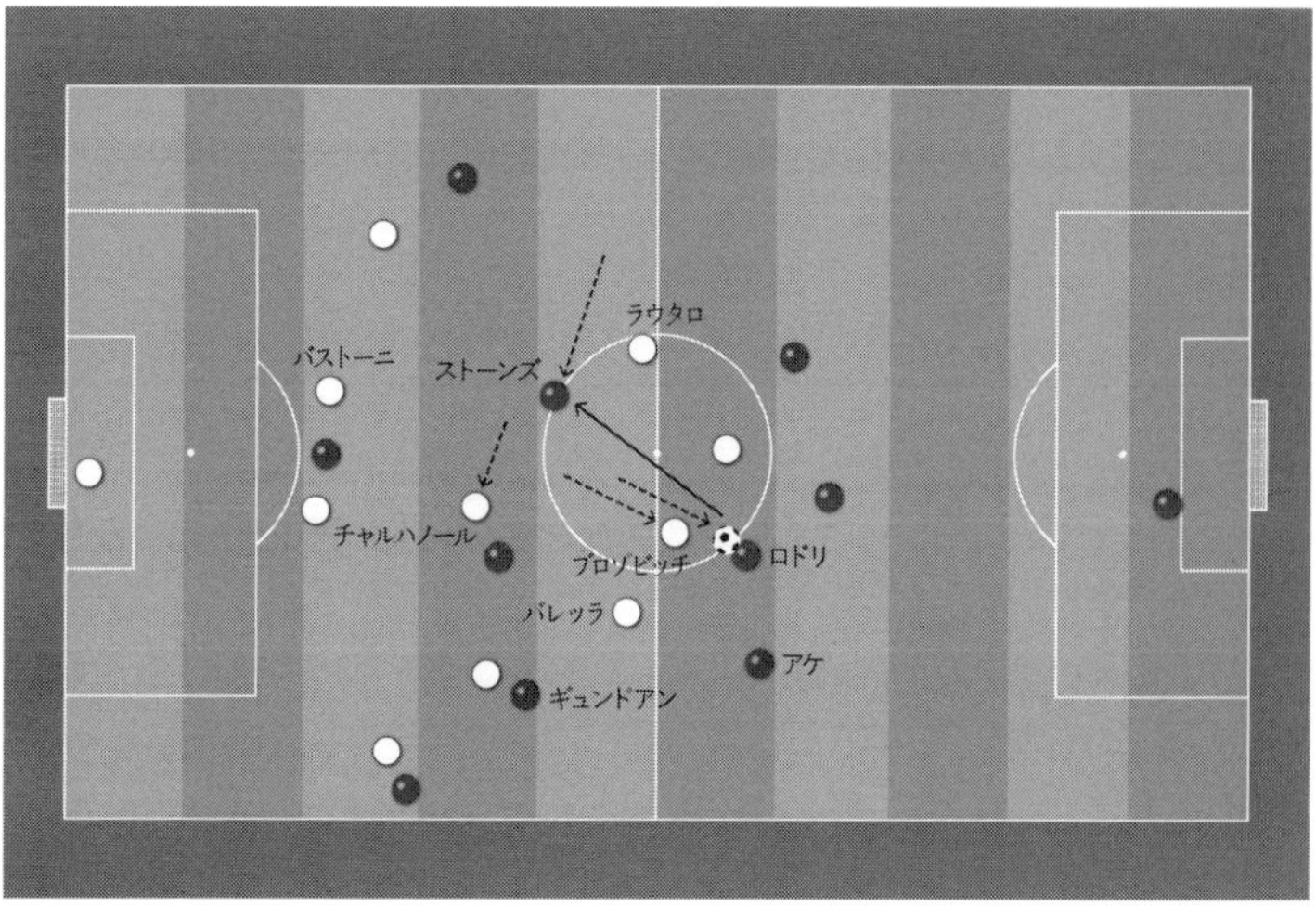

合、前線に顔を出すほど広いエリアでプレーした。内側に絞り込むことでインテルのギャップを的確に突いていった。

一発で裏を狙える位置にてハーランドを1vs1でマークするのは非常に危険であるため、バストーニは前進してストーンズを見ることができない。これにより、FWのラウタロが引くケースが増えていった。

ロドリが降りてボールを引き出すことにより、中央でボールを扱う選手が3バック+ロドリの4人となり、IHのギュンドアンやストーンズも中央に入り込みやすくなった。

インテルの守備は、中央を使わせないという前提があるため、ボールサイドのHVが前進できる。中央を使われると両HVが出てしまい、DFラインにギャップが生まれてしまう可能性がある。そういったミスが生まれないよう、確実に中央を遮断しておく必要がある。

インテルにとってはロドリの立ち位置により、中央でマークの受け渡しが難しくなった。すると、上述の理由からHVが前進しにくくなる。そうした中で生まれたのがロドリの決勝点だ。

【図39「決勝点につながる攻撃」】は先制点の60秒手前からのシーンだ。ここから60秒、ロドリのゴールが生まれるまでシティの攻撃は続く。ゴール直前のシーンもこれに似た配置に回帰する。

ロドリのあげた決勝点はグリーリッシュやシウバといったWG陣のカットインが起点となった。この崩し手も、vs5-3-2の定石となる。

前半戦のインテルはWG陣のカットインに対してダブルチーム気味に中央を遮断して対応して見

せた。しかしシティの後半戦の変化により、チャルハノールが内側に引き寄せられ、シウバに対するダブルチームができない状態となった。中央への侵攻を許すと、インテルはさらにマークの受け渡しが難しくなる。

どんどん押し込まれると、ＦＷのラウタロも下がって補佐に入る。そこで空いたアカンジがボールを運ぶと、ＨＶのバストーニが対応に出た背後を突くことが可能となった。

ロドリの立ち位置の変化、ＷＧによるカットインを利用した押し込み。これらの攻撃によりインテル守備の前提を破壊し後手に回した、非常にロジカルな得点であった。

■ＩＨをどこに配置するか？

ＩＨがボールを引き出して攻撃を前進させるのはシティにとって重要である。ではＩＨはどこでボー

【図39「決勝点につながる攻撃」】

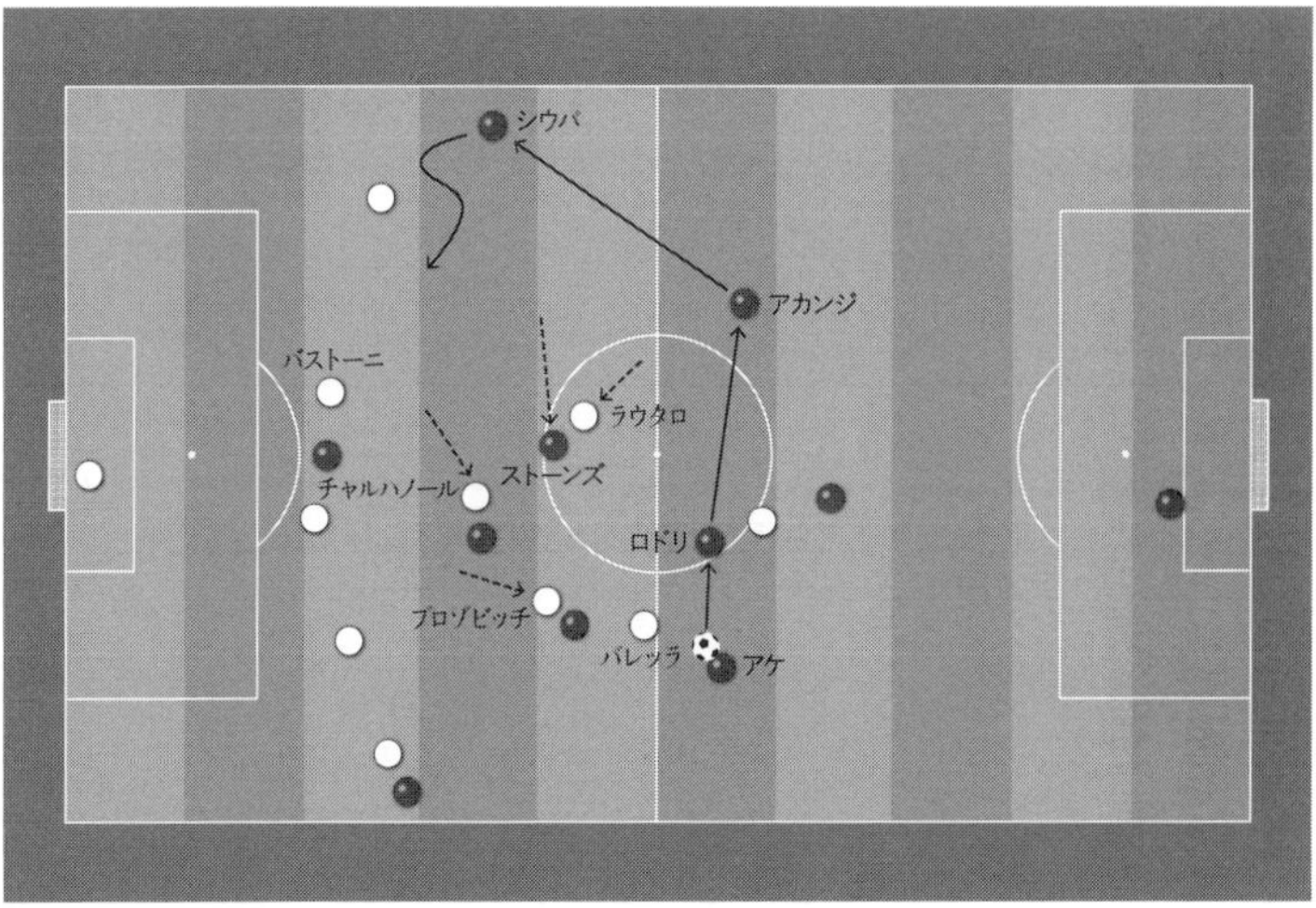

ルを引き出すべきなのか？
　これまでは大まかに2通りの引き出し方を紹介してきた。

①ハーフスペース高い位置
②WGの手前のスペース

　これらはどちらかしか選択できない。そして、どちらを選択するかによって攻撃のアプローチは大きく変わる。例えば①の手法をとれば、サイドでWGがボールを受けたタイミングでIHがチャンネルに抜け出すことで、よりシンプルに相手のゴールを陥れることができる。相手の守備が間延びしている時や、ブロックが密でない時等は効果的だ。
　②の手法をとる場合、自陣からの前進が非常に楽になり、ボールを落ち着かせて確実に前進したい時や、カウンターのリスク管理としてオープンな展開を避けたい時等は効果的であるが、そこからの経路は①ほどシンプルではない。ハーランドへのアーリークロスを上げられればシンプルな攻撃となるが、チャンネルへパスを通すよりも確度が下がる。この匙加減が重要となる。
　CL準決勝におけるレアル・マドリードとの対戦は、この2つの攻撃アプローチを変化させた。理由は「リスク管理」のためである。

　IHを中心にチャンネルを狙えばおのずと攻撃の展開は促進される。シュートの本数も増える可能性があるが、それはクロスが弾かれる等で攻撃の終了回数が増えることを意味する。攻撃の終了回数が増えれば、レアル・マドリードの攻撃回数が増える。つまり、レアル・マドリードが得意とするカウンターの脅威も増えるということだ。

そのためアウェイとなった1stレグでは余計なリスクを負わず最低限の結果を得るために、試合を落ち着かせるための攻撃アプローチをとった。明らかにレアル・マドリードのチャンネル守備には隙があったにもかかわらずだ。

2ndレグにおいてもIHがチャンネルではなくWG手前のスペースに流れることはあった。しかしそれはレアル・マドリードのプレスを低リスクで回避するための策として利用することがほとんどであった。ホームで勝負に出たシティはチャンネル攻撃を加速させ、得点を奪うことに成功した。

2試合を通して見たペップ・シティによるゲームマネジメントも光った試合となった。

■シティを苦戦させたバイエルンのプレッシング

シティがビルドアップにて苦戦した試合はなんといってもCL準々決勝バイエルン・ミュンヘン戦だ。1stレグのバイエルンは4-2-2-2から4-2-3-1へと変化させる守備を見せた。【図40「バイエルンの4-2-3-1プレス」】

1トップの位置に入ったグナブリーは、降りてきたロドリへのパスコースを切るようにボールホルダーのディアスにアプローチをかける。トップ下のムシアラは、CHストーンズへのパスコースは開放するが、常にストーンズへプレスバックをかけられる距離を維持。かつストーンズと降りたロドリの間にポジションを取った。

1列前のストーンズにパスをつければ球際で強さを発揮できるムシアラが死角を襲う。降りてきたロドリへのパスコースは切られており、スピードあるグナブリーにアプローチをかけられているためボールを失えば即失点につながるピンチを迎える。こういった状況によりシティは中央を使えず思うように前進することができなかった。

バイエルンの守備は4-2-3-1であったが、どちらかというと4-2-2-2の強みを出したものであった。そのため、普段のシティの4-2-2-2に対するアプローチとは違ったものとなった。本来の4-2-2-2もしくは上述の4-2-3-1に対するアプローチをとれば苦戦は免れたはずだ。

そんな中で迎えた2ndレグ。シティは案の定

【図40「バイエルンの4-2-3-1プレス」】

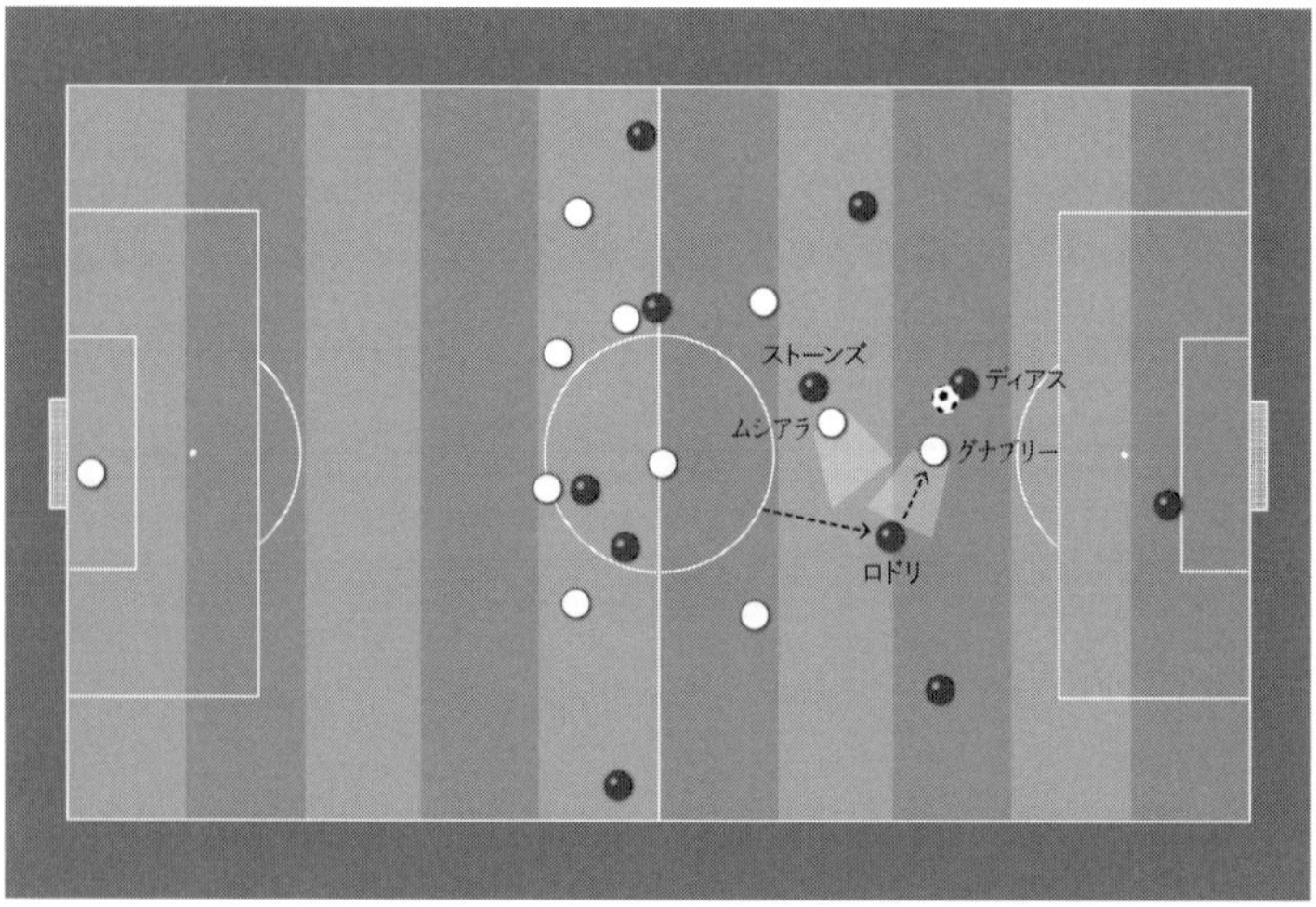

3-2-5でCHを落とさず、普段の4-2-2-2に対するアプローチをとった。しかし、バイエルンはそれにも対応して見せた。

CFチュポは中央のパスコースを空けないよう位置を取り、味方の守備のセットが済むとシティDF陣の横パスをトリガーに前進。隣り合うDFを切るようにプレスをかける。ここで鍵となるのがトップ下のムシアラだ。【図41「バイエルンプレス」】

彼はボールサイドのCHにつく。それも、逆CHへのパスを躊躇させるよう牽制をかけられる位置をとりながらだ。つまり1人で2人を相手にしている状態に近い。シティ相手に守備でも魅せる、恐ろしい20歳だ。

当然、それは物理的に難しいシチュエーションも生じる。その場合、バイエルンの逆SHがシティの逆CHにアタックをかけられる位置まで絞る。こうすることでシティのHVにパスコースを与えず、ビル

【図41「バイエルンプレス」】

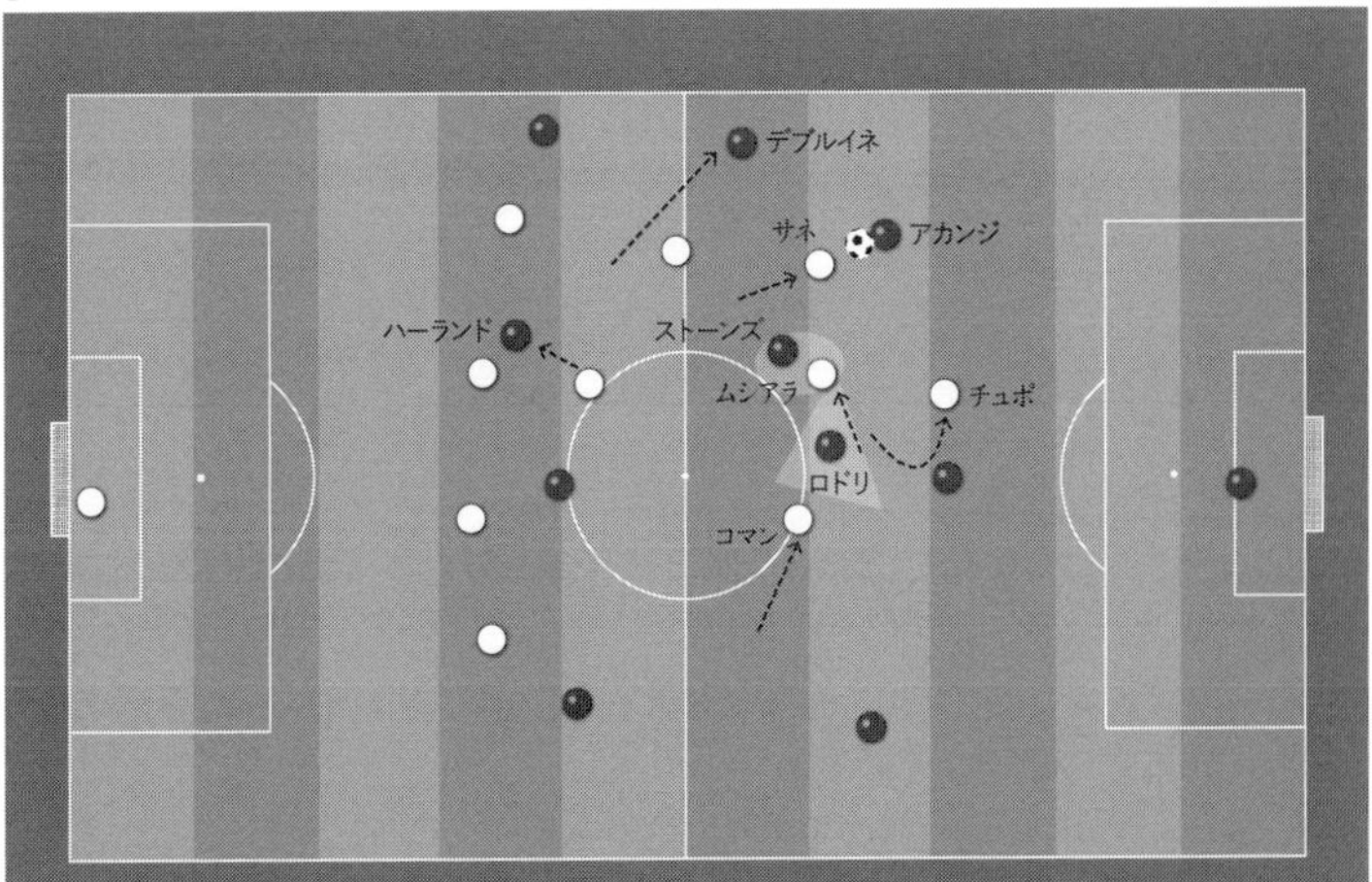

ドアップを機能不全に陥れることに成功した。

　デブルイネがサイドに流れて起点を作るケースがしばしば見られたが、バイエルンの守備ラインが高かったためデブルイネの位置は低くなり、デブルイネ→ハーランドの一撃必殺ホットラインを開通させることができなかった。

　サイドに流れたデブルイネ起点の攻撃はショートパスを駆使すれば状況を打破できる可能性もあったが、特別器用ではないＣＨストーンズとポストプレーでのレイオフパスに難のあるＣＦハーランドの起用がマイナスに働き、機能させられなかった。

　シティの攻撃は右ＨＶアカンジを起点とすることで前進が見られた。アカンジはやや広がった位置から内側にボールをコントロールする。これによりバイエルンの左ＳＨサネとムシアラの間にパスを通す角度を生み出し、前線にボールを供給していく巧みなプレーを見せた。【図42「アカンジ」】

【図42「アカンジ」】

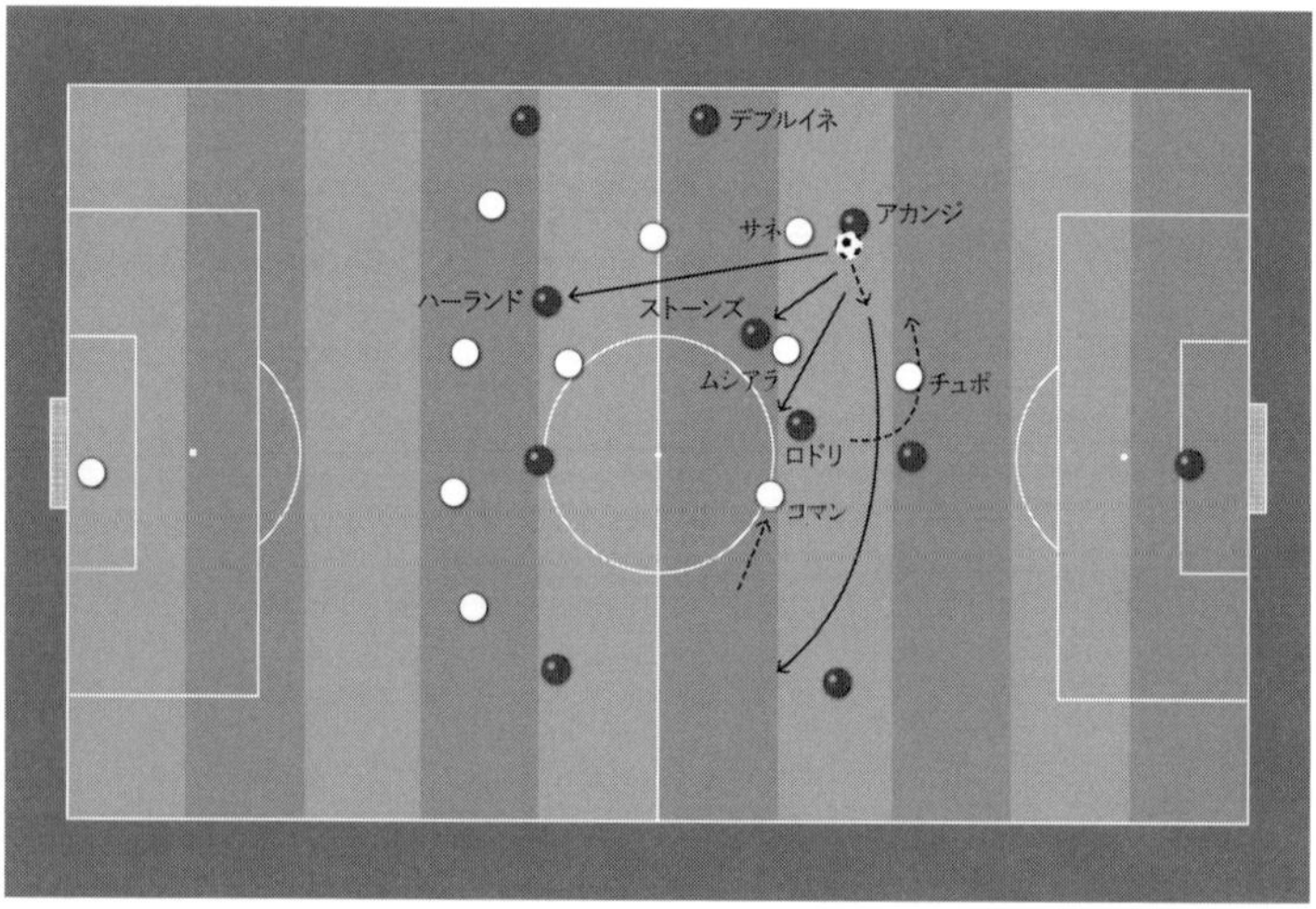

■FA杯決勝での
マンチェスター・ユナイテッドのアプローチ

FA杯決勝で見せたユナイテッドのアプローチもシティのビルドアップを苦しめた。彼らの守備システムもバイエルン同様4-2-3-1であった。【図43「FA杯決勝のユナイテッドの4-2-3-1守備」】

SHのサンチョとフェルナンデスが中央に絞り、トップ下のエリクセンがスライドを繰り返し、CFラッシュフォードが2列目の手前でパスコースに制限をかけることでロドリとストーンズをビルドアップから締め出していく。

デブルイネとギュンドアンに対してはフレッジとカゼミロという守備的なブラジル代表中盤コンビがマンツーマンで、グリーリッシュに対してはタイトな守備が持ち味のワンビサカがマークについた。

シティの3バックに対してユナイテッドはCF+2SHで、噛み合わせに齟齬が出ない形でプレッシ

【図43「FA杯決勝のユナイテッドの4-2-3-1守備」】

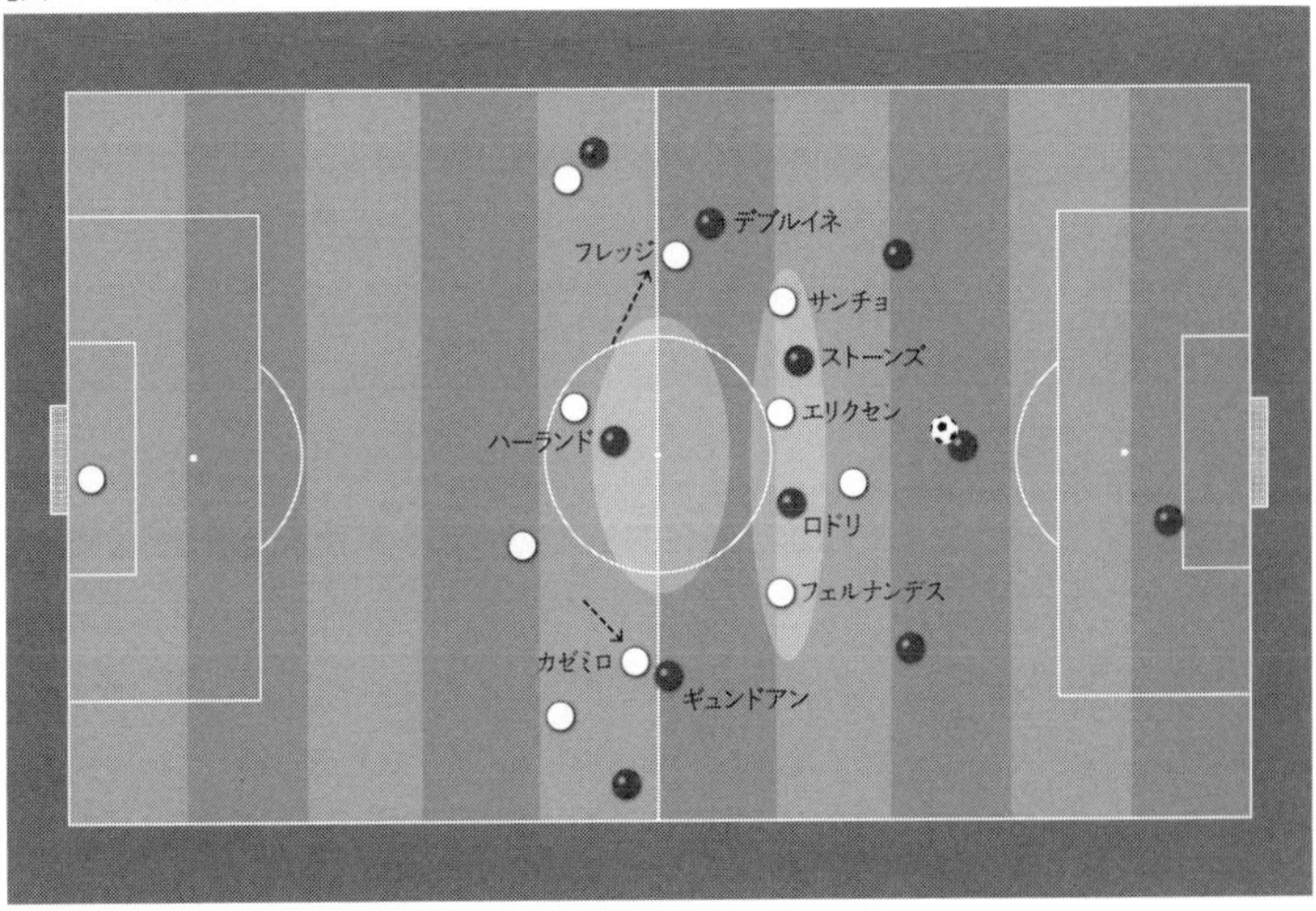

ングをかけることもできる。

サイドでチャンスを生み出すことのできる選手への徹底したマーク、中央の封鎖の両立を果たすユナイテッドの的確なアプローチの前に、シティとしてはなかなか攻撃の形が生み出せない展開となった。4-2-3-1の守備は、シティを苦しめるうえで効果的な対策となる可能性を見せた。

シティはギュンドアンとデブルイネをやや外側に配置することでカゼミロとフレッジの間のスペースを広げ、ハーランドへの楔を試みていった。ユナイテッドはシティの1Hにカゼミロとフレッジをマンマークでつかせるために後方6枚(4バック+CH)と前方4枚の間にスペースができることを許容していた。そのため、レイオフの上手くないハーランドでもフィジカルを駆使してボールを収めることに成功した。しかしユナイテッドの戻りも早く、なかなかチャンスに結び付けることはできなかった。

■シティの強さはどこにあるのか?

盤石のサッカーを披露したペップ率いるマンチェスター・シティ。彼らはなぜこれほどまでに強いのか。

これまで述べてきた的確な配置と「進化型3-2-5」が彼らの強さの要因であることは間違いない。相手の守備陣を崩す破壊的な攻撃力はチーム最大の武器だ。ただし、それだけでは勝てない。22-23シーズンのシティはより多様な戦い方を備えていたことが「強さ」と「勝利」の秘訣となった。

シティはボール保持の局面において様々なアイデアを持っている。では、それがどれも上手くいかない場合どうするか？　に対して、多くの回答を持ち合わせていた。

当季加入したハーランドはシティのロングボール・クロスボール戦術に驚異的な破壊力をもたらした。プレッシングに晒されボールを繋げないのであれば、敵の守備陣の隙間に長いボールを蹴るのは非常に効果的だ。

当季最大のライバルとなったアーセナルのように、シティの選手がポジションを移動する前にプレッシングで潰しに来るチームと相対する場合、ロングボール（とプレッシング）でボール保持を一時的に捨てつつ得点機会をうかがい、敵の体力が消耗した後半に勝負をかける。別オプションと90分の使い方を巧みに計算した試合運びの上手さも見られた。

実際にアーセナルとの試合では、後方からのハーランドへのロングボールにデブルイネが絡む形で何度かチャンスを作り出し、得点も生まれている。

常にチームに新たな風を吹き込むグアルディオラは、シーズン終盤になるとアーセナルＷＧ陣のボールの受け方、ブライトン風ビルドアップ、ナポリの横移動ワンツー等も活用するシーンが見られた。

守備に目を向けると、彼らの4-2-2-2プレッシングは世界でも屈指の破壊力であった。前線4枚のうち「誰か1人がセカンド・チェイスをかける」ことで、体力は消耗するが確実に敵に制限をかけてショートカウンターにつなげていった。相手が3バックであっても同様、横向きのプレッシングを連続的にかけ、敵CHを2トップと2CHで確実に捕まえることでプレッシングをはめていった。【図44「セカンド・チェイス・プレッシング」】

CL決勝トーナメント1回戦RBライプツィヒ戦では、サイドへのパスコースを切るようにプレスをかけてショートカウンターに繋げていく等、守備面での柔軟性も見られた。【図45「外切りプレッシング」】

CBグヴァルティオルが左脚でボールを止め、身体を外側に開いている段階ではラウムへのパスコースを切る方向にシウバが前進し、グヴァルティオルが身体を外側ではなく前方に向けてボールタッチした瞬間にシウバの進行方向はパスコースからグヴァルティオルに変更される。

グヴァルティオルの身体の向きを考慮してのクレバーなシウバの守備はライプツィヒのビルドアップを破壊するのに十分すぎるクオリティであった。グヴァルティオルが右CBにパスを出せば、左WGの

【図44「セカンド・チェイス・プレッシング」】

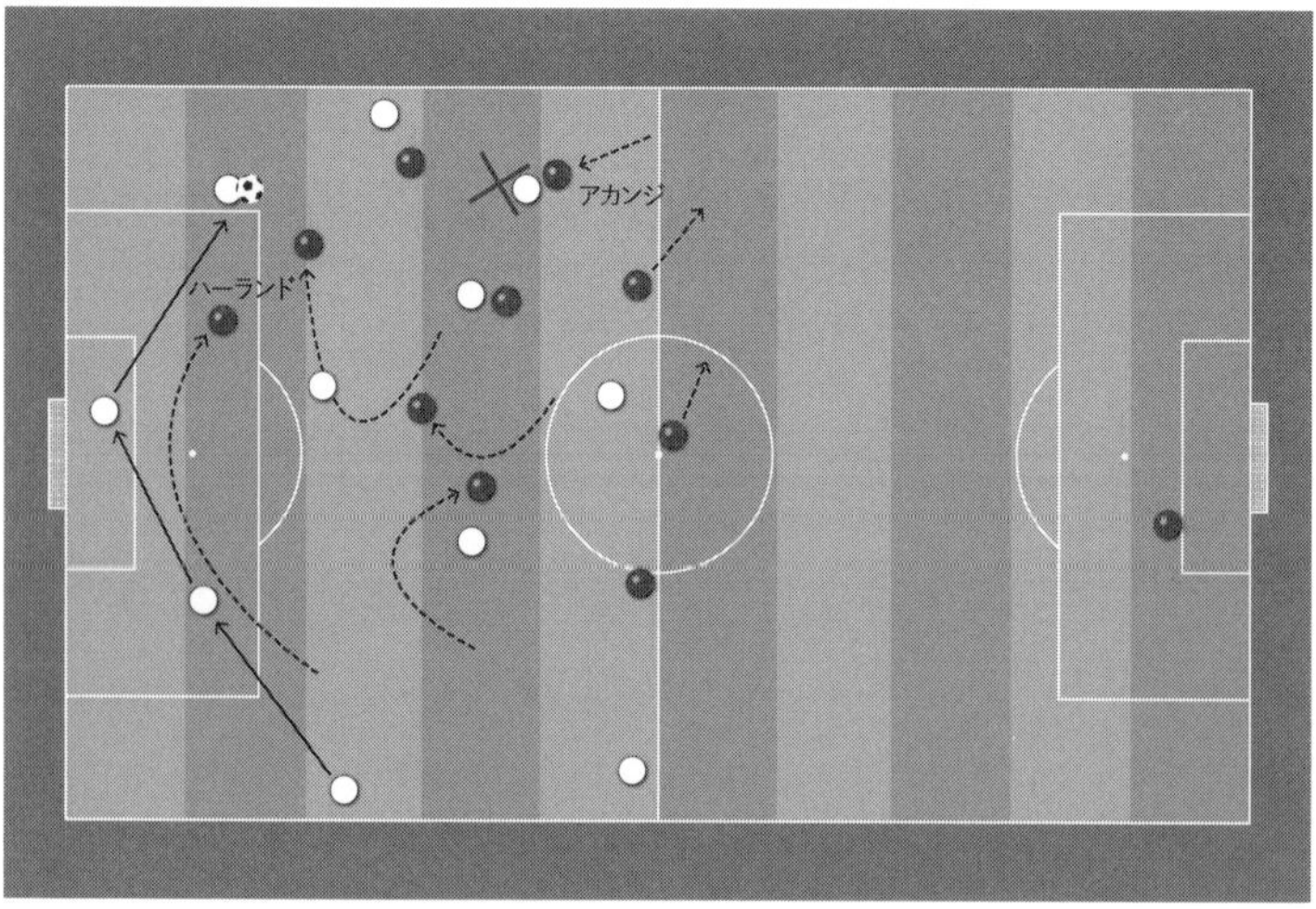

グリーリッシュも同じようにSBを切りつつプレスをかけてロングボールを蹴らせることに成功した。楔のパスを出せば他のメンバーによって回収していく。

いずれにおいてもマンツーマンで噛み合わせるというよりも、カバーシャドウを用いて攻撃方向を制限するようにプレッシングを敢行して見せた。

進化型3-2-5においては4人のCBを起用する機会が増えた。これによりネガティブトランジションや守備局面でのボール奪取が容易となった。それは守備力の向上だけでなく、自ずとカウンター機会の創出という攻撃面での好影響につながる。プレッシングにおいては高い位置でのボール奪取機会が増し、ショートカウンターを繰り出す機会も増加。守備的な選手を配置することで、守備だけでなく攻撃力が強化されたのだ。

CBのSB起用を可能としているのは、SB位置

【図45「外切りプレッシング」】

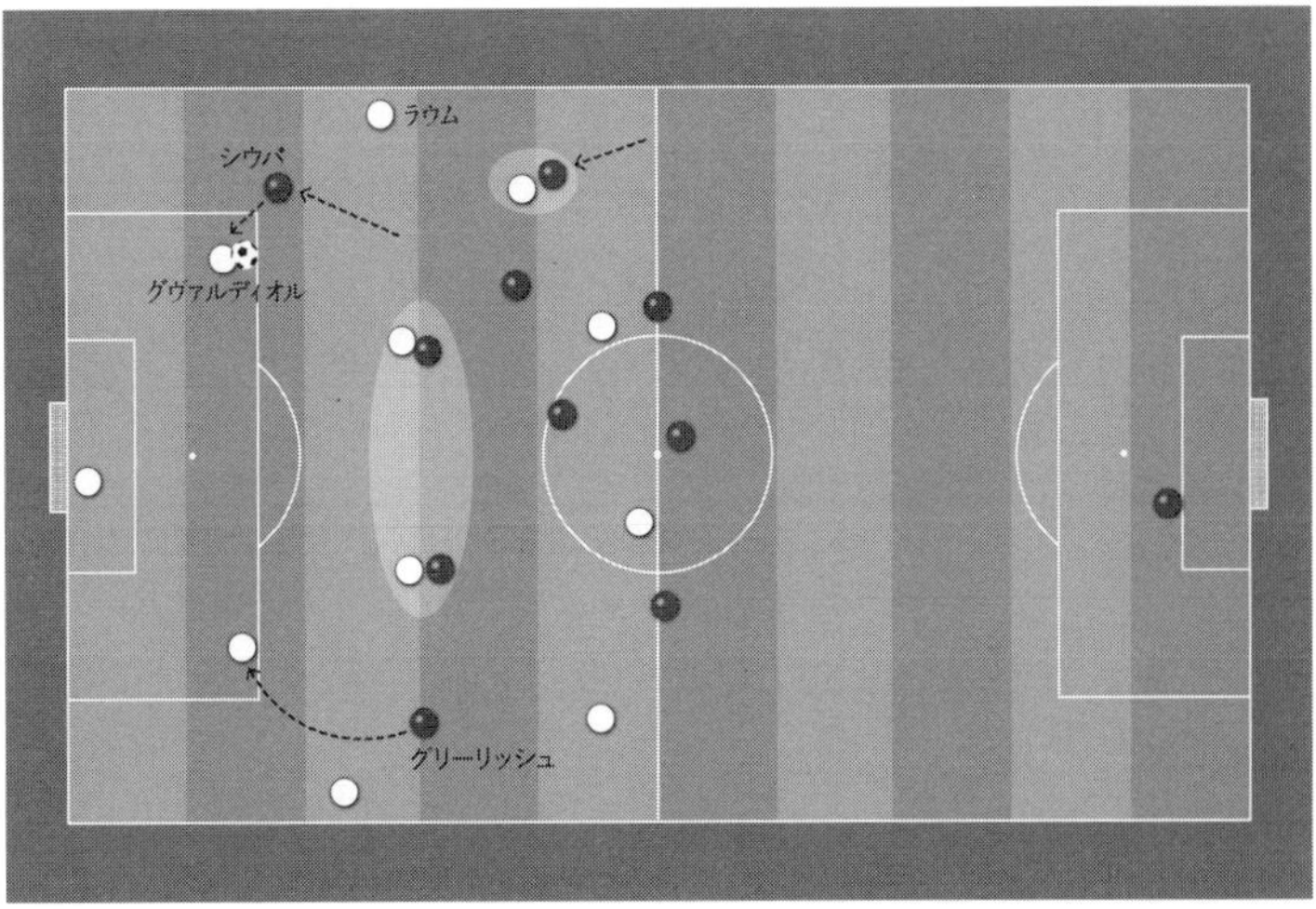

の選手にスピードが求められるシーンが減っていることが要因となっている。

シティは前向きのプレッシングをかけて奪いきる機会が多い。攻撃時に敵のカウンターの芽を摘むよう、前後の人数を調整し、後方の選手がセカンドボールとアタッカーに対応できるようポジションをとることでネガティブ・トランジションが整備された。そのため、大急ぎで自陣に戻るシーンも少なくなった。攻撃面ではSBがCHやHV位置に絞る機会がほとんどであり、サイドを駆け上がる機会が大きく減った。これらが、SBにスピードを求められるシーンが減った要因だ。

それゆえにウォーカーやアケだけでなく、ストーンズやアカンジもSBで起用することが可能となり、それが上述のような攻守への好影響をもたらすこととなった。

またそれとは別に、高さが増したことでセットプレーでも得点できるようになった。

「攻撃局面」のひとつの選択肢である「ビルドアップ」1本だけを研ぎ澄ませるのではなく「ロングボール」というオプション、「プレッシング」、「ネガティブ・トランジション」、「セットプレー」といった別局面で力を発揮できたのが、22-23シーズンの強さの秘訣であった。

上述のバイエルン戦を例に挙げると、ビルドアップに苦戦したものの2戦合計4-1で勝利を収めている。この4得点は速攻、ショートカウンター、セットプレー、ロングカウンターによって生まれたものであり、ビルドアップから生まれたものではない。FA杯決勝のユナイテッド戦の得点も、ハーランドへのロングボールとセットプレーによるものだ。

ビルドアップをベースに、様々な形で得点を奪え、ネガティブ・トランジションにも備えることができたのがこういった試合の勝利、そして3冠という偉業に繋がったのである。

「システムやフォーメーションは電話番号のようなものである」とよく表現される。同じ4-3-3であっても、攻撃的であったり守備的であったりする。同じ4-3-3での攻撃であっても、ロングボール主体であったり、ショートパスが主体であったりする。

W杯後のマンチェスター・シティは3-2-5という同一システムに集約されていったが、試合によってゴールへの筋道、攻め手、戦い方は異なっていた。

同じチーム、同じシステムであっても戦い方や前進方法、パス回しの経路が異なる。ポジション移動も発生する。プレッシングかリトリートか、ラインはどの高さに設定されるか、誰が誰にどこを切るようにプレスをかけるかといった点も異なる。

デ・ゼルビ率いるブライトンを見てみると、ベースのシステムは4-2-4だが、片方のCHがアンカーの位置に降りる。これはそもそもシステムだけで表現すること自体できない。

つまり、単に「4-3-3」だけでは数字の羅列に過ぎず、意味を持たない。それだけで何かを判断することはできないのだ。必ず「システム」+「戦い方」がセットとなる。

この「4-3-3」や「3-2-5」といったシステムに「戦い方」（ポジション移動等も含む）をセットすることで、特徴や相性が生まれてくる。

例えば、シティは5-3-2の相手に対して3-2-5で臨む場合、WGのカットインを利用することで敵陣を効率よく穿っていく。WGがこれを行わず縦への突破にこだわれば、スペースやマークの受け渡しのミスが生まれずに、突破力のみで打開を図ることとなり効率や成功確率も落ちる。

W杯前のマンチェスター・シティは敵の守備システムに応じて、明確に攻撃のシステムを変えて戦っていた。守備においては敵のシステムに噛み合わせるようにシステムを変更し、マンツーマン気味に守備を行うチームも増えてきている。

つまり、「戦い方をセットに考えた」システムの噛み合わせというのはゲームを進めるうえで攻守において重要なポイントとなりうるのだ。

彼らがシステムを変えて戦うということは、システム+戦い方に「特徴」だけでなく「相性」も確実に存在するということを意味している。

システムの噛み合わせだけでは相性を判断することはできない。「戦い方」という不確定要素が間違いなく影響するからだ。

本書のマンチェスター・シティを中心とした各章のように、「システム」に「戦い方」をセットして扱うことではじめて噛み合わせとその相性を判断することが可能になるのだ。

column

システムの噛み合わせの相性判断に必要なもう一つの要素とは？

第4章

Arsenal

ENGLAND PREMIER LEAGUE

アーセナル

Arsenal ENGLAND PREMIER LEAGUE

season 22-23

7季ぶりのCL出場権奪還。飛躍したヤング・ガナーズの「4つの武器」

リーグ屈指の強豪・アーセナルはここ数年低迷し、雌伏の時を過ごしてきた。CL出場権にも手が届かない。しかしアルテタ体制4年目の22-23シーズン、ついに長い眠りから醒めた。

リーグ終了時点で25・2歳と、当シーズンのプレミアリーグにて2番目にスカッド平均年齢が若かったアーセナル。このシーズンは、彼らヤング・ガナーズが序盤から首位をひた走る展開となった。

冷静なパス回しをメインにいくつもの武器を携えたアーセナルは、新加入のCFジェズスとSBジンチェンコが序盤からフィットし存在感を放ったのもあり、首位をキープし続けた。

終盤に失速し、惜しくも2位でシーズンを終えたものの、7シーズンぶりとなるCL出場権の奪還に成功した。まだ若いチームは伸びしろも十分で、今後への期待を抱かせる。

若い彼らのサッカーは、勢いだけに任せたものではない。メインとなるパスサッカーに加えてそれを補完する戦術を備えた、機能性に優れる完成度の高いものであった。

では、彼らの武器、それによる機能性とはどのようなものであったのか?

■基本布陣

基本布陣は4-3-3だ。GKには繋ぎの意識が高く、セービング力に長けたラムズデールが入る。右CBにはポジショニングに優れ、カバーリングや対人守備に強さを見せるサリバ、左CBにビルドアップの起点にもなれるガブリエルが起用される。

SBは右に186㎝の長身でCBもこなすベン・ホワイト、左には柔軟にポジションを移動しチームに流動性を与えることのできるジンチェンコが入る。日本代表の冨安は、主にSBとして起用される。左右どちらに入ることも可能だ。

アンカーにはチームの核としてネガティブ・トランジションとビルドアップで存在感を発揮するトーマスが君臨する。冬のマーケットではチェルシーからパスワークの達人・ジョルジーニョを獲得した。

右-Hには狭いエリアでもプレーするテクニックを持つウーデゴーア、左-Hには周囲の味方の状況

【アーセナル「基本布陣」】

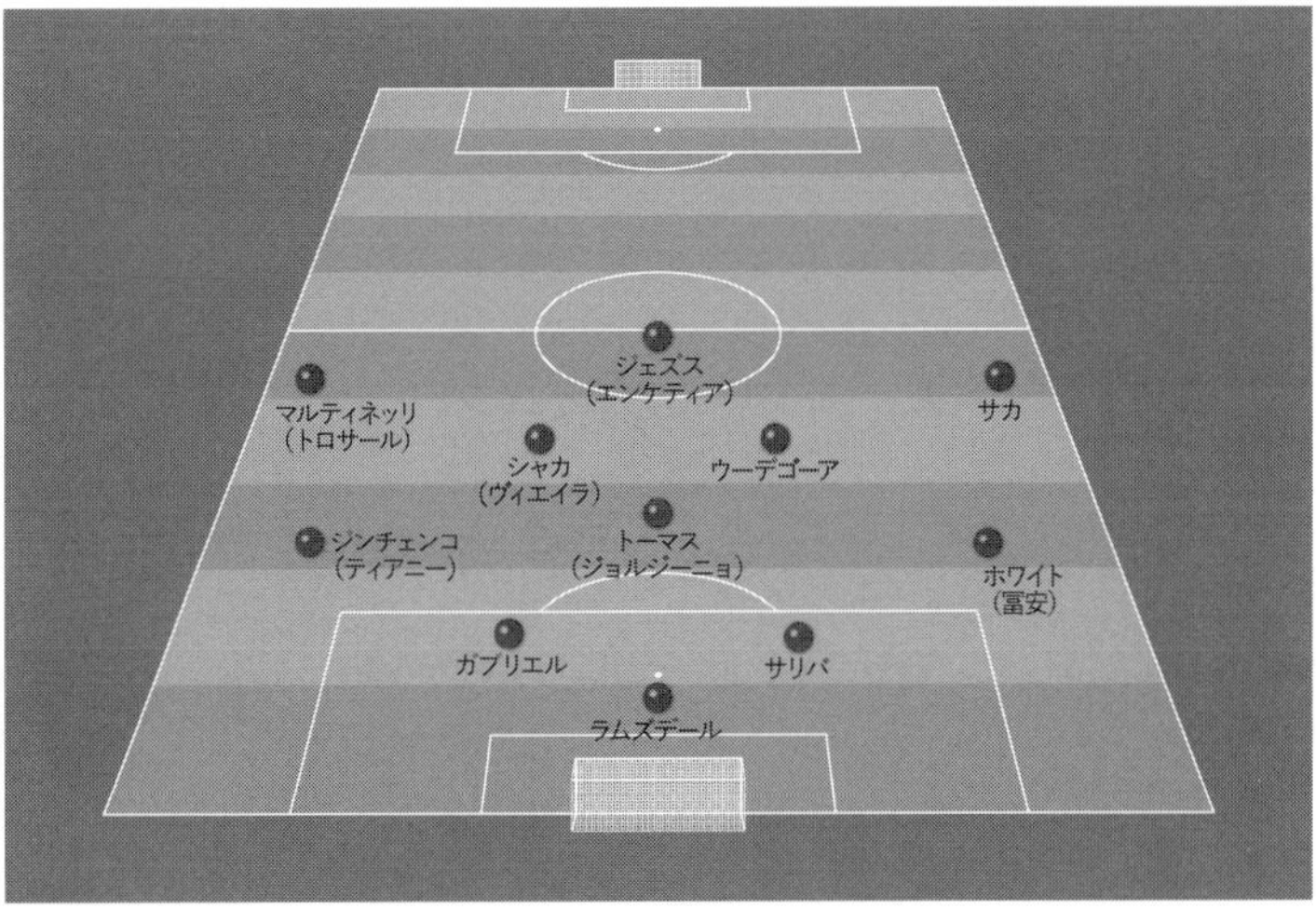

から的確に配置のバランスをとることができ、パス精度も高いシャカが起用される。

右WGにはドリブルと正確なシュートが武器で、プレスのトリガーにもなれる左利きのサカ、左に推進力が持ち味の右利きマルティネッリ、CFにはプレーエリアが広くドリブルで敵陣の隙間を縫うことができ、プレスも上手いガブリエル・ジェズスが入る。

冬の市場では複数のポジションをこなすトロサールも加入し、攻撃陣に厚みを加えた。

■チームのスタイル
アーセナルの武器は大きく4つだ。

①柔軟なプレッシング
②3-2-5ビルドアップ
③アタッキングサードでのつながりとクオリティ
④ネガティブ・トランジション

アーセナルは爆発的なスピードを持つ選手が少ない反面、テクニカルで献身的なプレイヤーが多い。

ここ数年のアーセナルで急激に伸びたのがプレッシングだ。相手のシステムに応じて配置を調整し、素早く連動したプレッシングをかけていく。

ビルドアップは左ＳＢジンチェンコとアンカーのトーマスを中心に3-2-5の陣形で行われる。左サイドではポジションチェンジを駆使して攻撃を推し進め、右サイドは比較的固定的な配置で前進する。ポゼッション率はマンチェスター・シティに次ぐリーグ2位を記録した。

アタッキングサードでは細かなパスワークを用いて、ペナルティエリアの横幅近辺とペナルティアーク付近を起点として攻撃が展開される。

ネガティブ・トランジションはアーセナルの強みとなる部分だ。前線が即座にプレスをかける間、アンカーのトーマスと2ＣＢが確実にターゲットをとらえ、ベン・ホワイトが相手のＷＧの位置を見つつペナルティエリアの外側でセカンドボールを待ち構える。

プレッシングがはまらない等でブロックを敷いて守る場合、ラインは極端に低く設定される。右ＩＨのウーデゴーアを1列上げた4-4-2を形成することが多く、2トップはセンターサークルの自陣側先端よりも低い位置に入る。

■柔軟なプレッシング戦術

プレッシングはアーセナルの大きな武器の一つだ。彼らのプレッシングにおいて、主なボールの狩場は右サイドとなる。左サイドではＣＦのジェズス(もしくはエンケティア)のセカンドチェイスによる制限に対して待ち構えるような守備陣形をとり、右サイドではサカをトリガーにボール奪取力の

高い右ＳＢベン・ホワイト、右ＣＢサリバを活かしてボールを回収する。【図1「vs 4-3-3プレッシング」】

まずは4-3-3で攻撃を仕掛けるチームに対する守備を例に見ていく。ＣＦのジェズスもしくはエンケティアは、中央を遮断しつつ右ＣＢにプレスをかける。ここで右ＳＢに逃げるようであればジェズスがＳＢにセカンドチェイスをかけて追い込み、左ＩＨシャカ、左ＷＧマルティネッリ、左ＳＢジンチェンコを中心に待ち構えるようにボール奪取を試みる。

ただし相手もサイドに追い込まれまいと、ＳＢではなく中央のＧＫや逆ＣＢへとボールを預けていく。対してＣＦジェズスは右ＣＢにボールが戻らないよう、アーセナルから見て右サイドに誘導するような形でプレッシングをかける。敵左ＣＢにボールが渡ると、右ＷＧのサカがプレッシングをかける。この時、隣り合うポジションであるホワイトとウーデ

【図1「vs 4-3-3プレッシング」】

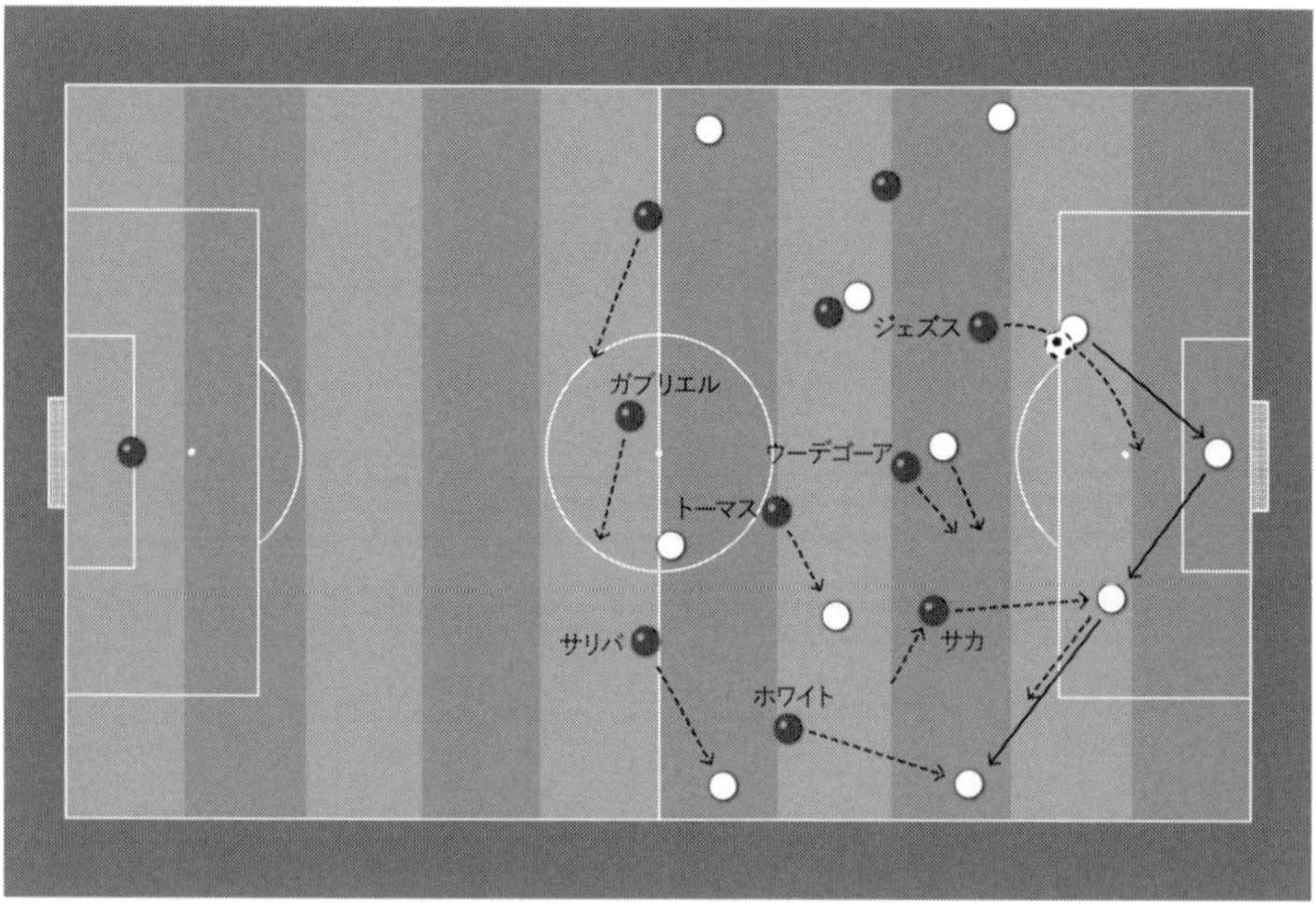

ゴーアの位置と状況を確認する。連動ができていなければ中央を消すような位置でステイして、2人の連動を待つ。その間左SBにボールが渡るようであればサカがプレスをかける。左SBがCBにボールを戻すとサカがSBへのパスコースを消しながらセカンドチェイスをかけてパスの選択肢を排除していく。

ホワイトとウーデゴーアが連動できるようであれば中央に絞った状態から左CBにプレスをかける。左SBにボールが渡ったところを右SBベン・ホワイトが大きく前進してボール奪取を図っていく。

この時に各選手、特にウーデゴーアが敵アンカーからボールをつつける位置、ホワイトがSBに即座にプレッシャーをかけられる位置にいる必要がある。敵IHはトーマスがマークし、敵IHが流れる場合も前線へランをかける場合もついていく。サリバは敵WG、ガブリエルも大きくスライドしてカバーをかけることでプレッシングは完成だ。

初めにCBにプレスをかけたサカがそのままCBへのバックパスをケアできるポジションをとれば、相手のやり直しを防ぐことができ、選択肢を極端に狭めることができる。

敵がCB→アンカー→SBと、サカのカバーシャドウの影にボールを入れる場合、距離によってはアンカーにつくウーデゴーアがそのままSBにセカンドチェイスをかけることでアンカーを消しつつSBに寄せてプレッシングを完結させる場合もある。つまり、ジェズス、サカ、ウーデゴーアと、3人もの選手がセカンドチェイスをかけることが可能なのだ。セカンドチェイスは確実にパスコースに制限をかけていくことができるため、アーセナルの強みとなっている。

相手にボールを蹴らせることができれば、次はいかにセカンドボールを拾うかという点が問題となる。マンマーク気味にプレスをかけるアーセナルはトーマス、シャカというフィジカルに長けた選手を中盤で起用しており、単純な競り合いで勝負することもできる。

加えて前線でプレスをかけていた選手たちが戻りながらセカンドボールの回収に入ることができるという利点もこの戦術には内包されている。高い位置の選手がセカンドボールの回収を行うとともにそのままショートカウンターに持ち込むことができるのだ。

敵の中盤の枚数に応じて陣形を変化させる約束事も徹底されている。中盤の底が1枚(アンカー)のみであればウーデゴーアがアプローチをかけ、2枚であればウーデゴーアに加えてシャカが前進してアプローチをかける。このエリアの選手に対して柔軟に配置を変えてマンマーク気味に捕まえることができるのはプレッシングにおいて大きなプラスポイントとなる。

■3-2-5に対するプレッシング

では、敵が3-2-5のシステムで攻撃を組み立てる場合はどう対応するのか?

まずひとつの選択肢として、引いてブロックを作るというアプローチをとることができる。だがアーセナルのブロック守備は決して精度が高いとは言えない。その分1列目がセンターサークル自陣側先端まで下がる割り切った守備を見せる。ここまで引くことで質より量、人数をかけて敵の侵入を阻んでいく。
　シャカやマルティネッリは高い位置をとる相手に引いてしまう傾向が強いためギャップが生まれやすい。ジンチェンコも守備力が高くなく、ガブリエルとの間や背後のスペースはウィークポイントとなりうるエリアだ。割り切って引くことでこのエリアも人数をかけて守ることができる。3-2-5に対する場合以外でも、プレスがかからないようであれば撤退してのブロック守備を構築する。
　3-2-5へのもう1つのアプローチが、マンマーク気味にプレスをかけるアプローチだ。【図2「vs3-2-5プレッシング」】
　3バックに対しては3トップが中央を警戒しながらアプローチをかけ、2CHに対してはIHシャカとウーデゴーアが圧力をかけていく。ここの捕捉が弱いと、プレスは回避されやすくなってしまう。そのため、彼らの果たす役割は大きい。敵CHがDFラ

【図2「vs 3-2-5プレッシング」】

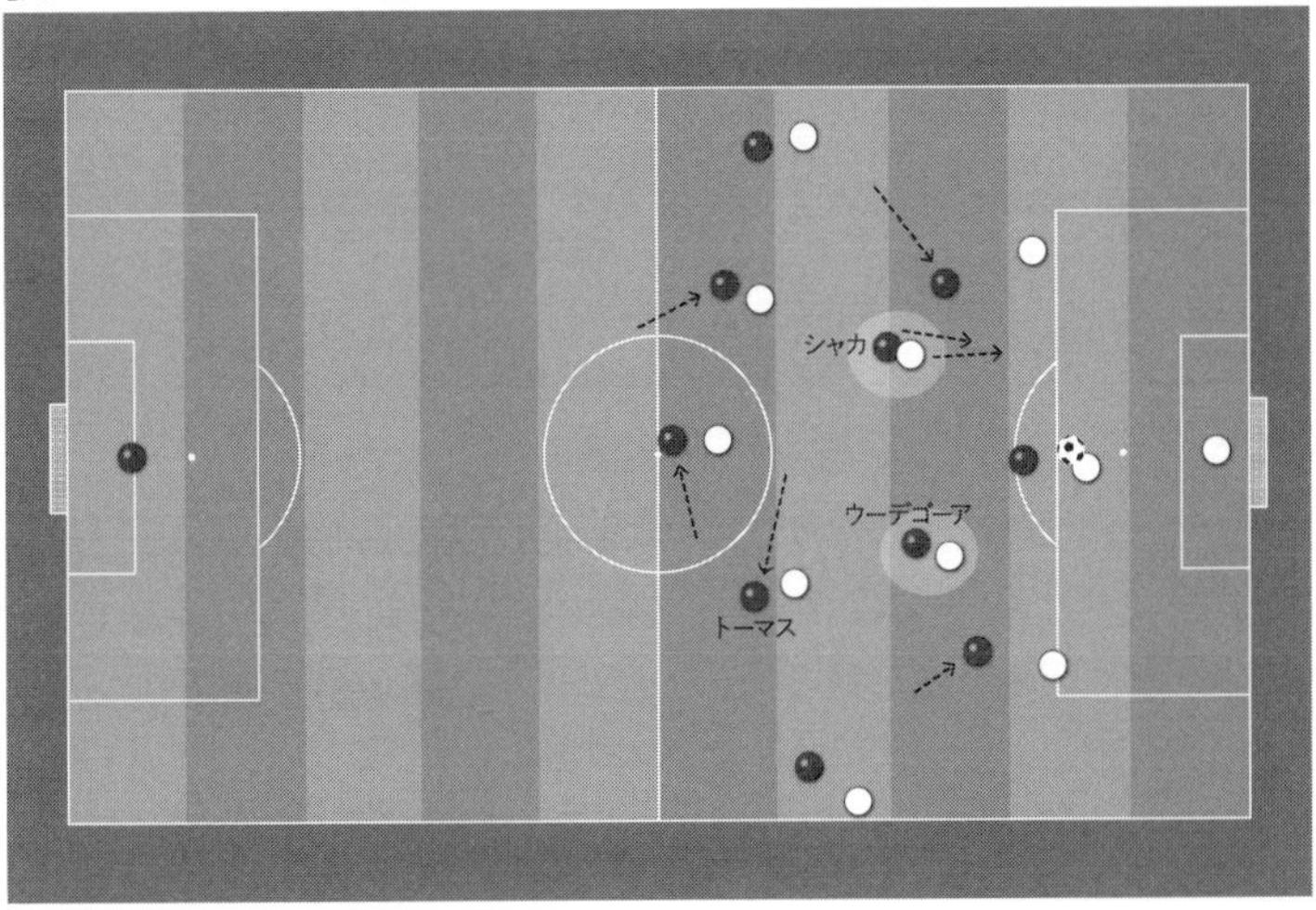

インに降りる場合も、中央を警戒しながらついていく。

人間はバックステップよりも前向きに走る方が速い。当然だ。プレッシング局面においては、降りてサポートポジションをとる相手のバックステップの動きよりも、前向きにプレッシングをかける方が速く動くことができる。つまり、敵のサポートの動きよりも素早くプレッシングをかけることができる状況が、アーセナルのプレッシングのトリガーとなる。

例えば、待ち受けて守る左サイドで敵の攻撃を手詰まりにさせバックパスを強いた際、敵は逆サイドからの攻撃を模索する。バックパスで大きく迂回して逆サイドにボールを運ぶ敵に対し、迂回する経路を作るためのサポートポジションをとるようバックステップを踏む選手に対してCFやWG、IHがついていくことでプレスをはめ込んでいくのも、アーセナルが得意とするところだ。アーセナルの右サイド、もしくはその道中で確実にプレスをはめ込むことができる。

5トップに対してはDF陣＋アンカーがマークにつくが、IHの見方は試合に応じて変わる。アンカーのトーマスが敵IHの一方を見るのは確定だが、もう片方の敵IHはCBもしくはSBのいずれかが見る。相手の位置取りや能力を考慮してどちらが前進して守るのかが変わっていく。左のSBかCBのいずれかが見る場合、攻撃時にジンチェンコがCHの位置にいるという点も判断材料の一つだろう。攻守に無理なポジション移動をしないよう考慮し、どちらがアプローチするのかが決まる。

このようにマンマーク気味のアプローチをとることで、3-2-5というトレンドでありバランスの良い攻撃システムに対応するのがアーセナルの守備戦術となる。最後方でCB vs CFという

1vs1が生まれるものの、ボールを繋いでアーセナルのマンマークを剥がすことは難しく、ロングボールが入ってくるだけであるため、周囲の選手がボールの滞空中にカバーリングに入ることができる。

■4-2-4に対するプレッシング

ブライトンのように敵が4-2-4の形でビルドアップを行う場合、最も重要となるのが中盤へのマンマークだ。ここでもシャカとウーデゴーアが敵のCHにぴったりとついて簡単にプレーをさせない。

【図3「vs 4-2-4プレス」】

前線ではマルティネッリが敵右CBを牽制する形を取り、CFエンケティアが敵左CBを消しながらGKにプレスをかけていく。

敵の前線4枚に対してはCBサリバが1列前進してトーマスと共に中央を潰し、ガブリエルが最後方でカバーに入る。敵の右SBが浮く形となるもの

【図3「vs 4-2-4プレス」】

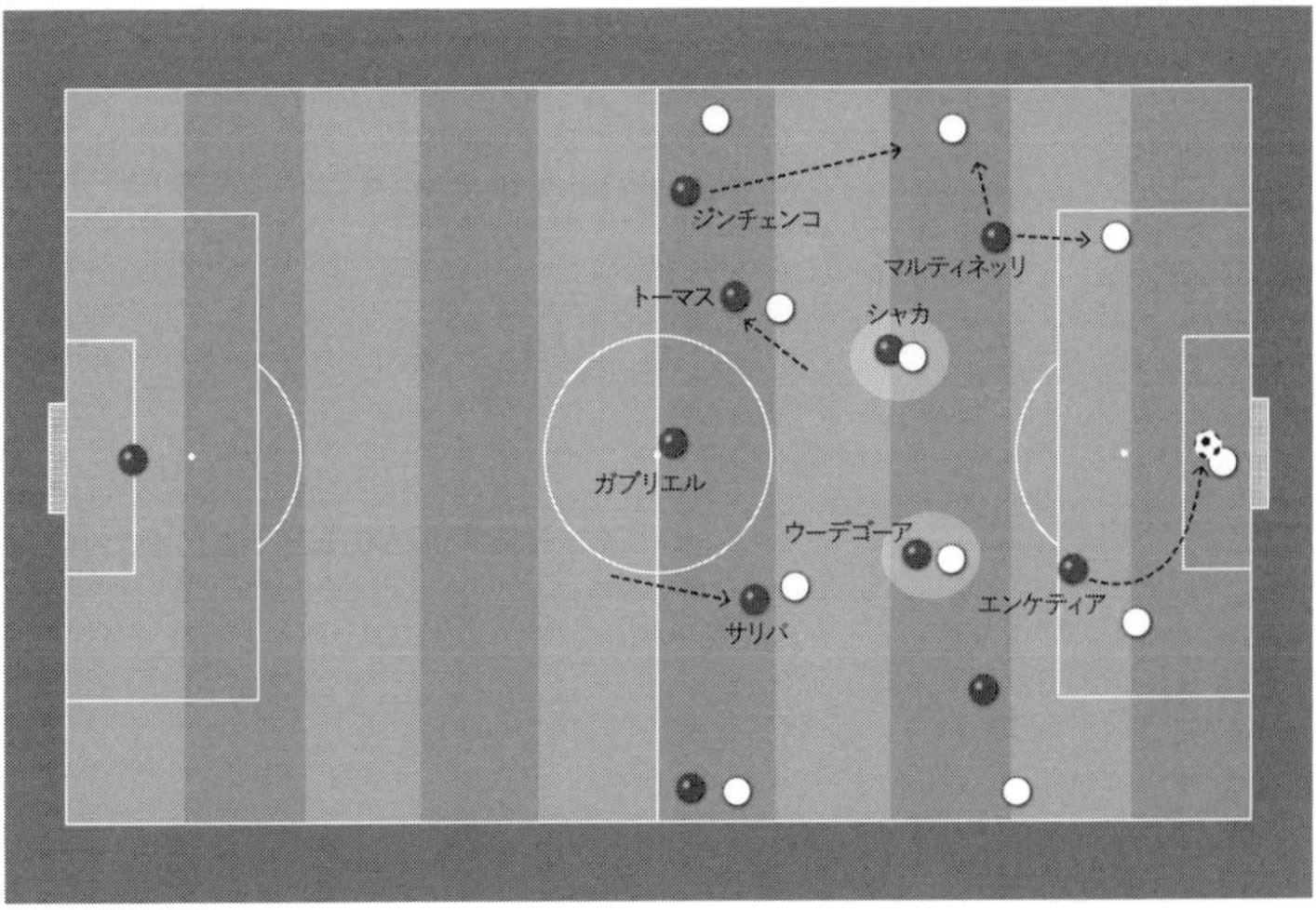

の、マルティネッリによる牽制に加えジンチェンコがすぐにアプローチに出られる位置をとることでカバーしていく。

相手に応じてプレスの形を柔軟に変えることができるのは現代サッカーにおける大きな強みとなる。

当シーズンのブライトンとの対戦は1勝1敗であり、1戦目は4-2の勝利、2戦目は0-3の完敗を喫した。この2試合において守備面でどのような違いがあったか？　それはCFによるプレッシングのタイミングだ。

1戦目のCFエンケティアは、GKに対して早めのタイミングでアプローチをかけることで、ブライトンにビルドアップの陣形を整える時間を与えなかった。対して2戦目はブライトンのビルドアップ陣形が整ってから互いに様子を見合う時間が発生した。ブライトンはアーセナルの出方に応じて攻撃の進路を変えて攻撃を推し進めていく。そうなるとブライトンの土俵であり、対ブライトンという意味で課題が残った。

■ネガティブ・トランジション

アーセナルのネガティブ・トランジションは当季の躍進の要因の一つと言っていいほど優れている。

ボールを奪われた際、前線の選手はすかさずプレッシングをかける。特にIHの位置に入るウーデ

ゴーアは誰よりも早いプレスバックを見せ、敵の速攻の質を落としに行く。【図4「ネガティブ・トランジション」】

前線がプレッシングをかける前の段階、後方のメンバーの被カウンター予防のポジショニングは特に秀逸だ。

CBのサリバとガブリエルはいずれもカバーリング・前進守備の両方をそつなくこなすことができる。特にフィジカルの強いサリバの守備能力はプレミアでも屈指であるといえる。そんな彼らは、非常に近い距離感を保ちチャレンジ&カバーをこなす。事前に相手の前残りの選手の方へポジションを修正し、FWが1枚のみであれば挟み込んで確実にとらえることができる。

アンカーのトーマスも同様だ。中盤エリアにいる選手、もしくはその選手が走りこむ危険なエリアにあらかじめ移動して攻撃の芽を摘む。そんな彼のプ

【図4「ネガティブ・トランジション」】

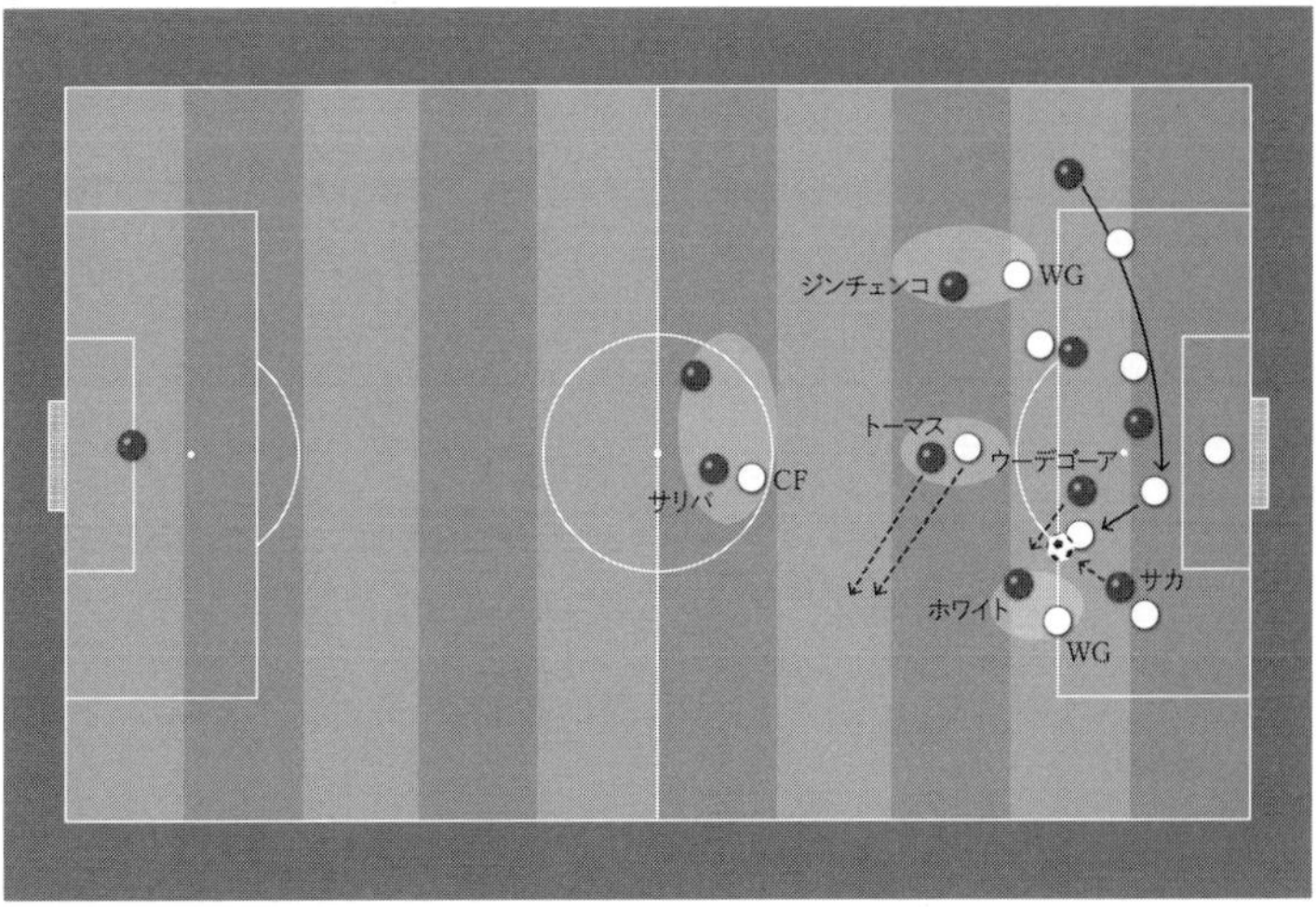

レーがチームにもたらす安定感は何物にも代えがたい。CB間が空けばそのエリアを埋めに戻ることもできる。

そしてポイントとなるのがSBだ。基本的に攻撃時、SBはさほど高い位置を取らない。攻撃の前にリスク管理が最初に来るというのもあるが、選手の特性上ジンチェンコはCHの位置に入り、ホワイトも後方に留まることが多い。SBが上がった場合、右はトーマス、左はシャカがバランスをとって後方に待機する。

被カウンター時のSBの役割は、敵WGをケアすることだ。そのため、SBには敵WGとの位置関係を見極める判断力が求められている。

後方に残るSBは、敵WGの位置を見てポジションを調整する。敵のWGが自陣に引いて守る場合、ホワイトは敵WGを捕らえることができ、かつセカンドボールの回収に迎える絞ったポジションをとる。ペナルティアークの根元から数メートル離れた辺りのエリアだ。長身で空中戦とフィジカルが強く守備能力の高い彼はこの役割にマッチしている。

ジンチェンコもWGの位置を見て前方での奪取を試みるような位置をとることが多い。ただしホワイトほどの奪取力が無いため、自身のエリアに戻る見極めも重要となる。シャカやトーマス、ホワイトとジンチェンコ、そして2CBの前進とカバーにより安定したネガティブ・トランジションが可能となっている。担当するマークやエリアの所在を曖昧にしないよう、後方で良いコミュニケーションが取れていることがうかがえる。

この局面での安定感はアーセナルの強さの一端を確実に担っているといえる。ホワイトが上がればサカやウーデゴーア、ジンチェンコが上がればマルティネッリやシャカが下がってカウンターに対応できるポジションをとるように、2CBとトーマスに加えて、IH-WG-SBのサイドのユニット内でも被カウンターのためのリスク管理が行われる。WGも状況に応じてリスク管理のための低いポジションをとることで、ネガティブ・トランジションに備えている。

■攻撃戦術

4-3-3をベースとしたアーセナルの攻撃は、各選手の5レーンを意識した配置と、味方とのつながりをもとに進められる。配置変化後は3-2-5となることが多く、右SBホワイトの位置取りによって2-3-5にも変化する。

最も特徴的なのはジンチェンコの偽SBとしての動きだ。【図5「ジンチェンコのポジショニング」】

相手のプレスが強くない場合、ジンチェンコはトーマスの脇へと絞っていく。彼がポジションを移動することにおける利点は下記だ。

①トーマスへのマークが分散する
②CBやGKからのパスの出口が増える
③トーマスとの距離が近くなり中央でのパス回しが安定し、展開の幅が増える

④ジンチェンコ自身がマークの外れた状態を作りやすく、自由にプレーできる
⑤左サイドでの連動でマークを剥がしやすくなる

アーセナルはなるべく中盤にボールを預けることで攻撃の選択肢を確保しているが、中核を担うトーマスがマークされると、攻撃の幅が狭まってしまう。そんな中でジンチェンコが横移動でサポートに入るとトーマス1択であったＣＢやＧＫから中盤へのパスコースが2つに増える。同時にトーマスのマークが外れやすくなり、ジンチェンコとのパスワークで前を向いてボールを捌くことができるようにもなる。核となるトーマスを自由にさせるうえで大きな効果をもたらしている。

さらにジンチェンコの横移動は、彼自身のマークを剥がすうえでも効果的だ。敵ＳＨがどこまで彼についていき、どこからＣＨに受け渡すのかといった

【図5「ジンチェンコのポジショニング」】

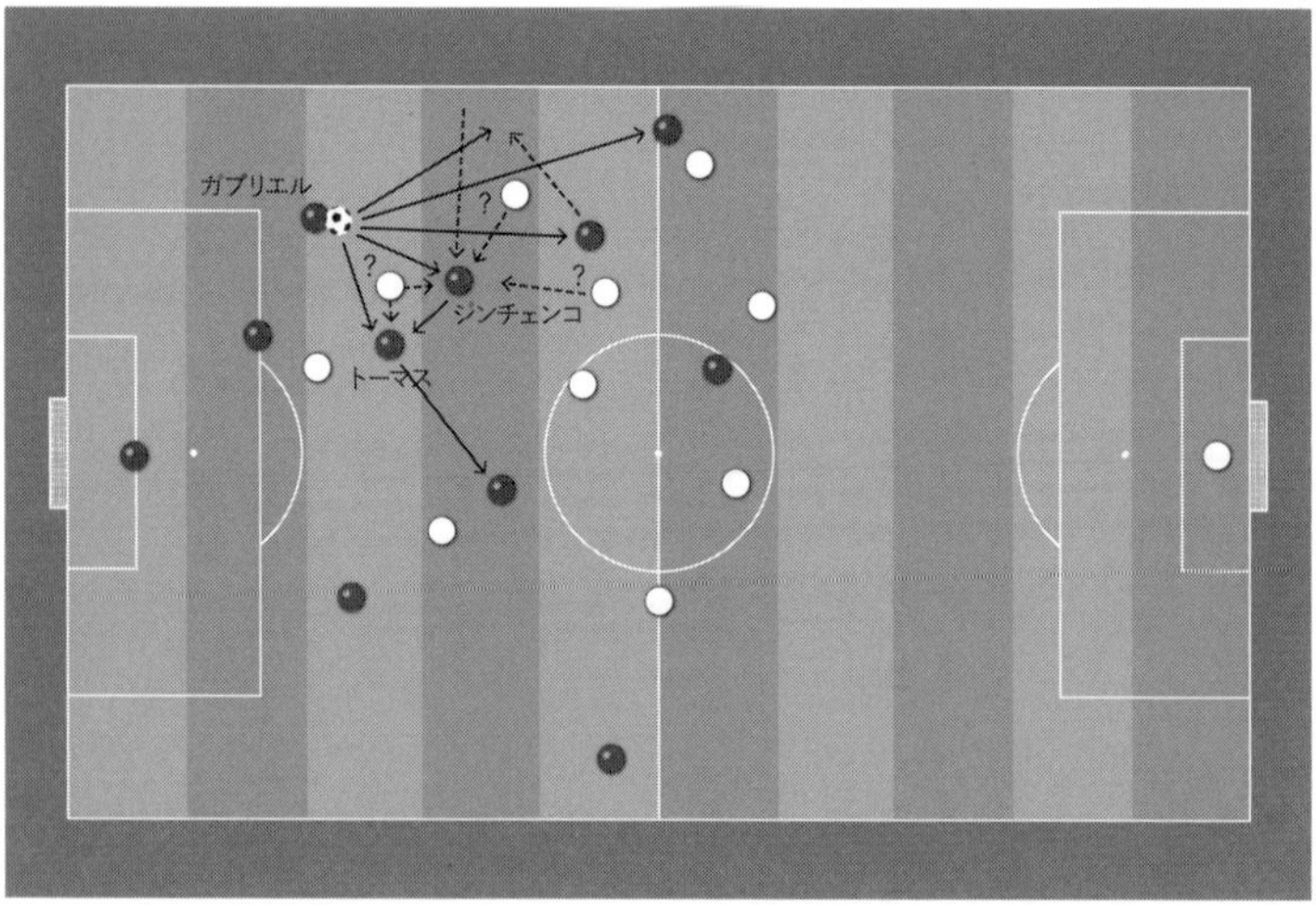

判断が難しい。ミスが起きればジンチェンコだけでなく周囲の味方もフリーになる。

パス精度の高いジンチェンコが横移動によって内側でフリーとなりトーマスと組めば、攻撃の幅は格段に広がる。

また、ジンチェンコの横移動をトリガーに、周囲の選手が連動するスペースが生まれ、敵陣に侵入しやすくなる。

■ゲームメイカー・ジンチェンコのポジショニング

ジンチェンコは攻撃において、ゲームメイカーとして大きな役割を果たしている。時にサイドで、時にアンカー脇で、時に前線へと自在にポジションを移動する彼はまさに現代フットボールにおけるポジショニングの重要性を体現したゲームメイカーの一人と言える。

かつてはフィリップ・ラームやジョシュア・キミッヒのようにバランスをとったりサイドの位置でのパス回しで攻撃をリードしたりするSBは存在したが、これほどポジションを修正しゲームメイカーとして無尽に攻撃に絡むSBは彼のほかに存在しないだろう。彼のフットボールIQの高さと視野の広さ、数手先を読むビジョンは唯一無二だ。

まずはアーセナルの戦術と照らして、ジンチェンコの役割とゲームメイクについて整理していく。

ジンチェンコは、自身がボールを保持していない間に内側へ移動することが多いが、ボールを自分で保持している状態であっても内側へドリブルしながら移動をする。この間にパスコースが生まれれば逃さずに突いていく。

ジンチェンコがアンカー脇まで絞るということは、敵にとってマークの対象が入れ替わることを意味する。敵が4-4-2ならSHかCH、4-5-1ならWGかI Hといった具合だ。ポジショニングが秀逸なジンチェンコは敵中盤とFWの間、WGとI Hの間というように常に敵のギャップにポジションをとる。そうすることで敵を動かし、チームにスペースをもたらしていく。

マークが受け渡されずにジンチェンコがフリーとなれば、彼自身で攻撃を創っていく。ライン間への楔に加え、逆サイドで待つサカへのサイドチェンジもお手の物だ。

WGとI Hの間を例に出したが、ここでいう「WGとI Hの間」には3パターンある。「奥行き」を加えたものだ。「間」であっても①手前、②WGとI Hを結んだライン上、③背後、によって相手に与える影響が大きく異なる。ジンチェンコは丁寧にそれらを使い分けていく。

■ジンチェンコの駆使する「奥行き」とは？

では3パターンの「奥行き」でどのような変化が生まれるのだろうか？

①手前に位置する場合、敵は横方向と縦方向の両面でポジションを修正する必要がある。特に縦方向の移動により、背後にスペースができやすくなる。相手のプレスが弱ければジンチェンコは背後にできあがったスペースを逃さずに鋭い楔を供給していく。【図6「手前」】

相手のプレスが強ければすぐにボールを味方に預け、味方にそのスペースに楔を打たせていく。相手を死角に入れることになるため、首を振っての状況確認が重要だ。

②ＷＧとＩＨのライン上に位置する場合、敵を視野に入れやすく、敵を横に動かすことができる。敵が横に動くということは、その反対側にスペースができあがるということであるため、敵陣を崩す糸口として利用できる。【図7「ライン上」】

敵の「手前」にいるとトーマスやＣＢガブリエルに近い分、彼らにバックパスした際の時間的・スペース的な猶予が限定され、セカンドチェイスを浴びる可能性もある。しかし、ライン上であればスペース的な猶予が確保できる。そのため、ジンチェンコからボールを受けるトーマスが余裕をもってボールを展開す

【図6「手前」】

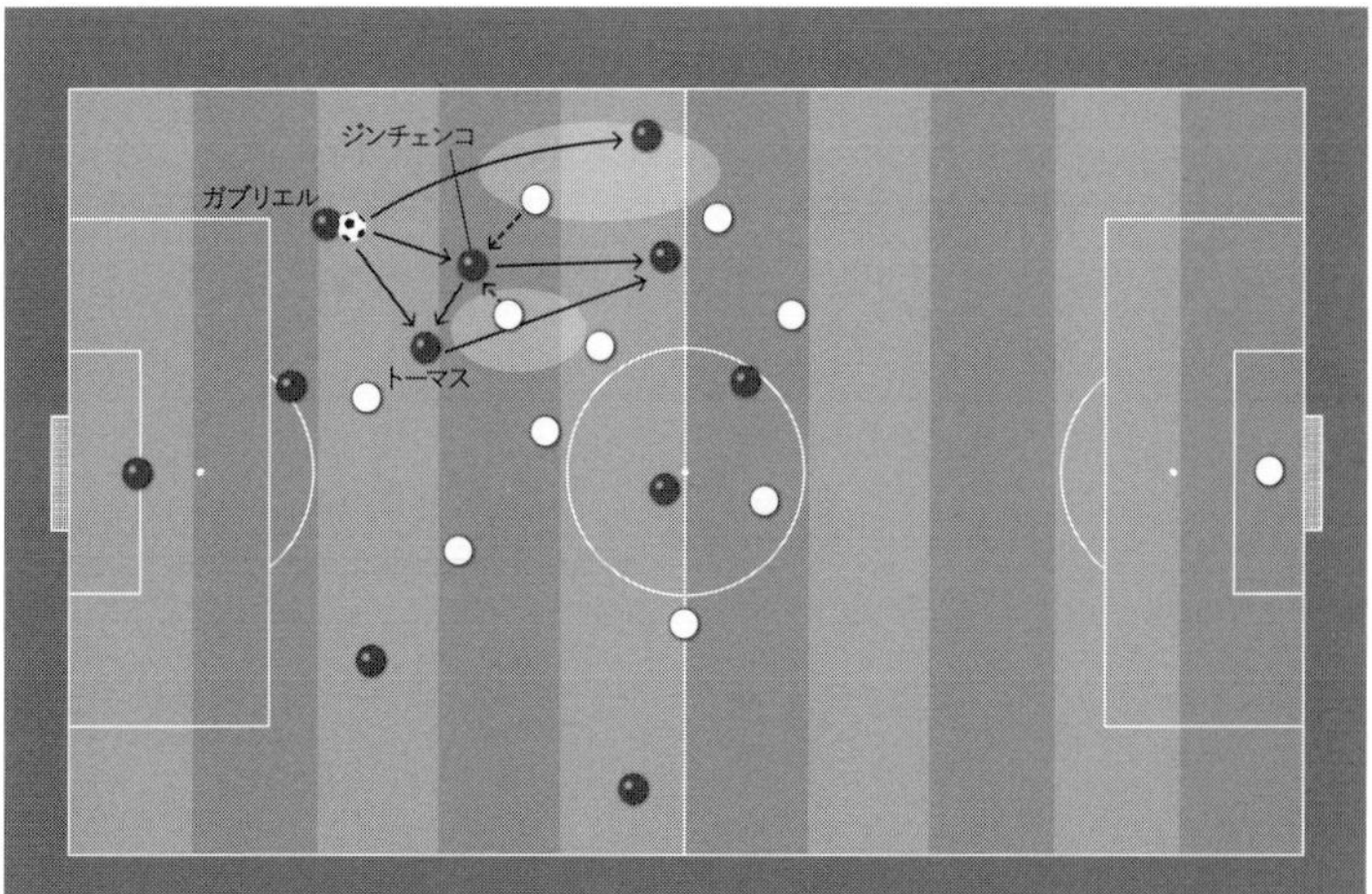

ることができる。

　このライン上に関しては、背後から降りながら使うことも多い。

③背後に位置する場合、IHとWGの死角に入り込んだ形でボールを受けることができる。IHとWGが距離を狭めてパスコースを塞ぎに来る場合、ジンチェンコはバックステップで2人から離れてボールを呼び込む。こうすることでジンチェンコは強くて速い楔のパスを捌くためのスペースを得ることができる。つまり、パサーは2人の間を割ることを念頭に置いたスピードあるボールを蹴ることができるため、楔のパスを通すことができる。【図8「背後」】

　手前、ライン上、背後の3つの高さを状況に応じて使い分けるようにジンチェンコはポジションを取っているのだ。

【図7「ライン上」】

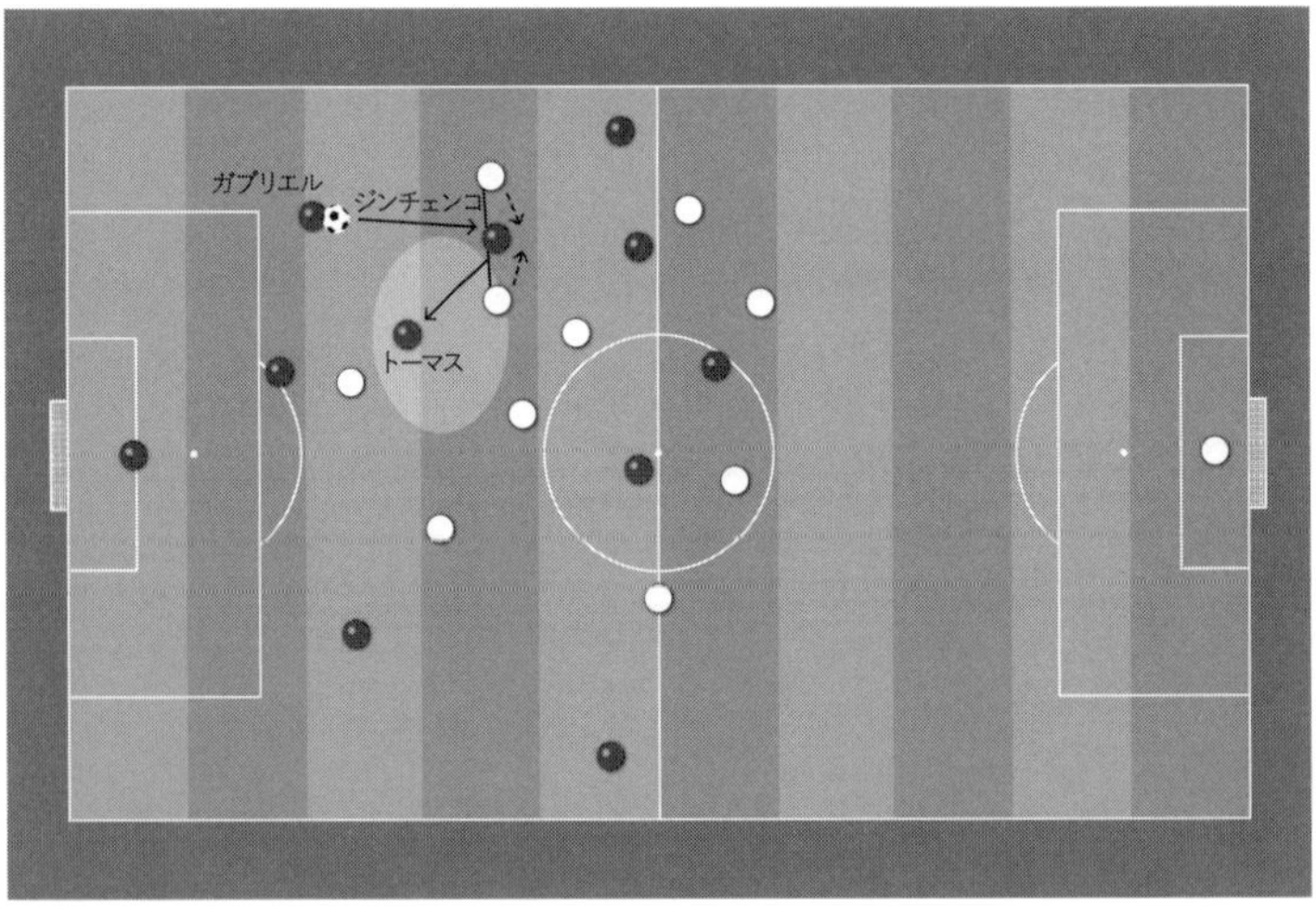

自分が誰をひきつけるか？　受け手になるべきか出し手になるべきか？　どのようにチーム全体でボールを動かしていくべきか？　そのために自分はどこにどう動くべきなのか？　ということを考えられるプレイヤーなのだ。

■ジンチェンコの動きが与える影響

ジンチェンコがＷＧとＩＨの間で、かつ手前に立ってボールを受ける際の敵のリアクションは３つだ。

①ＷＧとＩＨの２人ともその場で背後を警戒しつつステイして様子をうかがう
②ＩＨが出てくる
③ＷＧが出てくる

①の場合ジンチェンコはわずかな隙間を逃さずに

【図8「背後」】
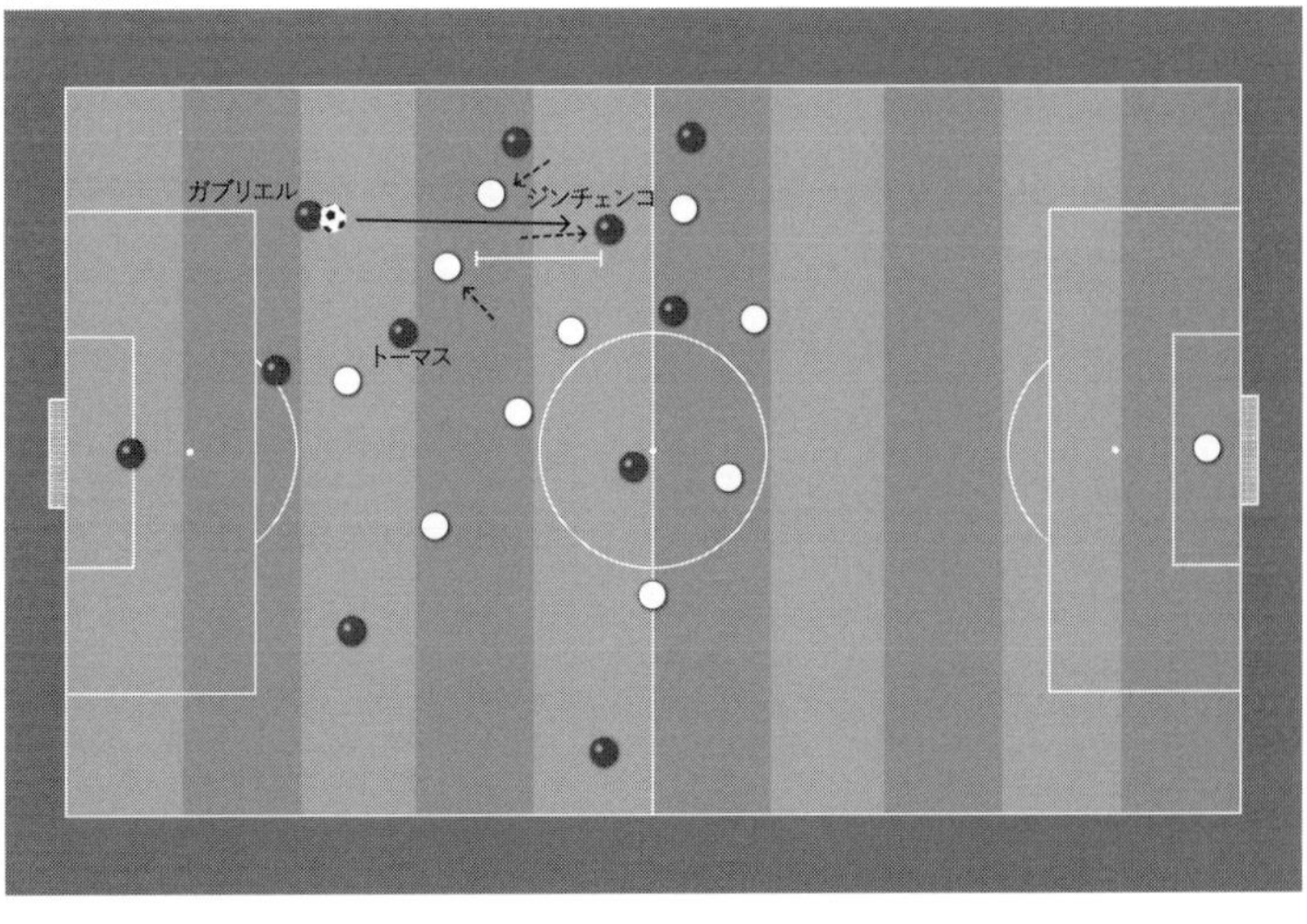

突く楔のスキルを持ち合わせているため、ジンチェンコから前線へ楔を打ち込んでいく。

②の場合はIHの背後を狙っていく。ジンチェンコ自身が切り返しや方向転換で敵をいなして楔を打ち込むこともあれば、ジンチェンコからのショートパスを受けたトーマスやガブリエルから楔を打ち込むこともある。

③の場合、IHのシャカが連動してポジションを移動するケースが多い。ジンチェンコが絞ることで空いたスペースにシャカが流れていく。（後述）

このようにジンチェンコは受け手として、出し手として、そして囮として最も効果的なポジショニングのできるプレイヤーだ。彼にボールを預けるだけでも敵は陣形を崩すこととなるため、ドンドンとボールをつけていく。

彼がポジションを移動するだけでも複数の効果が生まれるが、さらなる効果を生み出すには周囲の選手の連動が不可欠だ。

彼が絞ることで生まれるサイドのスペースに、シャカが流れ降りる連動をすることでスペースを活用できる。ガブリエルが外に数メートル開くことでジンチェンコを餌にシャカやマルティネッリと繋がることができる。チーム全体がジンチェンコの動きに呼応することが重要であるのだ。

■左サイド攻撃

前述のように、ジンチェンコは柔軟にポジションを移動する。では、彼の位置する左サイドではどのような連携がなされているのか？

アーセナルの左サイドで攻撃を作るジンチェンコ、シャカ、マルティネッリはレーンの移動が非常に多い。ハーフスペースと大外のレーンの出入りだ。

特に多いパターンはサイドでシャカをフリーにする連携だ。CBのガブリエルがボールを受けると同時にジンチェンコが絞ると、敵のSHが対応するため同じく絞る。この状態でシャカが外に流れることでフリーとなることができる。【図9「左サイド攻撃①」】

ジンチェンコのポジショニングによって空くサイドのエリアは守備の手が行き届かないエリアとなる。CHがシャカについていけば、狭いスペースでもボールを収めて展開することのできるジェズスが中央でボールを受けやすくなる。

この時、マルティネッリが敵SBを釘づけにしていることも重要だ。彼がいないと、敵SBがシャカの対応に出てきてしまう。

【図9「左サイド攻撃①」】

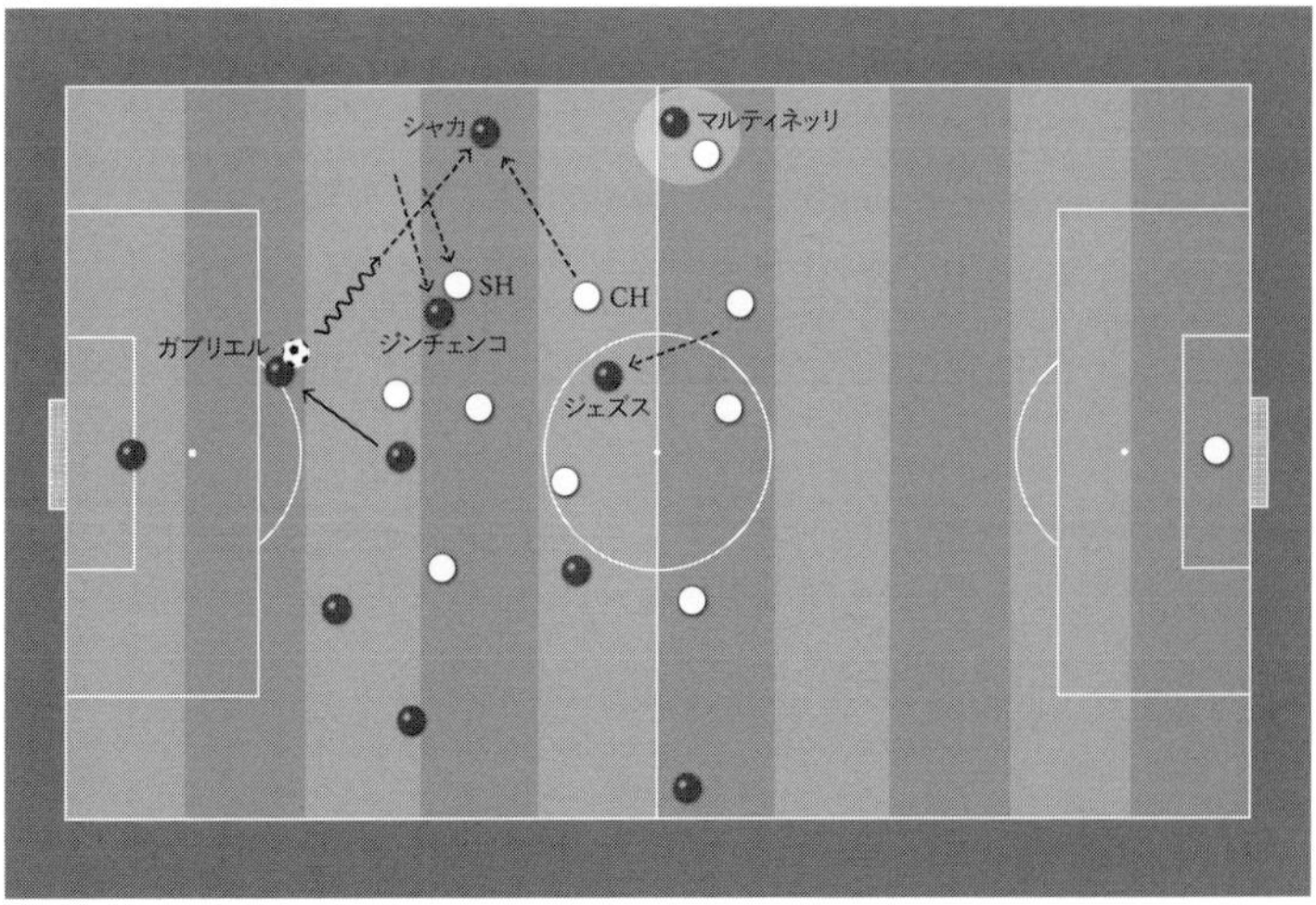

敵ＳＨがシャカの対応のためプレスバックすれば、ジンチェンコがフリーとなる。ここの数的優位も活かして攻撃を組み立てていく。

　仮に敵が中央のジェズスをケアしつつ、シャカのマークのためにＣＨが外に出てくるのであれば、レーン移動とポジションチェンジを繰り返すことも可能だ。【図10「左サイド攻撃②」】

　ボールホルダーのガブリエルはサイドに流れたシャカとのリンクが切れないように外に運びつつボールを預ける。同時にすぐにバックステップで深さを作り、シャカからボールを受けなおす。ガブリエルにボールを預けたシャカが中に絞り、ジンチェンコが外に流れるのだ。渦巻のような動きだ。ジンチェンコはマークにつかれている敵ＳＨの背後から流れることでフリーとなることができる。

　左サイドはこういった細かなレーン移動が柔軟に行われている。ただし、いかに柔軟かつ効果的にポジ

【図10「左サイド攻撃②」】

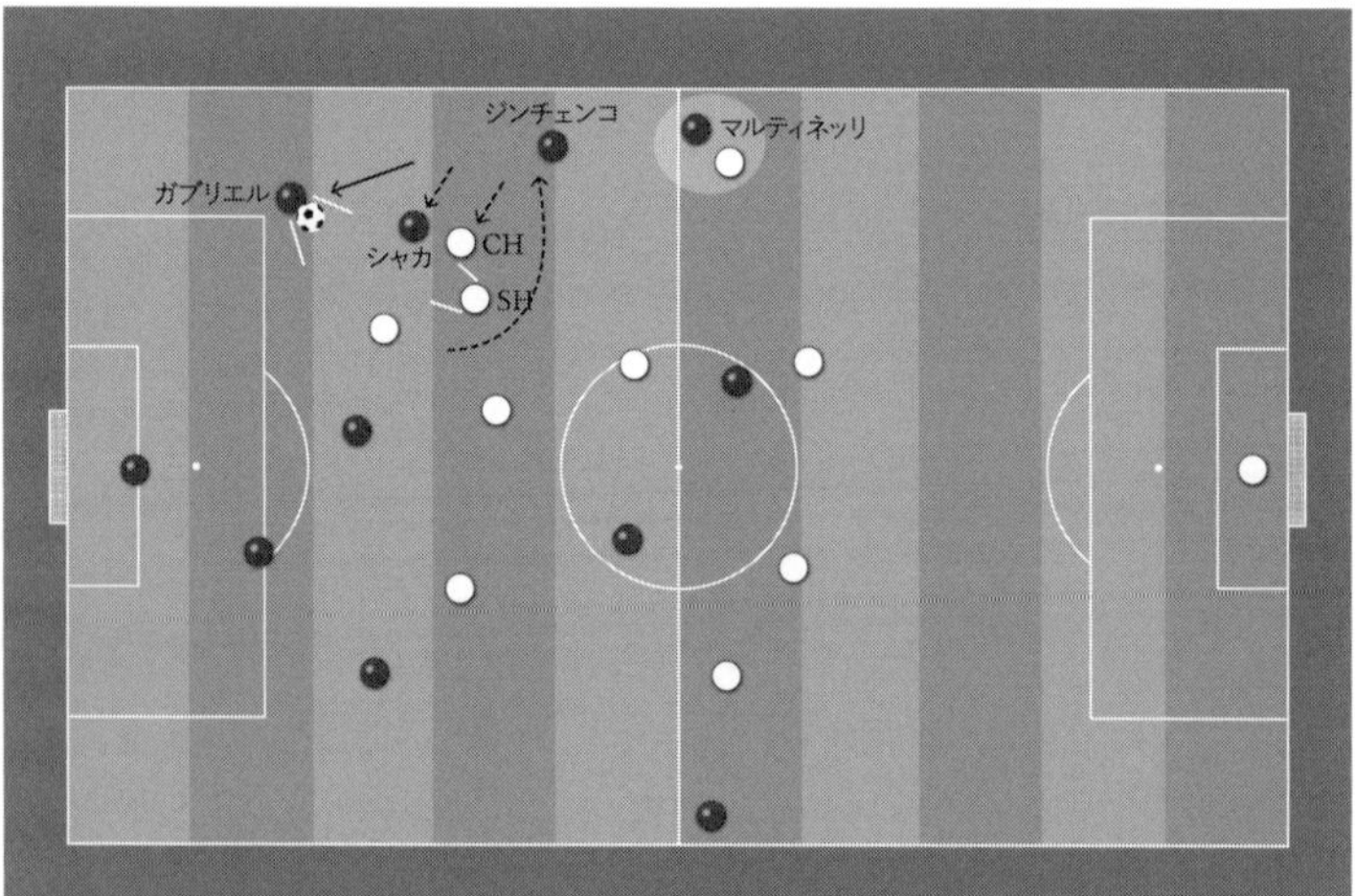

ションを移動しても、パサーがそれを活かせなければ意味がない。

こういった局面でのガブリエルは3つの上手さを見せる。まずはリンクの意識だ。シャカとのリンクを切らないよう、ボールホルダーである自分自身もシャカに近づくことでパスコースを確保できる。

次に深さの作り方だ。彼は深さを作るのが早い。そのためシャカが敵のマークで窮屈にならないようにバックパスのコースを作ってサポートすることができる。

そしてもう一つが配球だ。ジンチェンコが中から外に移動すればフリーになれるが、彼の動きを待たずに逆サイドに振ってしまうCBは少なくない。しかしガブリエルはジンチェンコの動きを認知し、溜めを作ることができる。身体をアンカー方向に向けることで敵からジンチェンコへの警戒を解きつつフェイクをかけ、足裏を使って左脚側にボールを持ち直してジンチェンコにパスを送り込む。この一連の上手さがビルドアップにおいては非常に重要で、アーセナルの左サイド攻撃を支えている。

■効果的なビルドアップのために

ビルドアップを円滑に行ううえでアーセナルが優れている部分はポジション調整だけではない。配球先の選択にも優れている。いくら敵を動かすポジショニングをとっても、そことは別のルートから攻撃を展開したら意味がない。例えばシャカがサイドでフリーの状況でも、ガブリエルが闇雲にサイドチェンジをしてしまっては、いくらポジショニングが効果的であってもビルドアップとしては質の高いものにならない。

いかに立派な外見であっても、中身が伴っていなければ良いものとはならない。ビルドアップも同じだ。「外見」が配置、「中身」が配球のルートや判断だ。

一見効果的に見える選手配置であっても、意図がバラバラで効果的でない配球であれば機能しない。逆に配球先の判断が良くても、ポジショニングが悪ければ効果的なビルドアップにはならない。ポジショニングと配球、外見と中身が両立してこそビルドアップは機能するのだ。

アーセナルの配球は、トーマスとジンチェンコが組む中盤にボールを預け、敵の守備ブロックを1枚ずつ剥がしていこうという志向が強い。1枚ずつ剥がすためには1列ずつ前進して敵の守備ラインをおびき出し、スペースを発生させていく必要がある。そういった意味でも中盤にボールを預ける志向は欠かせない。

この志向が最も強く見られる選手の一人がGKのラムズデールだ。彼はボールを繋ぐ意識が非常に強い。彼がむやみにボールを蹴り出さないため、DF陣は迷いなくボールを繋ぐためのポジションをとれる。最後方の彼の繋ぎの意志が、チーム全体に浸透しているのだ。逆にシーズン終盤にアーセナルが失速した際は、ラムズデールにもパスミスや判断ミスが見られるようになった。

ホワイトもトーマスにボールを預ける機会が多く、中央で主導権を握る意志の強さが表れている。

3-2-5の状態でボールを回す際、ボールホルダーとなるHVと逆サイドのCHがリンクすることでパスコースを増やしているのもアーセナルの特徴だ。後方の5枚の間でのパスコースを多く持つことで、敵のプレスを回避して前線に繋いでいくのだ。

WG、IH、SBのユニットはレーンが被らないようにハーフスペースと大外のレーンを頻繁に出入りする。リスク管理同様、この3人がユニットとなることが共通認識であり、左サイドではジンチェンコ、右サイドでは状況に応じて誰かがレーン移動のトリガーとなりポジションチェンジを繰り返していく。

■WGのボールの受け方

ジンチェンコも毎回内側に絞るわけではない。敵のプレスが激しい場合は絞る時間がなく、相手が中央を固めている場合は外からの攻撃も検討する。

このような状況で、絞らなかったSBやCBから楔を受ける際のWGの受け方は特徴的だ。サカもマルティネッリもサイドに張った状態から内側に斜め

【図11「WGの受け方①」】

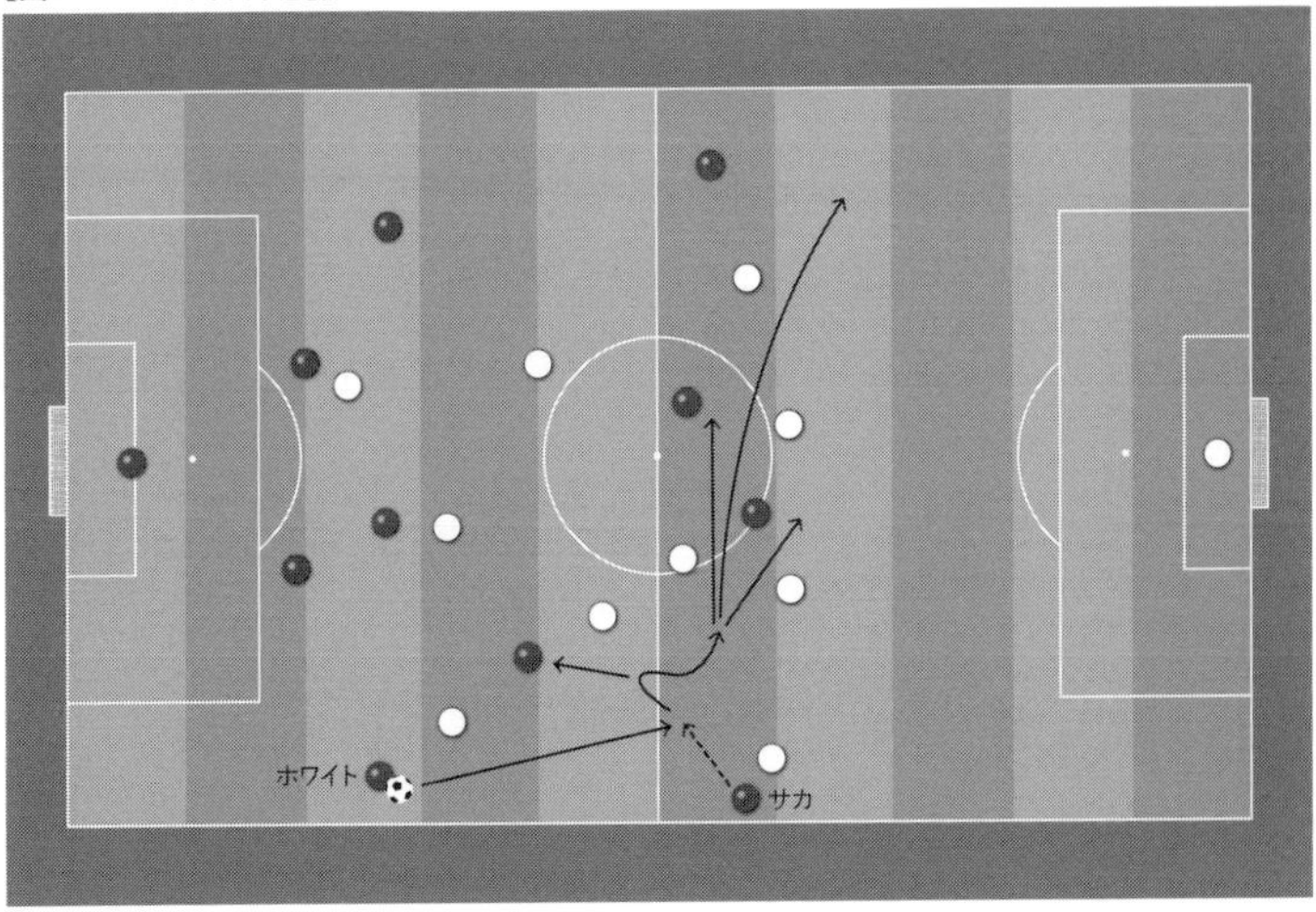

に降りるようにボールを受け、パサーも足元ではなくそのエリアで待ち合わせるようにボールを送り込む。長時間内側に入ってボールを呼び込むわけではない。瞬間的に、だ。【図11「WGの受け方①」】

タッチライン際で縦パスを足元に送り届けると敵のプレスをダイレクトに受けて詰まってしまうケースが多い。しかし、サカやマルティネッリのような受け方であれば敵のSBを剥がした状態で、かつ中央の味方とリンクした状態でボールを受けることができる。前線で4〜5枚が並んでいる状態であるため、逆サイドでは1枚余っているケースが多い。そんな中でWGが内側や逆サイドとつながりを持てるというのは大きな強みとなる。

当然ベクトル的にそのまま前を向くことは難しいが、この受け方をする際の彼らの目標は前を向くことではなく、WGが孤立せずに中央の味方とリンクして攻撃を展開すること、もしくは斜め後方へのドリブルから逆サイドへと送り届けることで攻撃を展開していくことだ。ゲームメイカーやリンクマン的なプレーが求められる。

サカは多少強めのボールでもコントロールが可能で、それを内側の味方に繋いで攻撃を展開するのが上手い。アジリティが高く相手のアプローチを躱すことができるうえに、多少のフィジカルコンタクトがあっても倒れずに前進することができる。

マルティネッリの場合、内側斜め後方へのドリブルから右足でDFライン背後へ速いクロスボールを送り込むことができる。【図12「WGの受け方②」】

敵からすると、ボールが敵陣方向に向かって動いているためラインを上げようという心理が働く。

また、カットインするマルティネッリを視界に捉えるため、ゴール前でファーに流れるCFジェズスが死角に入りやすい状況となるのだ。スピードと推進力のあるマルティネッリはロングボールやカウンターのターゲットになるだけでなく、こういったプレーでも貢献している。

この「内側に絞ってのボールの受け方」と「目標」がWGだけでなくチーム全体に刷り込まれているため、WGへのパスがずれたり無理に前を向いたりといったミスなく攻撃を展開していけるのだ。本来であれば詰まってしまうケースも多いSB→WGへのパスを有効に活用している。

このようにはじめは張っている状態が多いWG陣だが、速攻の際等はサイドを離れてゴール前へと抜け出していく。

【図12「WGの受け方②」】

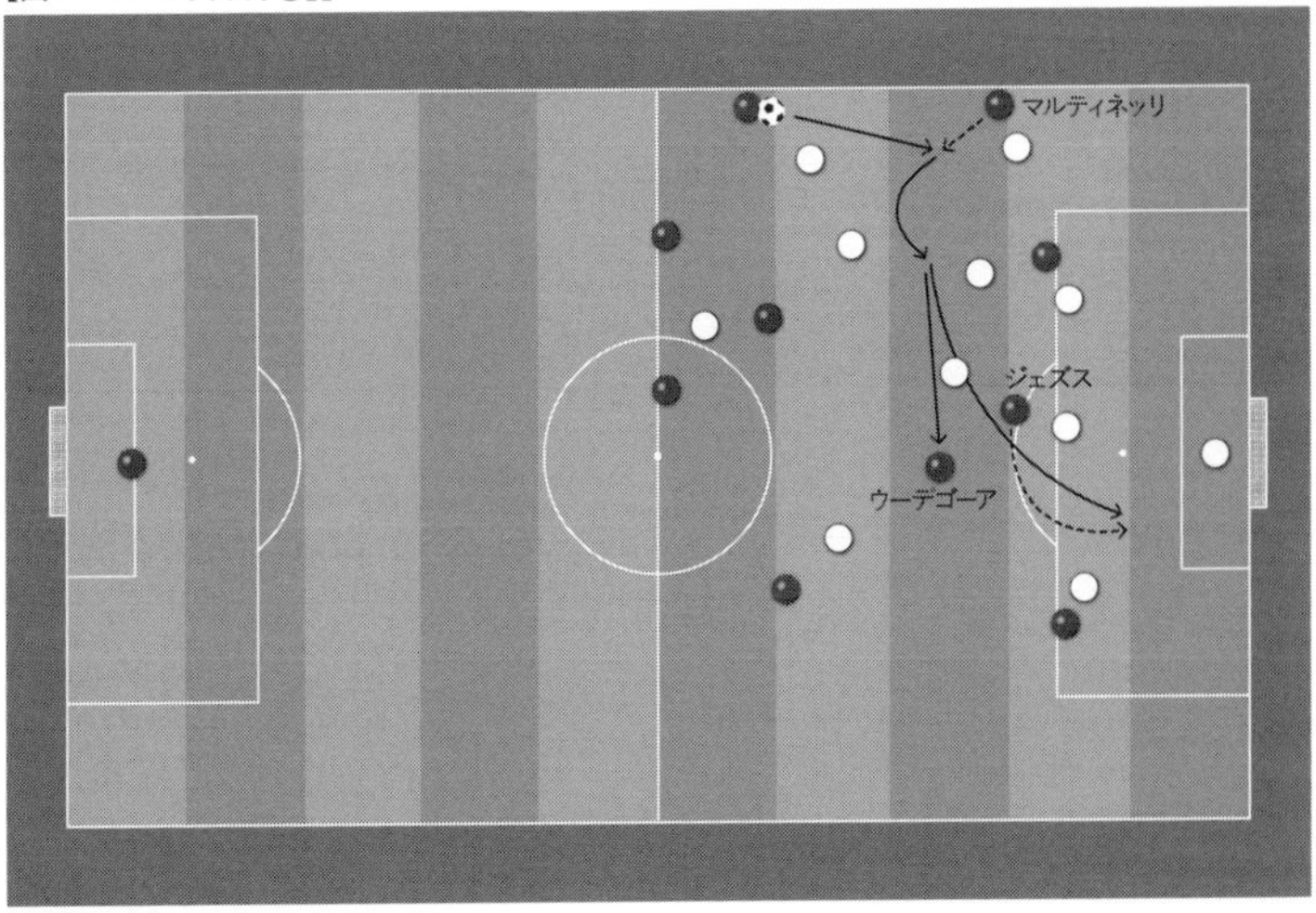

■前線のリンクマンの存在

アーセナルは前を向いたジンチェンコとトーマス、そして内側に入りながらボールを受けるWGから攻撃のスイッチが入る。彼らから巧みにボールを引き出すのがCFのジェズスやエンケティア、I HウーデゴーアだＩ

マルティネッリが内側を向いてボールを受けた際、もしくはジンチェンコが前を向いてボールを受けると、右I Hのウーデゴーアは敵SHとCHの間で顔を出してボールを呼び込む。このエリアでボールを呼び込むことで左サイドと繋がり、右サイドからの攻撃も展開しやすくなるのだ。さらに、彼がこの位置で呼び込むことでCH間が開けば、ジェズスが降りてボールを受けることができる。

ジェズスはサイドや中央至る所に顔を出してボールを捌くことのできるプレーエリアの広さと優れたテクニックの持ち主だ。中盤に降りて溜めを作り、マルティネッリが背後を狙うような攻撃も見られる。ジェズスが左サイドに流れた場合、すぐにポジションを戻さずにボールがピッチから出るまでその位置に留まり、マルティネッリと入れ替わってプレーするような効率の良さも見られる。

こういったリンクマンによるリンクの動きもまたスペースメイクおよび連動のトリガーとなっている。

ジェズスが負傷の際に起用されるエンケティアもプレーエリアが広く、身体を巧みに挟み込んでのボールキープや味方とリンクするような溜め、レイオフパスを持ち合わせている。プレッシングも周囲と連動してかけることができる。アーセナルのサッカーにおいて彼らのプレースタイルはマッチしており、アルテタの起用志向も読み取ることができる。ただし、ボールをゴールに押し込む決定力という面では不安が残る。

■右サイドからの攻撃

左サイドではジンチェンコを中心としたポジションチェンジから攻撃を組み立てていく。では、右サイドではどうだろうか？

右サイドはポジションチェンジを用いずに、比較的固定的な立ち位置で攻撃を組み立てるが、ポジションチェンジを行う場合は左サイドよりも瞬間的なものとなる。

ＩＨのウーデゴーアはサカの手前に流れる、もしくは敵ＣＨ-ＳＨ間でボールを引き出すといったプレーを見せるが、組み立て段階では左のシャカ同様にパスコースを作るために配置のバランスをとる黒子的な役割をこなすことが多くなっている。【図13】

【図13「右サイド攻撃」】

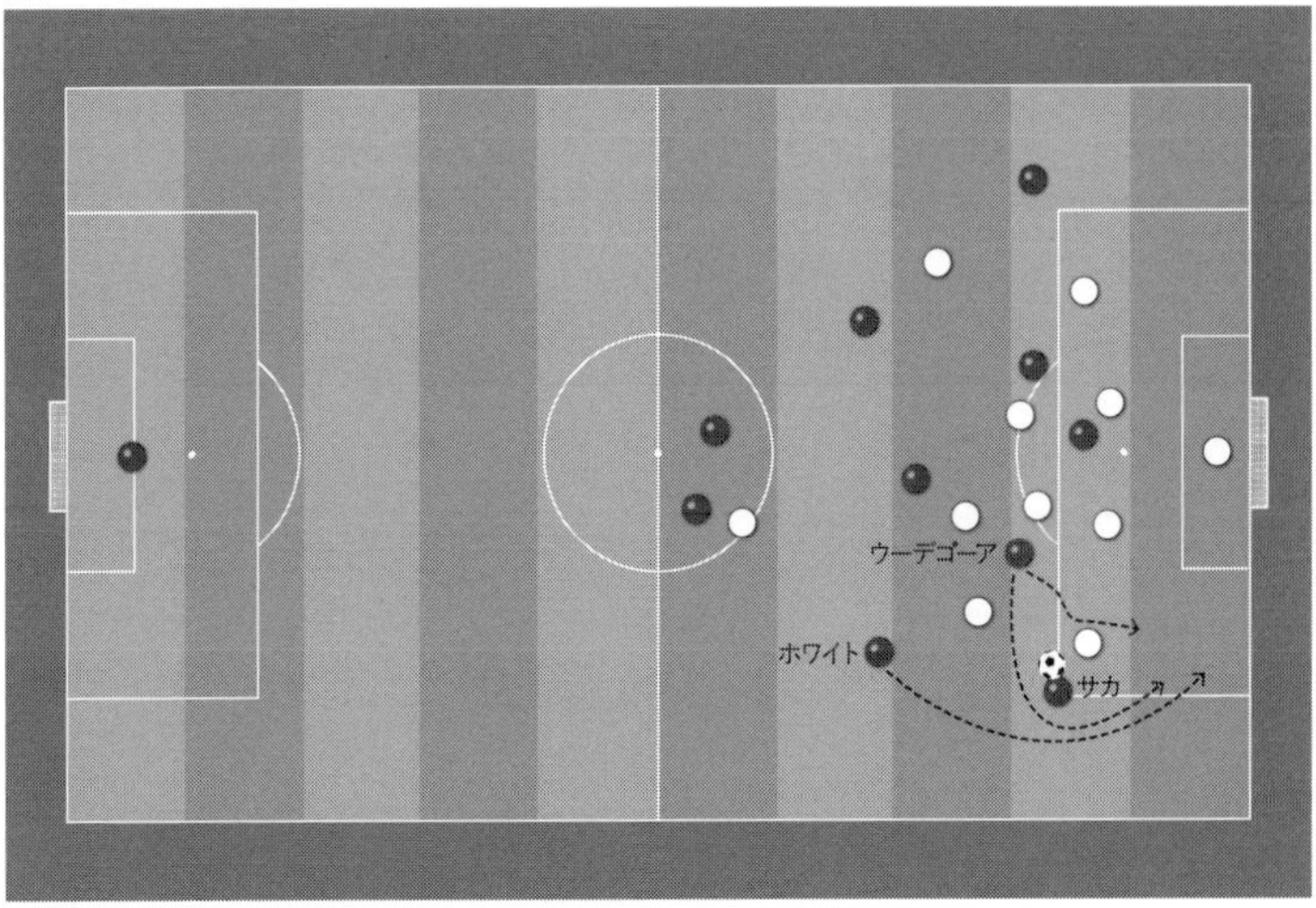

【右サイド攻撃】

右サイドでは先述のSB→SHへの縦パスを用いるケースが多い。その際にIHウーデゴーアは、サカのカットインスペースを空けておくために低めの位置でバックパスを受けられるサポート位置をとるか、パスの瞬間に敵SB裏に流れてスペースを作る動きを見せる。

サイド深い位置でボールを持つサカに対するサポートとしては、サカとマッチアップするSBの真後ろまで近づいてからチャンネルに抜け出す、外を回るといった動きを用いる。

そういった中でウーデゴーアが最も輝くのはファイナルサード内の狭いスペースでの仕事だ。相手の僅かな隙間を縫って送り込む柔らかいショートパスは狭いエリアを抜く決定的な仕事をするのに向いている。CFジェズスの斜め後ろに位置し、彼からのレイオフを的確に捌いて決定機を演出することも可能だ。

サカは精度の高い左脚で常にゴールを脅かすことができる。さらに敵をひらりと躱すのが上手く、迂闊に飛び込めないSBに対して溜めを作って攻撃に変化を加えていく。そのため、周囲の選手の動き出しを待つことができるが、その連携には課題が残る。内側に向かってじりじりとSBとの距離を詰める彼の外をウーデゴーアやホワイトが回ることで数的優位を作り出すことができるのだが、サカは外を回る選手を活かせずに、同じ方向にドリブルをして彼らとぶつかることが多い。攻撃の幅を広げる溜めを作る技術があるだけに、外の選手を使うかそれを囮にカットインをするかを的確に判断して実行できれば一層のブレイクが期待できる。

サイド深い位置のサカに対し、ホワイトはハーフスペースでサポートの役割を担う。斜め後ろで受けて別の展開でやり直しを図ると同時に、セカンドボールの回収を行う。特にクロスボールのこぼれ球はサイドの左右に限らずペナルティエリアの外側に落ちてくることが多く、二次攻撃で敵に脅威を与える存在となる。

■アタッキングサードでの攻撃

アーセナルがアタッキングサード攻略において用いるエリアがペナルティエリア横幅近辺のエリアと、ペナルティアーク近辺だ。この深さまでくると、WGは絞った位置をとる傾向が強い。【図14「アタッキングサードでの攻撃①」】

ペナルティエリアの横幅においてはマルティネッリによるサイド深くへの抜け出しやサカのカットインを起点とし、高低問わず短いクロスボールからの

【図14「アタッキングサードでの攻撃①」】

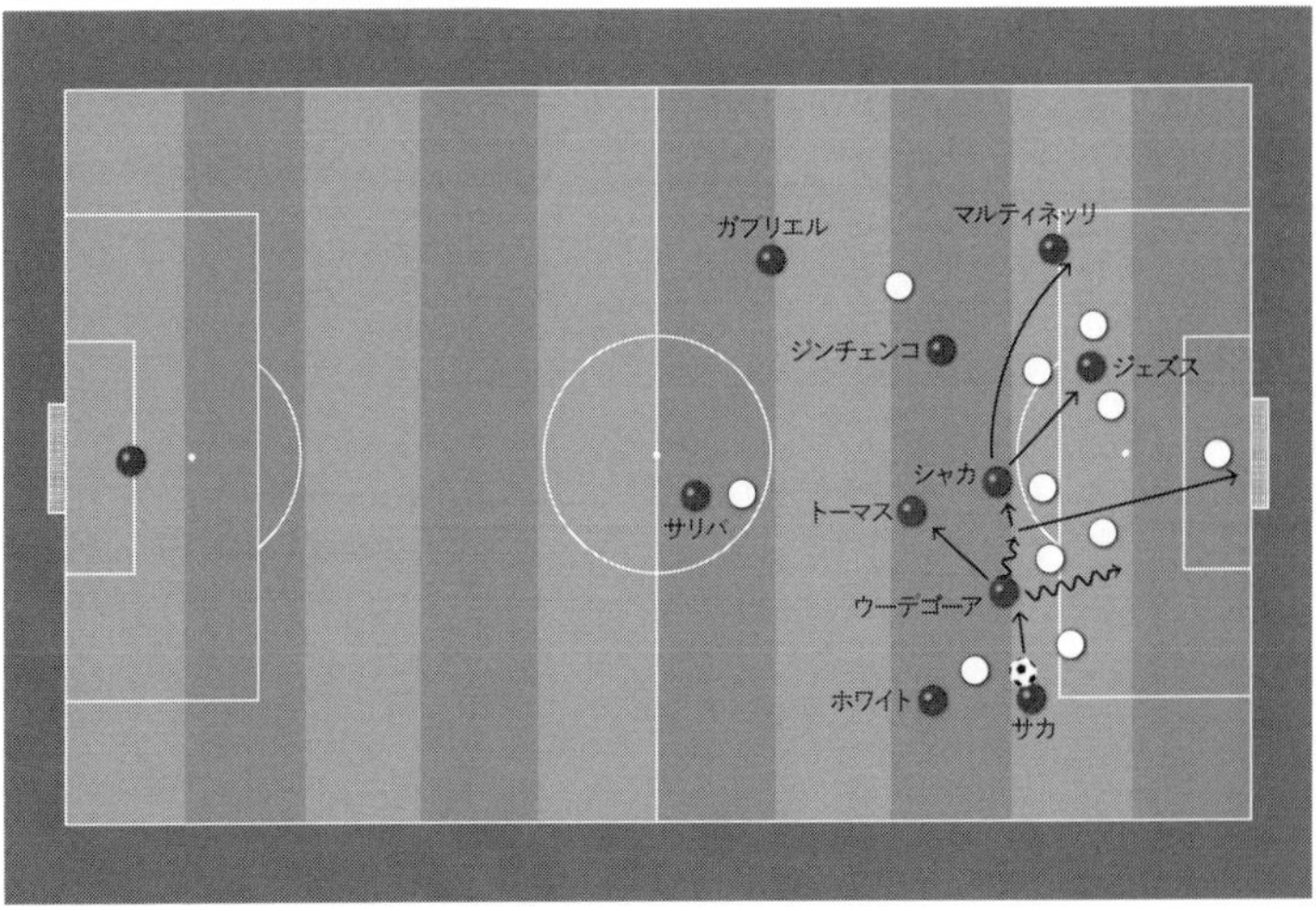

ゴールが多い。ペナルティアーク近辺ではWGからの横パスを受けるウーデゴーアがドリブルテクニックとシュート精度という持ち味を発揮し、ジェズスも動き出しと狭いスペースでのボールタッチでゴールに直結するプレーを見せる。

彼らのアタッキングサードでの振る舞いで特徴的なのが「横パス」だ。IHウーデゴーアやシャカを中心にボールホルダーの横でサポートを行う。これにより、ドリブルやシュートといった「縦」の選択肢と、味方を使う「横」の選択肢ができあがる。右のサカが縦にステップを踏んで敵を自身の前方にひきつけて横パス、ウーデゴーアが縦のドリブルやカットインからのシュートのモーションを見せて敵を前方にひきつけてシャカに横パスといった具合だ。【図15「アタッキングサードでの攻撃②」】

これに加えて、「後ろ」の選択肢を持たせる。ジンチェンコとトーマスだ。仮にマルティネッリから

【図15「アタッキングサードでの攻撃②」】

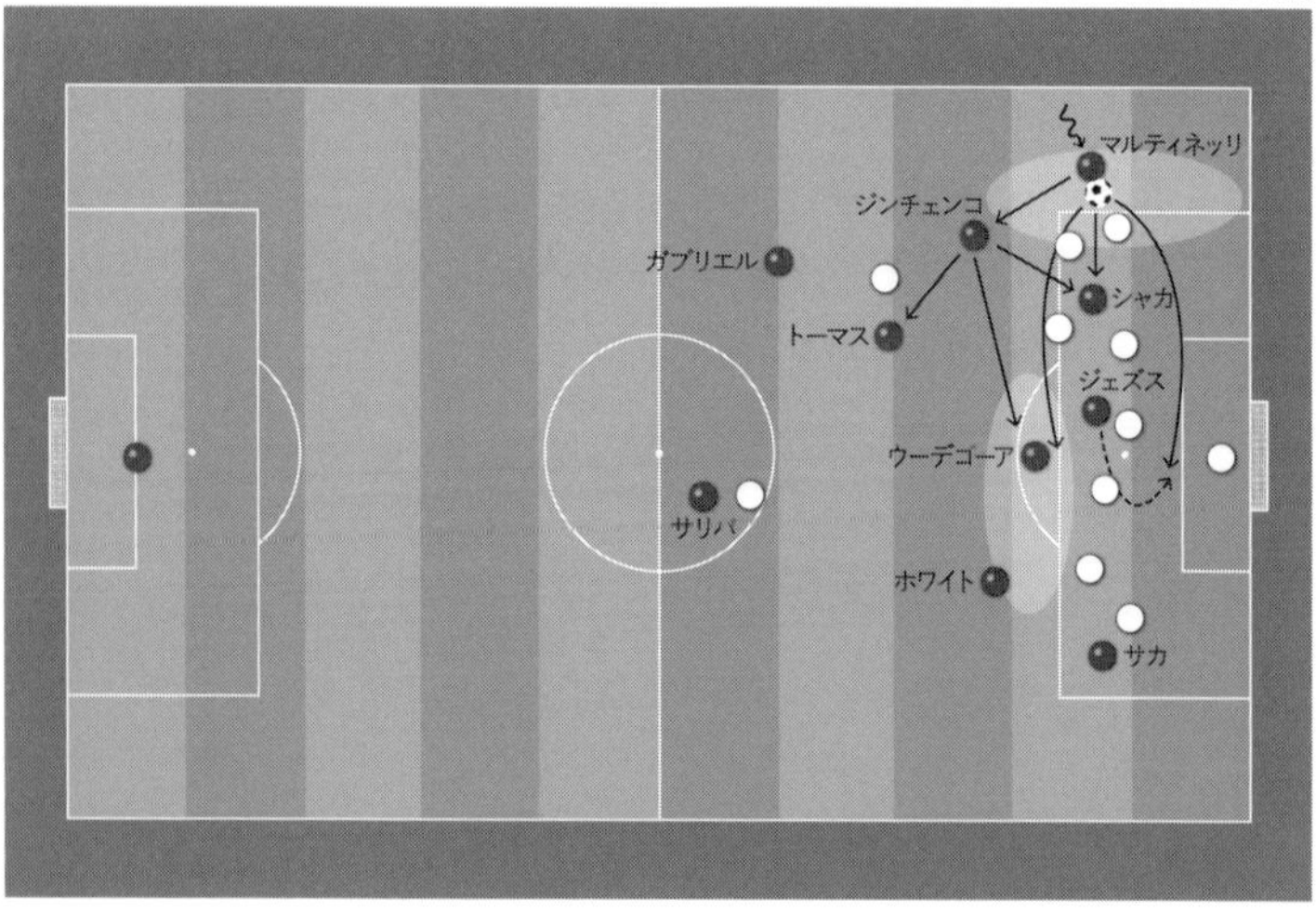

シャカへのパスが難しくてもCHを経由してシャカに届けることができる。バックパスで敵の視線を乱すことができるため楔が打ち込みやすい上に、ジンチェンコはハーフスペースからのクロスも持ち合わせている。

CFのジェズスはファーサイドに逃げるように動きなおして得点を狙うプレーに長けている。彼の動きは敵DFラインを押し下げる効果もあるため、守備陣形にギャップを生み出すことができる。特に逆サイドのペナルティアークの根元付近は空きやすく、ここでウーデゴーアやホワイトがボールを呼び込むことが可能となる。

クロスに関しても、逆サイドのペナルティアークの根元付近に2バウンドで届くようなボールが見られる。バックパス、横パス、縦への仕掛けと様々なベクトルの選択肢を持つため、敵のブロックが乱れて隙間にクロスを送りやすくなる。前線と中盤で密なパスネットワークを張り巡らせてアタッキングサードの攻略を図っていくのだ。

横パスを受ける選手は必ずゴールの方向を向き、ペナルティの幅まで絞るWGも縦ではなく敵と正対するように身体を向ける。後ろを向くのはCHから楔を受ける選手だけだ。

ジェズス、マルティネッリ、ウーデゴーア、サカの4人は全員がシーズン10ゴールを達成している。細かな連携と狭いスペースを苦にしないため、ゴール前でもするすると抜け出していくことが可能となっている。

ここまで紹介してきたプレッシングからのショートカウンターやビルドアップを利用し、彼らに良い形でボールを預けることが、アーセナルの攻撃におけるひとつの目標となる。

トロサール等には特に言えることだが、ファイナルサードでの攻撃を開始するために、サイドの深い位置に流れる等して一度ボールを引き出すことで、相手を押し込むプレーも見せる。ペナルティアーク、ペナルティエリア横幅でのプレー機会、崩しの試行回数を増やすための工夫である。

こういった攻撃においては、ネガティブ・トランジションが非常に重要となる。多くのチームはここに失敗して手痛いカウンターを浴びてきた。アーセナルはこの部分が優秀であるため、バランスを崩すことなくアタッキングサード攻略に向かえるのである。

■マンチェスター・ユナイテッドによる攻略アプローチ

アーセナルは2月に入るまで、リーグ戦での敗戦はわずかに1と好調を維持していた。この1敗というのはマンチェスター・ユナイテッドに喫したものだ。その試合で攻守において優位に試合を進めたユナイテッドのアプローチは非常に興味深いものであった。

ユナイテッドの攻撃は4-3-3をベースに3-3-4へと変化する形で行われた。【図16「ユナイテッドの3-3-4攻撃」】

この変化は片側のSBが位置を上げることで構成される。彼らの3-3-4はアーセナルの4-1-4-1の隙間に選手を配置しやすく、至るところで優位性を生み出した。配置が噛み合わないため、HVに対して主に5つのパスコースが提供される。左HシャカがアンカーН位置までスライドしてカバーをするのであれば、ユナイテッドは右サイドへと展開して大きく開けたスペースから攻撃を図っていった。
アーセナルの攻撃はジンチェンコのポジション移動をトリガーに陣形が変化する。これに対してユナイテッドも陣形を変化させて対応した。【図17「4-2-3-1に対するユナイテッドの守備」】
ジンチェンコが絞らない場合、アーセナルはシャカが下がり気味の4-2-3-1でビルドアップを行う。この時のユナイテッドは4-1-4-1で噛み合わせていく。そもそもジンチェンコにポジション移動をさせる前にプレッシングをかけてしまおう、というアプローチもみられた。
ジンチェンコが絞って3-2-5を形成する場合、ユナイテッドは3-3-3-1へと変化する。【図18「3-2-5に対するユナイテッドの守備」】
2列目の3枚で2CHを包囲し、CFは片側の

【図16「ユナイテッドの3-3-4攻撃」】

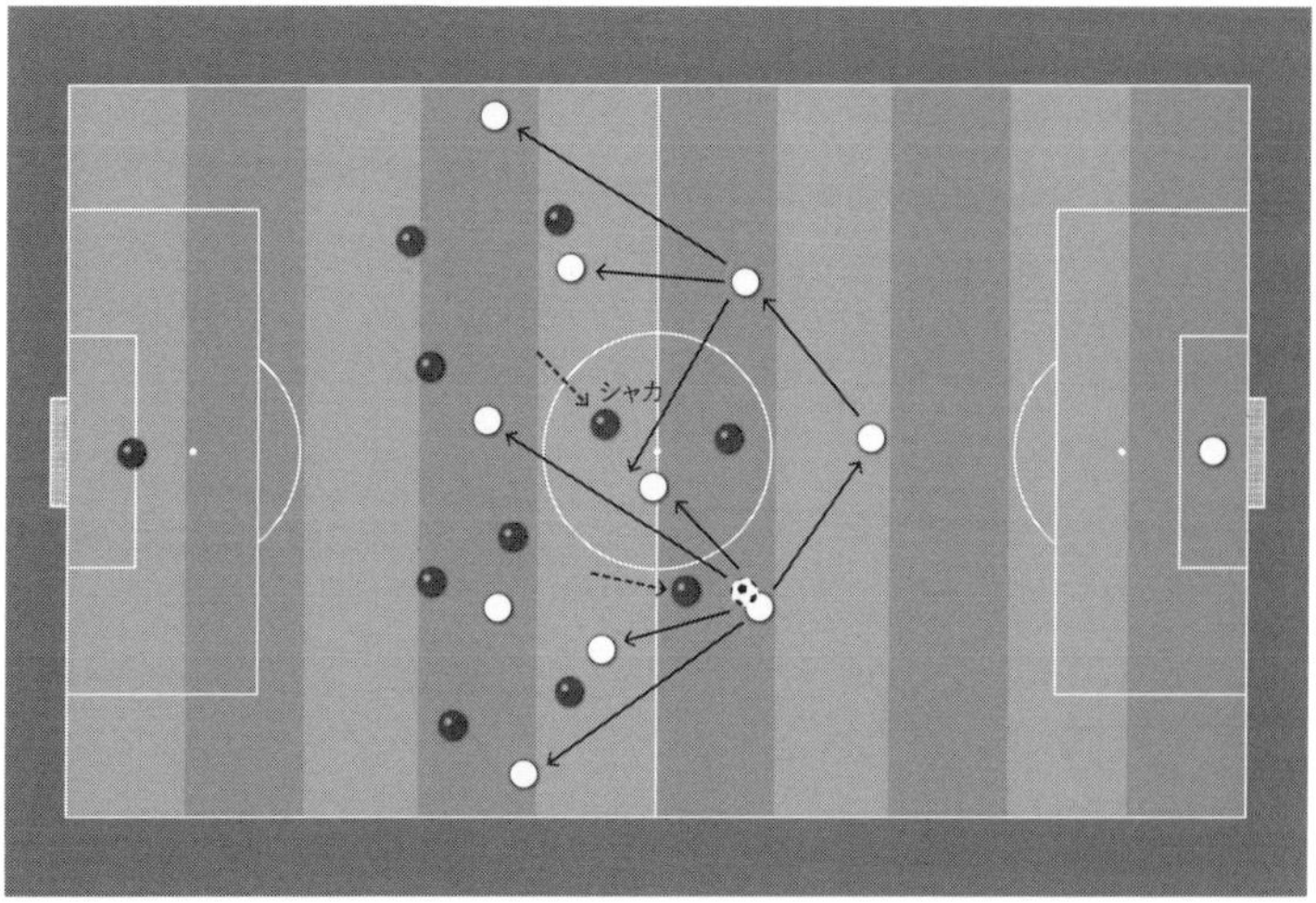

サイドに誘導する。ガブリエルがボールを持つと右ＷＧのアントニーがＣＨを切りながらプレッシングをかけていく。この時トップ下フェルナンデスもスライドをかけ、左ＷＧサンチョは右ＨＶを捨て、右ＣＨにアプローチできるようにスライドする。こうしてアーセナルの３バック＋２ＣＨでのビルドアップに対する４枚でのケアを目指す。

アーセナルの前線５枚に対してはマンマーク気味に人員を配置する。ユナイテッドの前線が４枚で対応するため、後方は６枚。数的優位の状態となる。片方のＣＢがＣＦをマークし、もう片方のＣＢがカバーリングを担った。

ユナイテッドの場合、この３-２-５に対する守備は狙い通りに行かない部分もあった。しかしこのアプローチは、マンチェスター・シティに対するバイエルン・ミュンヘンに近いものがあり、効果的な守備戦術として駆使するチームが今後も出てくる可能性を

【図17「4-2-3-1に対するユナイテッドの守備」】

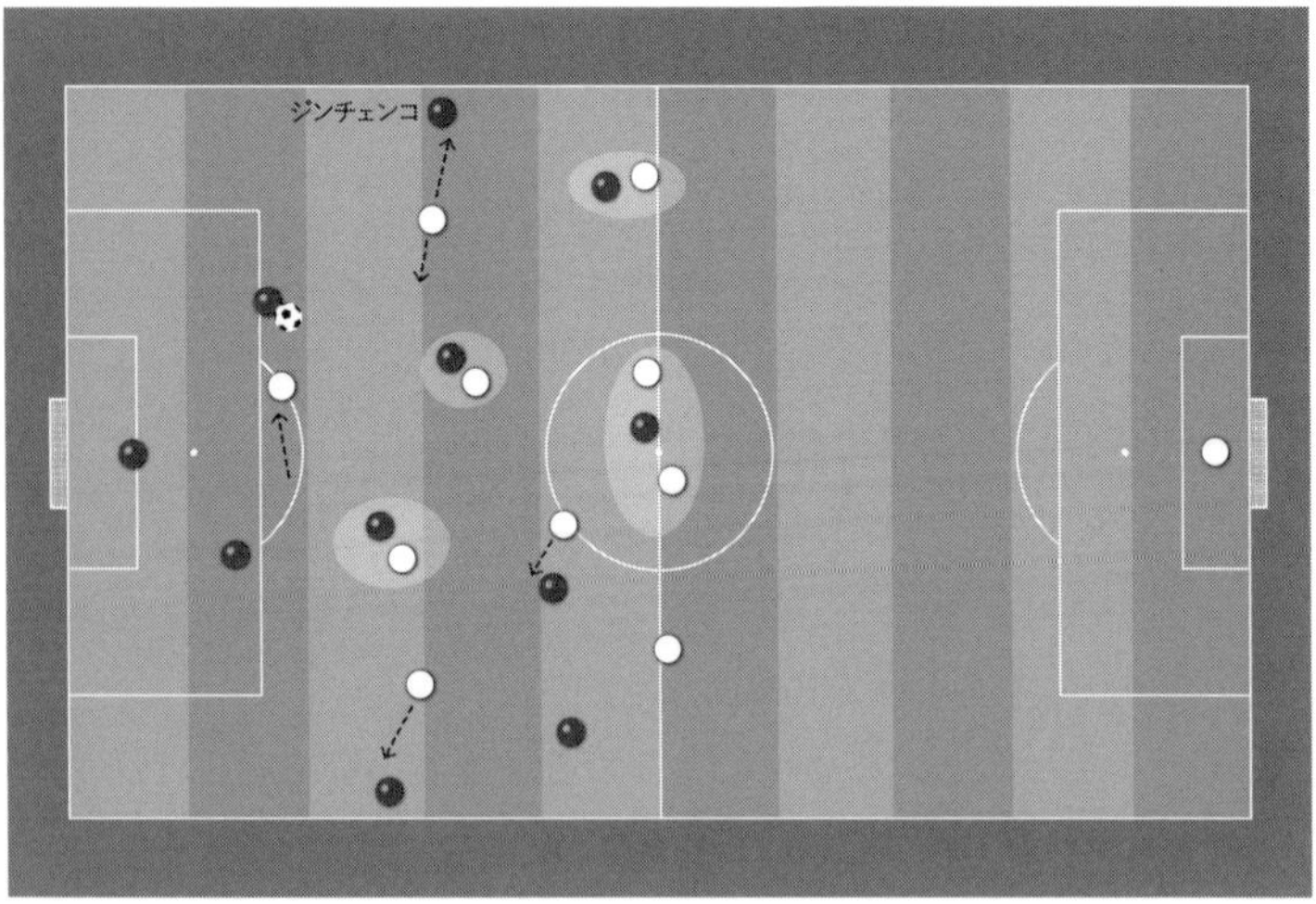

秘めている。

■終盤の失速

アーセナルはシーズン終盤、急激に失速した。その原因のひとつとなったのは、ＣＢサリバの負傷離脱だろう。カバーリングに対人守備と、圧倒的な守備能力でチームを支えた彼の離脱が与える影響は大きかった。サリバ離脱後の10試合、アーセナルは4勝3分3敗で勝ち点15と、優勝を目指すチームにしては物足りない戦績を残した。この間のマンチェスター・シティは10連勝を記録。勝ち点30を稼ぎ出し、一気に首位に躍り出た。

プレッシングが持ち味のチームにおいて過密日程と選手層の影響による疲労も失速原因の一つだ。

また、後方での繋ぎのミスも頻発した。失点に直結するシーンが多く、明らかに勝ち点に影響を及ぼした。

【図18「3-2-5に対するユナイテッドの守備」】

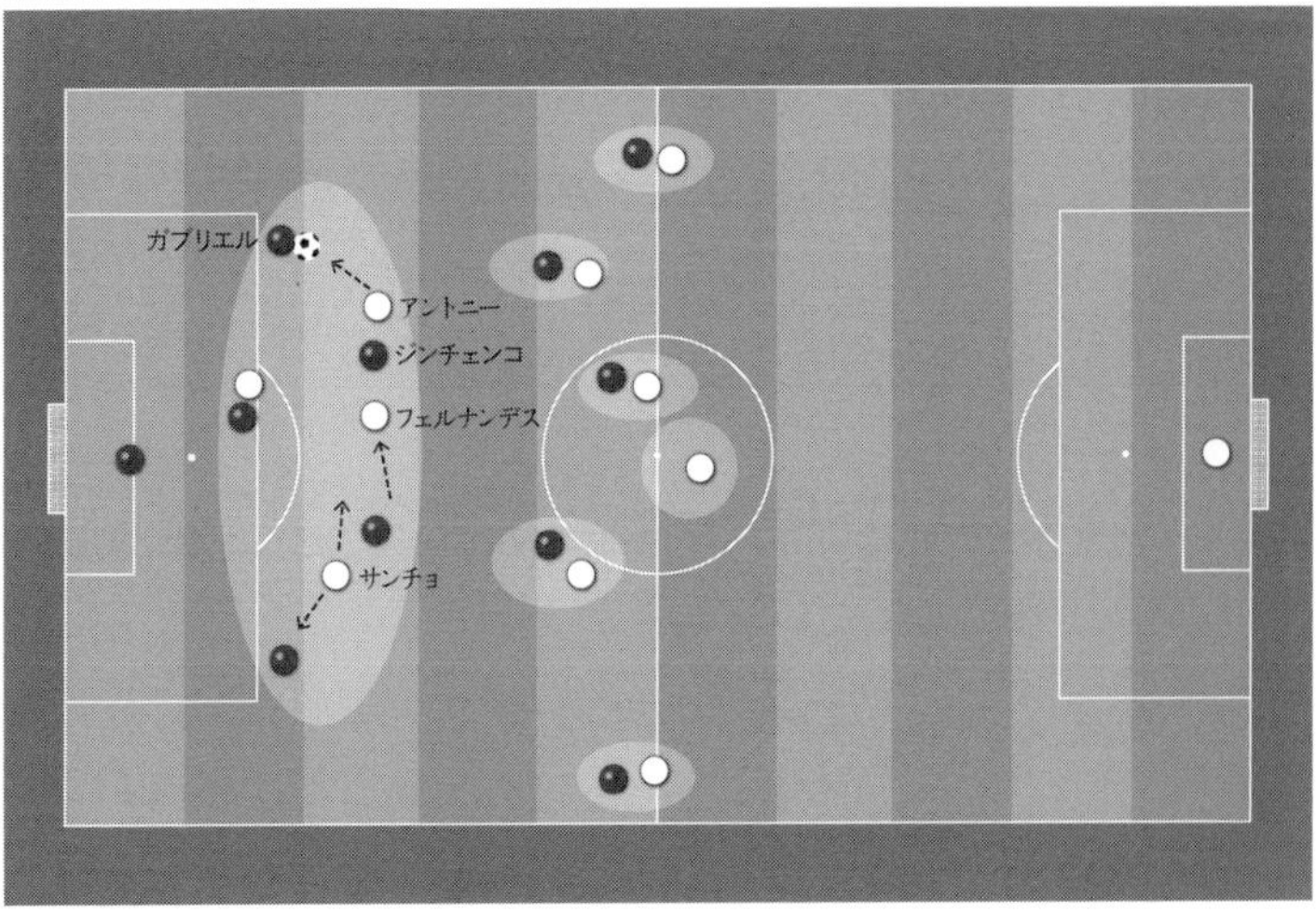

ミスを恐れてか、ロングボールの利用でバランスを崩すゲームも見られた。そもそもアーセナルはロングボール戦術が整備されていない。前線に大柄なプレイヤーもいない。その分細かなパスワークを駆使して攻撃を推し進め、プレッシングとネガティブ・トランジションの整備でチームのバランスを取ってきた。ロングボール戦術が整っていなくても戦うことのできる構造だが、ロングボールで攻撃を組み立てるのは難しい。

この部分はマンチェスター・シティとの差が大きく出た部分だ。ロングボール戦術という1点よりも、別の戦い方をとれるという「戦術の幅」という点で差が出ることとなった。実際にシティとの対戦において、両チーム共にプレッシングは機能していたものの、アーセナルのロングボールはほとんど機能することが無かった。その反面、シティのロングボールはアーセナルのゴールを何度も脅かし、得点まで生まれることとなった。

リーグ戦におけるシティとの対戦成績はアーセナルの2敗となった。この2戦のうち1戦でもアーセナルが勝っていれば、アーセナルが首位に立っていたことからも、この直接対決において表れた差は大きかった。

■おわりに

22-23シーズンのアーセナルは様々な強みを持っていた。3-2-5でのビルドアップ、プレッシング、ネガティブ・トランジション、アタッキングサードでのクオリティ、そしてＷＧの受け方等だ。

3-2-5でのビルドアップと細かなパスワークだけでは不十分で、ネガティブ・トランジションの整備によるリスク管理、プレッシングからのショートカウンター等、各戦術を補完するように別の戦術が関わりを持つことで、総合的な強さにつながっていた。

攻撃陣が守備で、守備陣が攻撃で良い影響を与えられるというのも、当然総合的な強さの一因となる。選手・監督共に若いチームであるため、既に完成度が高いものの今後の伸びしろはどのチームよりも大きいだろう。

23-24シーズンにおいては、7シーズンぶりとなるCLでの戦いも待っている。アーセナルの戦い方において攻撃の停滞と被カウンターのリスクは常に隣り合わせとなる中、どういったシーズンを過ごすことになるのか。若いチームの飛躍が待たれる。

第5章

Brighton

GERMANY BUNDESLIGA

ブライトン
Brighton ENGLAND PREMIER LEAGUE

season 22-23（序盤）

まるで魔法？ポッターによる変幻自在のシステムチェンジ

22-23シーズン、第6節を終えてブライトンはCL出場圏内の4位につけていた。しかし、時の監督グレアム・ポッターが突然その職を辞し、トーマス・トゥヘルを解任したチェルシーに入団するという事件が起きた。

内容・結果共に充実したサッカーを展開し、BIG6を抑えて好発進を切った矢先、ましてやシーズン中であっただけにファンの失望の大きさは計り知れないものであった。

逆に言えば、それだけグレアム・ポッター率いるブライトンは魅力と実力を併せ持っていたといえる。チェルシーがシーズン中にも関わらず欲するというのがその証左である。

ポッター・ブライトンはロングボール、マンツーマンプレッシング、ポゼッションと幅広い戦い方を備えた万能型のチームであった。

ここからは頻繁なポジションチェンジと多様な戦術で魔法をかけたかのように姿を変える彼らの戦術について紐解いていく。

■基本布陣

ブライトンは攻撃時4-3-3、3-1-5-1、2-4-4、守備時4-3-3、4-4-2、3-5-2、3-1-4-2、3-3-3-1、3-2-3-2とシステムを柔軟に変更して試合を進めていく。

ここでは守備時に多い3-5-2を元にメンバーを紹介する。

GKはキック精度に長けたスペイン人プレイヤーのロベルト・サンチェス。3バックは右CBにショートパスの配球先の判断が良くロブパスも得意でSBとCBの両方をこなすフェルトマン、中央にフィードとカバーリングおよび空中戦を得意とするダンク、左CBには前進してのボール奪取が魅力のウェブスターが起用される。

アンカーにはカバーと配球でチームのバランスを保つことのできる、2022カタールW杯優勝国アルゼンチン代表でも活躍した司令塔マック・アリ

【ブライトン(ポッター)「基本布陣」】

スター、右IHに正確無比なキックと抜群の運動量が武器のグロス、左にプレミア屈指のボールハンター・カイセドが入り中盤を構成する。

右WBに切れのあるカットインが魅力のレフティ・マーチ、左WBに右脚での柔らかなボールコントロールを持つトロサール、トップ下に同じくボールの扱いが巧みで守備での貢献度も高いララーナ、CFにパワーとスピードでボールを収め攻撃の流れを作るウェルベックが起用される。

■チームのスタイル

21-22シーズンのブライントンはリーグ内でポゼッション率4位を記録したが、22-23シーズン序盤は9位と低く、攻撃においてはロングボールの比率が高まり細かく繋ぐ意識は前季ほど高くなかった。つまり、守備に割く時間が長くなっているということである。

ブライトンの守備はカメレオンのように相手のシステムに応じて変幻自在に形を変える。敵のシステムに応じて配置を変更しマンツーマン気味にプレスをはめ込んでいくのだ。

攻撃においては細かくパスを繋ぐこともできるが、それを餌に敵を前方におびき出しロングボールで一気に敵陣に侵入する術も持ち合わせた。敵のプレッシングにもブロック守備にも対応できる両刀使いであったということだ。ポゼッション率が下がったのは、このロングボール戦術が進化した表れであるともいえる。

■各試合の守備システム

まずはマンマーク気味の守備戦術にフォーカスする。ポッター・ブライトンはシステム変更が頻繁であった。特に守備時は敵のシステムにマンツーマンで噛み合わせるような形をとった。つまり、「システムを変えて敵に合わせよう」というよりも「敵に合わせた結果、そのシステムとなった」と言う方が正しいかもしれない。

基本布陣は3-5-2であるが、相手のシステムに応じてどのように配置を変更し、対応したのか？　その守備戦術はどういった形で問題に晒されるのか？

試合ごとの陣形とポイントをケーススタディで見ていく。

マンチェスター・ユナイテッド戦

（4-3-3 vs 3-3-3-1）

まずはマンチェスター・ユナイテッド戦だ。この試合は4-3-3に対して3-3-3-1で守備が行われた。CFのウェルベックがビルドアップの得意な左CBマルティネスにマンマーク気味につき、トップ下のララーナがアンカーのフレッジをケアしながら右CBのマグワイアにアプローチをかけていった。

ララーナがマグワイアとフレッジの2人を見て、アンカーのアリスターが中盤の底でサポート役となる以外、1人1人のマークが噛み合う形だ。WBのマーチとトロサールは大きく前進し敵SBのケアを行い、3バックが敵3トップをケアしていく。

ララーナがマグワイアにプレスをかける場合、右WBのマーチが内側に絞り、右IHのグロスがアンカー・フレッジのケアに、アリスターが左IHのケアに出ていく。右IHグロスは運動量が豊富で、システム変化とプレッシングのキーとなった。例えば敵の左IHが高めの位置をとる場合、右HVのフェルトマンにそのマークを受け渡し、自身はサイドに出てWGのケアを行う等、状況に応じて柔軟にポジションを入れ替えていく。【図1「vsユナイテッド」】

ブライトンはマンツーマンを基調とし、敵の前線にボールが入る前に奪取することを目標としている。そのため、カバーリングを行う選手が不在でCBダンクが奪取のために前進して空けたスペースを誰

【図1「vs ユナイテッド」】

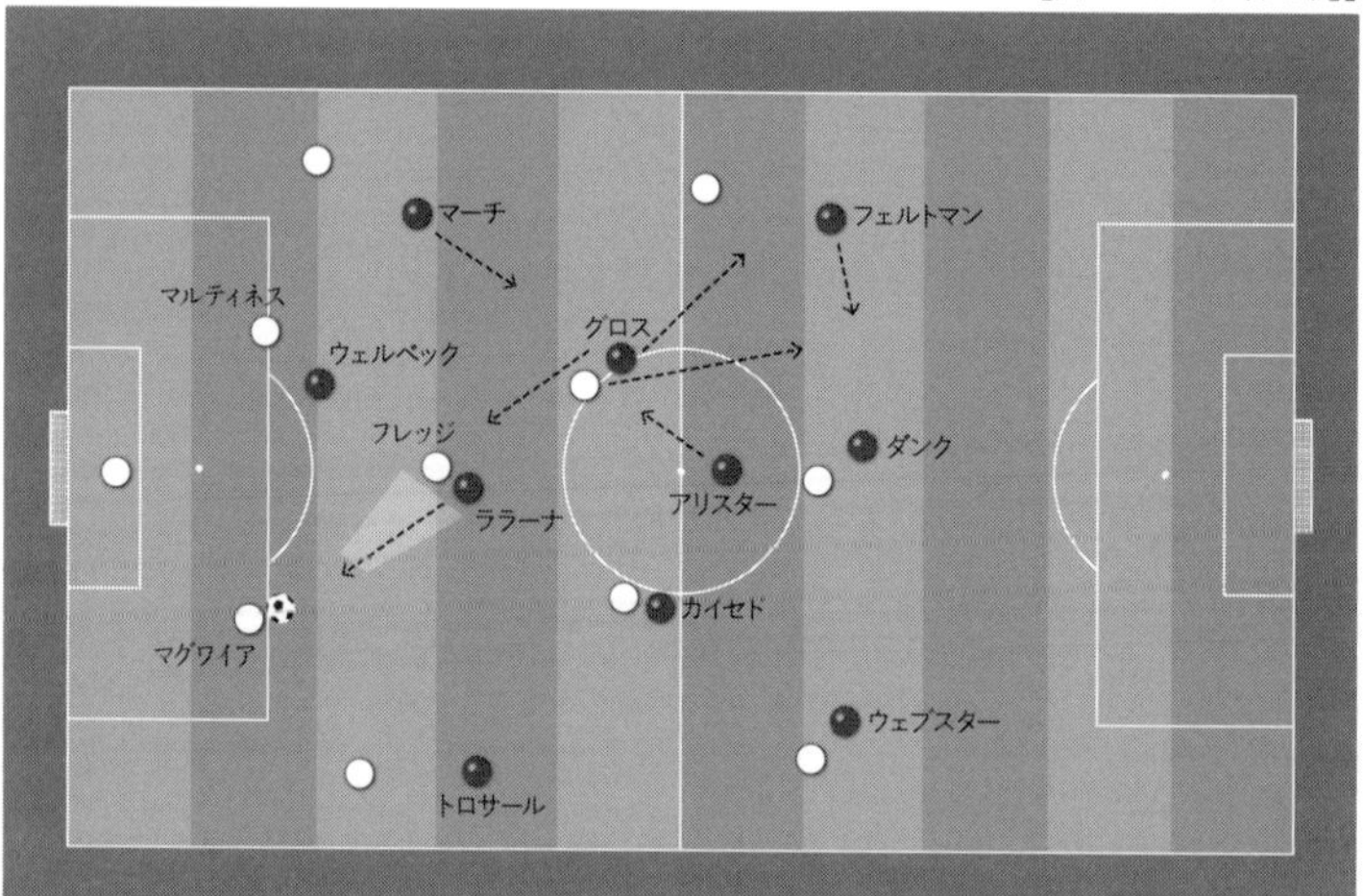

も埋めないというシーンも発生する。そのスペースに関しては、侵入してきた敵右ＩＨのマークにつく左ＩＨカイセドが下がって埋めるというような形をとる。リスクのある守り方である。

２トップには高い守備貢献も求められる。ウェルベックは確実にマルティネスのケアをしつつ状況に応じて何度かプレスバックでのボール奪取に成功し、ララーナは低い位置まで下がって中盤のサポートをして見せた。

当然ユナイテッドとしてはフリーとなるマグワイアがキーとなるが、配球先の判断力に欠けるためマークの外れた選手や降りてきた選手を的確に使うことができず、チーム全体がブライトンのプレッシングに苦戦することとなった。

ただしユナイテッドによる、ダンクとウェブスターの間へ送り込むパスはブライトンを苦しめることとなった。右サイドはグロスとフェルトマンで受け渡しが見られたが、左サイドではＣＢ間に抜ける敵ＩＨに対して左ＣＢウェブスターと受け渡しをせずにカイセドがそのままついていったため、対応が後手に回るケースが多く見られた。ブライトンにとってこの受け渡しの部分はピンチを招く一因となった。

ニューカッスル戦（4-3-3 vs 3-2-3-2）

この試合は右IHグロスにより高い位置をとらせた。敵左CBをケアさせ、アリスターが敵左IHを捕まえることでさらにマンツーマンの色を強め、ララーナがアンカーのケアに集中することができるように設定。4-3-3に対してすべてのマークが噛み合った3-2-3-2システムの状態だ。【図2「vs ニューカッスル」】

ポジショニングが良く状況に応じてスッと位置を上げて的確にボールに絡みパスコースを生み出すことができるニューカッスルのアンカー・ギマランイスを警戒したという理由もあるだろう。彼のケア、および中央の遮断を実行するトップ下のララーナがキーとなる守り方だ。

ニューカッスルはビルドアップに苦戦し、CF

【図2「vs ニューカッスル」】

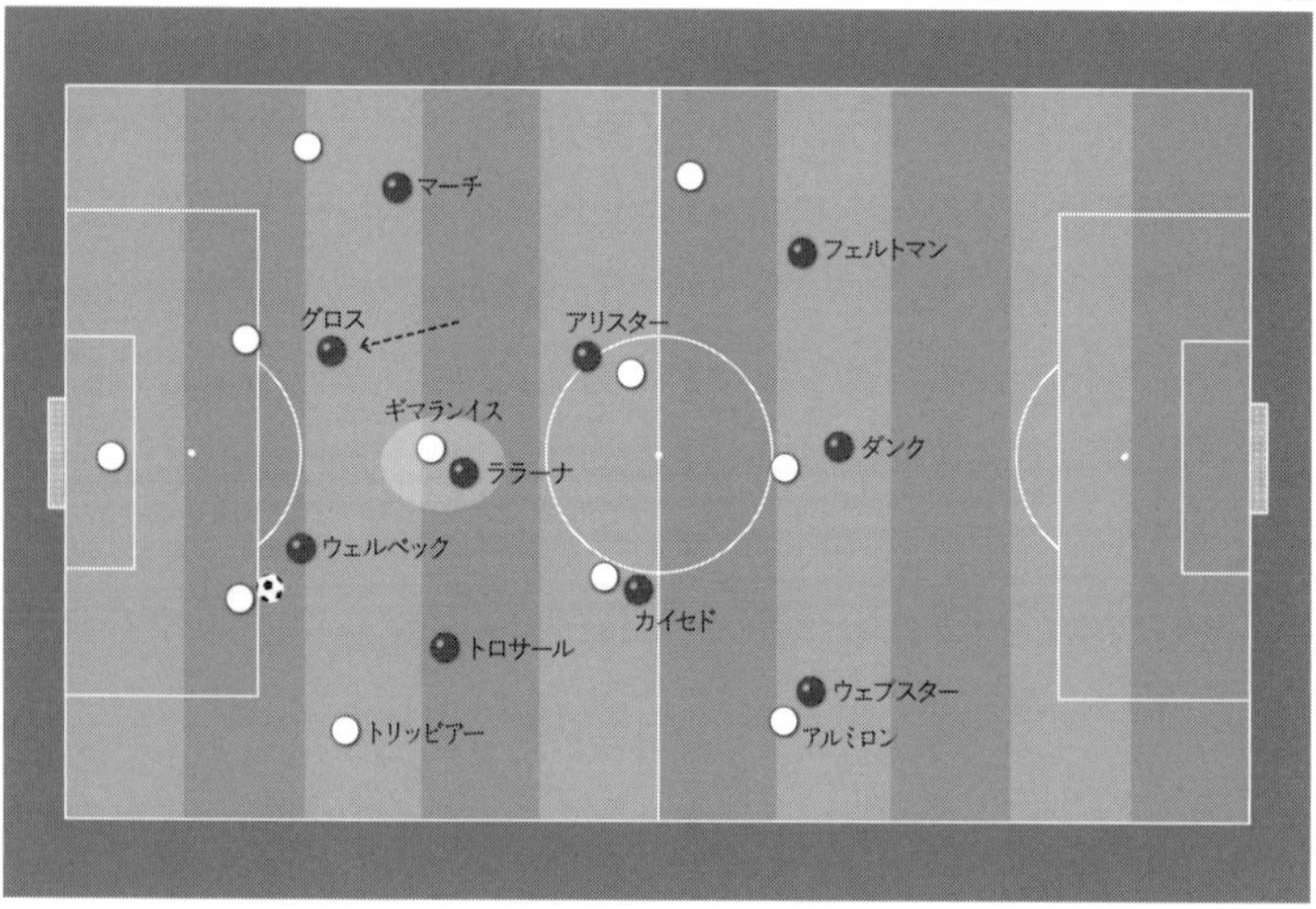

ウィルソンへのロングボールを多用したが、CBダンクがことごとくはじき返した。ただしこの守備戦術の難しい部分であるが、両脇のCBが敵WGのスピードに晒されるという点で課題が残った。左CBウェブスターvsアルミロンだ。テクニックのあるアルミロンはウェブスターをいなして何度かチャンスを演出した。またトリッピアーに対してトロサールのアプローチが遅れる場合、精度の高い縦パスがCB間に供給されることとなった。

リーズ戦
（4-2-3-1 vs 4-3-3）

リーズ戦は4バックを採用しゾーンの意識が強くなった分、守備にずれが生まれた。4-3-3システムをベースに、右IHのグロスが押し上げることで4-4-2気味に守ることとなった。【図3「vsリーズ」】

リーズはCBが開きSBがやや高めの位置をとったため、ブライトンの両翼は下がってSBのケアを行う。ここで起きた問題がCHロカの見方だ。全体を押し下げられた状態で、広いスペースにて2CB+ロカvs2トップという数的不利の状態で守ることを強いられたのだ。特にロカが左サイドに降りた場合は手が付けられない状態となった。ウェルベックが右CBコッホのマークにつく形となったため、グロスがいかにロカをケアしながらCBジョレンテに圧力をかけられるか、という点が大きなポイントとなった。逆に言えば、グロスがこの難しいタスクを成功させられた際は、ショートカウンターのチャンスを作り出すことに成功した。

途中からは全体を押し上げることで、アリスターが前進してロカを抑えられるようになった。DFラインはゾーンの意識を強め、降りてボールを受けるCFロドリゴに対してはウェブスターが前進して潰すことで対応に成功した。

リーズは前線のポジションチェンジが激しいためマンマークで対応するのが難しい。そういったチームに対してはゾーンで守る必要がある。

近年マンツーマンで噛み合わせる守備戦術を採用するチームが増えてきている中で、ただ単にマンマークだけでは守ることができない、現代サッカーにおける守備の幅の広さの重要性を感じさせるものとなった。

【図3「vs リーズ」】

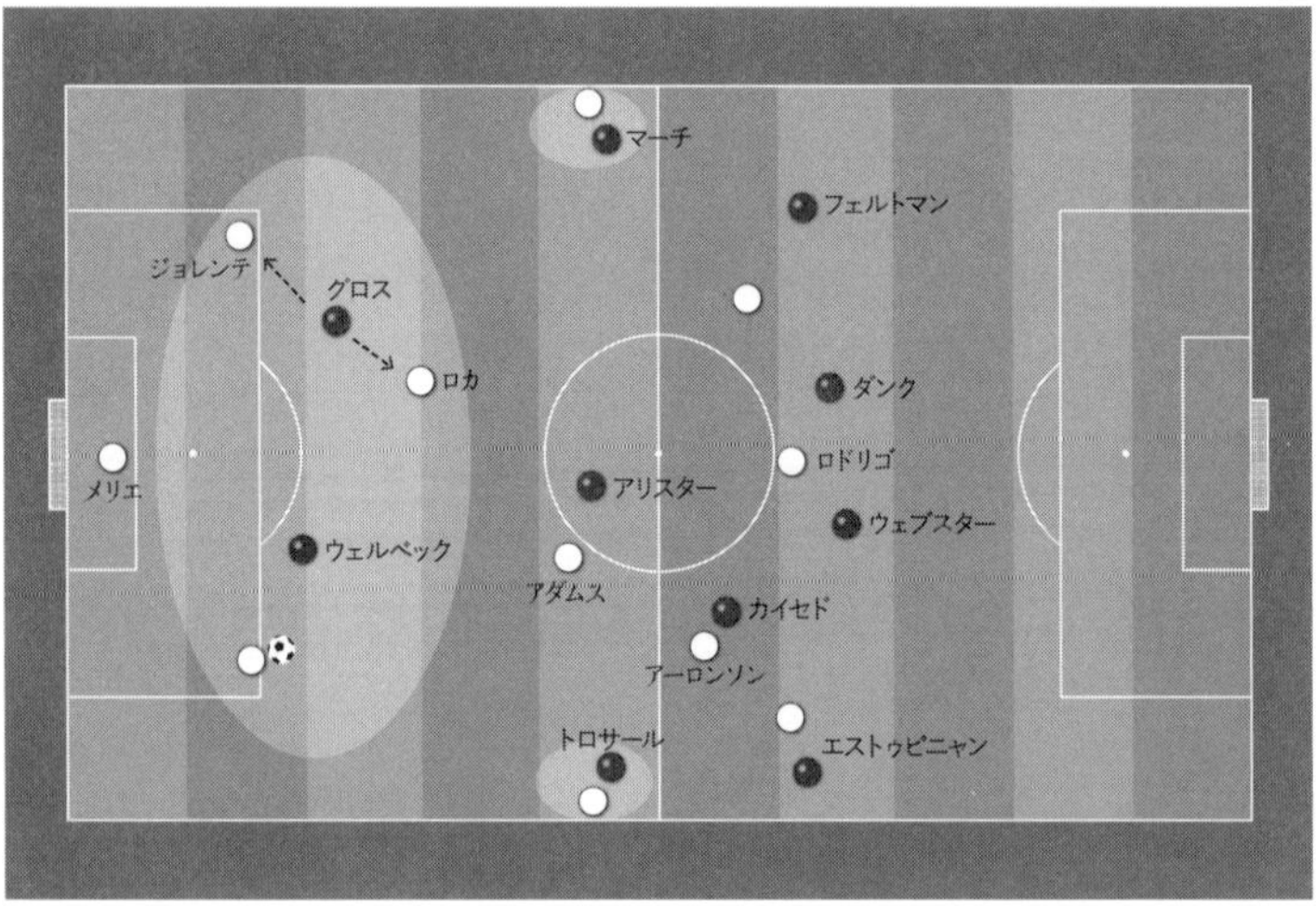

フラム戦
（4-2-3-1 vs 3-1-4-2）

　フラム戦は3-1-4-2で試合に入った。フラムの4-2-3-1に対してブライトンの3-1-4-2はマークががっちりと噛み合う形となる。しかしフラムは右CHのリードがやや高めに、左CHのパリーニャが中盤の底に、トップ下のペレイラが左ハーフスペースに位置し、実質4-3-3へと変形。そのため中盤のマークが噛み合わず、2トップが3枚を見る形となった。【図4「vsフラム」】

　アンカーに入ったフラムのパリーニャは的確なポジショニングとシンプルなパス捌きで2トップの守備を難しくさせた。右IHのリードもシンプルなワンタッチパスでリズムを作り、左WGのケバノはアジリティの差を活かしてフェルトマンより先にボールに触れて収め、細かなドリブルで攻撃にアクセン

【図4「vs フラム」】

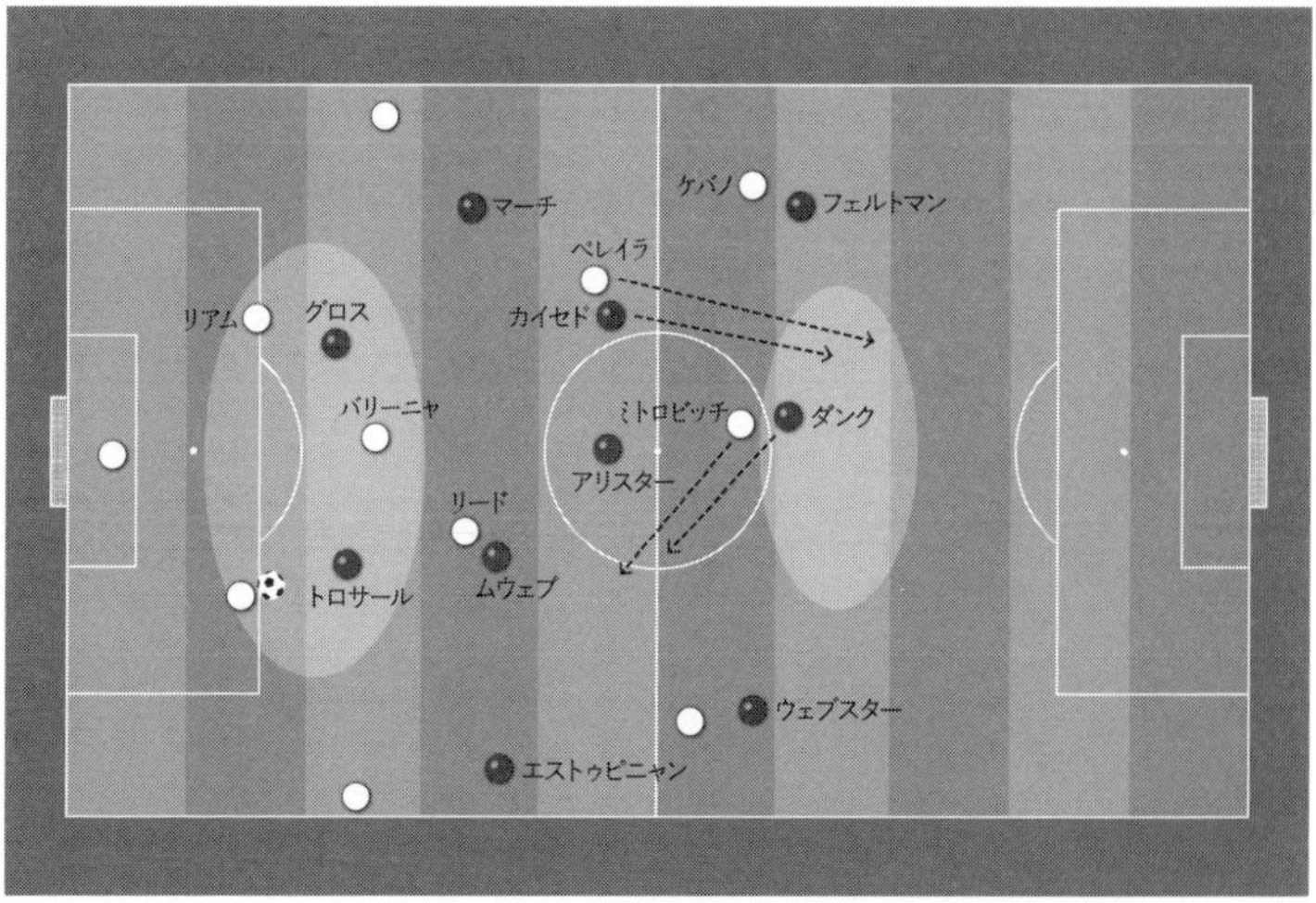

トを加えた。
そして何よりCFのミトロビッチのポストプレーがブライトンのペースを崩させた。左CBのリアムから送られる正確なフィードや楔をアリスターの脇に降りて収め、攻撃の起点となった。この動きに対してCBのダンクがついていき、空いたスペースを左ーHペレイラが狙っていく攻撃はブライトンの弱みを突くものであった。

非常に機能性に優れたサッカーを展開したフラムにブライトンは苦戦した。そこでポッターはシステムを4-2-4に変更した。【図5「vsフラム②」】

エストゥピニャンとトロサールが1列下がり、ムウェプが上がった形だ。2トップは縦関係でアンカーにつくことで、これまでよりも簡単にボールを捌かせないように守備を実行した。

この修正によりCBへのプレス自体は弱まったものの中盤はマークが噛み合い、ミトロビッチのポス

【図5「vs フラム②」】

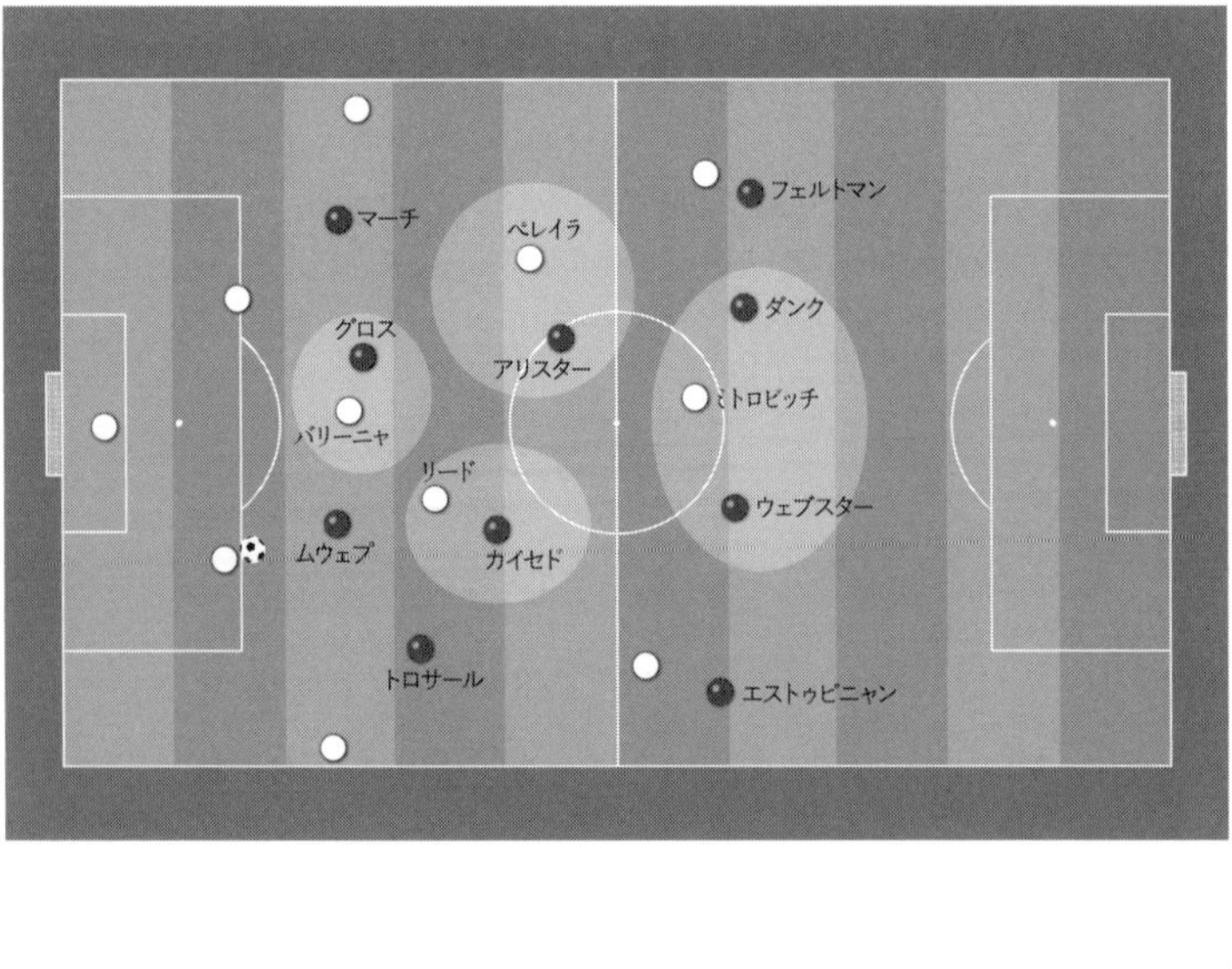

トプレーに対応してもDFラインに穴が開きにくくなった。

　こういった試合中の修正は頻繁に行われ、ポッターの修正能力の高さがうかがえる部分であった。

レスター戦（4-3-3 vs 3-5-2）

　レスターはSHマディソンが中に絞り2トップの一角イヘアナチョがやや開く4-3-3気味に攻撃を展開した。中盤の3枚についてはポジションの入れ替えや後方へ降りるプレーが非常に多い。ポジションチェンジが多く流動的であるレスターはブライトンにとってマンマークにつきにくい相手である。【図6「vsレスター①」】
　この試合のブライトンは3-5-2で守備に入った。攻撃時は3-1-5-1であるが、トップ下のム

【図6「vs レスター①」】

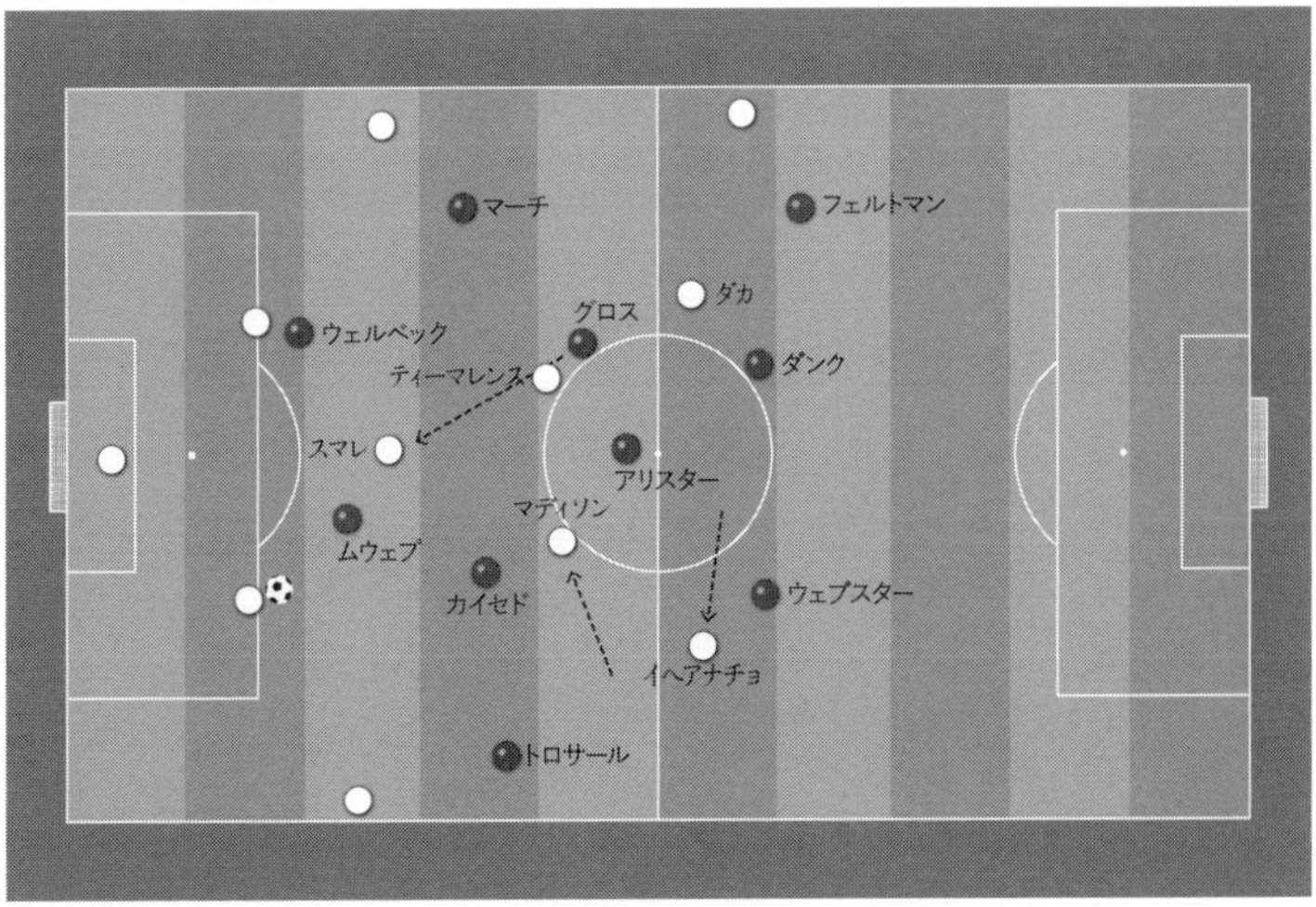

ウェブが1枚上がる形だ。レスターが流動的であるため、中盤の選手は自身のゾーンに入ってきた選手を捕まえていく形であり、毎回同じ選手をマークするというわけにはいかなかった。

そんな中でプレスのはめ込みに成功するのは、相手のバックパスに合わせて右IHグロスが前進してアンカーのスマレに圧力をかけられる時だ。この時にようやく噛み合った状態を作り出すことができ、全体が連動して圧力をかけることができる。レスターが流動的であるうえにグロスの後方にティーレマンスという憂いを設けたため、ブライトンは毎回はめ込むというのは難しかった。そのため、レスターのバックパスに照準を合わせ、グロスがティーレマンス→スマレへとマークの相手を変えるのがプレスのトリガーとなった。

レスターのポジションチェンジとして、マディソンが右後方に降りる形が何度か見られた。この際は

【図7「vs レスター②」】

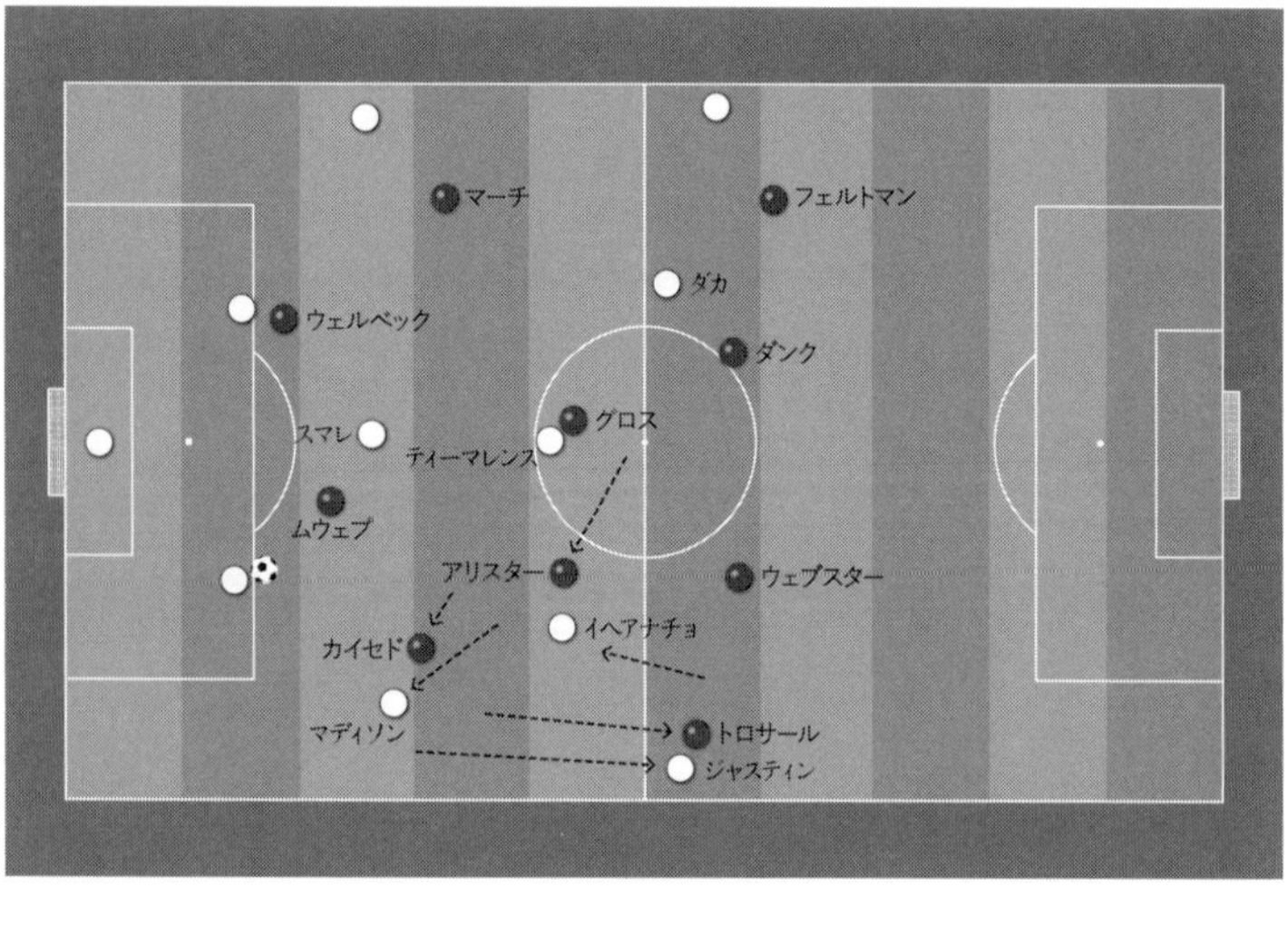

右SBジャスティンが高い位置をとり、イヘアナチョが楔を受けるためのポジショニングをとる。

【図7「vsレスター②」】

対するブライトンはほぼマンツーマン気味に対応。トロサールがDFラインに吸収、カイセドが左SHの位置に入り、イヘアナチョに関してだけ左CBウェブスターから中盤でバランスをとるアリスターに受け渡され、形としては4-4-2となった。

アンカーのアリスターはブライトンの中で唯一と言ってよいくらい受け渡しやゾーンの守備、カバーリングが発生する。

DFラインに入るトロサールは低い位置まで押し込まれてしまうため体力的に、そしてチームとしては陣形的に難しい状況が生まれる。どこまで戻るのか、どこまでプレスをかけるのかが曖昧になってしまうのはこの守備戦術の課題となる。

■ブライトンの守備戦術まとめ

表記こそ違うが4-3-3相手にはすべて3-5-2。相手の微妙な立ち位置の変化でブライトンの内部も少しずつ動き、全体で見た時のシステムが変わる。そのため「今のブライントのシステムはなんだ?」と混乱しやすい。

このシステム変更の根底にあるのは、とにかく相手の立ち位置に応じたマンマーク気味の噛み合わせだ。相手の立ち位置に対して無理なくプレッシングをかけられるようにポジションを移動する。アンカーのアリスターのみ、サポート・カバー役となる傾向が強い。

ポジションチェンジに関するキーマンとなるのはＩＨのグロスだ。運動量豊富な彼は最前線、中盤、ＳＢの位置での守備までをこなす。たとえ相手の配置と噛み合わない場合でも、彼の移動とそれに伴うアンカー・アリスターの連動だけで事足りることもある。特にプレッシングは相手のバックパスに合わせて押し上げるグロスをキーにはめ込む形が多いため、なおさらだ。

その他トロサールも2トップの一角、左ＷＢ、左ＳＢと位置を変え、フェルトマンも右ＳＢとＣＢという役割変更が発生する。大きなポジションチェンジは彼ら3人となる。

噛み合った状態というのは相手から自由を奪う上で最も効果的だ。ビルドアップを阻害し、前線への供給の質を落とすことが重要である。ブライトンはボール支配率こそ高くないものの、被シュート数の少なさはリーグ4位を記録した。相手に自由を与えず、シュートまで持ち込ませないよう前方で奪っている証左だ。

課題となるのはＤＦラインだ。まずカバーリングがおろそかになる。各メンバーが1vs1で対峙するため、カバーリングを行うのが難しい。ダンクは両脇のサポートに入るケースが見られるものの、ダンクが中央から抜けた際は大きなスペースが空いてしまう。そのスペースは、進入してきた相手をマークする選手（主にＩＨ）が対応するため、不安定であることは間違いない。プレミア屈指のボール奪取能力をもつカイセドであってもだ。

ただし、危険であればシステムを変更し後ろに余裕を持たせることもできる。これがポッターの「修正力」という強みとなる。これは、ポジションとタスクを柔軟に変えられる器用なプレイヤーの存在が求められる。

また、両脇のCBがWGのスピードに晒されるというのも怖い話だ。ここでミスマッチが発生しドリブルでの仕掛けに苦戦すれば、前方で奪うというチーム全体のリズムを崩してしまうこととなる。さらにそれとは別に、DFラインが3枚であるため距離感が広く、その隙間を狙ったパスも大きな脅威となる。

相手のポジションチェンジが激しい場合、いかにゾーンを組み込むかという点も課題となる。それでもマンツーマンで噛み合わせるプレッシングは中堅クラブで増えている。ブンデスリーガではウニオン・ベルリン、セリエAでは21-22シーズンのヴェローナなどだ。どれも後ろから人員を投入しやすい3バックを採用、強豪を苦しめるレベルであり、今やいわゆる「持たざる者」がビッグクラブを撃破するための選択肢のひとつとなりつつある。

■ロングボール

21-22シーズンのブライトンはポゼッション率4位と高い数値を記録していたが、22-23シーズンは9位。ロングボール本数が4位と上昇し、1試合平均ショートパスは443本から377本へと減少している。

ロングボールの比率が高まったということは、その重要性も増す。カギとなったのはシステムと

CFウェルベックの存在だ。

　ブライトンがロングボールを蹴るのは、マンチェスター・ユナイテッドやリーズのように相手が前からプレッシングをかけてくる時だ。逆にフラムやレスターのようにプレス開始位置をミドルゾーンに定め、センターサークル先端辺りからプレスを開始するチームに対してのロングボールはほとんど利用せず、丁寧につないでいく。

　ロングボールにおける特徴はまず配置で優位に立つことだ。相手がやや引いた位置に立つ場合ロングボールは使用しない。これは、相手が密集している中へのロングボールとなるため、当然ながら配置的に優位に立つことが難しいからだ。

　意識すべくは相手のDFラインの枚数を減らすことである。例えば上図のように、HVフェルトマンが敵SHをひきつけると、WBマーチは敵SBをひきつけることができるようになる。加えて左WBトロ

【図8「ロングボール①」】

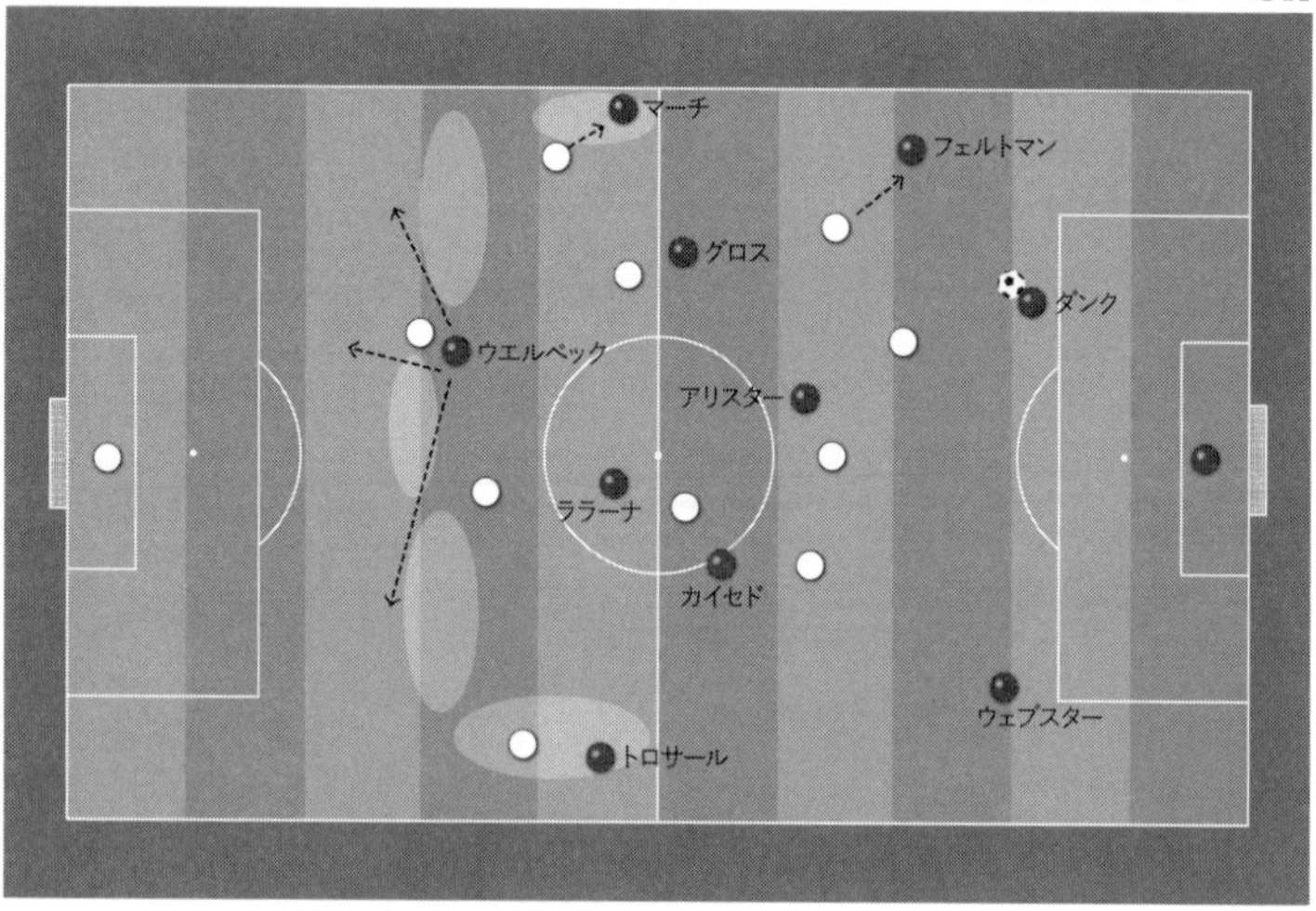

サールが張って敵ＳＢを釘付けにすることで、敵のＤＦラインは左ＳＢが前進し右ＳＢが外に張る形となるため、３バックかつ選手間の距離が広い状態となる。この優位性を作り出すことがまずは重要となる。【図8「ロングボール①」】

そしてここで力を発揮するのがＣＦウェルベックだ。

１８５cmでパワーがあり、裏に抜けるスピードも兼ね備えたストライカーは、その特徴を活かして大きく広がったＤＦラインの隙間や背後でボールを収めていく。

４バックとなり、バックパスに合わせて相手を釣り出しＧＫも交えたビルドアップを行う場合、ＤＦラインをさらに広げることができる。ＣＢが大きく広がることでそこに敵ＳＨを誘き寄せ、左ＳＢに対して敵ＳＢが前進してケアすることで、敵ＣＢがサイドのケアに出て中央に広大なスペースが出来上が

【図9「ロングボール②」】

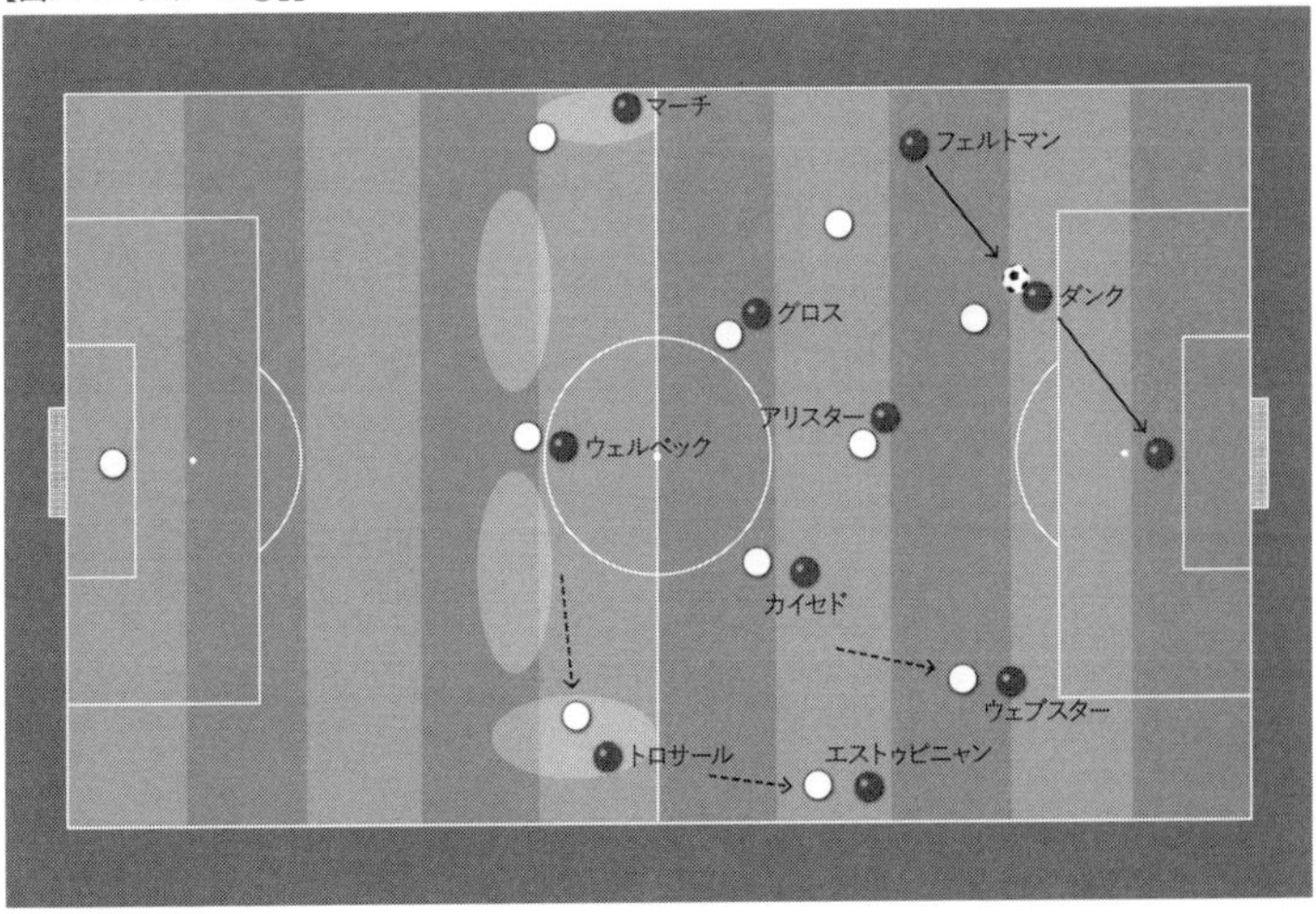

る。

CBのダンクは素早く後方に下がりセーフティなパスコースを提供する。「深さ」を作り出し、仮に相手がプレスをかけてくれば、それは敵を前方に釣り出すことに成功したと言える。前方に大きなスペースを与えることを意味するのだ。【図9「ロングボール②」】

大きく広がったDFラインに生まれる空いたスペースにWGとウェルベックが侵入していく。この状態を作り出すことができれば、ブライトンは迷いなくロングボールを選択する。

ロングボールは時に淡白にも見えるが、意識が統一されることで高度な戦術へと昇華される。プレッシングの脅威が増す現代サッカーにおいて、ロングボール戦術を落とし込むことは非常に有意義なものとなる。

■ビルドアップ

相手が前からプレッシングをかけてくる場合、前方の広大なスペースに向けてロングボールを蹴っていく。相手がそれを嫌い、引いてスペースを埋める場合はパスをつないで前進していく。【図10「3-1-5-1」】

ビルドアップのメインは3CB+アンカー・アリスターの4人だ。3-1-5-1で攻撃を進め、時折I-Hのグロスが低い位置で顔を出し、カイセドが被カウンターに備えやや低めの位置をとる。

特徴は前線に5枚を並べる、幅を持たせた攻撃だ。WBがサイドに位置することで相手のDFラインに対して数的優位を築く。ブライトンはロングボールを厭わないため、サイドで余っている選手を作り出せたときにそのエリアへロングボールを送り込む意識が染みついている。

後方の選手は誰もがロングボールを蹴ることができる。ダンクとウェブスターはワイドで空いている選手に正確なフィードを送り込み、幅のある攻撃を可能にしている。

WBのトロサールとマーチは共に起用サイドとは逆の脚が利き足であり、中を向いてプレーする機会が多い。得意のカットインを餌にチャンネルに抜けるウェルベックやIHを使うこともでき、文字通り攻撃の幅を広げている。

右CBフェルトマンもロブパスを送り届けることができるが、彼はそれ以上に楔のパスの質と配球先の選択に優れている。この2つはアンカーのアリスターも同様だ。

【図10「3-1-5-1」】

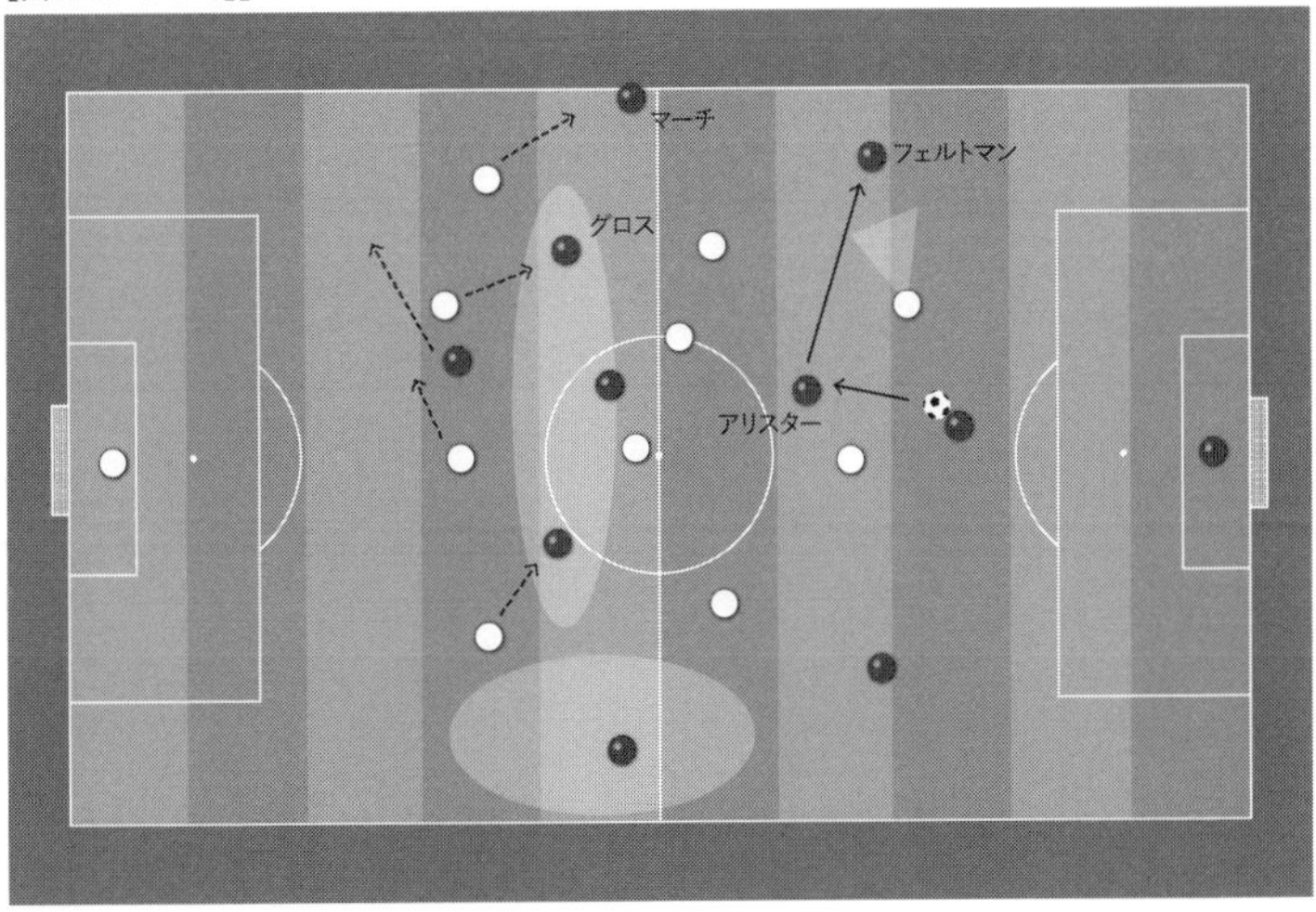

彼らは相手が切ったパスコースに「3人目」を用いることでパスを供給するいやらしい配球で攻撃にリズムを生んでいる。相手からすれば、一度切ったパスコースを復活させられるのが最も守備のリズムを崩しやすい。アリスターが降りてフェルトマンが位置を上げる等、細かなつなぎを用いたビルドアップにおいてこの2人は欠かすことのできないピースとなった。

逆にウェブスターとダンクはそれほど積極的に中盤にボールをつけない。ロングボールとショートパスいずれで攻めていくかという部分で、中盤を使って攻撃を展開する余地のあるシーンも見られる。

DFラインではフェルトマンの位置取りにより3バックと4バック使い分けが行われる。ポジションチェンジでいうと、より局所的なポジションチェンジは右サイドで見られ、ブライトンの多くの攻撃はIHグロスの位置する右サイドが起点となることが

【図11「グロス」】

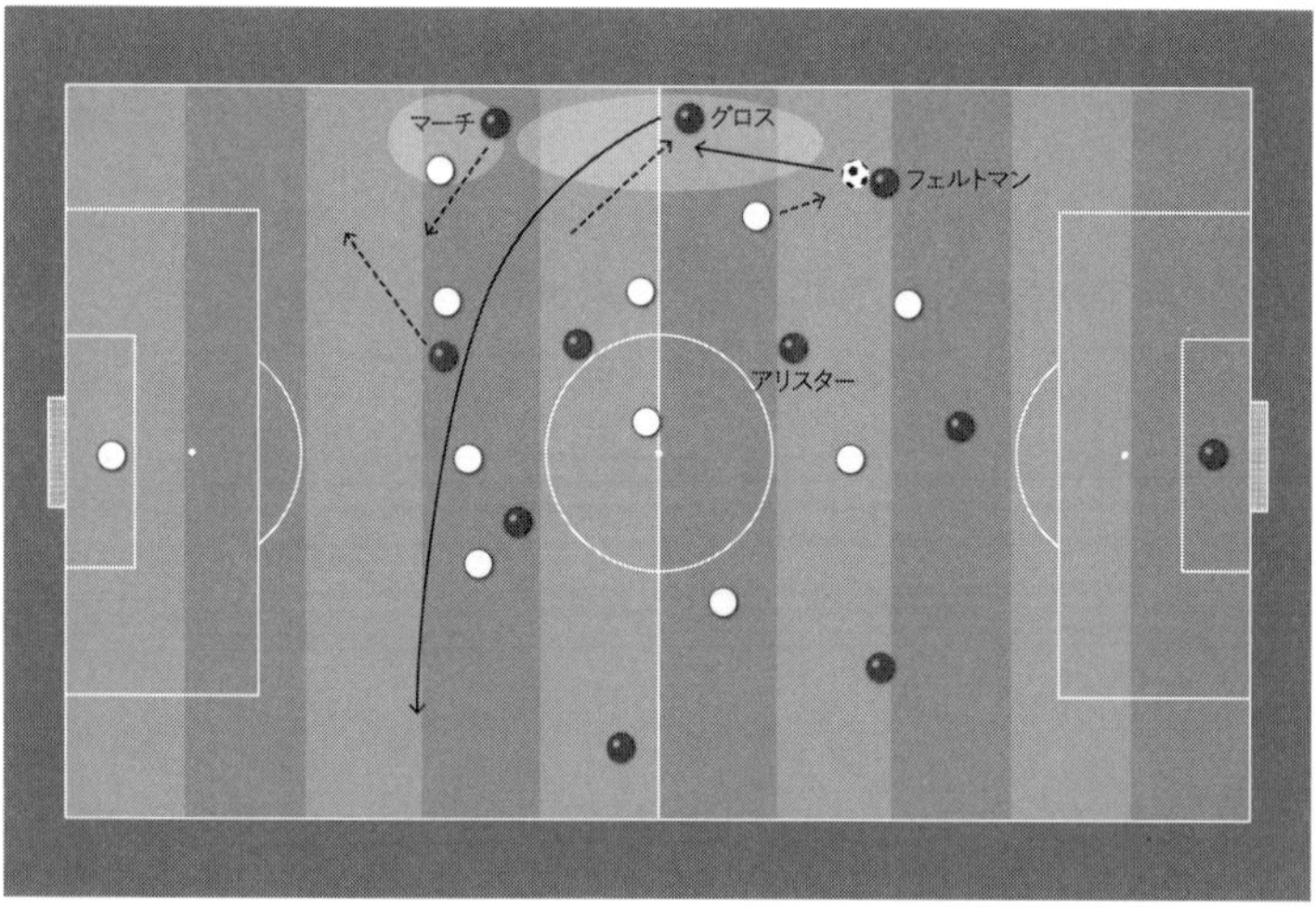

多い。

右サイドでのポジションチェンジはシンプルだ。【図11「グロス」】

①グロスとWBマーチが並列に並ぶ

②グロスがサイドに降りてマーチがハーフスペースに絞る

のいずれかだ。右HVのフェルトマンは高い位置での攻撃には特に関与しない。

グロスとマーチが並列に並ぶ場合は、グロスがハーフスペース、マーチが大外に立つノーマルな形だ。グロスはハーフスペースでパスを受けるのを得意とし、フェルトマンやアリスターからの楔を受けファイナルサード進出を目指す。またチャンネルへ抜けるプレーも多く、様々な形で攻撃に関与することができる。まさに攻撃の中心だ。

②はマーチがサイドに張ってできた手前のスペースにグロスが流れる形だ。この動きはIHがフリーでボールを受けやすい形である。高精度のキックを持つグロスはクロスボールも得意としており、1試合当たりのキーパス本数は6節終了時点で6位だった。

■攻撃面の課題

攻撃面の課題は、ショートパスとロングパスの使い分けに伴う攻撃の機能不全と被カウンターだ。

ここの意思統一がずれてしまうと攻撃は機能不全に陥る。大きく広がってロングボールの準備ができたにも関わらずショートパスを引っかければ、ネガティブトランジションが不安定となりカウンターを受けやすい。

ロングボールであればすぐさまカウンターを受けるという機会は少ないものの、アリスターの周辺のプロテクトが弱まれば一気にピンチに陥る可能性も秘める。

■おわりに

ブライトンは攻守においてシステムの変動が激しい。しかし守備においてはマンツーマンという明確なコンセプトの元で3-5-2から微調整している。役割が重要視される形であるためシステムが分かりにくい。本書では分かりやすくシステムの表記をしているが、まさに「システムは電話番号」という言葉が体現されたチームであった。

攻撃においてはロングボールの使用率が増えており、3バックと4バックの変化はロングボールを送り込むうえでも効果的である。

相手を押し込んだ状態であれば3-1-5-1で幅を使った攻撃を見せ、複雑なポジションチェンジは用いない。ロングボールとショートパスの併用がブライトンの攻撃の特徴であり、守備側として、そして観る側として掴みどころがないように感じさせる。守備におけるシステムの分かりにくさがそれに拍車をかけている。

マンツーマン気味のプレッシング戦術とロングボール戦術という、現代サッカーにおいて必要とされる要素を大いに内包した、モダンで万能なサッカーを見せたポッター・ブライトン。彼らの見せた機能性と課題は、今後の戦術の進化の糧となるだろう。

ブライトン

Brighton

ENGLAND PREMIER LEAGUE

season 22-23 （7節以降）

「ビルドアップの鬼才」デ・ゼルビ。イタリア人監督による支配的フットボール

22-23シーズン序盤、グレアム・ポッターがチェルシーの新指揮官として旅立ったブライトンは、新監督としてシャフタール・ドネツクの43歳イタリア人指揮官デ・ゼルビを招聘した。

これまでデ・ゼルビの指揮したチームはどれも流麗で機能美に溢れたビルドアップに特徴を持っていた。ブライトンも例に漏れることはなく、彼の色がチームに浸透するのに時間はかからなかった。「デ・ゼルビ率いるブライトンこそが世界一のビルドアップを誇る」。そう評したのは世界トップの監督の一人であるペップ・グアルディオラだ。

ブライトンは、アーセナルやマンチェスター・シティほどの選手の質は備えていない。しかしそれでもリーグ屈指の高ポゼッションとビルドアップの質を誇る彼らの「支配的フットボール」に、多くのサッカーファン、そしてペップまでもが魅了された。

では、そんなペップ・グアルディオラをも認めさせたデ・ゼルビ・ブライトンのビルドアップのからくり、支配的フットボールとはいかなるものであったのか？

■基本布陣

基本布陣は4-2-4（もしくは4-2-3-1）となる。

デ・ゼルビはこれまで出場機会の少なかったエンシソやファーガソンといった10代の若手プレイヤー、鋭い楔が持ち味の20歳CBコルウィル等も積極的に登用し、日本代表・三笘薫を絶対的レギュラーとして定着させる等、起用術でも多くのサプライズをもたらした。シーズン終了時のスカッド平均年齢は24歳代とリーグで最も若いチームとなった。

ポッターが率いた6節までのブライトンは、ポゼッション率がリーグ10位程度と高くなかった。しかしデ・ゼルビ就任により平均ポゼッション率は60%を超え、リーグ3位を記録するまでに変貌を遂げた。

ゆったりとボールを保持し、餌となるパスを用いて相手を動かす。相手が動くのを確認すると、それに

【ブライトン（デ・ゼルビ）「基本布陣」】

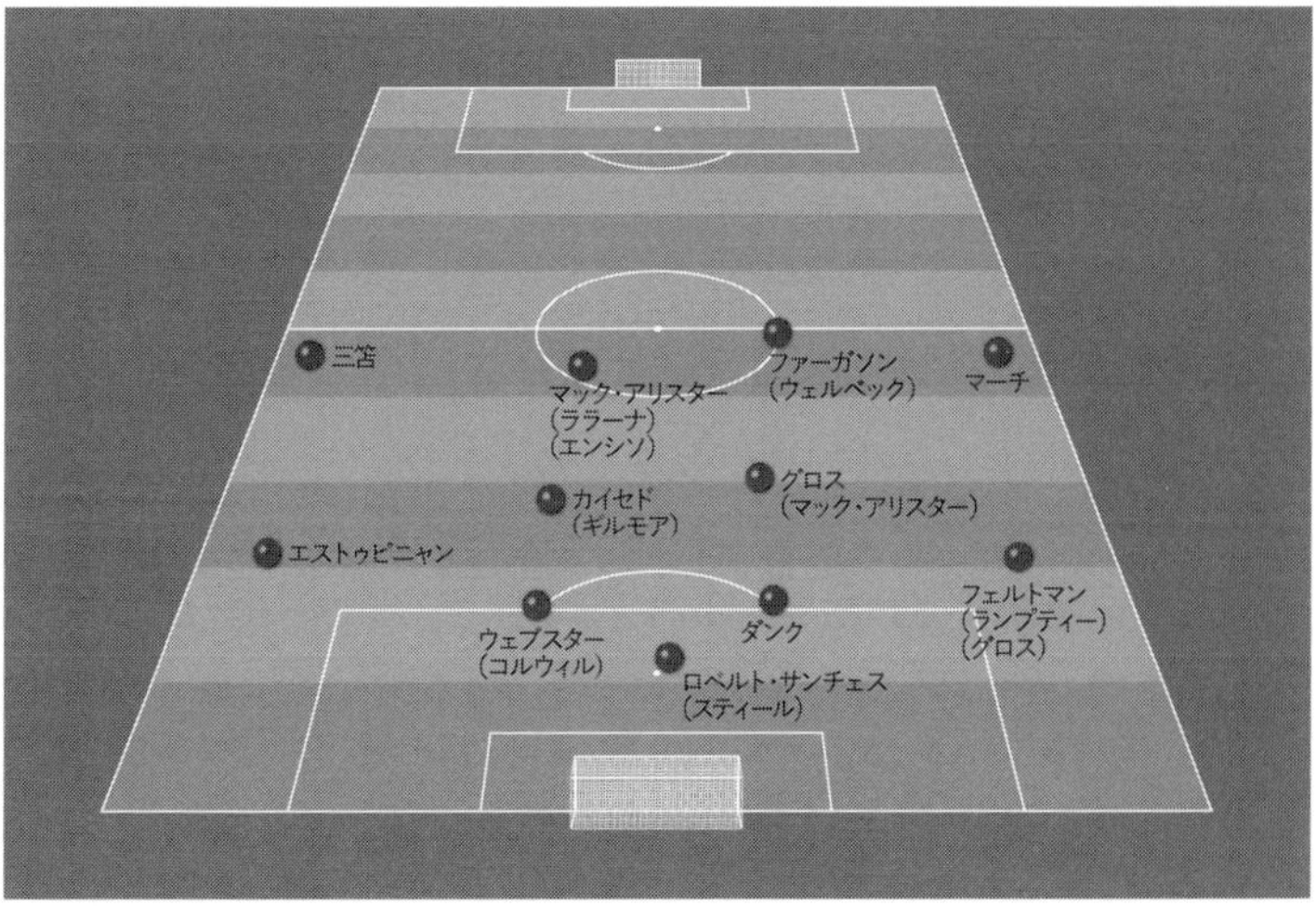

応じてボールの前進ルートを切り替えていく。敵にリアクションを起こさせて前進するビルドアップはまさに相手を掌で転がす支配的サッカーだ。

ポッター時代よりも頻度は下がっているものの、前進ルートの選択肢にはロングボールも含まれている。ロングボールの選択肢を保ったままビルドアップでの粘り強さが格段に増したことにより、その精度も飛躍的に上昇している。

■ビルドアップにおけるポイント

ブライトンのビルドアップはまさに現代フットボールにおけるお手本と呼ぶにふさわしいものだ。攻撃時のシステムは4-2-4がベースとなるが、敵のシステムや状況に応じて3-2-5や2-3-5に変化する。

彼らのビルドアップにおけるポイントは次の通りだ。

①相手を動かす「餌」となるパス
②3人目活用による「影」を狙ったパスコースの「復活」
③中央をベースとした逆サイドとのリンク
④少人数での数的同数を狙ったロングボール戦術

餌となるパスとはCBから2CHへのパスだ。ブライトンはこのパスを多用する。CHはピッチの中心に位置し、チームの配置の中心となるポジションだ。最も多くの選手と繋がることのできるポジションであるCHにボールを送ることで、パスコースを無数に確保できる。

さらに1アンカー制ではなく2CH制、中央に2人を配置することで、互いの背中(死角)を補い、360度のパスコースを確保しているのがポイントだ。この2人の関係性が希薄であると、彼らの攻撃手法の効果は半減する。

CHからの展開を狙っていくブライトンであるが、相手もそう簡単にプレーさせてくれない。そうなった時にこのCHへのパスは良い「餌」となる。CHに注意を引き付けることで2トップやサイドの選手へのパスコースを空け、そこからの前進を図っていく。

CHへのパスは、そこからの展開と「餌」の役割の他に、「復活」の役割を果たす。例えば、敵が左SBへのパスコースを遮断しながらボールホルダーである左CBにプレスをかけてくる場合、CHを経由して左SBにボールを送りこんでいく。守備側にとって「ここのパスコースが切れたからこう守ろう」と守備が進んでいくのにも関わらず、一度消したパスコース=「影」を3人目(CH)の利用により「復活」させられてしまうとその前提が崩れ、ボールの奪いどころが無くなり、1から守備をやり直す必要が出てくるため非常に厳しくなるのだ。

無数のパスコースを確保するために、CH(3人目)の利用、影の利用をするのは上述の通りだが、加えて逆サイドとのリンクも欠かせない。逆サイドを選択肢に持つことで攻撃の幅は格段に増えていく。ブライトンの場合、右CBと左CH、CH同士、左CHと右FWといった具合に中央3レーンに位置する選手の中での逆サイドがリンクすることで、多彩な攻撃ルートを確保している。

こういった中で、多数生まれるパスコースを潰そうと前進してくる敵の背後を突くロングボールを選択肢に持つこともブライトンの強みだ。このパスが無ければ、敵は躊躇なく前進してボール奪取を図ることができる。この選択肢を持つことは、ポゼッション率の高いチームにおいて非常に重要な意味を持ってくる。

ブライトンの4-2-4はこのロングボール戦術においても優位に働く優れたシステムだ。例えば3トップのチームであれば、敵DFが後方3枚で対応するため、DF一人当たりのカバースペースは単純計算でピッチの横幅⅓となる。対してブライトンの4-2-4は中央の2トップが中盤近辺まで降りるため、最前線で2vs2の状況となる。DF2枚で対応するということはピッチの横幅の½を1人で対応しなければならないということだ。それだけ広大なスペースが前線に生まれ、ブライトンとすればロングボールを含む攻撃が展開しやすいということになる。敵DFが1枚下がる場合、中盤に降りた2トップがフリーとなり、ショートパスで前進することができる。

■vs4-4-2

では具体的にどのような仕組みでビルドアップがなされていたのか。まずは4-4-2守備システムに対するビルドアップを見ていく。【図1「vs4-4-2」】

ビルドアップは2CB＋2CHをメインとして行われる。ベースとして両CBが近めの距離を保ち、2CHはDFラインに降りることをしない。2CHを担うカイセドとグロス（マック・アリスター）は敵FWと中盤の囲いの中にポジションをとる。

ブライトンの狙いは中心に位置するCHを起点に攻撃を展開すること、餌を用いたパス回しで相手を動かすこと、相手の背中のスペースから前進することにある。そのキーマンとなるのが囲いの中にいる2CHとなる。

まずCBダンクやウェブスターはCHにパスをつけることを第一の選択肢とする。ピッチ、そしてチームの中心に位置するCHにパスを入れると攻撃の選択肢を豊富に保ったまま前進できるからだ。

多くの場合ボールホルダーとなるCBに対して逆CHがボールを引き出すためにアンカー位置へと顔を出す。対角のCBとCHがリンクすることで、

【図1「vs 4-4-2」】

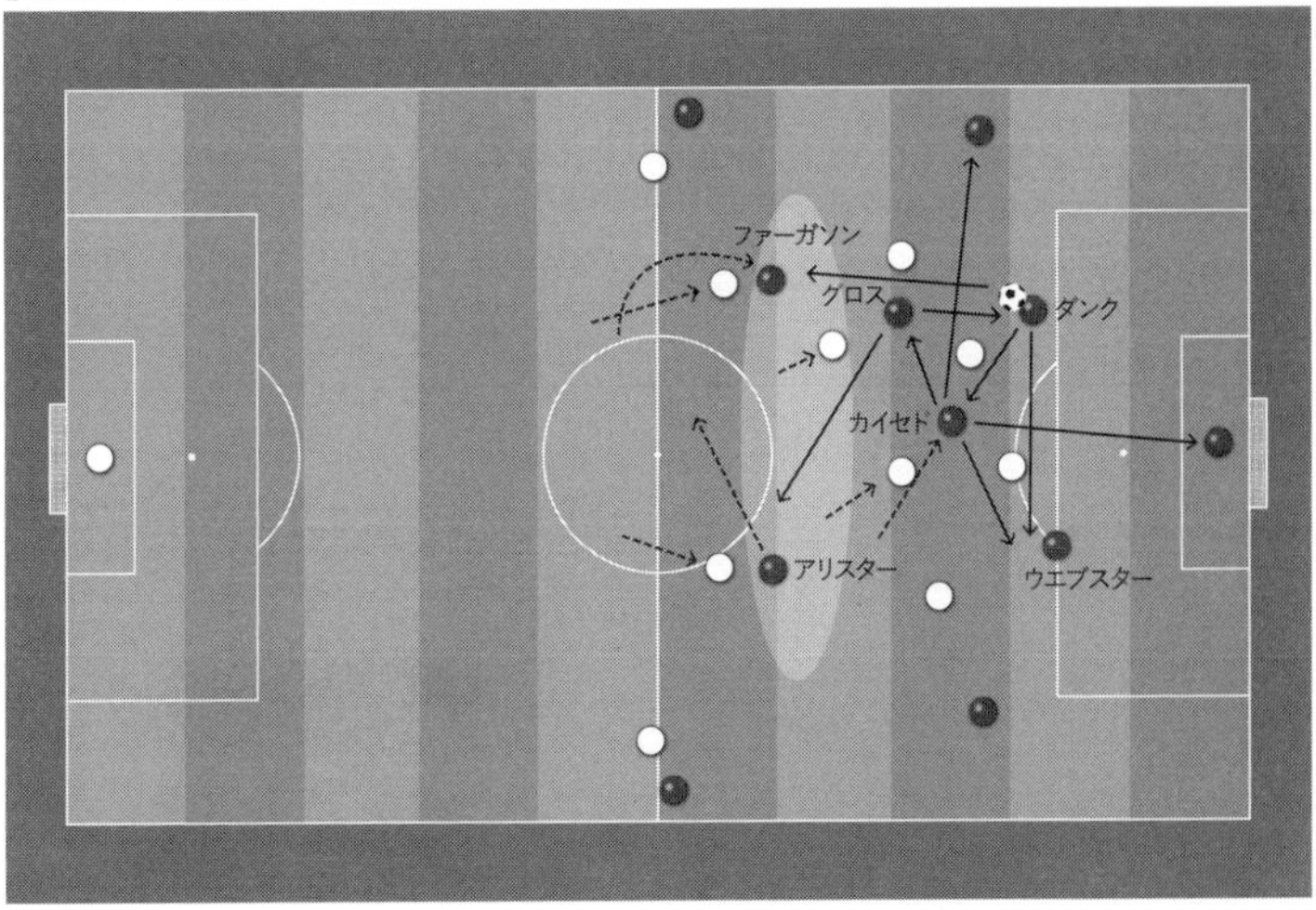

パスコースは無数に増える。実際逆ＣＨがボールを引き出すだけでも、ダンクに対して２ＣＨへ２ルートのパスコースができあがることとなる。

またカイセドの斜めに降りて受ける動きは、守備側からするとマークにつきにくいため、楽にボールを入れることができる。

カイセドは斜めに降りているため、ボールを受けた段階で自然にグロスを視野に入れられる身体の向きとなる。カイセドについてきた敵ＣＨの背後のスペースを突くのであればグロスを経由してパスを送り込むことができる。カイセド一人では完全に死角となるコースだが、グロスがいることで死角をカバーし、「影」にボールを送り届けることができるのだ。

グロスにもマークがつくようであれば、敵の中盤-ＤＦのライン間やＳＢにカイセドからボールを送り込むことが可能だ。どのパスコースもタイトに潰されれば無理をせずに後ろに戻す。

このようにＣＨには複数のパスルートが用意されている。そのためＣＢからＣＨへのパスに対して当然敵ＳＨは中央を警戒し、敵ＣＨは前進してアプローチをかける。ボールに視線と注意が集まり、守備ブロックが動くのだ。これがブライトンのビルドアップにおいて最も重要となる。

ＣＨはシンプルに少ないタッチでボールを捌く。囲いの中であるため当然ロストの可能性も高い。しかし彼らは自身での展開が難しければ、敵をひきつけ周囲の選手に展開させるための「餌」の役割となれば良いのだ。ＣＨはシンプルに捌くだけであり、マンマーク気味に相手を背負っていても事前にパスの供給先さえ選定できていればそれほど難しいプレーを強いられない。相方ＣＨのグロス、ダンクへのリターン、ウェブスターへの展開に加えGKへのバックパスや前線への緩めのパスの供給等の選択肢の中から空いているパスコースへと展開していく。いかにシンプルに、どこに捌くかという判断力と数手先を予測したビジョンがカギとなる。

CHだけでなく、ビルドアップの起点となるCBダンクにも複数のパスコースが用意される。隣のCB、CH、そしてハーフスペースを降りてくるCFだ。第一にCHにボールをつけるブライトンに対し、敵の注意もCHに向くことになるが、斜めに降りるCHへのパスコースを切ることは難しい。敵CFがパスコースを切れば、隣のCBへのパスを選択し、敵の守備ブロックの1列目をほぼ通過した状態を作り出すことができる。

多くのパスコースが用意されているうえ、CBからどんどんとボールが入るCHに対し、敵は嫌でもCHを警戒せざるを得ない。その警戒を敵CHがすることによって、敵DFと中盤のライン間が大きく空くようになる。そこを利用するのが2トップだ。CBがボールを保持している段階で既にCHへの警戒が強いため、2トップはCBからの楔を呼び込むケースが多くなっている。ボールを呼び込むとレイオフやフリックを用いて攻撃を展開していく。

2トップの一角、ファーガソンはフィジカルが強く屈強だが、レイオフパスも上手く、ボディフェイントでのパスコース創出やアウトサイドでのキックも持ち合わせており、リンクマンとしての役割も器用にこなすことができる。

一方、マック・アリスターはCHでもプレー可能で、キープ力とパス能力に長けたプレイヤーだ。若手有望株のエンシソは身体の入れ方が上手く、前述した2人と同じくキープ力に長け、強烈なシュートも持ち合わせている。巧みなポジション取りと献身的な守備が持ち味のベテラン・ララーナも含め、前線はパスワークの上手い選手達で構成されている。フィジカルとスピードを活かしてロングボールの収めどころとしてポッター監督期に活躍したウェルベックはやや出場機会を減らす形となったものの、ある程度のリンクのタスクはこなすことができるうえ、持ち味の空中戦で自身の価値を示している。

　CB、CHへの警戒によって2トップが空く。逆に2トップを警戒すれば、CBやCHに余裕が生まれる。つまり、相乗効果を生みビルドアップの質を高めるために前線の顔出しも重要であるのだ。

　こういった関係性の中で前進していくブライトン。ただし4-4-2はミラーシステムとなるため、手詰まりとなる危険性もはらむ。そういった場合、

【図2「GKを交えたビルドアップ」】

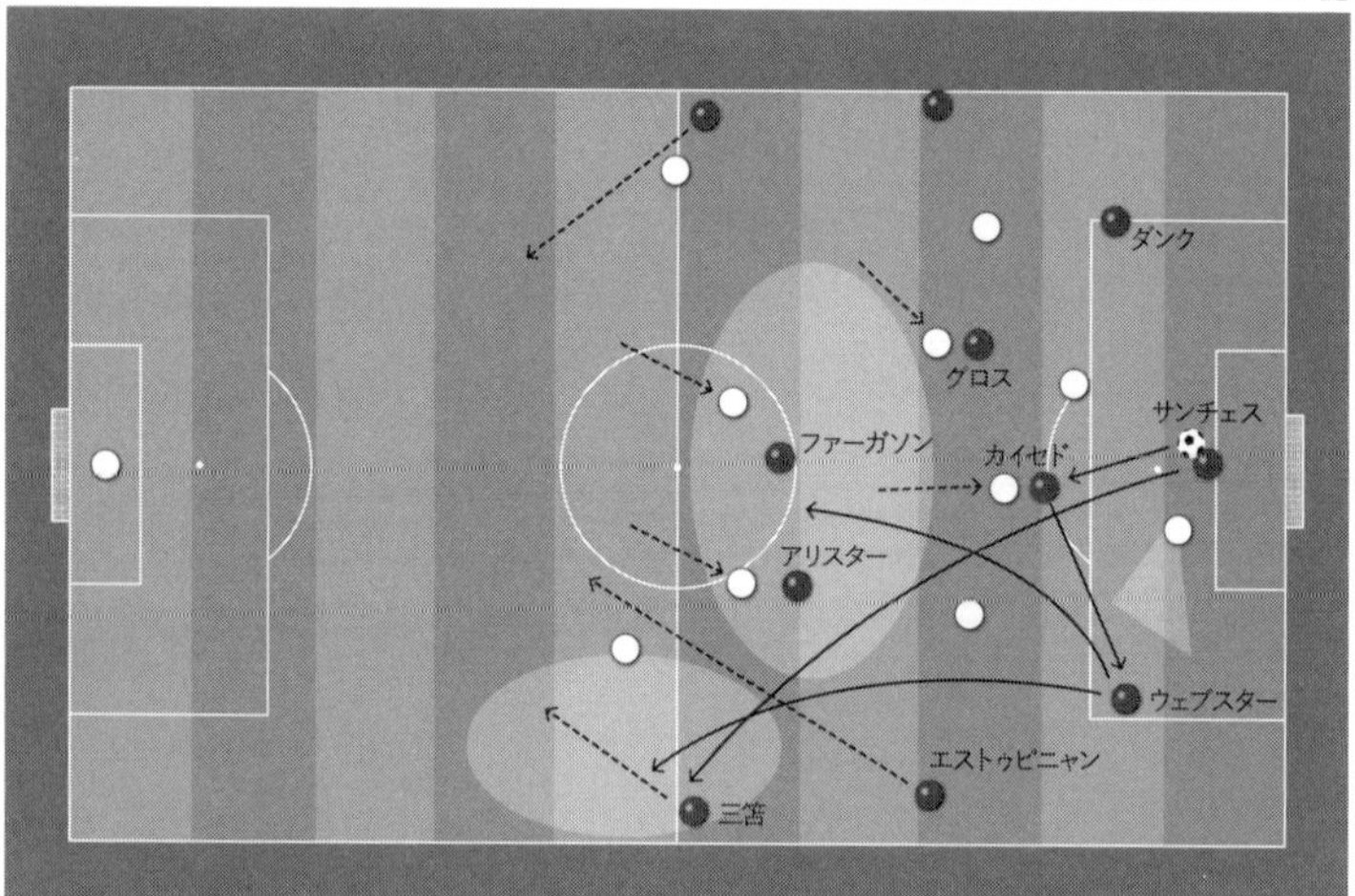

GKのロベルト・サンチェスを使ったビルドアップを利用していく。【図2「GKを交えたビルドアップ」】

サンチェスにボールが渡ると、CBはペナルティエリアの幅まで開く。この時、敵FWがCBを切りながらサンチェスにプレスをかけるようであれば、必ずカイセドを経由してその「影」を利用する。サンチェス→カイセド→ウェブスターとボールを回すことで消されたはずのパスコースを復活させることができるのだ。このパス回しを用いると、CH警戒によって中央に圧縮した敵陣形のギャップ(DF-中盤のライン間、サイド)を突きやすくなる。

カイセドとグロスを警戒して敵CHが前に出ているため、2トップにとって敵中盤とDFラインの間のスペースでボールを受けやすい環境といえる。敵SBが中に絞っていれば、ブライトンで最も打開力のあるプレイヤーである三笘にボールを預けて前進することもできる。広いスペースでの1vs1は三笘の土俵だ。シーズンを通しての彼のドリブル突破成功数はプレミアにおいても上位であり、1試合あたりの成功数も7位と素晴らしいスタッツを記録した。

2トップのマークのために敵2CBが前進している場合、GKサンチェスは前線へのロングボールを狙っていく。最前線ではWGの三笘&マーチvs敵2SBという少人数での同数ができあがっている。敵SBの立ち位置に応じて三笘とマーチも立ち位置を変え、サンチェスがサイドと中央とでロングボールを蹴り分けて一気に攻撃を推し進めていく。

2トップがライン間でボールを受けるため降りてプレーするが、それによって空いた裏のスペースは誰が使うのか？　上述の通り、当然それは三笘やマーチといったWGの選手がメインとして担うことが多い。ただし、左ＳＢのエストゥピニャンがその役を担うことも少なくない。彼はスプリント力だけでなく、インナーラップとオーバーラップの使い分けが上手く、タイミングも抜群だ。ボール回し・周囲の状況から判断し、一気に前線中央のスペースへと駆け上がっていく。

■ＳＢの立ち位置

前記のように低い位置から攻撃を組み立てる際、ＳＢは幅を取る。この時のポジションの高さは、ＣＢからのパスコースを確保できるギリギリの高さをとる。そして敵ＳＨの立ち位置に応じて、高さを変化させる必要がある。トラップ段階で相手のＳＨよりも前進できていれば、敵ＳＨが下がりつつ広がって対応するため、守備ブロックの瓦解に繋がる。前方に運んでいけるだけでなく、敵ＳＨが後ろ向きに守備を行うことになるため、やり直しのバックパスを

【図3「SBの立ち位置」】

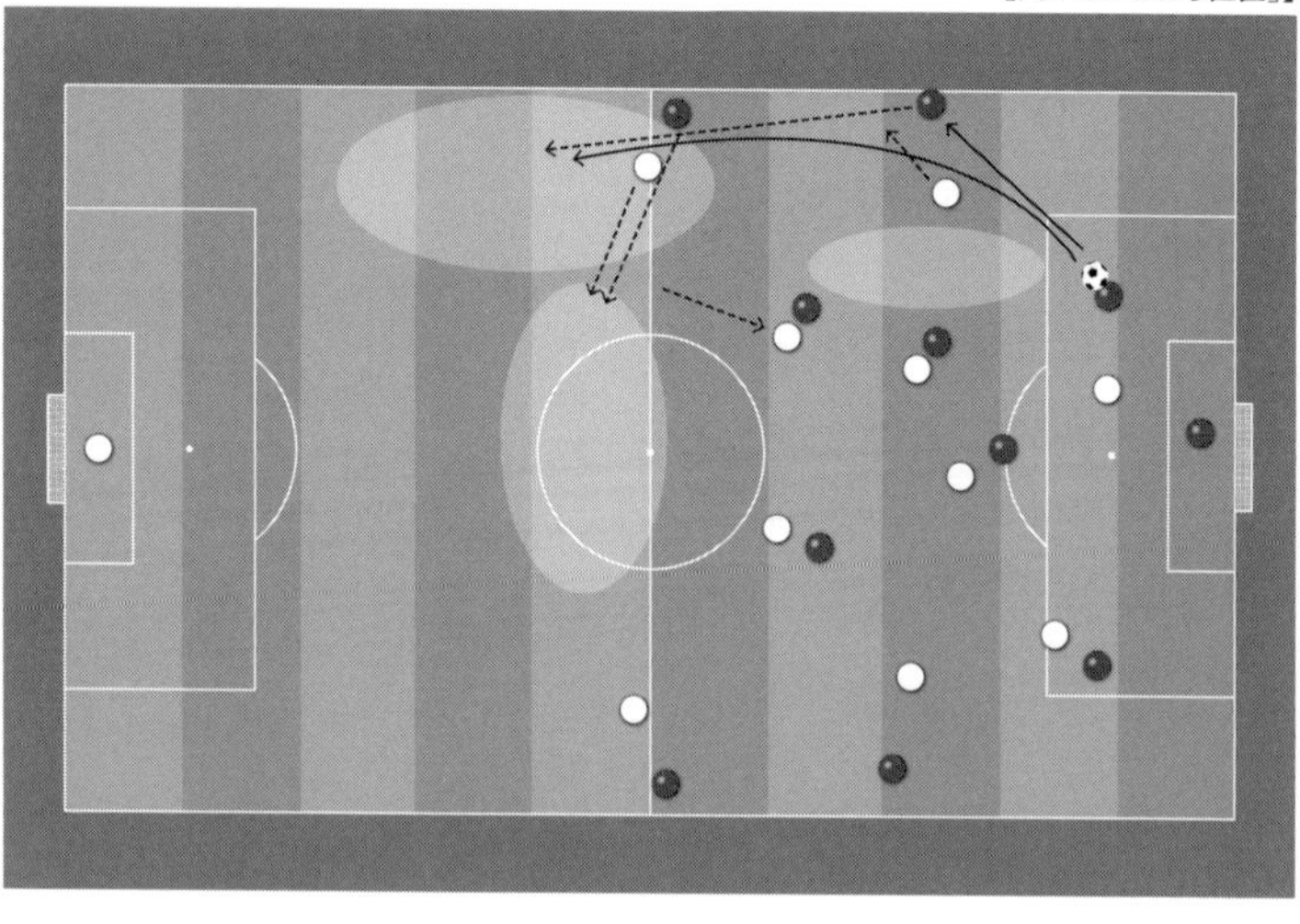

送った先の後方の選手たちに余裕を与えること、ハーフスペースの開放に繋がるのだ。

逆に低めの位置にポジションを取り敵のプレスを誘発できれば、前線の選手にスペースを与えることができる。このように目的に応じて高さの調整を行っていく。

上述の通り、SBはロングボールの際に最前線中央に抜ける動きも見せていくが、そのままサイドを駆け上がる動きも見せる。

最前線で中央が空洞化し2vs2の状況が生まれている中で、WGが中央へと移動すると、敵SBは当然ついてくる。するとサイドに大きくスペースができあがるため、SBが余裕をもって駆け上がることが可能となる。【図3「SBの立ち位置」】

SBにボールが出ずとも、SBの立ち位置を気にして敵SHが後退すれば、後方で余裕をもってビルドアップを行うことができる。SBの立ち位置とロングボール、敵を押し下げることによるプレス回避が全て連動して相乗効果を生むという非常に優れた攻撃設計となっている。

■敵を押し込んだあとの変化

敵を押し込むと、2-3-5へと変化する。CHの片方(グロス)が1列上がり、もう一方(カイセド)がアンカーの位置、その脇に両SBが絞り込むことで形成される。【図4「2-3-5」】
この変化によって、守備においてはカイセドを中心に中盤3枚がカウンターの芽となるSHやFWを捉えやすくなる。カイセドのボール奪取力はプレミア屈指であり、彼一人でショートカウンターの起点を作り出すことも可能だ。

　攻撃においてはより中央に人数をかけ、押し込んだ敵の隙間を埋めるように選手を配置することで、ショートパスによる中央突破を狙うことができる。敵中盤の隙間、中盤とDFのライン間、4バックに対する前線5枚の優位を活かす配置だ。

　ここでもCBからの楔を逆IHが呼び込むことでその後の展開に幅を持たせている。逆IHによる中央へ絞る動きに合わせてCFは右の低めか左の高めに、右IHは中央の裏か逆IHからワンタッチパスを受けられるような位置をとる。つまりはこのトリオによって渦巻きの動きが行われ、それによって中央突破を図っていく。逆IHはボールを受ける段階で中を向いている状態となるため、味方と繋がっての連携に持ち込みやすいのだ。

　この2-3-5は、4-1-4-1に対しても効果的だ。2CB vs 1トップからはじまり、敵2列目の隙

【図4「2-3-5」】

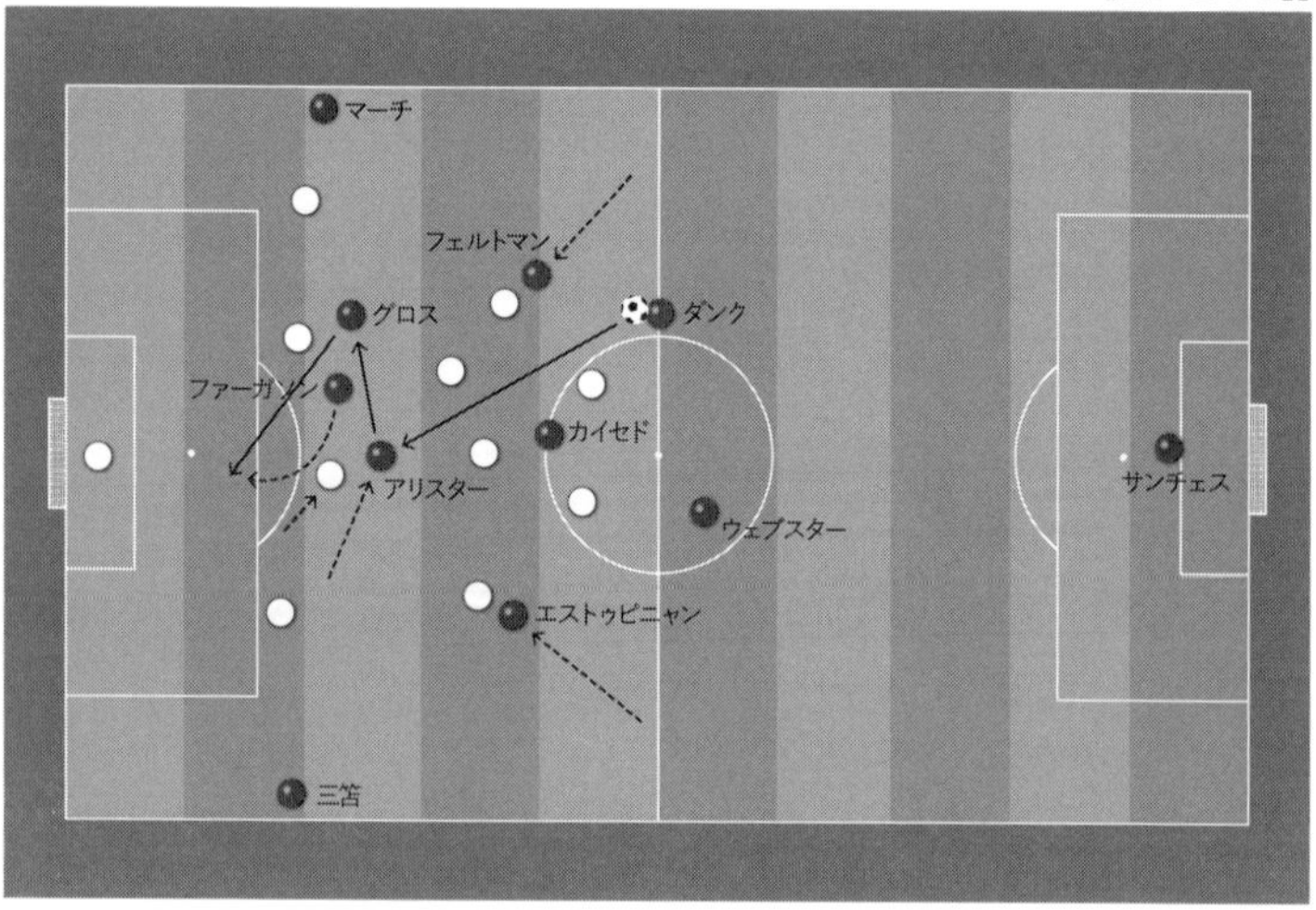

間に中盤の3枚が入り込み、アンカーの脇に2IHが位置する等、多くのエリアで優位性やマークのずれを生むことができる。押し込んだ後は中央3レーンに8人もの選手を配置するこの形で中央の枚数を厚くし、サイドの三笘やマーチを使って広げながらゴールに迫っていく。【図5「2-3-5 vs 4-1-4-1」】

■低い位置でのビルドアップ

また低い位置でのビルドアップに関しては、相手が4-1-4-1であっても大きく変わらず4-4-2がベースとなる。【図6「4-4-2 vs 4-1-4-1」】ミラーとなるvs4-4-2と比べると2CB vs 1トップという優位が生まれ、CBが落ち着いてボールを保持できる。この噛み合わせにおいてもCBと逆CHの繋がりは重要になる。2CHは敵IHにマークにつかれる形となるが、逆CHがアンカー位置に降りることで配置をズラしていく。左CHカイ

【図5「2-3-5 vs 4-1-4-1」】

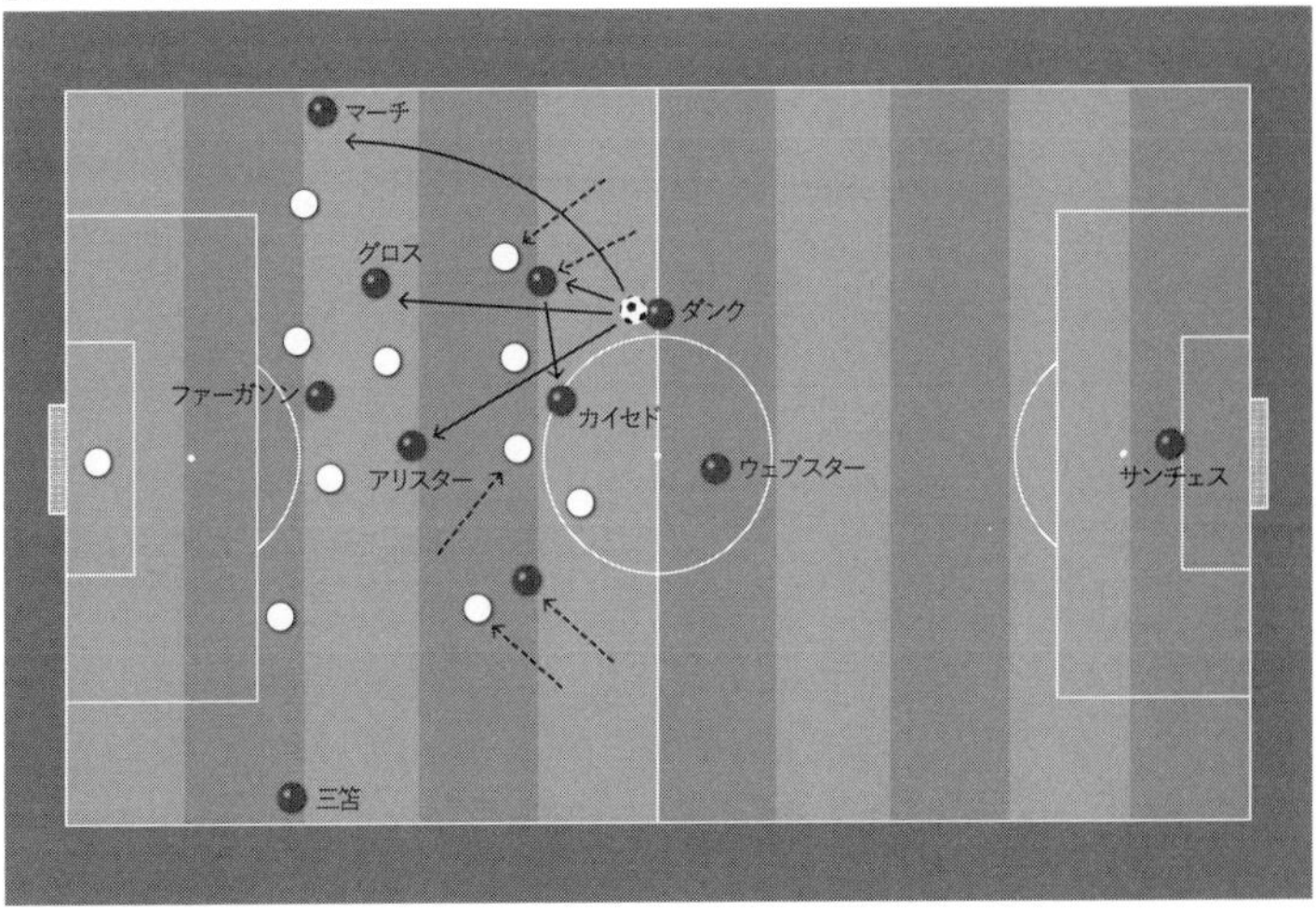

セドに対して敵ＩＨが絞って見ることになれば、自ずとＣＢウェブスターからＦＷアリスターへのパスコースが開けるため、そこを利用するのが有効な攻め筋となる。

　敵ＩＨによるＣＨへのマークがタイトであると、いくらワンタッチで叩くだけといっても無理が生じる可能性もある。

　相手が４-１-４-１でＣＨにタイトにつく場合、「いかにして逆ＣＢにボールを展開するか」を考える必要がある。前述の有効な攻め筋に持ち込むためだ。

　例えば右ＣＢダンクがボールを持つ際、敵アンカーは当然ダンクサイドにスライドすることとなる。この状態で左ＣＢのウェブスターにどうにかボールを送ることができれば、アンカーによるフィルターがかからないためウェブスター→アリスターへのパスコースが開通し、攻撃の展開が容易となる。

　しかし、ＣＢ間のパスコースを絶つようにＣＦを

【図6「4-4-2 vs 4-1-4-1」】

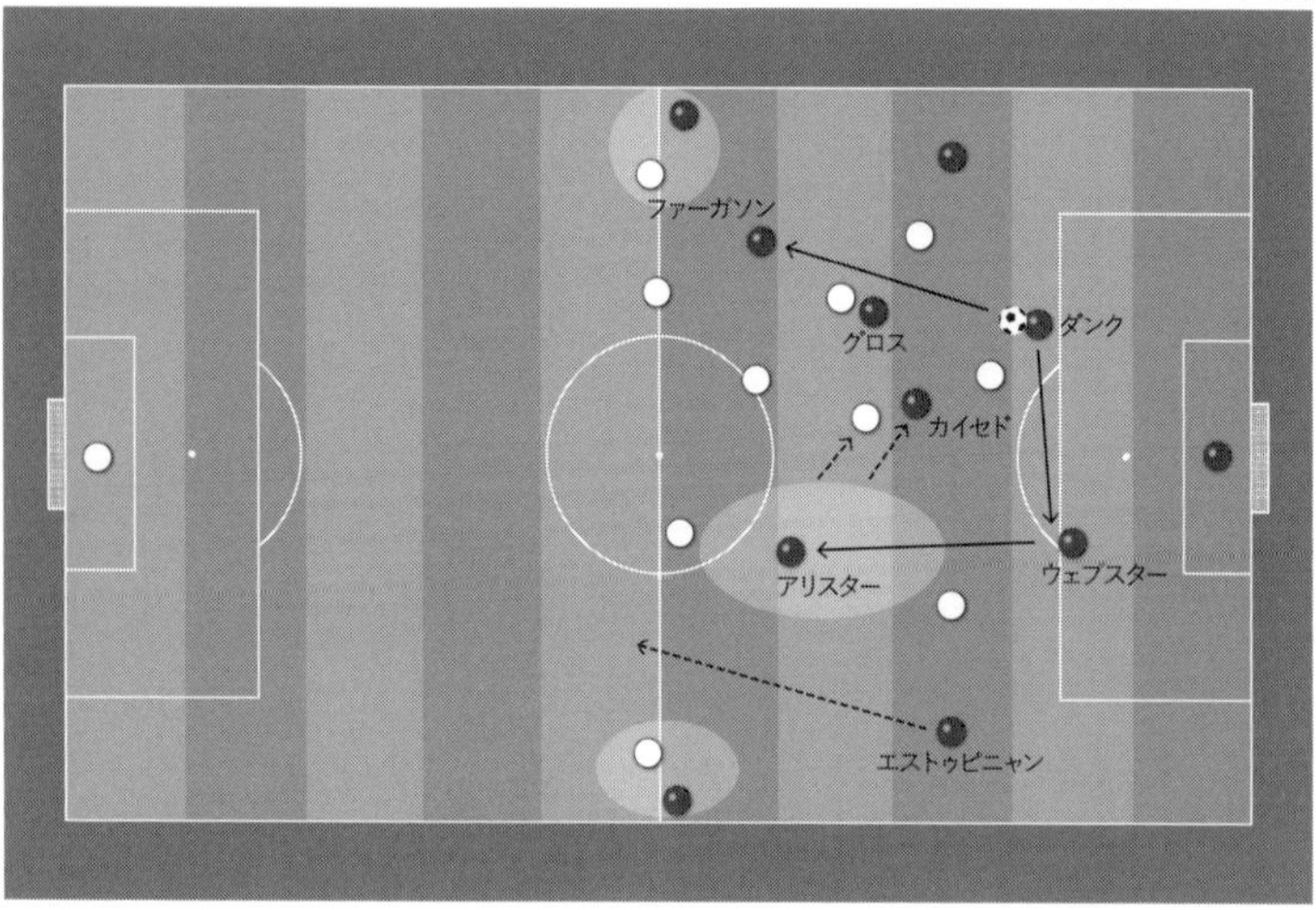

ポジショニングさせるチームも出てくる。そうなった場合どうするか?

ブライトンは3人目活用による「影」を使ったパスコースの「復活」を行うことのできるチームだ。3人目がボールホルダーのダンクに対してパスコースを提供できれば、消されたパスコースを復活させ、豊富な選択肢を保ったまま前進できる。そこでブライトンはCHだけでなくGKやSBも3人目として利用することで、ダンク→ウェブスターへの経路作成を行う。

この経路を作ること、もしくは2CHへのタイトなマークを逆手に取るように生まれたギャップに前線が顔を出し、タイトなマークに屈せずに攻撃を推し進めていくことができるのがブライトンの強みとなる。

それとは別に打開策となるのが三笘とエストゥピニャンの左サイドホットラインだ。【図7「左サイド攻

【図7「左サイド攻撃」】

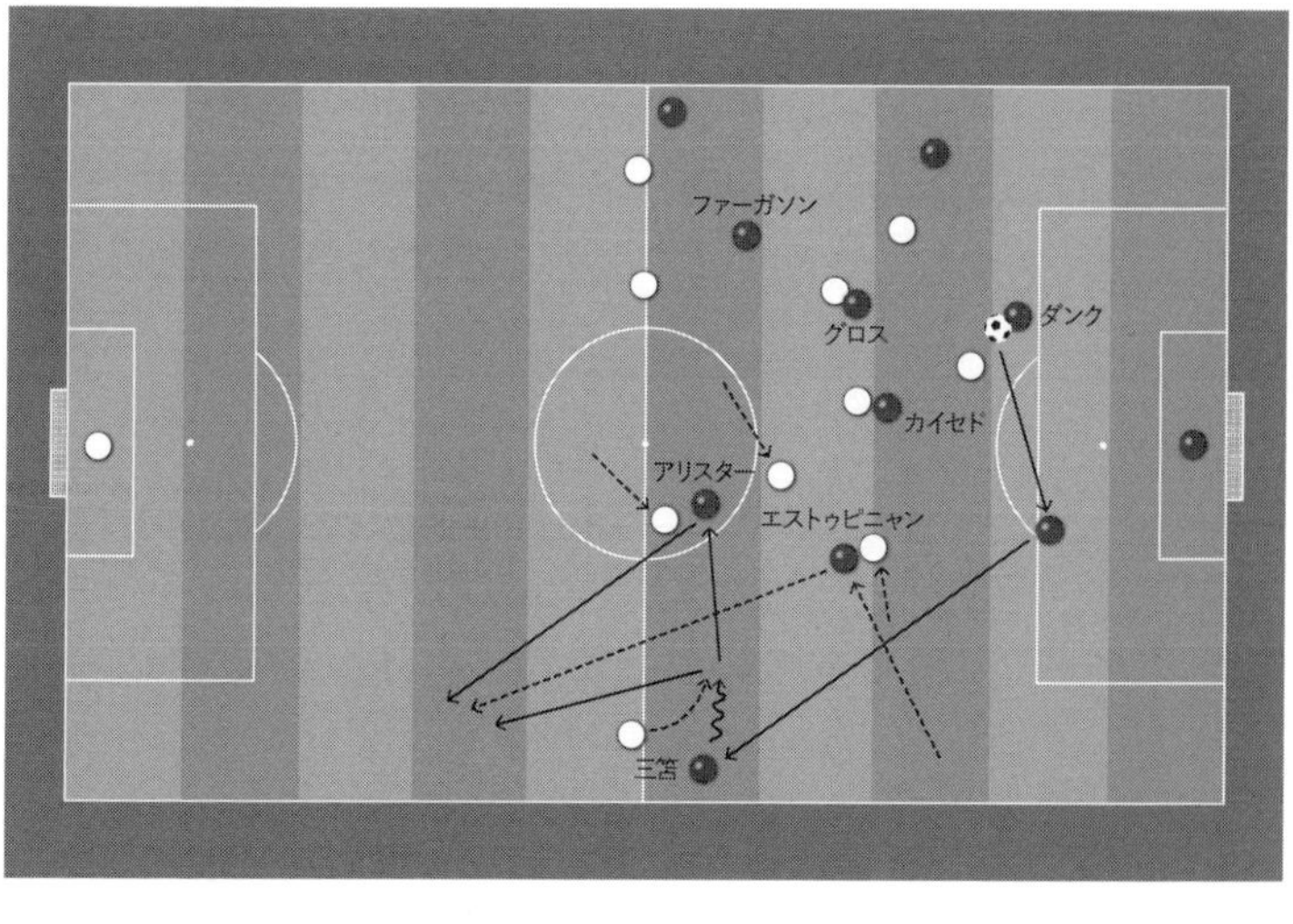

撃」】

右サイドから左ＣＢウェブスターにボールが渡るタイミングで敵のＣＢやアンカーがスライドして中央を密にされた場合、エストゥピニャンは内側に絞り、敵ＳＨを内側に引き寄せる。これによりウェブスターから三笘へのパスコースが大きく開ける。三笘はボールを受けると敵中盤とＤＦラインの間を縫うようにカットインを開始し、空いたスペースにパスを送り込む。

三笘にボールが入るタイミングでエストゥピニャンは連続してアクションを起こす。彼は絞った位置から一気にＳＢ裏へと駆け上がる。敵ＳＢは三笘と対峙しているため裏が大きく空く。ＳＨがスプリントでＳＢ裏のケアも行うというのも難しいため、一気に裏を突くことができるのだ。

エストゥピニャンはブライトンの中で最もプレーエリアの広い選手だ。【図8「エストゥピニャン」】

【図8「エストゥピニャン」】

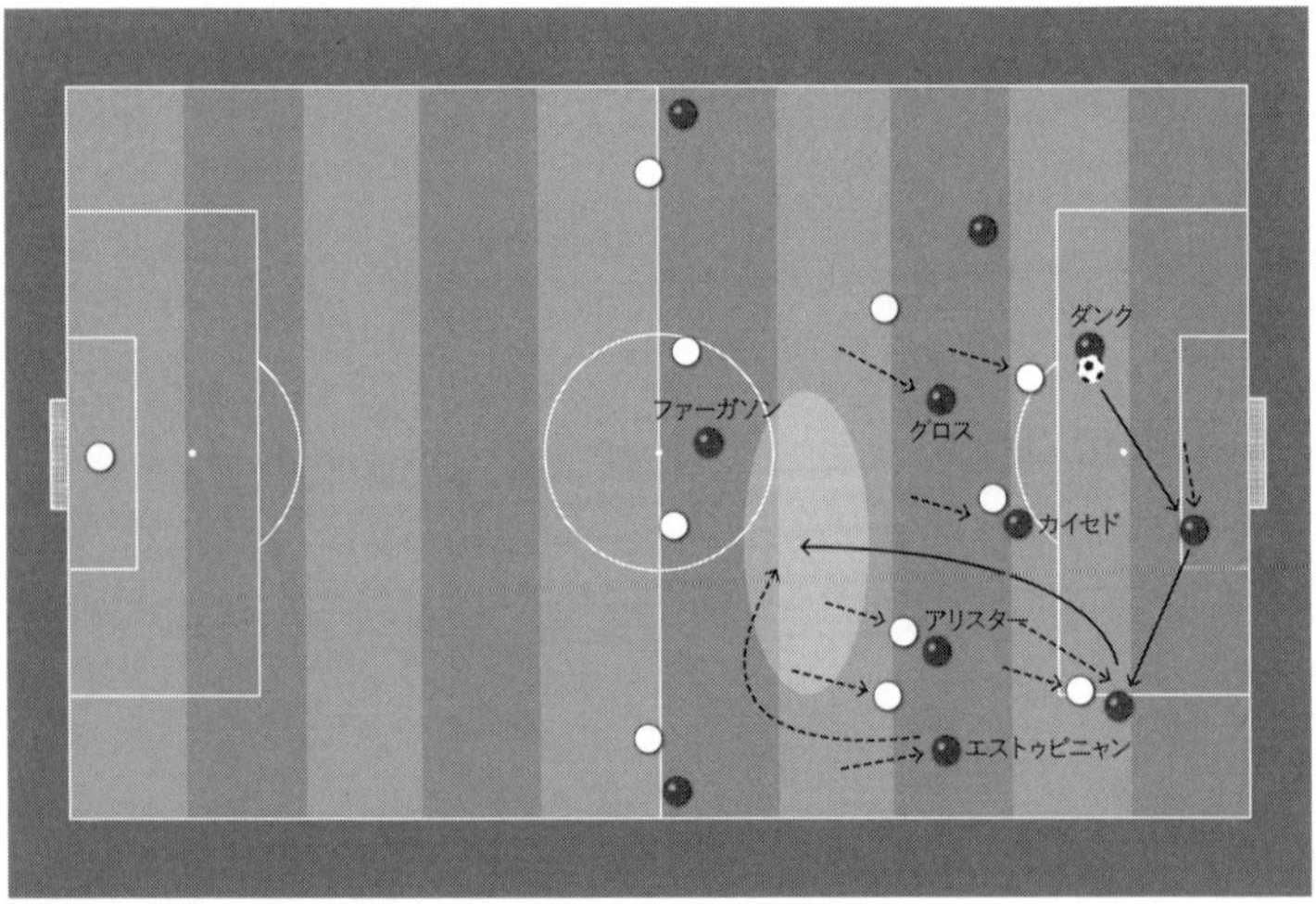

ブライトンは2CHが捕まって前進が上手くいかない場合、GKを交えたビルドアップへ切り替えていくのだが、その際にもプレーエリアの広さを活かした位置取りが見られる。

GKへのバックパスに合わせてエストゥピニャンは下がるそぶりを見せつつ、大きく開く敵DF-中盤のライン間に入り込み、後方からのロブパスを受け取るようポジションを移動することができる。

左サイドは外での仕掛けに優れた三笘がWGにいるため、その後方のエストゥピニャンは中に絞って比較的自由に動くことが許される。走力がありランニングのコース取りも良く、三笘のサポートもお手の物。そんな彼は、ブライトンの中でも異端の存在として、攻撃に変化を加えていく。

また2CHへのマークがタイトである際の打開策として、3-3-4へのシステムチェンジも見られる。【図9「3-3-4への変化」】

【図9「3-3-4への変化」】

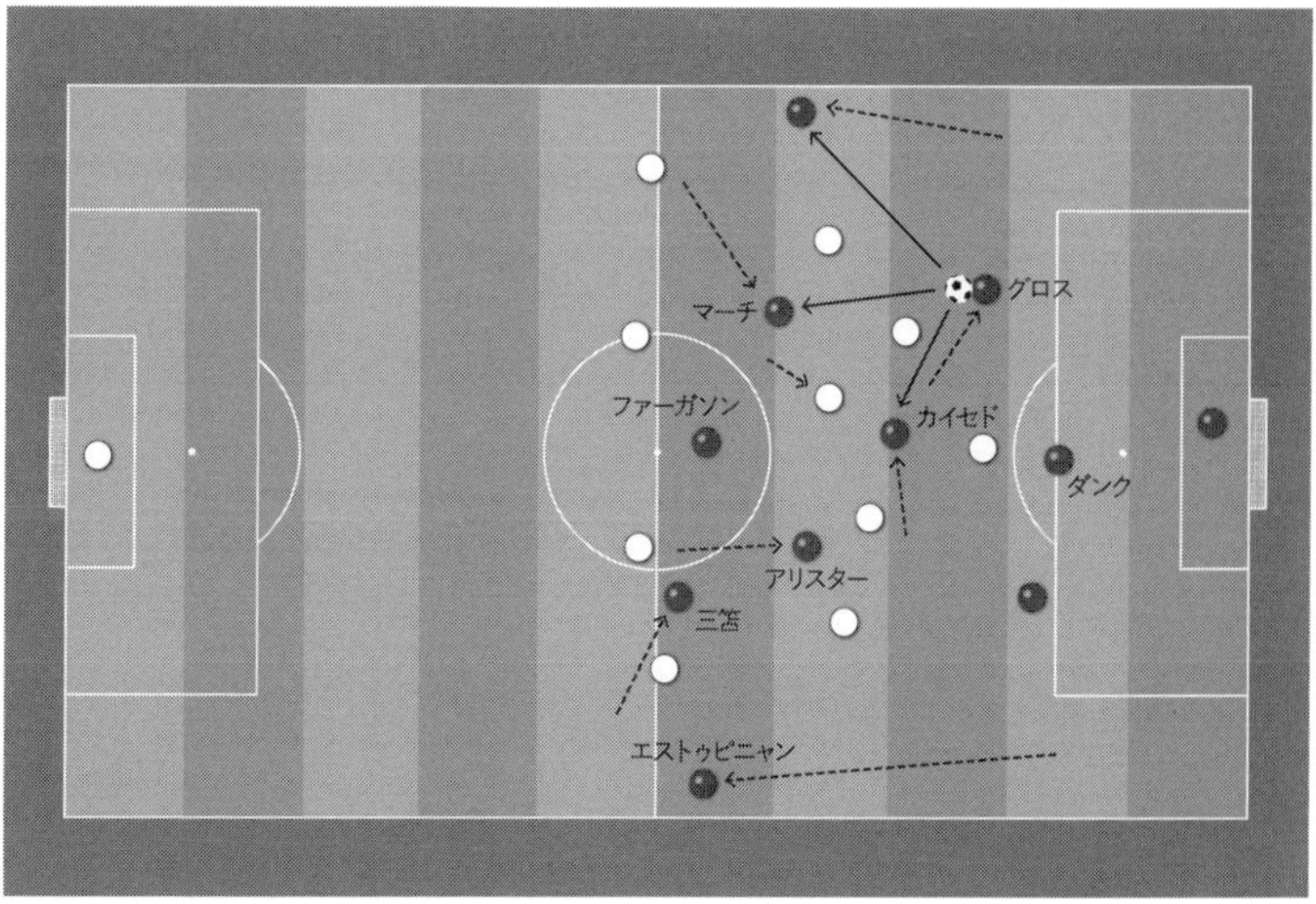

ＣＨのグロスが右後方に降り、カイセドがアンカーの位置へ移る。両ＳＢが高めのポジションをとり、右ＳＨマーチとＦＷのマック・アリスターが敵の中盤の隙間から顔を出すように降りる。裏抜けの得意な三笘とフィジカルの強いファーガソンが2トップを組む形だ。

この変更により、3バック&カイセドの見方、敵アンカー脇、敵ＳＢに対する優位性等様々なエリアでマークのずれを生み出すことができる。

こういったシステム変更のキーになるのはポッター指揮下と同じくグロスとなる。3バックの一角、ＳＢ、ＣＨ、ＩＨと多岐にこなすことができる彼の存在はブライトンにとって貴重である。

■大外クロスの活用

ブライトンは敵を押し込んだのち2-3-5へと変化するのは上述の通りだ。中央で崩す意識を絶やすことは無いが、相手がゴール前に籠る場合は中央ではなくサイドからの攻略を図る。【図10「大外クロスの活用」】

その際に主役となるのはＷＧの三笘とマーチだ。ドリブルもパスも裏への抜け出しも高水準でこなす彼らはいずれも利き足と逆のサイドで起用される。ボールを持った彼らはカットインから、自身の利き足で(主に逆サイドへ)インスイングのクロスボールを狙っていく。彼らのドリブルは精度が高く、ドリブル段階で奪われることは少ない。

カットインからのクロスであれば、よりゴールに近い位置からのクロスとなるうえに、敵の視線がドリブラーに集まりやすく、逆サイドからの裏抜けが行いやすくなるメリットを持つ。

敵4バックに対して前線に5枚を配置するブライトンは、大外のWGが1枚余ることになる。中央にウェルベックやファーガソンがいればそこからの得点も期待できる。それを阻止しようと注意が向くとボールが流れる可能性が高まるため、より一層大外のWGがフリーとなる機会が増える。逆WGはカットインするWGがクロスをあげるタイミングを見計らい、裏へと飛び出してゴールを狙っていく。引いた相手を攻略するのに効果的な攻撃だ。

マーチの方が三笘よりクロスボールの精度が高いため、右サイドからのクロスでチャンスが生まれやすい。三笘は縦への突破でのチャンスメイクの方がより一層の決定機を生む傾向が強い。サイドの警戒が強まれば、得意の中央攻撃に持ち込むこともできる。

【図10「大外クロスの活用」】

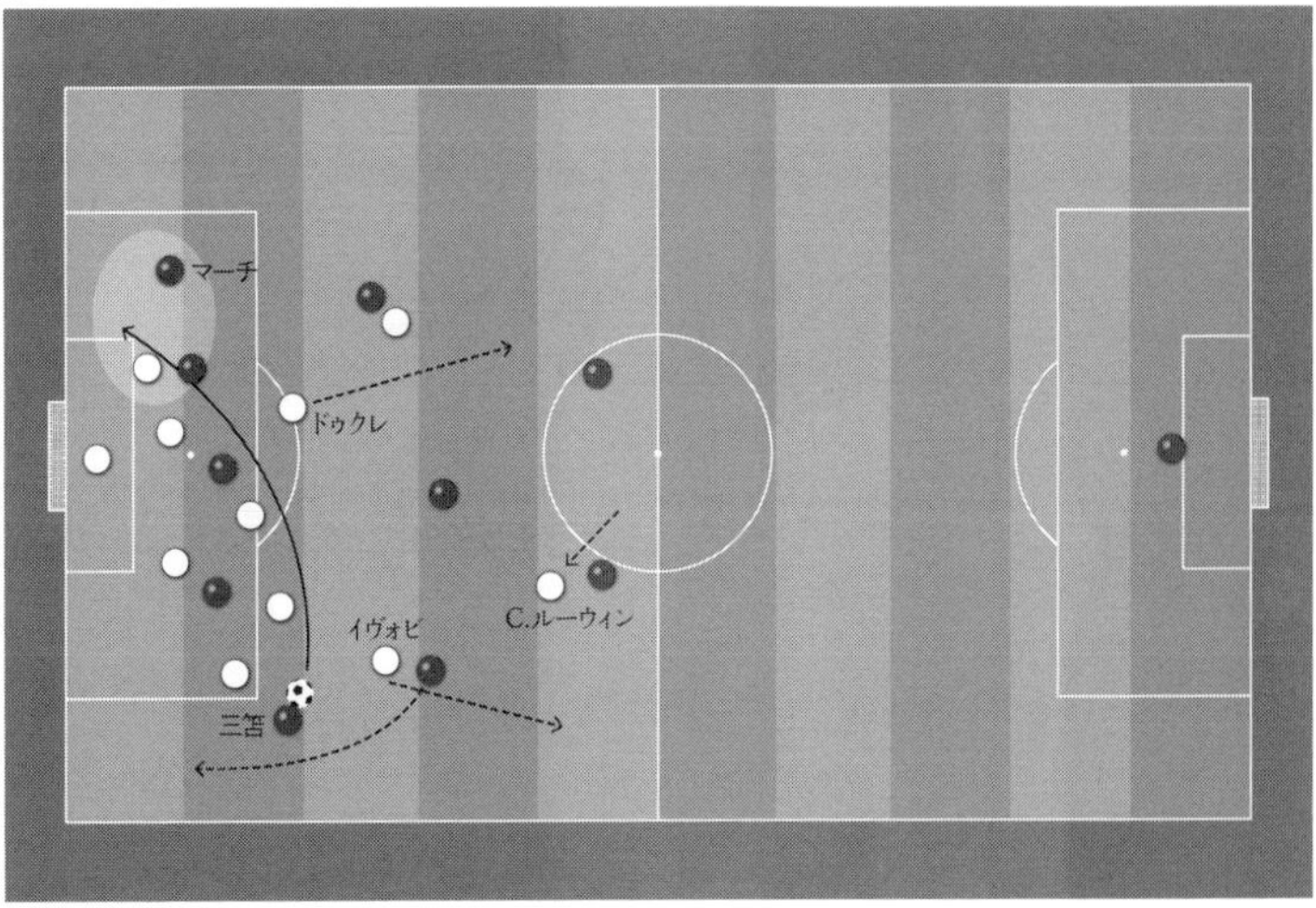

ただし、ここで重要なポイントがある。リスク管理、被カウンター対応だ。ボールがピッチから出て攻撃が終われば問題ないが、相手ＤＦにクリアされる可能性もある。その際にいかにカウンターの芽を潰し、攻撃を遅らせるかに大きな注意を払う必要がある。

シーズン後半のエヴァートン戦はリスク管理に失敗して1-5の大敗を喫することとなった。前述の大外攻撃で多くのチャンスを作り出しはしたが、ＧＫピックフォードの好セーブに何度も阻まれた。そしてＤＦにクリアされた場合、フィジカルの強さとプレーエリアの広さを活かし広範囲でボールを収められるＣＦのＣ・ルーウィン、圧倒的なスピードを誇る右ＷＧイヴォビ、繰り返しのスプリントでカウンターに厚みを出す左ＩＨドゥクレにより、幾度となくカウンターを浴びることとなった。

ＣB陣はルーウィンに出足で負け、イヴォビもスピードを活かしてボールを収めてゴール前までボールを運び続ける。エストゥピニャンと入れ替わるように左後方にマック・アリスターが入る場合はなおのことイヴォビを止めることができなかった。

後方の5枚がいかにファウルで止める等でカウンターを潰すかが非常に重要となる攻撃戦術なのだ。

■ vs 5バックシステム

相手が5バックであろうと基本的なスタイルは変わらない。中盤にボールを預けながら敵を動かして前進を図る。ＣＢと逆ＣＨ、逆ＦＷがリンクをすることで中央でのパス回しに選択肢を持たせていく。

５-３-２を相手にする場合、エストゥピニャンを高い位置に上げフェルトマンを絞らせることで３-２-５の陣形を組む。敵２トップに対する３バックでの優位、逆ＣＨがアンカー位置に降りる移動とノーマルな２ＣＨを状況に応じて使い分けることによるマークのずれを活用していく。【図11「vs ５-３-２」】

ＣＨはボールを引き出す際、あえてサイドに膨らんでからボールを呼び込むことで、敵のマークの所在を曖昧にする技術も駆使する。グロスがボールを受ける場合、この動きを取り入れることで相方のカイセドの方向を向きやすくなるという効果も持つ。二人が近距離にいれば、ターンの指示の伝達が容易となり、死角を取り払うことも可能となる。

【図11「vs 5-3-2」】

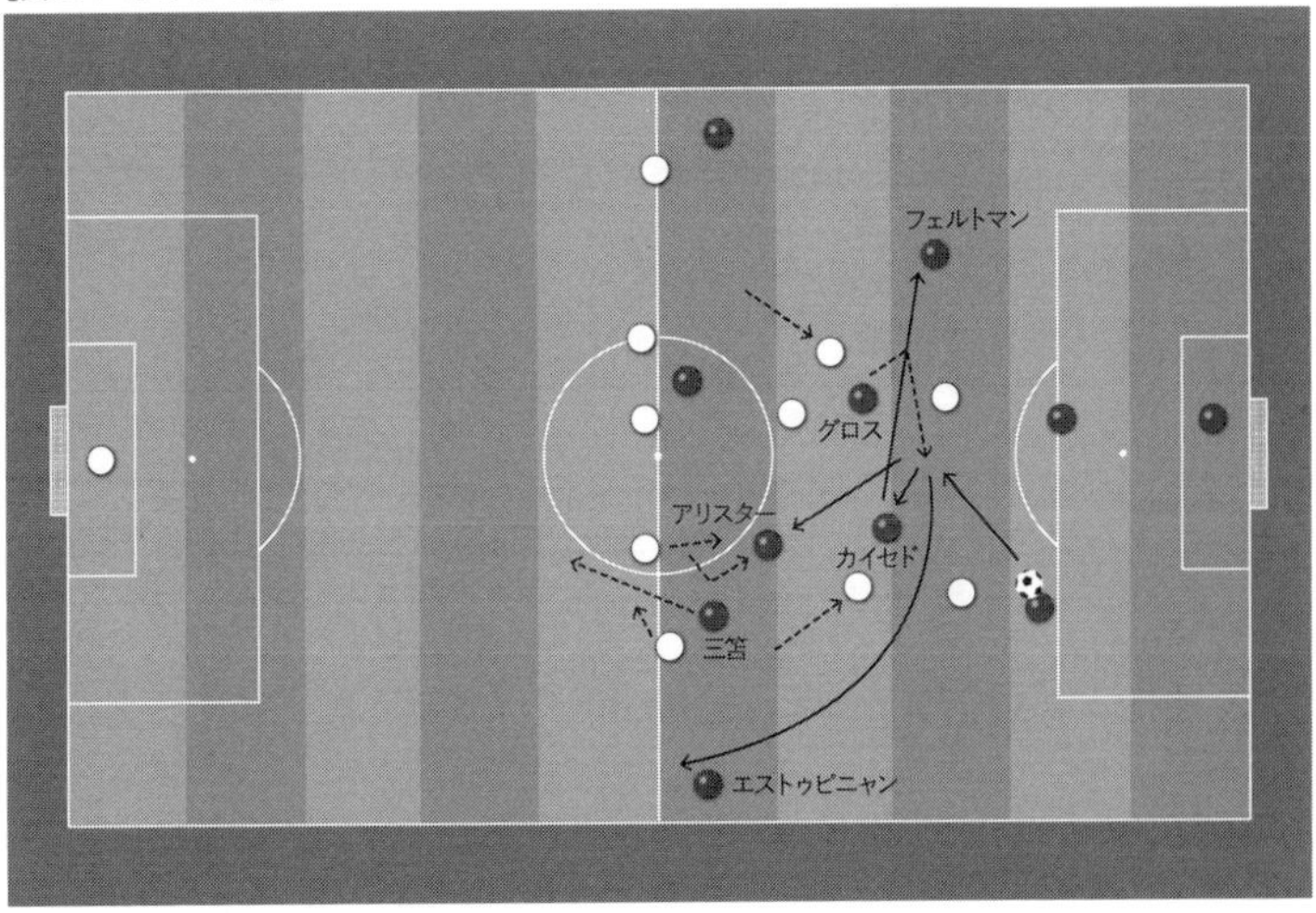

2CHが中央で前を向けば、マック・アリスターを中心に敵中盤の隙間から顔を出すことで攻撃に選択肢を持たせる。

2CHに対して敵FWが絞れば、2トップ脇へと前進したHVから展開することで敵IHを外に釣り出してギャップを作っていく。

敵IHが前進してブライトン2CHに対応するようであれば、間延びした敵中盤とDFラインの間のギャップをマック・アリスター中心に利用していく。

マック・アリスターが降りてボールを呼び込むと、三笘が裏を狙いやすくなる。そうなると敵WBが絞ってカバーを行うため、大外のエストゥピニャンが大きく空くといった具合に連動したスペースメイクが自然と行われている。

■ vs 4-3-1-2

4-3-1-2で2CBとアンカー位置に入るCHを抑えようというアプローチに対しては問題なく回避が可能だ。2CHが無理にアンカー位置に降りなければ良いのだ。【図12「vs 4-3-1-2」】

2CBと敵2トップがマッチングして保持の余裕が持てなければ、GKも交えてビルドアップを行う。アンカー位置を1人で抑えるというのは、言い換えれば2CHを1人で相手にしなければならないことを指す。つまりブライトンの攻撃の根底となる中盤へのパスを抑えられなくなる。

仮に2トップが絞った状態を維持するのであれば、CBからシンプルにSBへのパスを選択する。

SBがボールを持つ際に敵はIHを前進させるのが定石だが、敵トップ下がカイセドとグロスに対応できないていなければ、結局中央を使われることになる。

敵トップ下が空けたグロス・カイセドのケアに敵のアンカーが出てくれれば、中盤とDFのライン間が大きく空くこととなる。特にララーナであるが、ファーガソンを餌にライン間やチャンネルでフリーとなるポジショニングに長けている。マンチェスター・シティのギュンドアンが得意とするプレーだ。

前線の選手が敵の隙間から確実に顔を出していることが、選択肢の豊富さを保ったまま前進するブライトンにおいて非常に重要となる。

■CBに求められるもの

前述のようなビルドアップにおいて、最も多くの時間ボールに触れているCBの役割は当然見逃すこ

【図12「vs 4-3-1-2」】

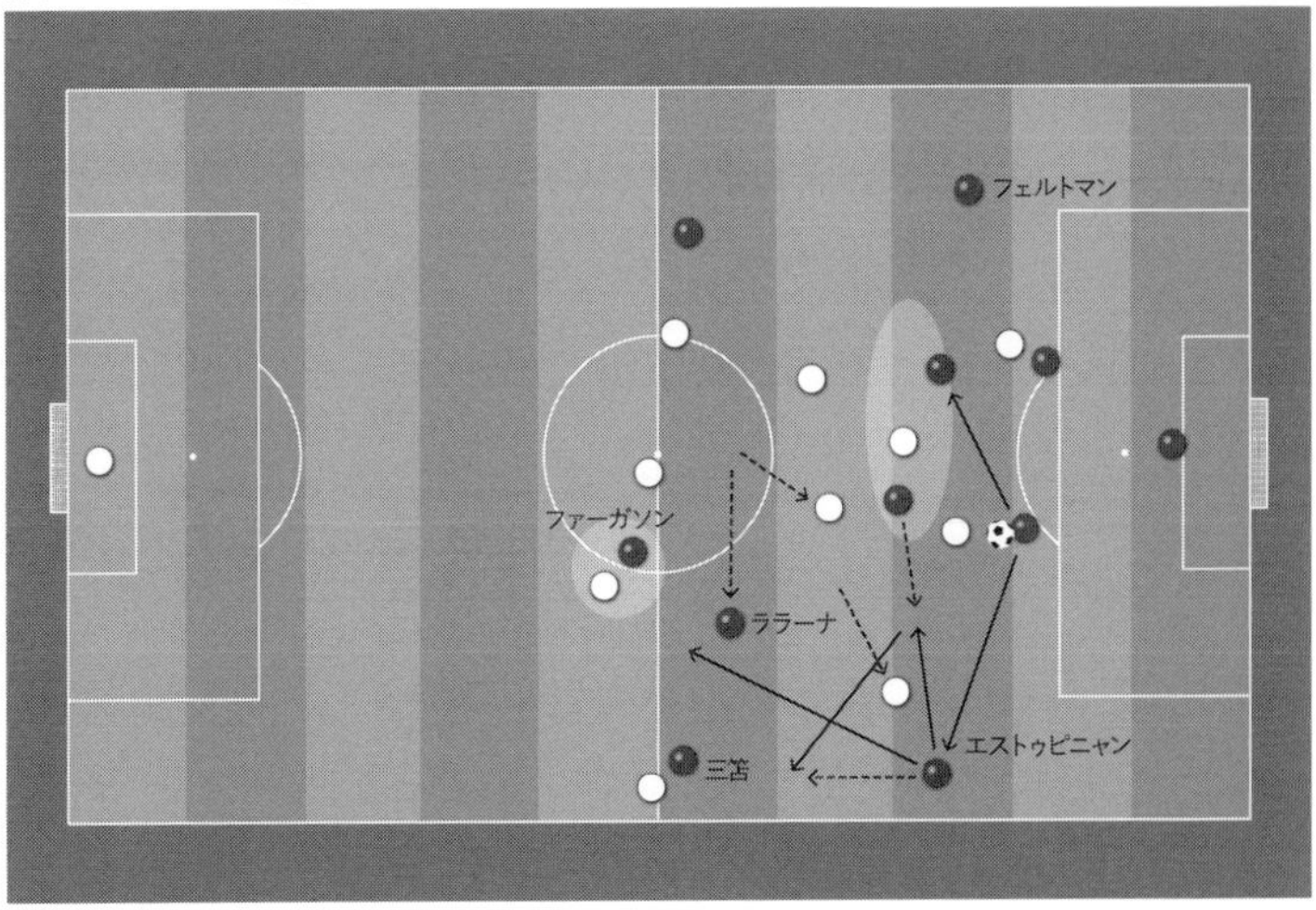

とができない。ＣＢのダンクやウェブスターにはビルドアップの担い手としていくつかの重要な能力が求められる。

①ＣＨに当てる配球の意識
②ポジショニング（深さの調整）
③キックスキル、ボディフェイント、キックフェイント

まずは何といってもＣＨに当てるという意識、それに伴うポジショニングの能力だ。このビルドアップにとって「深さ」を調整することは欠かせないポイントだ。例えばＣＢのダンクは周囲の選手に対して斜め後ろのパスコースを提供するサポートのポジションをとっていなければならない。

ＣＢが前進しすぎた場合のデメリットは、

①ＣＨとの距離が近くなるため1人の相手選手にＣＢとＣＨの両方対応されてしまう
②ＳＢとの距離が近づき、角度がなくなり深さを出したサポートができなくなる
③相手のアプローチまでの時間が短くなる
といったところだ。

深い・浅いは一長一短であり、深すぎれば前方の選手への楔の距離が長くなり、通りにくくなって

しまう。

つまり2列目やＣＨとリンクする場合は前進、相手の引き付けや周囲の選手のバックパスコースの確保をする場合は深さをとる等、敵味方のポジションに応じてパスコースを確保できるようにポジションを調整する必要がある。

ボールを受けたＤＦ陣には当然キックのスキルが必須となる。ダンクは特に楔を打つスキルが高く、前線がフリーとなれば餌の２ＣＨを飛ばしてロブパス・グラウンダーの両方のボールを送り届けることができる。

また、「敵を動かす」ことは配球以外でも可能であり、それがボディフェイントとキックフェイントとなる。左ＣＢウェブスターは、内側に身体を向けた状態でフェイクを入れ、外側にボールコントロールすることでプレッシングを外すシーンが頻繁に見られる。右に身体を向けた状態から切り返して左にパスをするというフェイントも当然有効で、流れのままにＤＦラインでパスを回すようなことはしない。敵のプレスの矢印に逆らうのだ。ＣＢ陣は常に縦パスを入れるためのパス回しやプレーを意識しており、それにおいてフェイントは当然必要な技術なのだ。

これらのスキルはダンク、ウェブスター、そして右ＳＢに入るフェルトマン全員が身に付けており、ビルドアップのための強固な土台が築かれていることがうかがえる。

■ブライトンの弱点

以上のように相手を支配するような攻撃を見せるブライトン。では、彼らの弱点とはどのような点になるのか？

まず、既に述べているようにリスク管理の部分は懸念点となる。押し込んだ際にいかにカウンターを未然に防ぐようにプレーするかという点は課題が残る。

そして苦手とする守備戦術は、早いタイミングでの横向きプレスとIHへのマンツーマンだ。これを見せたのはマンチェスター・シティ、アーセナル、ニューカッスル等である。早いタイミングとは、ブライトンがGKにボールを戻すもののCBが両脇に戻り切れていないタイミングだ。このタイミングでCBへのパスコースを切るようにGKへプレッシングをかけることで、ブライトンにセットの時間を与えずに攻撃を進めさせることができる。その際、プレッシングをかける選手のスピードも重要となる。

ゴールキックの時はどうしてもブライトンの攻撃がセットされた状態となる。ブライトンのゴールキックに対して効果的な守備を見せたのがニューカッスルだ。【図13「ゴールキックに対するプレッシング」】

ニューカッスルは始めに、3トップがCHへのパスコースを切るように絞った状態でセットする。GKから左CBにパスが出されたタイミングで右WGが敵左SBを切るように回り込んで素早くプレスをかけ、残ったCFと左WGで2CHをケアする。

左CBからパスを受けたGKが右CBにパスしたタイミングで左WGがCHを切るように寄せ

てプレッシングは完結だ。2CB＋2CHを3枚という少数で見ることができるため、後方では数的優位を作り出すことができ、ブライトンのロングボール戦術も抑え込むことができる。

仮にブライトンがCHを経由して左CB↓GK↓CH↓左CBと、影となった左CBにパスを回した場合は、CFが影の左CBに寄せることで全く同じように対応することができる。

この優れた守備戦術を披露したニューカッスルは、ブライトンに4-1で圧勝して見せた。

■守備戦術

ブライトンは基本的に前線からプレスをかけてのボール回収を図る。【図14「プレッシング」】

4-2-2-2の陣形を組み、GKやCBに対して必ずFWの一方が横からプレスをかけることで攻撃方向を制限する。この時SB-CB間、CB-GK間

【図13「ゴールキックに対するプレッシング」】

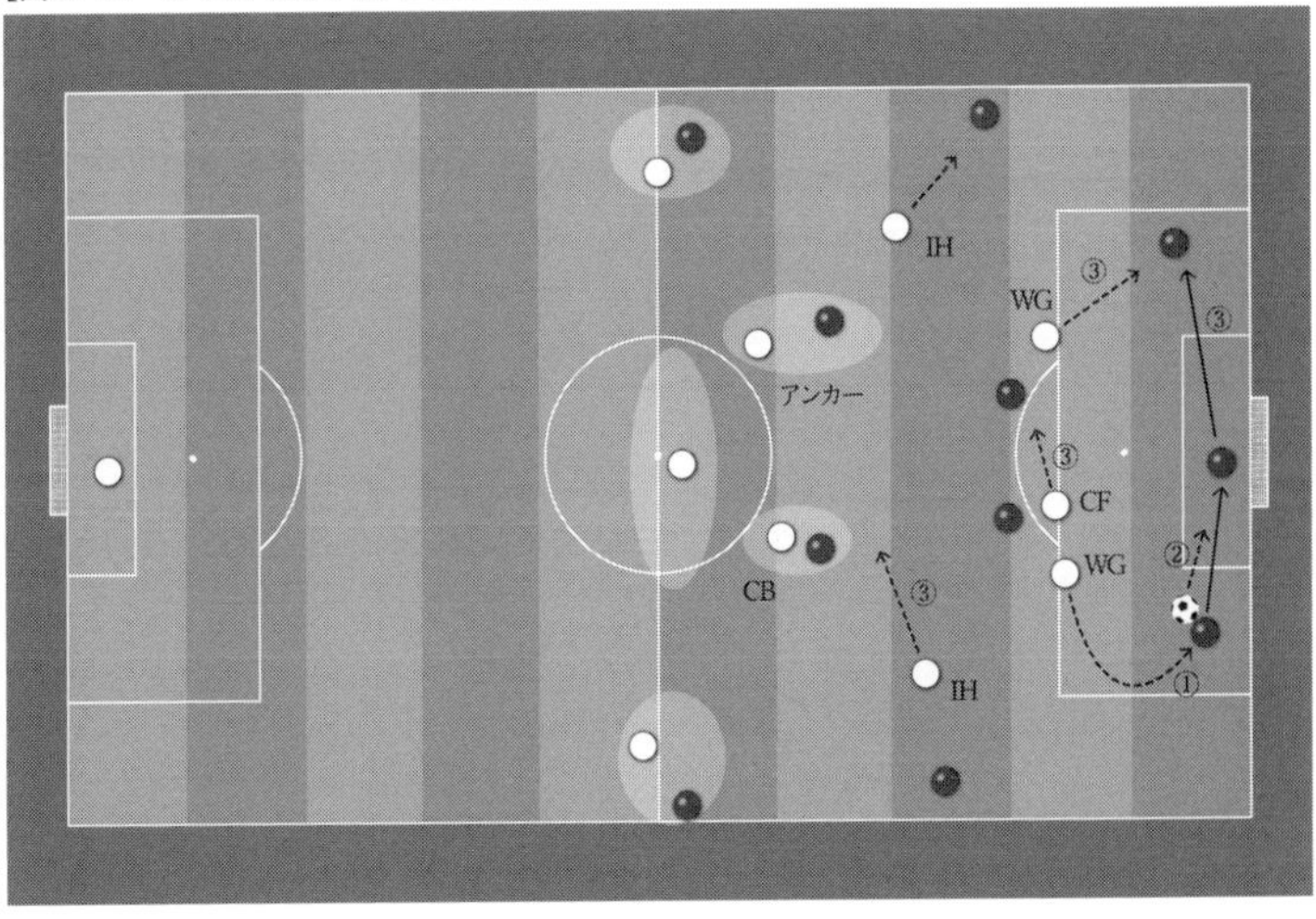

と同一選手がセカンド・チェイスをかけることで確実にパスコースを制限していく。このセカンド・チェイスに合わせて周囲の選手が連動し、敵ＣＢもしくはＳＢの位置を奪いどころに圧縮していく。

３バックに対しては右ＳＨマーチをＷＢの位置に下げ、左ＳＨ三笘に高いポジションを取らせる５-２-３の陣形に変形してマンツーマン気味に対応することでマークの齟齬を解消することも可能だ。

ではボールを失った際はどういった守備を見せるのか。そもそもブライトンは危険な形でボールを失うことが少ない。ビルドアップが洗練されているため、繋ぎのミスが少ないのだ。シュートや敵陣エンドラインを割る形で攻撃が終わるケースが多いというのは最高のリスク管理である。このミスの少なさはもはや前提となっている部分もあり、ミスが頻繁に生じるようになると攻守ともに厳しくなる。

【図14「プレッシング」】

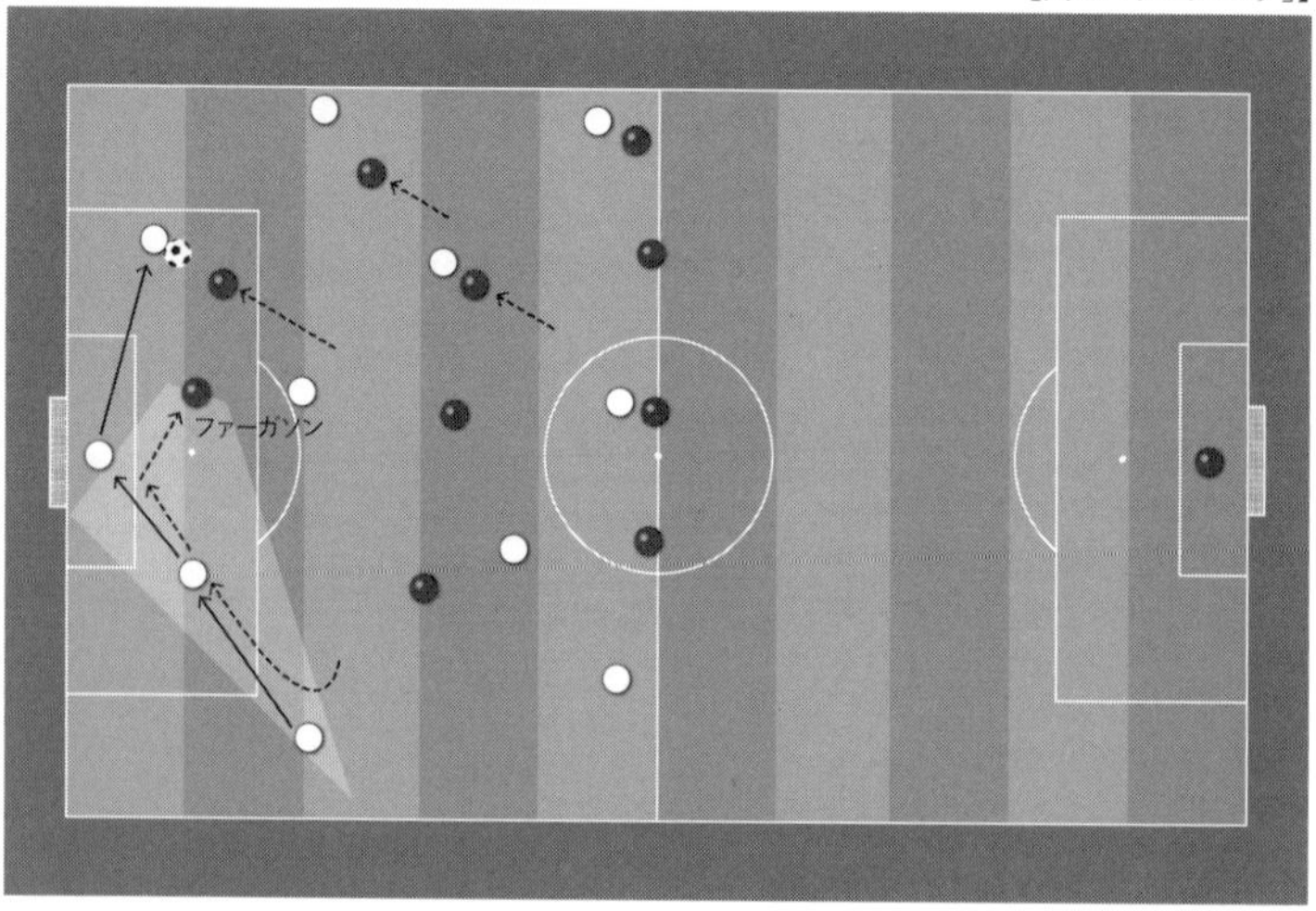

敵陣でボールを失った場合、前線の選手はすぐにプレスバックをかけて奪還を図る。押し込んだ際は2-3-5の陣形となっており、中盤の3枚がすかさず敵の攻撃手を潰すアプローチをかけていく。ただし後方の選手がカウンターの芽を即座に潰せない場合は厳しい状況に陥る。

■マンチェスター・シティとの比較

名将ペップ・グアルディオラは、ブライトンのビルドアップを世界一と評している。ではペップ・シティとデ・ゼルビ・ブライトンの類似性・差異はどのような点にあるのだろうか。

大きな違いは能動性・受動性の違いだ。シティを相手にするチームは引いて守る傾向が強い。そんな相手に対してシティは後方で配置的・数的優位を確立するよう自分たちに変化を加え、能動的に前進していく。

対してブライトンは相手のシステムに応じて自分たちのシステムや配置を変更する機会はそう多くない。あくまでベースは4-2-4だ。自分たちが変化する前に相手を変化させていく。それが「餌」のパスとなる。つまり、「餌」に食いついた相手の変化を見て、攻撃ルートを調整していくリアクション型といえる。ただし、ある程度狙ったリアクションを起こさせているからこそ彼らのサッカーは「支配的」であるのだ。

リアクションを起こさせるために、ブライトンのビルドアップではCBがボールを足元に置いたまま動かず、敵の守備ブロックとの睨み合いになるようなシーンも多い。

当然中央でボールを保持し、複数の攻撃ルートを持つことが前提でなければ相手が餌に食いつくことはない。この中央攻撃の厚さはブライトンとシティ両方に見られる共通点となる。

ブライトンがベースの4-4-2からシステムを変えるケースを見てみると、シティと同様後方での優位性を担保するような変更が多い。特に4-1-4-1に対する2-3-5、5-3-2に対する3-2-5での優位性確立はシティに通ずるものがあった。

守備戦術におけるセカンド・チェイスを用いた4-4-2プレッシングも、両チームとも効果的に活用している。

■おわりに

ブライトンは選手の質こそ他のビッグクラブに及ばないものの、ペップが評するように世界一とも言えるビルドアップの機能性を誇るチームだ。中央から展開できることを前提に「餌」を撒き、それに対するリアクションに応じて攻撃ルートを柔軟に変えていくサッカーは相手からすると対応が難しい。

相手が前からプレスをかけて妨害する場合、SBの立ち位置とロングボールを駆使しての前進が可能で、それを嫌気して敵が後退すると、陣形がいびつとなるうえに後方で余裕あるビルドアップが可能となり、楔を入れて前進しやすくなる。全ての攻撃が連動して相乗効果を生む非常に優れた設計となっている。

3人目となるCHを介することでカバーシャドウを無効化するパス回しは現代サッカーにおいて優位に働く部分だ。相手がマンツーマン気味に対応することで「3人目を介したパス回し」に対応してくれれば、GKを使うことで確実に数的優位を確保できる。このマンツーマン崩しとGKを含むビルドアップの整備は、ブライトンがさらに一歩進んだ優位性を持ち、リーグ戦で上位に食い込むことができた要因である。

ビルドアップの整備されたこのチームの中で三笘薫は、ドリブルという自身の持ち味を十分に発揮しやすい環境で戦うことができている。今やプレミアでも屈指のドリブラーだ。デ・ゼルビの手腕にももはや疑う余地はない。彼らの躍進、そしてデ・ゼルビの元でプレーした経験を三笘が日本に還元してくれるのを楽しみにしたい。

第6章

Real Madrid

SPAIN LALIGA

レアル・マドリード

Real Madrid SPAIN LALIGA

season 21-22

「自由」を謳歌し戦術を凌駕。支えとなった圧倒的な「個」と「バランス」

21-22シーズンのレアル・マドリードは、パリ・サンジェルマン、チェルシー、マンチェスター・シティ、リヴァプールと優勝候補たちを信じられないような逆転勝利で次々と撃破し、CL優勝を果たした。アンチェロッティに率いられるレアル・マドリードは、「戦術が無い個の集団」と表現されることもあった。たしかに、他の上位チームに比べると戦術的な縛りは目に見えて緩い。ベンゼマやヴィニシウス、モドリッチ達の個人技で得点を奪うシーンも多い。しかし、彼らは最低限の縛りと圧倒的な個々の能力及びバランス調整力でチームの歪みをかき消し「自由」を謳歌、戴冠に至った。

他のチームに比べて戦術的縛りが少ない。そのうえ、時に理不尽とも思える圧倒的な個の能力を有しているため、あたかも戦術が無いようにも思える。しかし圧倒的な11の個は互いにバランスをとり連動することで見事に調和し、チームとしての形を成す。決して個だけのチームと言い表すことはできない。不思議な感覚である。

では、彼らのサッカーはどのようなものであり、どのように機能していたのか?

■基本布陣

基本布陣は4-3-3だ。

GKには神がかり的なセーブを連発しチームを救い続けたクルトワが入る。DFラインは右から、優れたポジショニング能力でチームのバランスを保つカルバハル、対人守備に強さを見せるミリトン、スピードがありビルドアップでの貢献も大きいアラバ、ヴィニシウスのサポートを完璧にこなすメンディが起用される。

中盤は3枚だ。アンカーには守備全般の能力の高いカゼミロ、左右のIHにはパス精度をベースとした圧倒的な配球能力を駆使しゲームを組み立てるクロースとモドリッチが入り、攻撃を推し進める。

前線は右から、「万能型」の代表格と言えるレベルとなったバルベルデもしくはアセンシオやロドリゴ、決定的なゴールを何度も決めてきたエース・ベンゼマ、世界屈指の突破力を見せるヴィニシウスが入

【レアル・マドリード「基本布陣」】

り、ゴールを脅かす。

■チームのスタイル

レアル・マドリードは世界的に見ても、選手個々の能力が最も高いチームの一つだ。彼らの能力は攻守において存分に活かされている。

ゆったりとボールを保持して攻撃するシーンが多いレアル・マドリードにおいて、ビルドアップのキーマンとなるのはIHのモドリッチとクロースだ。彼らが低い位置に降りてメインとして攻撃を組み立てる。その際、アンカーのカゼミロはバランスを見て入れ替わるように前進するシーンも多い。他のメンバーも互いにバランスをとるようにポジションを微調整していく。

ファイナルサード、および速攻においては左WGのヴィニシウス、CFのベンゼマが中心となる。彼らは2人、状況によって1人で攻撃を完結させることのできる特別なプレイヤーだ。いかに彼らに良い形でボールを預けるかが攻撃における目標のひとつとなる。

守備においてはプレッシングとリトリートの両方を使い分けることができる。つまり遅攻、速攻、プレッシング、リトリートと多様な戦い方を備えているのだ。

■3パターンのポジションチェンジ

レアル・マドリードの攻撃には柔軟なポジションチェンジが用いられ、それによって敵陣に隙を生み出し、ヴィニシウスやベンゼマがゴール前で仕事を果たしやすい環境を整えていく。ただし、柔軟といってもこのポジションチェンジのベースは以下の3つとなる。

・モドリッチ、カルバハル

右IHに入るモドリッチは比較的自由にポジションをとる。モドリッチの位置取りによってカルバハルがバランスをとってポジションを調整するといった関係性となっている。【図1「モドリッチ、カルバハル」】

モドリッチがハーフスペース低い位置に降りる場合、カルバハルは高い位置のハーフスペースに移動する。「ハーフスペース高い位置：配球役、サイド低い位置：スピード型」から「ハーフスペース低い位置：配球役、スピード型、ハーフスペース高い位置：配球役」というように役割だけでなく陣形(三角形の頂点の配置)も変化させることで敵に違った判断を強いていく。

【図1「モドリッチ、カルバハル」】

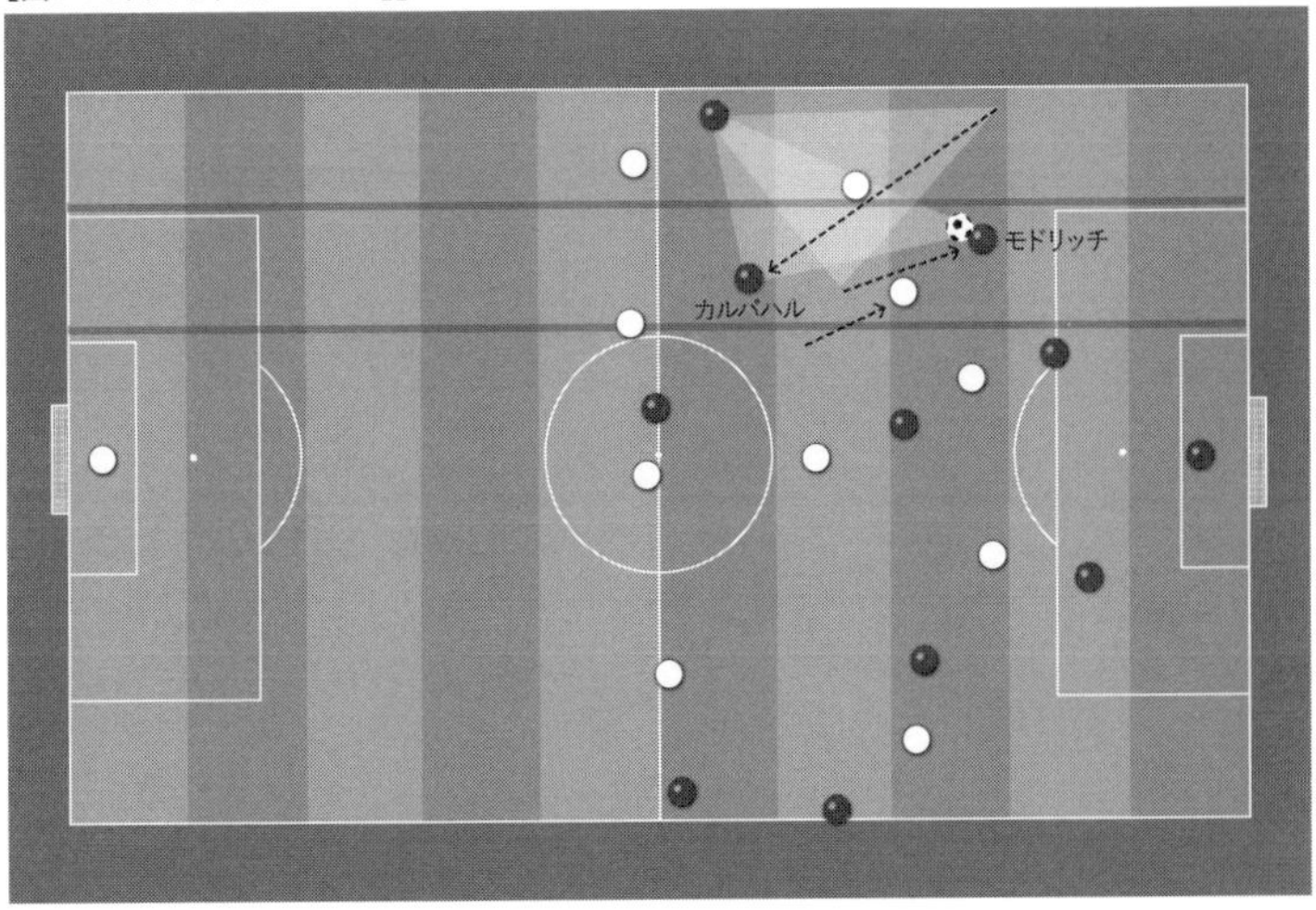

この時、WGのアセンシオやロドリゴはサイドに張っているケースも多い。少しだけ降りてモドリッチからのパスコースを作る等、上下動のみとなる。

カルバハルは高い位置に出た場合、右サイド裏だけでなく、ベンゼマが降りてできたスペースに抜け出すというモドリッチに無い動きも見せる。

バルベルデがWGに入る場合、中央まで絞ってベンゼマの背後に抜け出す動きも見せる。この場合のカルバハルはサイドで幅を取れるようにポジションを修正する。

こういったポジション移動ののちボールを失った場合、モドリッチとカルバハルは都度ポジションを元に戻すのではなく、プレーが切れるまでチェンジ後の位置に入ることで無駄な体力の消耗や移動を省いている。

これとは別に、モドリッチは左サイドに流れてパス交換に関与するプレーも見せる。この時のカルバハルは敵のポジションを確認し、敵WGが張っていなければアンカー脇へと絞った位置をとり、カウンターに備えている。前進が可能であればIHの位置までポジションをあげ、ベンゼマとの連携に絡んでいく。

・カゼミロ、クロース

パス能力の高いクロースは左サイドハーフスペースの低い位置に降りて攻撃を組み立てる傾向が強い。ポジションを下げた彼に敵が呼応してついてくる場合にカゼミロがポジションを上げ、クロースからのパス、もしくはメンディを経由したパスを受ける。アンカーのカゼミロをマークする役割はFWが担うケースの多い中で、カゼミロがポジションを上げると受け渡しが必須となる。そのためマークが外れやすい効果的なプレーとなっている。【図2「カゼミロ、クロース」】

また、カゼミロはクロースやモドリッチほどのパス精度は持ち合わせていないが、少ないタッチでボールを捌くことができるため、ショートパスを捌くことで味方との距離感を適切に保ち、攻撃にリズムを生み出すことができる。仮にクロースから前線へのパスコースが開けていなくても、短いパスを用いてカゼミロを経由することで、角度を変えてカゼミロから前線にパスを供給できるのだ。

・メンディ

メンディは通常の左SBの位置から、ビルドアッ

【図2「カゼミロ、クロース」】

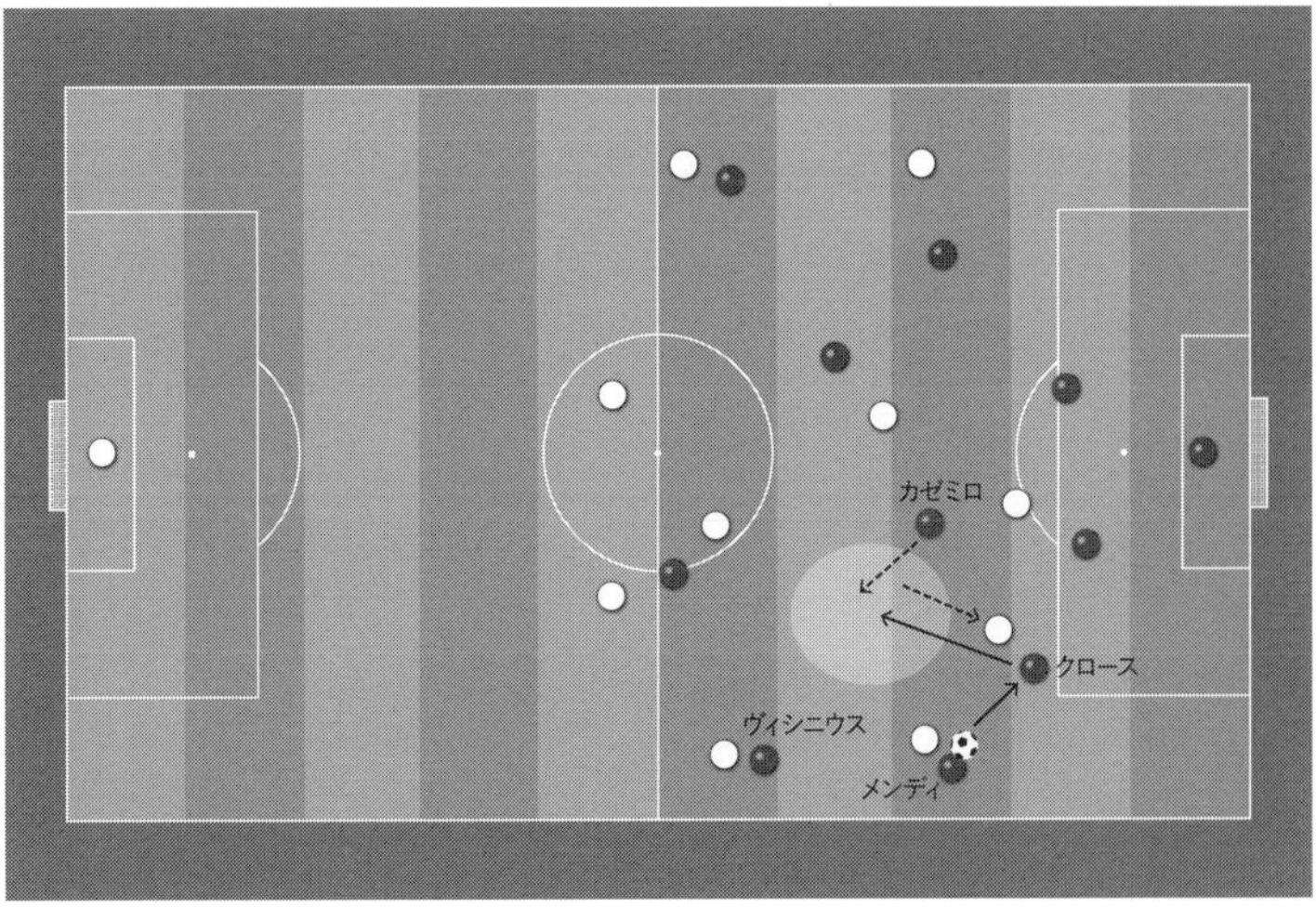

プ段階でハーフスペース高めの位置へとポジションを移す。【図3「メンディ」】

ヴィニシウスへのパスコースを空けるのと同時に、SB裏のスペースへと流れることもできる。後方にはクロースやカゼミロも位置しているためバランスとしても問題はない。ヴィニシウスを活かしつつ、自身も攻撃に参加できる効果的な動きとなっている。

右サイドでのムーブと似ているが、右サイドは配置バランスを重視しているのに対し、左サイドではいかにヴィニシウスに良い形でボールを預け、サポートするのかという点に重きが置かれている。

■技術の高さに基づくレアル・マドリードの自由

レアル・マドリードの攻撃は「自由」である。決められた動きをこなすわけではなく、状況から判断して自身が活きるエリアへ移動する、もしくは自身の得

【図3「メンディ」】

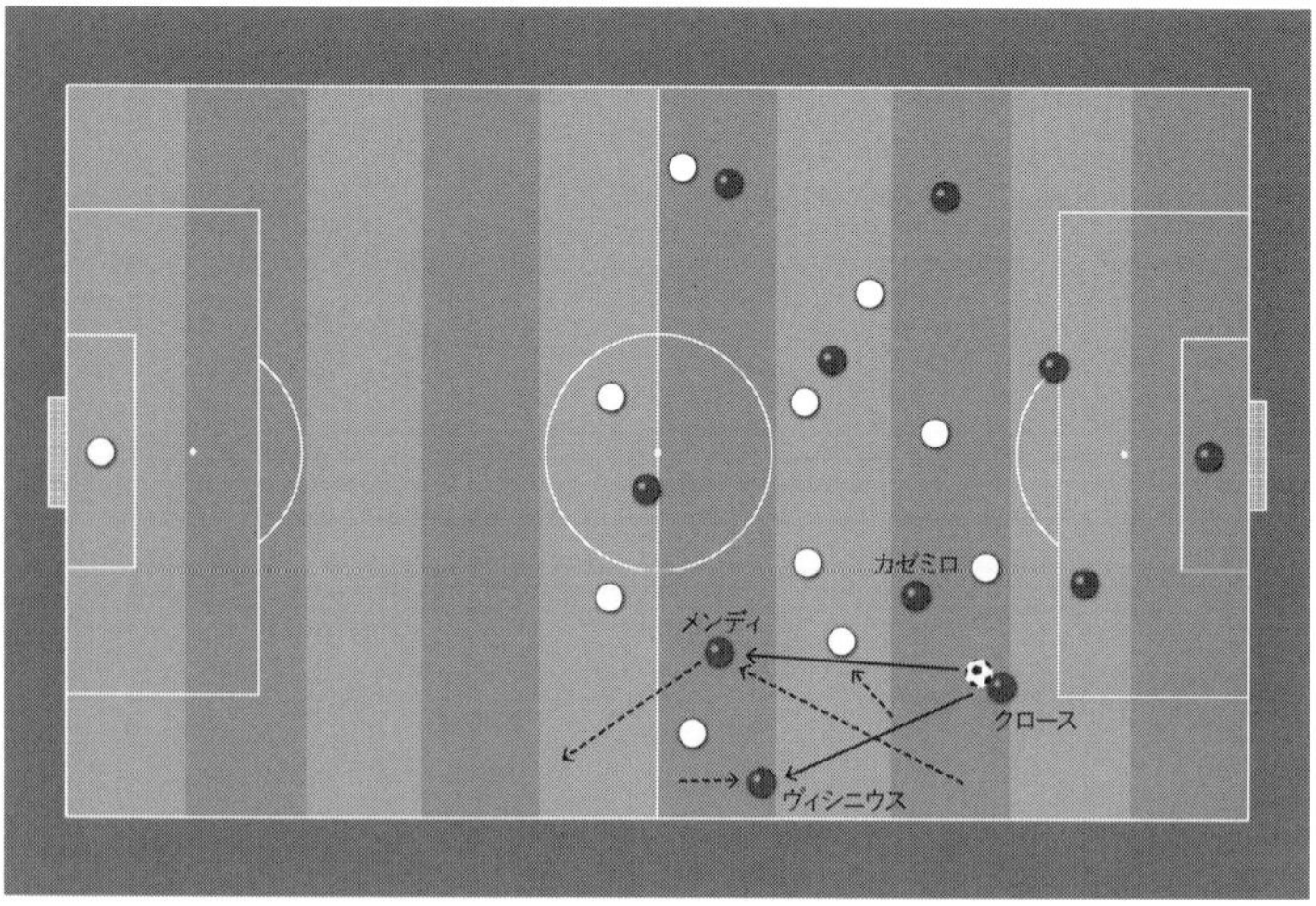

意なプレーを発揮できるエリアへ移動するという自由が与えられている。

ただし、これはただの自由ではない。選手の技術やポジショニング能力に基づいた自由だ。相手の策に屈しない高レベルの技術、バランスが崩れないよう個々でバランスをとる能力を有していることが条件となり、いずれかを失えば破綻する。

一見するとクロースとモドリッチ、そしてベンゼマやバルベルデまでもがボールに絡むために低い位置に降りてきているように見えるが、大きくバランスを崩すことは無い。

例えば21-22シーズンCL決勝リヴァプール戦、相手のプレッシングを前に機能しない部分もあったものの最後までビルドアップの中心はクロースとモドリッチであった。

レアル・マドリードはビルドアップにおいてSBを中心にピッチの幅を広く使ってポジションをとるため、ボールを失った際には中央が手薄となり非常に危険な状態に陥る。ましてやリヴァプールのプレッシングは速攻に移りやすい構造であるためなおさらだ。それでもモドリッチとクロースは圧倒的なパス技術、視野の広さを駆使して危険な失い方をすることがなかった。

彼らの技術を活用して狙ったエリアの一つがサラーとアーノルドの間のスペースだ。左サイド攻撃においてはサラーによるプレスバックがさほどなされない。アーノルドは最も危険なプレイヤーであるヴィニシウスのマークにつく必要があり、サラーの背後にポジションをとる左SBメンディは比較的余裕のある状態でボールを受けることができた。【図4「クロースのパス技術」】

メンディにボールを送り込むためにはサラーの頭上を越えるロブパスを送り込む必要がある。当然失敗すればリヴァプールで最も危険な選手に速攻を仕掛けられることになるが、クロースとモドリッチは当然のようにメンディにロブパスを送り込む。リヴァプールの組織的な守備をも破壊する圧倒的な技術だ。組織的に戦うチームにとって怖いのはそれを上回る組織力・相性の悪い相手だけでなく、「組織をものともしない破壊的な個の力」である。レアル・マドリードの「自由」の条件のひとつである「個」は間違いなく世界トップレベルにあった。

■「自由」を支えるポジショニング・バランス能力

技術の高さを礎としているものの、決してバラバラなわけではない。そこが、単に個の能力が高いだけのチームとの大きな差だ。

例えば、4‐3‐3のチームで両ＩＨがビルドアップ時に下がればチームとしてのバランスは崩れやすくなる。それでもレアル・マドリードのバランスが保

アーノルド　ヴィシニウス　ベンゼマ　メンディ　サラー　クロース　カゼミロ　モドリッチ

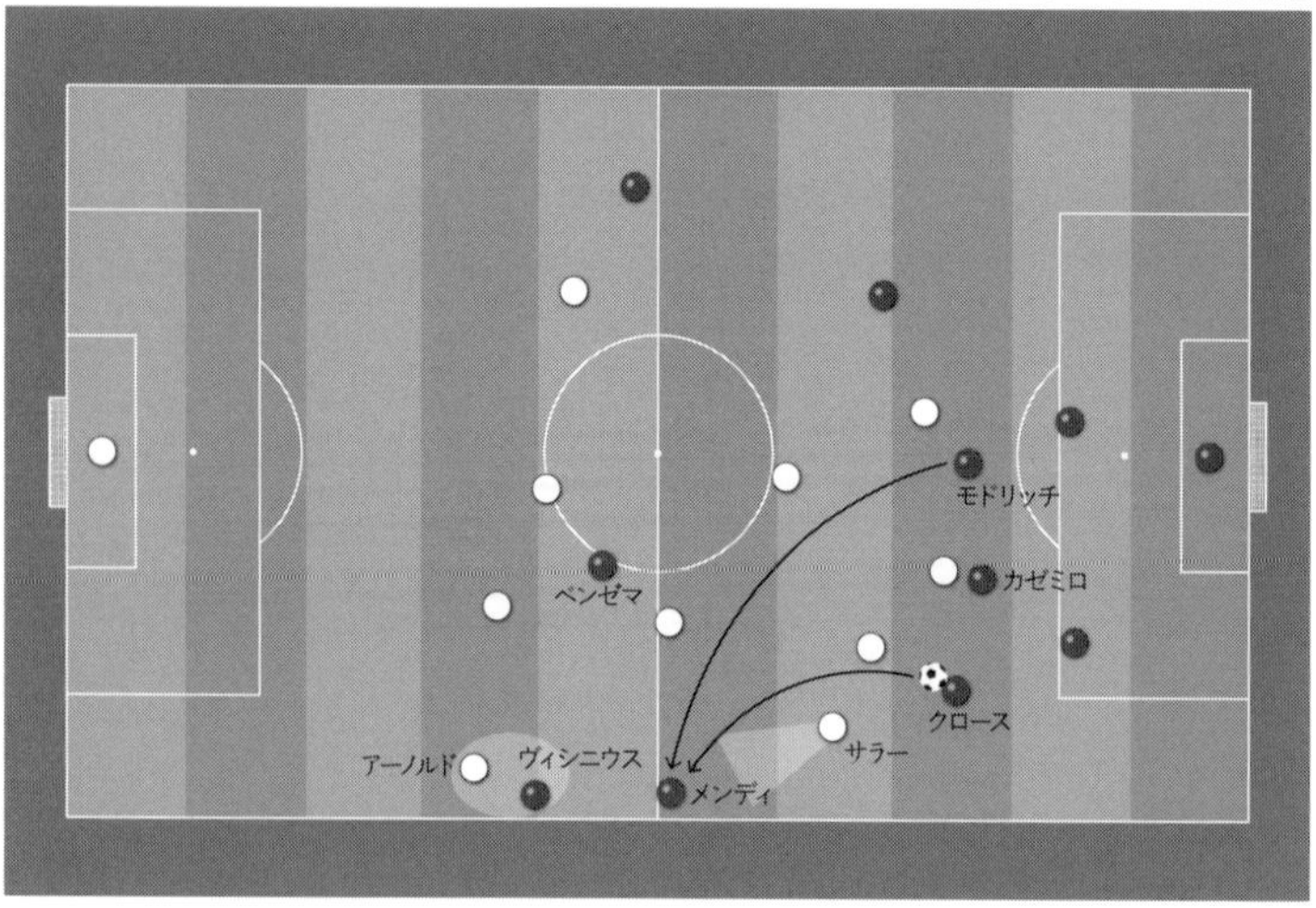

たれるのは

①カゼミロの位置
②右サイドを中心としたバランス能力
③ゆったりとした全体の押し上げ、少数での攻撃完結力

といった要因が挙げられる。

まず、アンカーのカゼミロがポジションを上げることで4-2-3-1のような形でバランスをとることが可能である。

カゼミロのポジショニングはレアル・マドリードの「自由」および「バランス力」の象徴だ。彼はモドリッチやクロースほどの技術は無くターンして展開する力も遠く及ばないものの、シンプルなワンタッチパスで「3人目」として新たなパスコースを生み出すことができる。

3人目としての彼の動きは消されたパスコースを復活させる役割を持ち、モドリッチやクロースの助けとなった。クロースからメンディやヴィニシウスへのパスコースが消されていても、カゼミロを経由することでパスコースを復活させることができる。【図5「3人目となるカゼミロ」】

この3人目のコンセプトとクロースによる短いパス(クロース自身から前線に送り込むパスでなく、「味方に楔を打たせるためのパス」)はプレッシングをかい潜るうえで非常に有用だ。このコンセプ

トをクロースとカゼミロだけでなく選手一人ひとりが当然のものとして持ち合わせているからこそ、縦への推進力を維持したまま柔軟で自由に戦うことができるのだ。

ただし、カゼミロの役割ははっきりとしているものの、位置取り自体は明確なものとはなっていない部分もある。リヴァプールのような強力なショートカウンターを備えるチームに対しては被カウンターのリスクも考慮して上がりをやや控えていた。

モドリッチも低い位置を取っていれば、逆ＳＢのカルバハルがハーフスペースの高い位置へと進出する。左サイドからの展開でカルバハルがベンゼマに近いエリアでボールを呼び込む動きは多くみられる。

■レアル・マドリードのバランスをとるムーブ

カゼミロの位置取りが曖昧であったとしてもバ

【図5「3人目となるカゼミロ」】

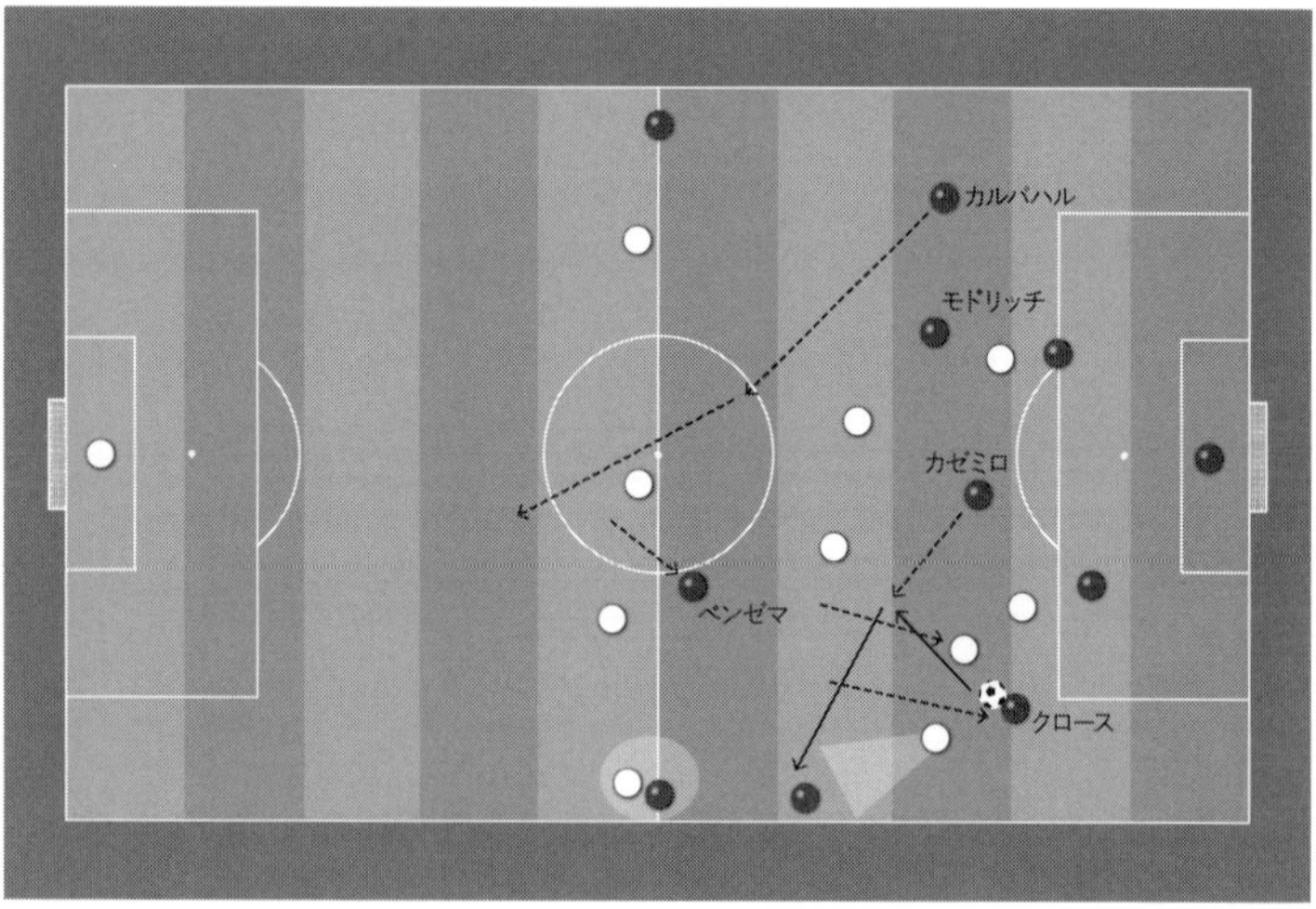

ランスが崩れないのは、バランスを取れる選手がカゼミロ以外にもいるからだ。例えばベンゼマは孤立しないように下がり気味にポジションをとってボールを引き出すこともできる。右WGのバルベルデは守備時・攻撃時ともに絞った位置をとりIH不在のCF周りでプレーが可能、カルバハルも大外高い位置をとるだけでなく通常IHが位置するハーフスペース、さらには上述の通り右SBながらCFの背後に抜け出すことでベンゼマと連携を取ることも可能だ。同様に、前方が開けた場合CBミリトンもハーフスペースを前進することができる。左SBメンディはハーフスペースに斜めに入り込み、ヴィニシウスのサポートをこなすことができる。【図6「バランスをとるムーブ」】

このように攻撃において敵・味方の配置を認知し、全体のバランスを崩さないようポジションを移動することのできる選手達が「自由」を支えているのだ。

【図6「バランスをとるムーブ」】

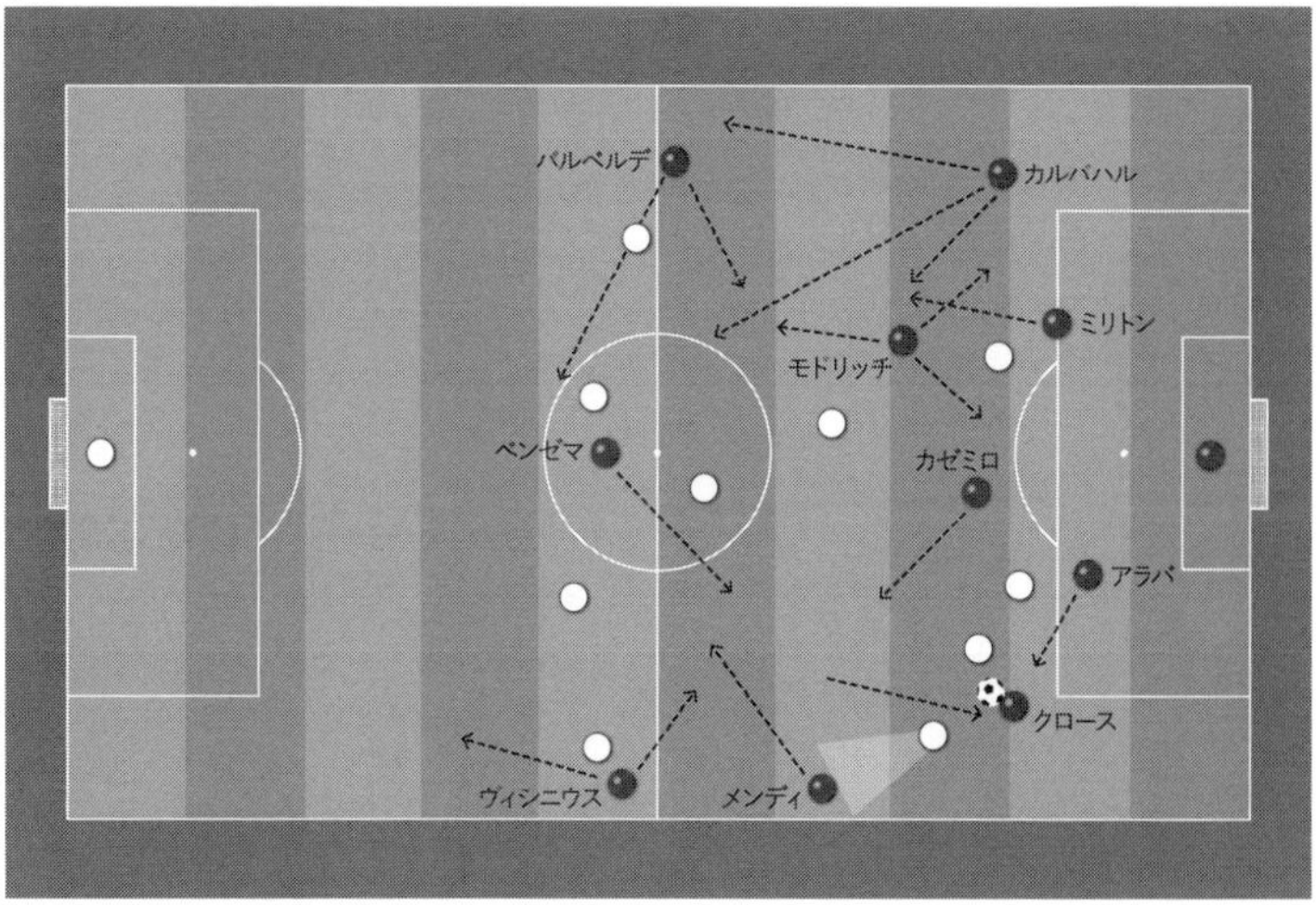

チームとしての決まり事というよりも選手個々人の高いバランス力と判断力で成り立っている。

またカルバハルやメンディは内側へのドリブルやパスを得意としている。ビルドアップ段階で中央にボールを移動させつつ新たなパスコースの創出、中盤の選手とのリンク、内から外に向かってプレスをかける敵選手を外す、GKや逆サイドへの展開を行う等、内側の選手とのリンクを切ることなく多彩な攻撃の選択肢をチームに提供している。ボールホルダー自身もバランスを考慮しているのだ。

極めつけは攻撃のスピード感だ。早い段階でヴィニシウスもしくはベンゼマにボールが渡れば、2人だけで攻撃を完結することが可能だ。陣形が乱れていても2人の攻撃の合間に修正することができる。他のメンバーが無理に上がらなければカウンターのリスクを抑えることができ、中盤の運動量や強度の勝負になりかねないオープンな展開を避けることにもつながる。

2人にボールが入らなければ、後方でボールを回しながらゆったりと全体を押し上げる。相手を押しこみつつ陣形を調整することで乱れを無くし、得意な形での連携もしくは個人能力の発揮に持ち込むのだ。

各選手の強みを活かすためにバランスをとる(ポジションを移動する)ことができる。これがレアル・マドリードの強さの秘訣だ。クロースやモドリッチが、ベースとなるIHのポジションから移動するというのも停滞感が生まれないポイントとなっている。ポジション移動のない攻撃には停滞感が生まれやすいからだ。

バルベルデもボールサイドに大きく寄っていく傾向が強い。ボールが左サイドにある時は同サイドのハーフスペースに移動することもある。敵中盤とDFラインの間での横移動は相手のマークの所在を曖昧とし、ギャップに入り込みやすくなる効果を持つ。

また、小さな隙間でも縦につける意識の強いクロースやモドリッチといった選手との相乗効果も生まれやすい。バルベルデはネガティブ・トランジションで攻撃の芽を潰すような戻り方にも優れており、ロスト後即ピンチとはなりにくいのもリスクを低減させるポイントだ。

バルベルデの位置取り次第でSBのカルバハルは幅をとるか、内側に絞って起点となるかの判断を的確に下すことができる。バルベルデが単体でボールサイドに移動する場合、ただ単にチームのバランスを崩しているようにも捉えられるが、カルバハルが連動してポジションを修正することで、バルベルデのポジション移動を有意義なものに昇華させてい

【図7「バルベルデ」】

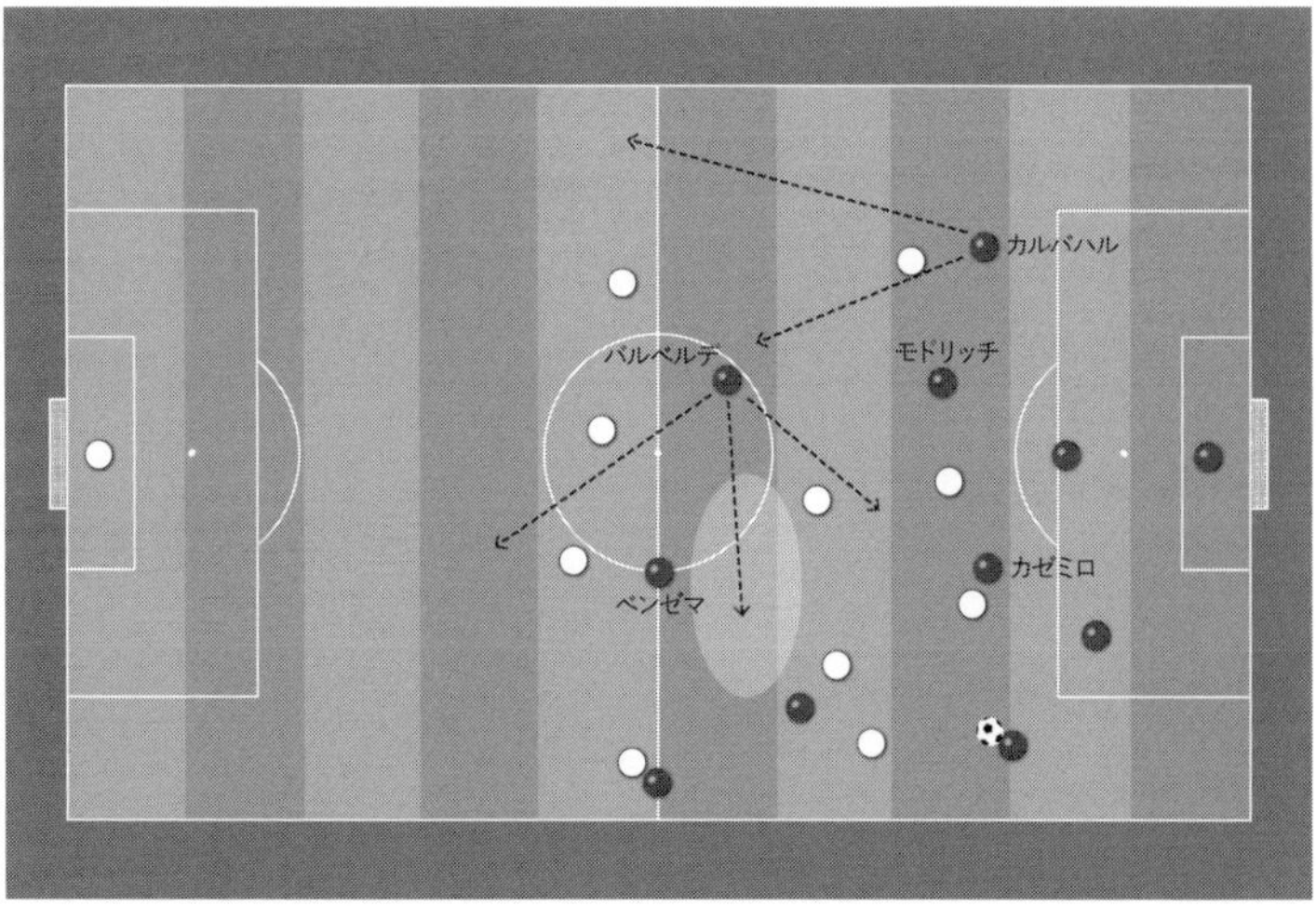

る。【図7「バルベルデ」】

　こういった連動によって、チームの配置バランスを良い意味で崩しつつ、同時にチームのバランスを保っているのがレアル・マドリードの長所となる。

■vs 5-2-3における立ち位置

　CL準々決勝は、ディフェンディングチャンピオンのトゥヘル・チェルシーとの一戦となった。トゥヘル・チェルシーは5-2-3によって組織された安定感ある戦い方が代名詞であった。対するレアル・マドリードはこの試合、モドリッチが下がらずに4-2-4のような立ち位置を取った。【図8「vs 5-2-3」】

　ビルドアップの狙いは敵シャドーの守備基準を曖昧にすることだ。SBによってシャドーを外に広げ、CBから中央のCHへのパスコースを生み出す。SBが前進を図れば自然と敵シャドーは対応に広

【図8「vs 5-2-3」】

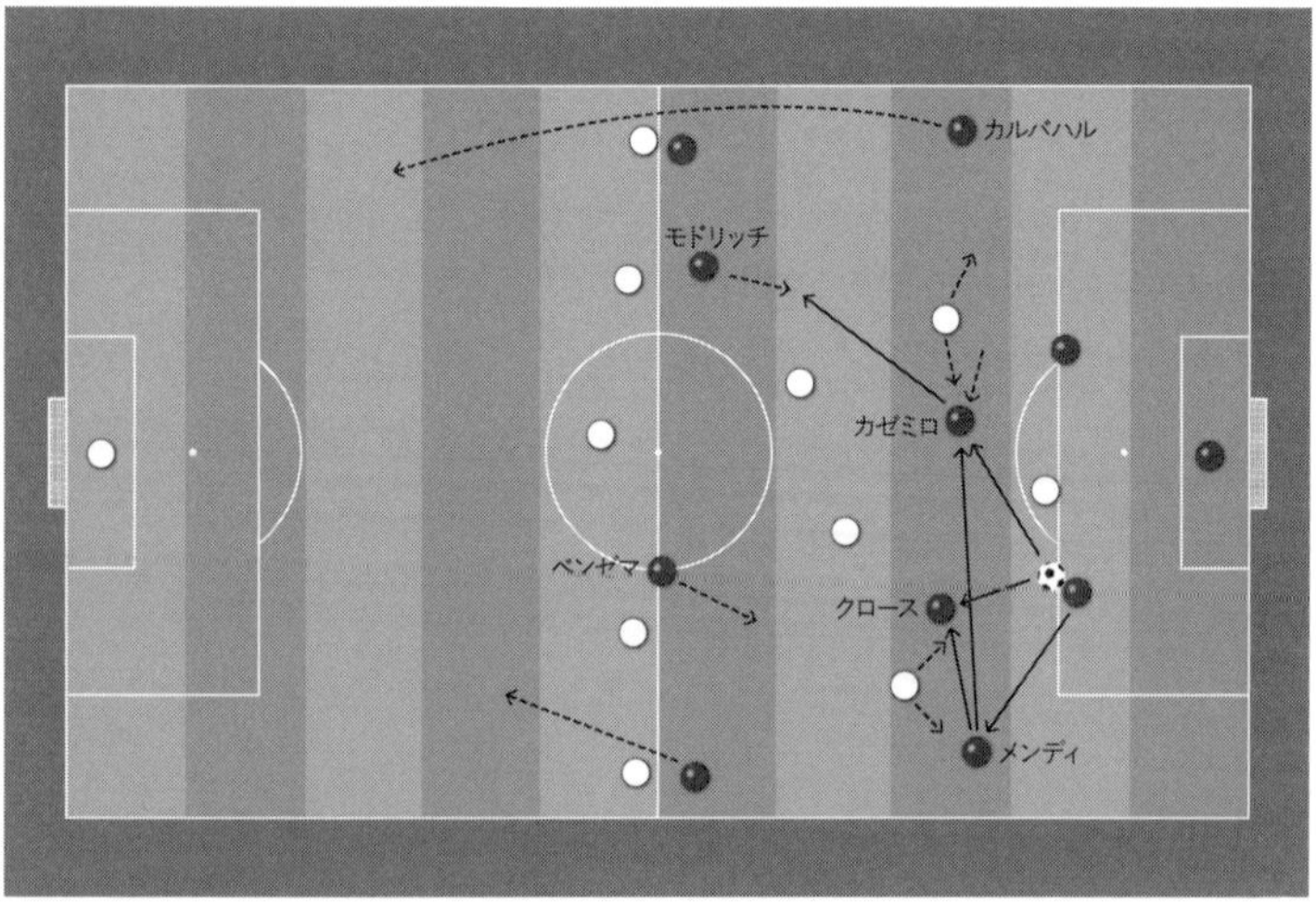

がってくるため、再度ＣＨへのパスを試みる。このＳＢからＣＨへの展開はプレスを回避するためにも非常に重要であり、カルバハルとメンディによって確実に遂行された。

ボールを持ったＳＢ、ＣＢに対して、逆ＣＨが中央まで寄ってパスコースを提供できるようポジションを取ることがポイントとなる。ここを敵ＣＦが抑えるようであれば、ＣＢ経由でサイドを変えて敵シャドーを疲弊させることができる。逆シャドーが対応するようであれば、外でＳＢがフリーとなる。基本的にこの位置の選手に誰かがマークに動くというのは難しく、フリーとなる機会が多くなった。ここを使えると、逆サイドのＦＷへ展開しやすくなる。

こういったプレーでプレスを回避し、２トップのような形となるベンゼマやモドリッチにボールを供給すると、ヴィニシウスは裏に抜け、メンディとカルバハルはサイドを駆け上がる。敵ＷＢに対してＳＨとＳＢで数的優位を作るためだ。

一度ボールを受けたベンゼマやモドリッチは、サイドに展開すると同時にゴールへと向かい、戻りながら後ろ向きに守備を行う相手に対しベンゼマは得点を、モドリッチはアシストを狙っていく。

普段は低い位置に入る傾向の強いモドリッチであるが、試合によっては高い位置をとる。こういった使い分けができるのもレアル・マドリードの強さの秘訣となる。

■ロングボール戦術

後方で余裕を持つことができない試合では、ロングボールも前進の選択肢のひとつとなる。ロング

ボールはベンゼマ、もしくはCBの影響範囲に入らないWG（特にバルベルデ）に向けて放たれる。【図9「ロングボール」】

ベンゼマへのボールの場合はWGの裏抜けがセットで行われるものの、セカンドボールを回収する仕組みが弱いため、あくまで危険な失い方を防ぐという側面が強い。これを有効な攻撃手段に昇華するには条件がある。

まずはカルバハルによるサポートだ。長身のバルベルデが敵SBと競るのであれば、ボールが大きく弾かれるのではなく近くにこぼれる可能性も高くなる。カルバハルがバルベルデの外、もしくは手前でセカンドボールの回収を行うことでさらなる攻撃の可能性が高まる。

次が他力にもなるが、敵のプレッシングの穴を突くことだ。敵のSBがプレスに参加する場合、WGがサイドでスピードを活かして収めることができ

【図9「ロングボール」】

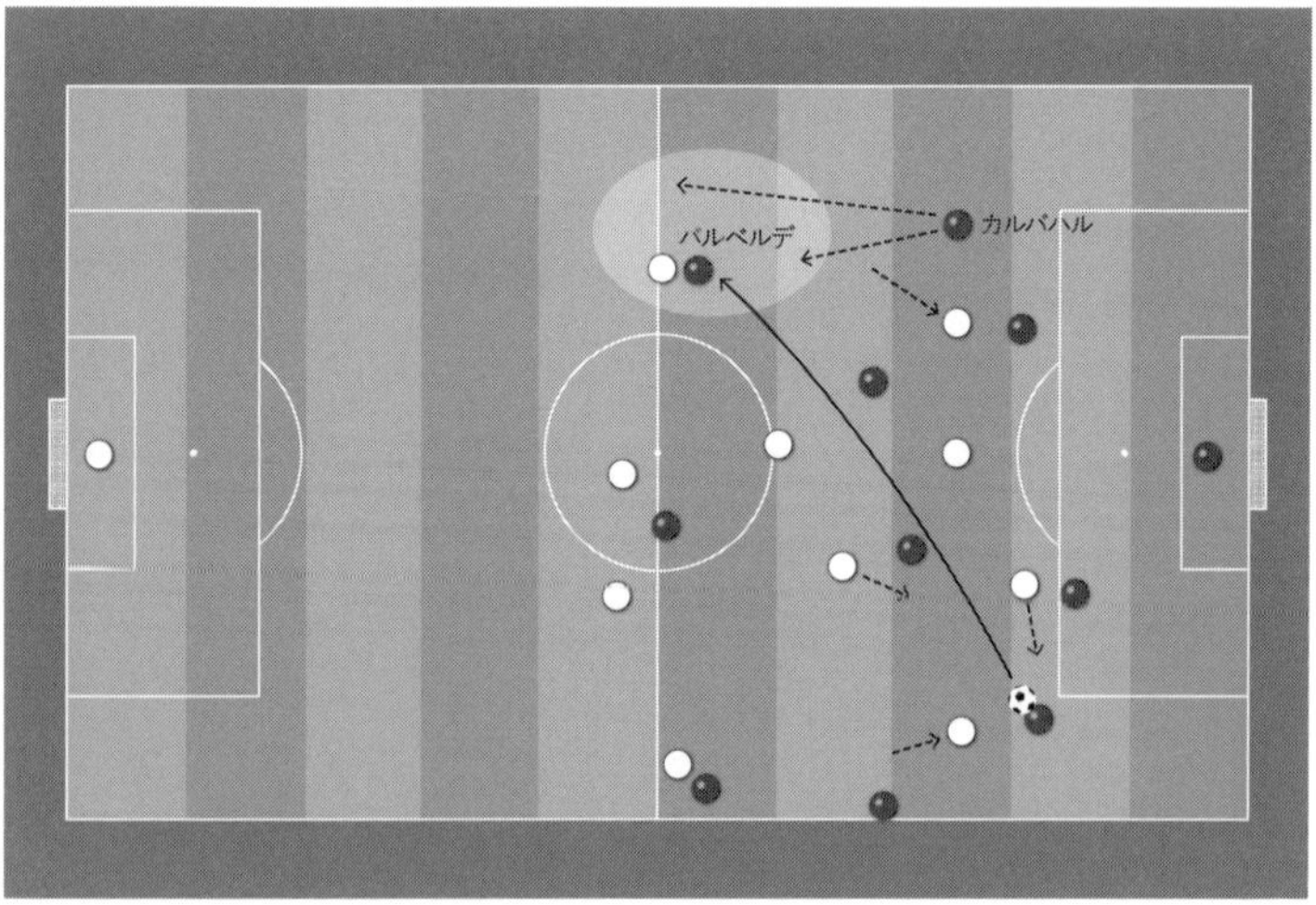

る。敵のセカンド回収の機能性が低い場合は、バルベルデやカルバハル、カゼミロといった切り替えの早い選手がボールを収めるべく奮闘する。

■少人数での攻撃完結力

速攻でヴィニシウスにボールが入ると、基本的にはベンゼマと二人でゴールを目指す形となる。レイオフやリターンパスの上手いベンゼマが斜め後方でサポートに入り、抜群のスピードとドリブル技術を誇るヴィニシウスと繰り出すワンツー攻撃は、レアル・マドリードに多くの得点をもたらした。2人で攻め上がることができるため、他のメンバーは無理して攻撃参加をせずカウンターに備えることもできる。

IHのモドリッチやクロースが低い位置を好むため、遅攻であってもゴール前が少人数となることがある。そういった場面でもヴィニシウスとベンゼマ、もしくはそこにロドリゴ等も絡んでの2～3人のユニット攻撃が活きる。配置のバランスを個でカバーしているということだ。

■ヴィニシウスのCL決勝ゴール

CL王者を決定づけた決勝リヴァプール戦のヴィニシウスのゴールはレアル・マドリードの特徴が大いに表れたものであった。【図10「ヴィニシウスの決勝ゴール」】

クロースを中心に組み立てていた左サイドにて、ミリトンが相手のプレスをいなし右のカルバハルに送ると、彼は得意の内側へのドリブルで敵ＩＨをいなしてボールをキープし、陣形を整える。

低い位置に入ったモドリッチは前進したカルバハルへ楔を送る。この段階で左ＳＢロバートソンが釣り出され、ＤＦラインは3枚となる。カルバハルからカゼミロ、ターンをせずに敵の陰に入っていたバルベルデへとつなぎ、カルバハルがオーバーラップでファン・ダイクの注意を自身に惹きつつクロスへの注意を逸らすサポートを行う。ここまでで作り出したゴール前での2vs2という少人数での同数エリアにバルベルデが高速グラウンダークロスを放ち、ヴィニシウスが押し込んだ。

モドリッチ、カゼミロ、カルバハルといったプレイヤーの特徴、そして3人目の意識が存分に表れた、レアル・マドリードの歴史に刻まれる1シーンとなった。

【図10「ヴィニシウスの決勝ゴール」】

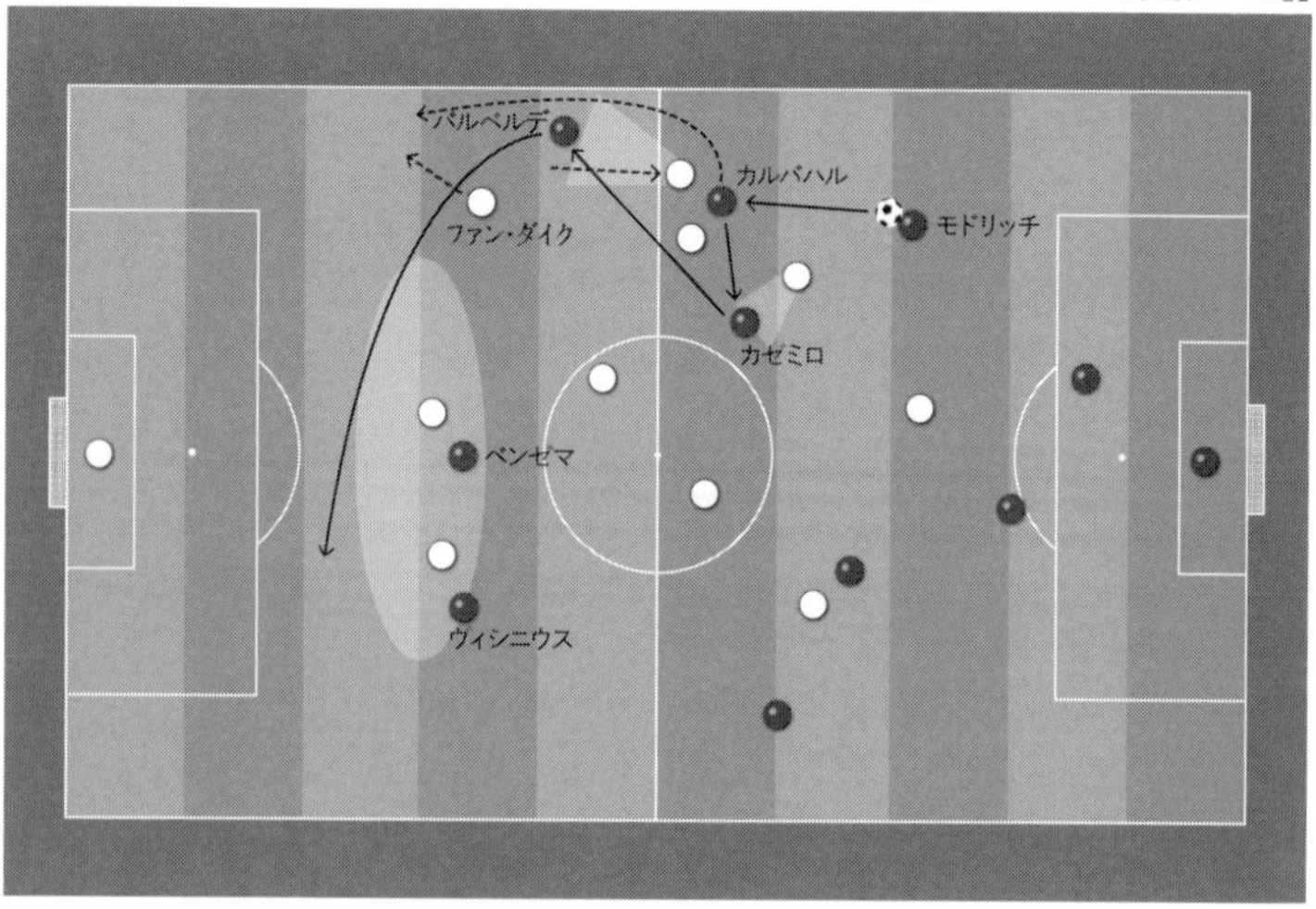

■レアル・マドリードのビルドアップの問題

レアル・マドリードはクロースとモドリッチが中心になってビルドアップが行われるが、それがマイナスに作用する時もある。それがビルドアップにおける課題となる。

クロースとモドリッチが低い位置で2CBと4人でビルドアップに関与することでチームは前進していく。共にCBの左右いずれかの脇に寄り添うように降りるのが特徴だ。ただし、高い位置からプレッシャーをかけるリヴァプールやマンチェスター・シティとの対戦時には降りるクロースが狙われることとなった。【図11「ビルドアップの課題」】

「降りながら」ボールを受けるクロースに対し、マークにつく選手(リヴァプールの場合はIHヘンダーソン)がそのままついていき、同時に近い距離にいるCBへのプレスもかけることでプレスを誘発する結果となってしまう場面が頻発した。「降りてから」

【図11「ビルドアップの課題」】

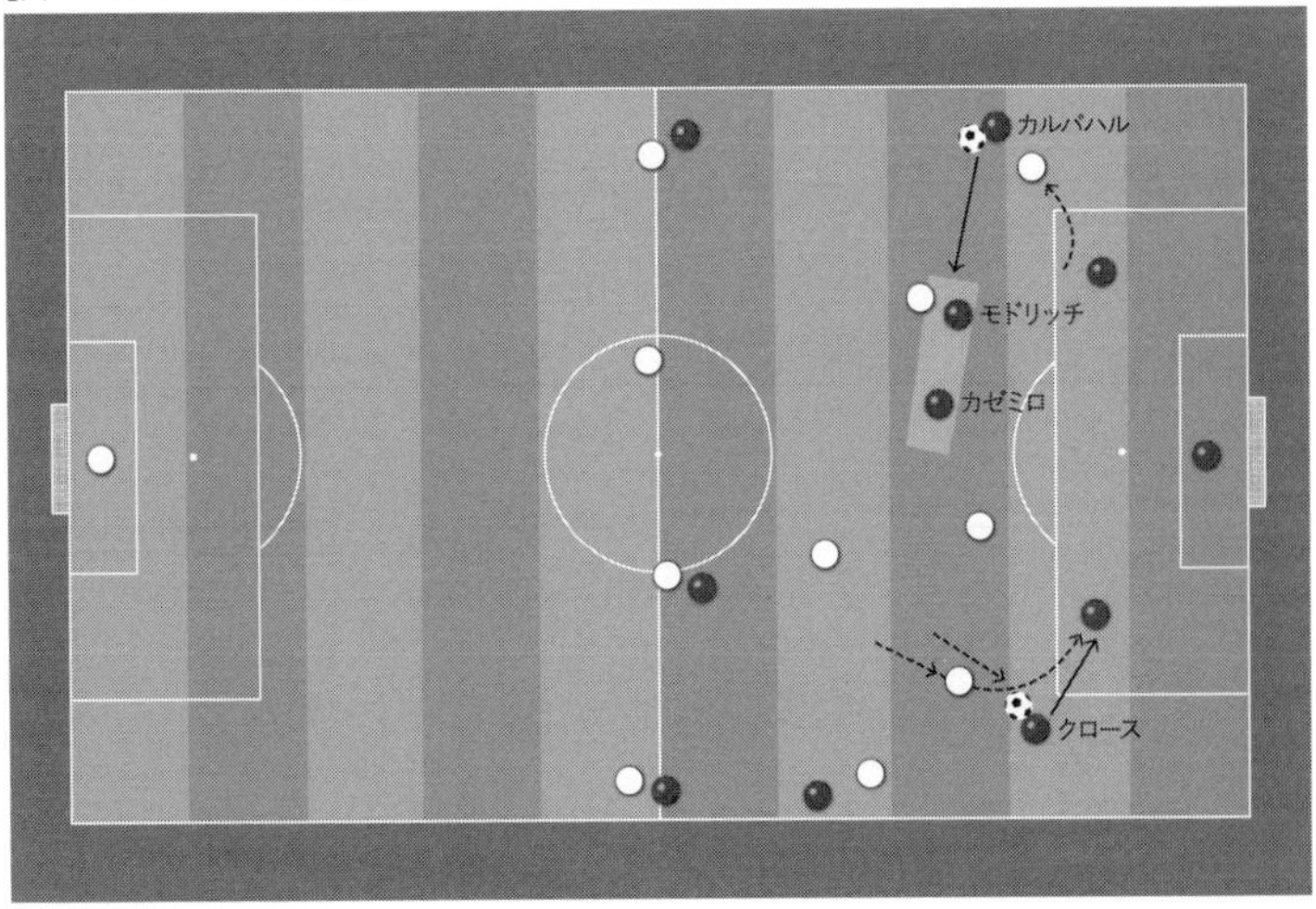

ボールを受けることを許してもらえれば、また違った攻撃が可能となっただろう。

　SBのカルバハルが低い位置でボールを持てた場合も、手詰まりの状態に陥った。低い位置のモドリッチがアンカーのカゼミロへのパスコース上に位置することでパスコースが一つ減るからだ。モドリッチが高い位置にポジションをとれば、カルバハルからのパスコースはカゼミロとモドリッチの2コースにできる。相手のプレッシングに押されて主導権を握られ、バランスがとれていない状態に陥ると瓦解の可能性が発生するのだ。

■レアル・マドリードの守備の要点
【図12「守備」】
◆4-3-3(もしくは4-1-4-1)でのブロックを形成、リトリートとプレッシングの両方を使い分ける。

【図12「守備」】
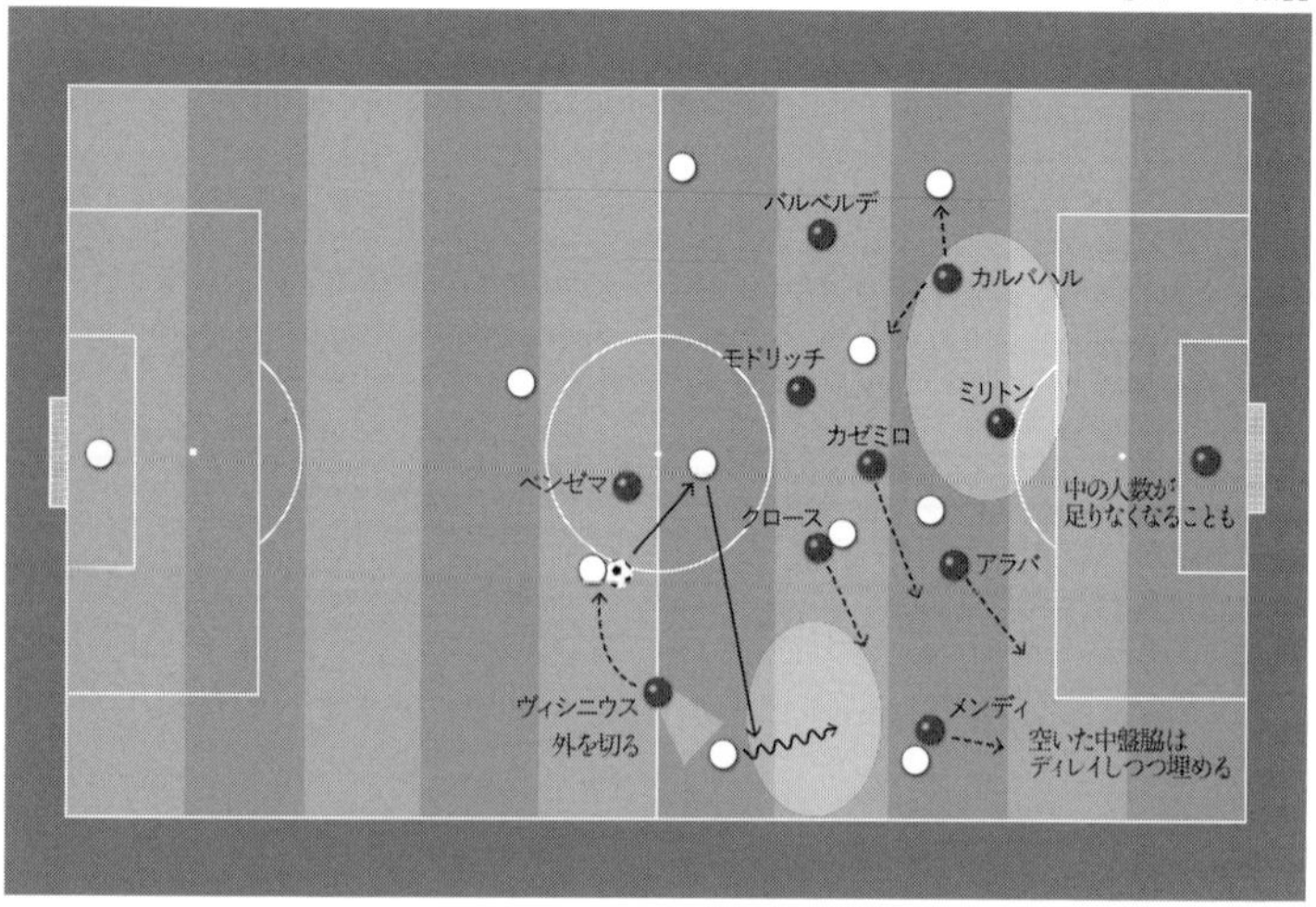

◆敵アンカーにはIHもしくは3トップのいずれかが対応する。3トップというのはベンゼマ、もしくはボールと反対サイドのWGである。しかし、アンカーを見るほど3トップの守備能力と意識は高くないため、3トップがアンカーを見なければならない状態だと厳しい。
◆右WGのアセンシオやロドリゴはIHと同じ高さで、左WGのヴィニシウスはそれよりやや高い位置で守備に入る。ヴィニシウスは外を切るようにプレッシングをかける傾向が強い。ただし、フリーとなるアンカーを経由して左SBメンディとの間のスペースに送り込まれて前進を許すケースも少なくない。同様に、ヴィニシウスとCFベンゼマの間をドリブルやパスで通過されると対応が難しくなる。(IHクロースが前進すると中盤の脇を使われてしまい、後手に回るため)
◆中盤3センターの脇がウィークポイント。ここに入られた場合はディレイを行う。SBは飛び込まずに味方CB、アンカー、IHのスライドを待ち、全体として一定の高さ(ペナルティエリアの先端近辺)まで引いてスペースを埋める。
◆カゼミロが左サイドのカバーに入ることで人数が担保できるため、ヴィニシウスは途中で守備を止めてカウンターの準備を行うことができる。
◆右サイドではSBカルバハルが的確にディレイとポジション修正を行うことで数的不利な状況にも対応する。敵WGが絞った場合、奪取のチャンスであればアンカー脇まで前進して攻撃の芽を摘む。カバーエリアの広いミリトンがサイドをケアし、その間だけポジションを入れ替える等、DFラインのメンバー間の柔軟な対応が光る。

◆クロス対応に脆さを見せる。DFラインのメンバーの身長が高くないうえに、プレッシングのかからないSB手前のスペース、ゴール前に備える選手の少なさによる一人あたりのカバーエリアの広さが原因となる。
◆ボールを失った際は近くの選手からプレッシングをかける。カゼミロは近くの選手へのパスカットを狙える位置をとり、CBのアラバとミリトンは鋭い出足で奪いに行く。敵がバックパスを選択すると全体を押し上げる。
◆ラインを押し上げ前線からはめ込む際、全体が間延びして中盤でロングボールを拾うことが難しくなっている。
◆頻繁なポジション移動による被カウンターのリスクがある。

■プレッシングとリトリート

レアル・マドリードの守備を詳細に見ていく。レアル・マドリードはプレッシングをかけることが多いが、ブロックを組む時間も長い。無理なプレッシングを避け、ある程度プレスをかけて難しければリトリートするスタイルであるからだ。ネガティブ・トランジションのスピードが早くなく、即時奪回が多くないことも要因だ。

まずは前線からのプレッシングを試みる。レアル・マドリードのプレッシングでマストとなるのは「セカンド・チェイス」だ。

ベンゼマを例にすると、彼がアンカーを見ている位置からCBにプレスをかけるとアンカーへのカバーシャドウがかかった状態となり、パスコースを消すことができる。CBはもう一方のCBにパスを出すが、そのままパスを受けたCBにベンゼマがプレスをかければCB間のパスコースを消すことができる。これは体力の消耗が激しいものの、確実にパスコースを切りながら攻撃の誘導を行うことのできる守備技術だ。【図13「プレッシング」】

レアル・マドリードのプレスには確実にこのムーブが含まれる。前述の例のベンゼマに加え、SB→CBへとプレスをかけるヴィニシウス、自陣の場合はIH→アンカーへとプレスをかけるモドリッチ等IH陣に多い。

プレッシングをかける場合は前線のセカンド・チェイスに連動する形で、IHのモドリッチとクロースがアンカーとボールサイドのIHを見ること

【図13「プレッシング」】

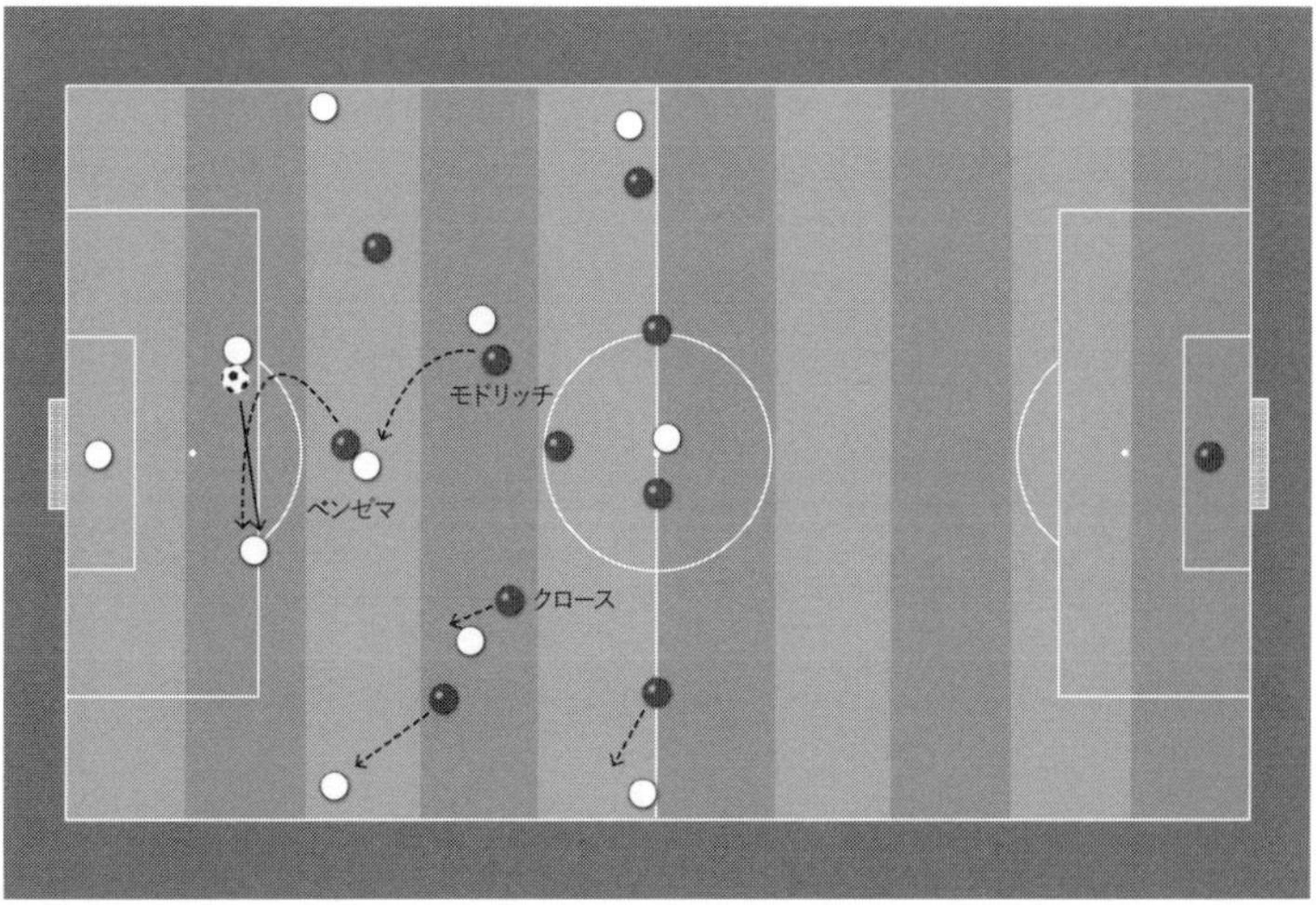

となる。WGはやや絞った位置をとり、SBにボールが出るタイミングでプレスをかけていく。
敵のシステムが中盤逆三角形の4-3-3であれば、はじめからモドリッチをトップ下にあげた4-2-3-1で噛み合わせるように守ることもできる。
こうした中でプレスがはまらなかった、もしくは攻撃→守備のトランジションで陣形が乱れていた場合、無理にプレスをかけるもしくはプレスを続行することはせずにリトリートする。【図14「リトリート」】
リトリートの際、縦パスのコースを消すのは当然であるが、アンカーに無理にプレスにいかずに持たせるのも大きな特徴だ。IHのモドリッチやクロースがDFライン手前のパスコースを遮断することが重要となる。ここがプロテクトできれば、アンカーからの展開も難しくなり、前線メンバーの帰陣やプレスバックも期待できる。激しくプレッシングをかけ

【図14「リトリート」】

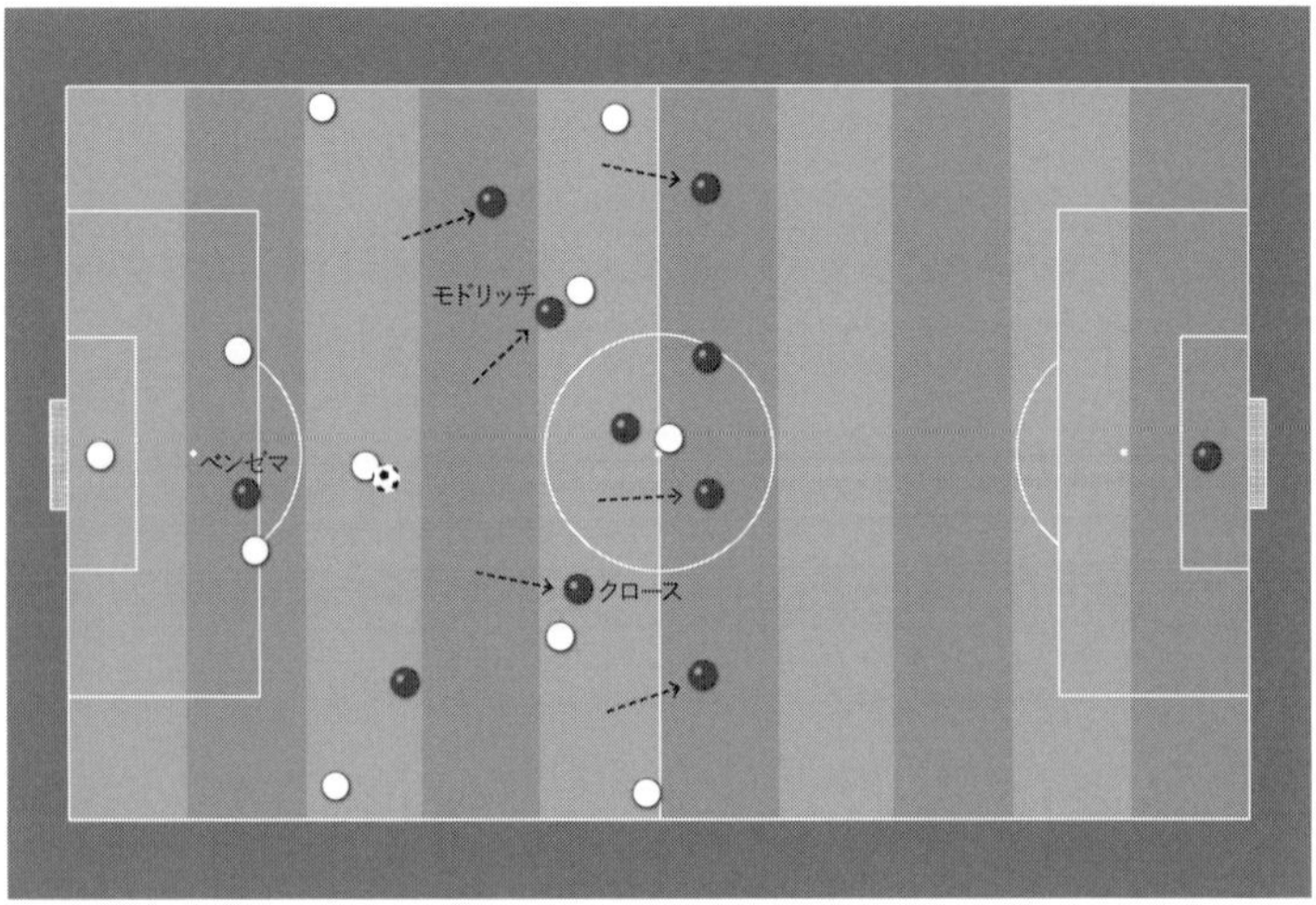

るリヴァプールのようなチームとは対照的だ。陣形が整い、寄せる場合もIHはパスコースを切りながらのものとなる。

■自陣での守備

4-3-3を採用するレアル・マドリードにとって、相手のアンカーケアの方法は大きなテーマとなる。敵の中盤にボールを持たれても慌てないのがレアル・マドリードの特徴だが、自陣であれば、アプローチをかけなければならないタイミングもやってくる。基本的にこの役割は右IHのモドリッチが担うケースが多い。【図15「アンカーへの寄せと自陣での守備」】

この時のモドリッチは自身の背後にパスを出されないように寄せる。そうなるとアンカーはクロースサイドにパスを展開していくが、モドリッチはそのままアンカーへのやり直しのバックパスを牽制できるようトップ下のようなポジションをとる。この動

【図15「アンカーへの寄せと自陣での守備」】

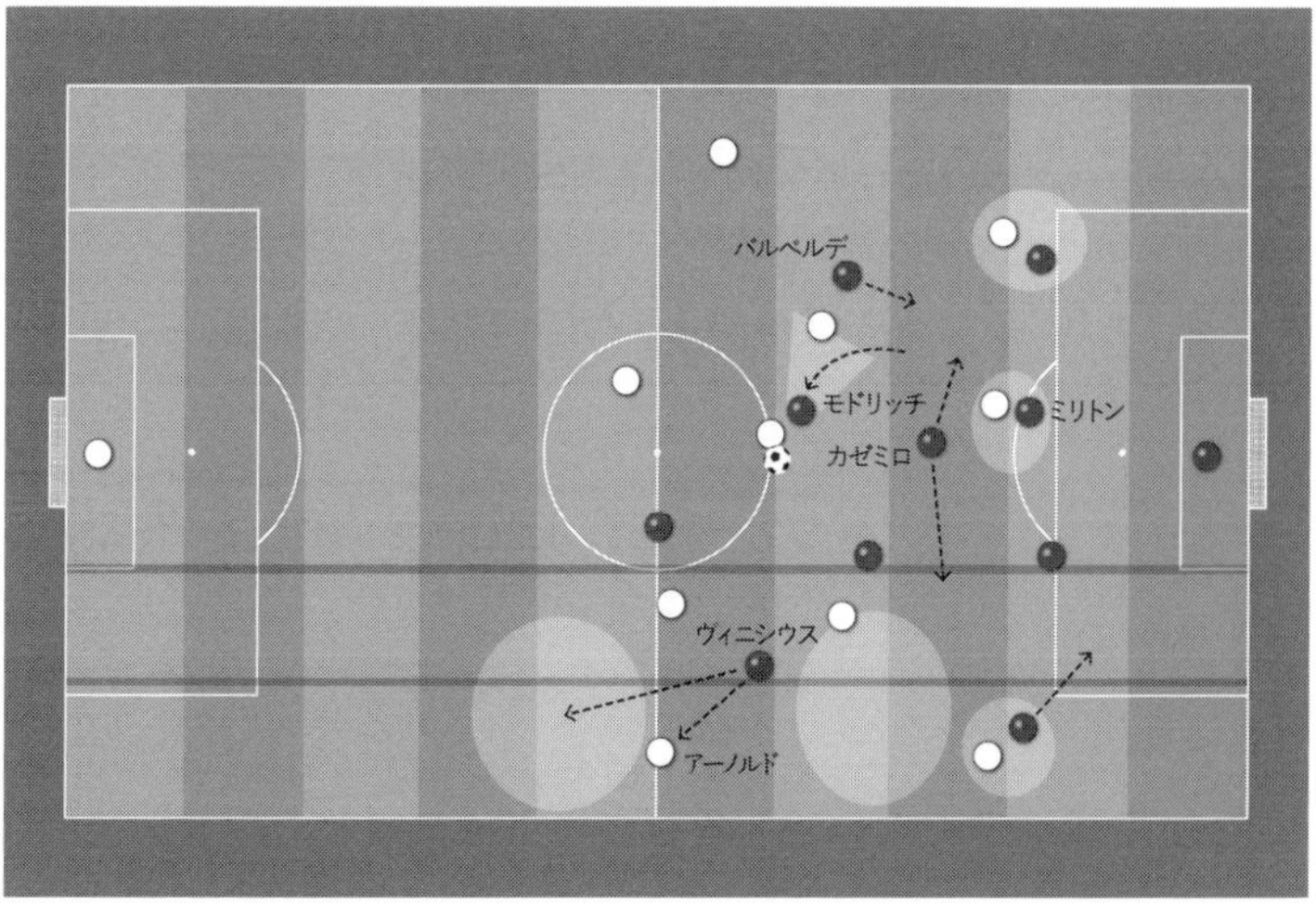

きによって敵の攻撃の選択肢を大きく狭めて見せた。

モドリッチが巧みに寄せたとしても、「ＩＨが前進して寄せる」ということに変わりはないため当然空いたモドリッチ背後、ＤＦ-ＭＦのライン間を使われるリスクは高まる。ただし、ライン間に入っても慌てないのがレアル・マドリードの特徴である。ライン間に入った場合、ＤＦの選手は無理なチャレンジをせず、カゼミロのスライドによるアプローチを待つ。右サイドであればミリトンが鋭い出足で敵ＣＦからボールを奪い取るシーンが何度も見られた。

カゼミロやＤＦ陣が攻撃を遅らせればＩＨのプレスバックも期待できる。ＩＨの前進はすなわちバックパスの選択肢を除外するという効果もあり、攻撃の選択肢を減らすことができる。整然としたラインとなっていないことでレイオフやり直しを阻害し、逆に相手の攻撃をやりにくくしているという側面が強く見られた。これは４-２-３-１の特徴でもある。

相手のシステムが５トップ気味である場合、噛み合わせるようにバルベルデが位置を下げ、５バックとなって守るケースも見られた。

ヴィニシウスが高い位置を取るため彼の背後、メンディの手前のスペースが空く傾向が強いが、ここにボールが入った場合は低い位置までリトリートしつつ、クロースやカゼミロのスライドを待つ。

常に与え続けるカウンターの脅威が相手の攻撃の機能性を鈍らせているのも見逃すことのできないポイントだ。相手に攻め上がりを自重させるということは前線の枚数が少なくなるということであるため、仮にライン間にボールが入ってもＤＦライン背後に抜け出す、もしくはレイオフパスを受けるといった連携をとらせないことに繋がる。

では、どのようにカウンターの脅威を与えたのか？

相手にとってカウンターの最大の脅威はヴィニシウスだ。彼が敵の攻撃の機能性を鈍らせた最たる例がＣＬ決勝リヴァプール戦である。

リヴァプールにおいて最も脅威ある攻撃のひとつがアーノルドによるハーフスペースからのクロスだ。しかし決勝ではアーノルドの良さがほとんど出ることがなかった。アーノルドからのクロスは大きな武器になる一方、その背後はカウンターの狙い目となる。ヴィニシウスが深い位置まで守備に戻ることをせずそのエリアを狙うとなると、迂闊にポジションをあげることができないため、クロスにもっていくことが難しくなった。

ヴィニシウスの守備もポイントだ。彼は主にハーフスペース近辺を守備エリアとした。ここはアーノルドのクロスポイントでもある。積極的とは言えないまでもある程度の守備意識を備えているヴィニシウスは、アーノルドがクロスを上げにくいような位置取りとプレッシャーを与えることに成功した。リヴァプールの機能性を狂わせる大仕事である。

カウンターや個人能力といった武器をちらつかせることで相手の機能性を阻害するというのはまさに強者の戦い方であるといえる。

■最後の砦

ＣＬ制覇までの道のりにおいて、カルバハルがＤＦライン最後の砦として対応・凌いだシーンは幾度も見られた。神出鬼没な攻撃面だけでなく守備の面でも大きな成長の見られる選手であり、レアル・マドリードの優勝に欠かせない存在であった。

最後の最後で迂闊に飛び込まず、シュートコースを制限しつつクルトワとの連携で決定機を防ぐギリギリの好プレーがなければ、レアル・マドリードの失点はかさんでいただろう。

決勝においては、クルトワが守護神と呼ぶにふさわしいパフォーマンスをみせた。ゴールを割られてもおかしくなかったマネやサラーのシュートをはじめ、20本を超えるシュートを浴びながらも無失点に抑えてみせた。彼の存在なしでの戴冠はありえなかっただろう。フィードやビルドアップにおいても貢献した、決勝のベストプレイヤーであった。

■守備時のウィークポイント

守備時のウィークポイントはどこになるのか？　まずヴィニシウスの背後、メンディの手前のスペースだが、ここに関してはチームとして織り込み済みで、カゼミロやクロースのスライド、メンディのディレイで対応がなされている。

こことは別のウィークポイントはチャンネルとクロス対応だ。それが如実に表れたのがＣＬ準決勝マンチェスター・シティ戦だ。【図16「チャンネルを突かれた失点①」】

失点は開始1分であった。マフレズのカットインの直前に、シウバのチャンネルへのランニングでアラバとモドリッチが外に釣り出された。これで中への展開を許しやすい環境が整う。モドリッチがチャンネルに入ることでカットインのコースが空くうえに、アラバもチャンネルに入るためゴール前にはミリトンしかいない状態であるからだ。

この時バルベルデはゴールとデブルイネの間に入ってマークについていたが、ボールホルダーのマフレズとデブルイネを同一視野に入れるのが難しくなった。デブルイネはバルベルデの首振りや視野の状況からタイミング良く走り出し、バルベルデの死角に入ることに成功する。フォーデンがサイドに張ることでカルバハルのカバーリングが弱まり、デブルイネのダイビングヘッドによるゴールが生まれることとなった。

2点目のシーンはミリトンがカバーエリアの広さ

【図16「チャンネルを突かれた失点①」】

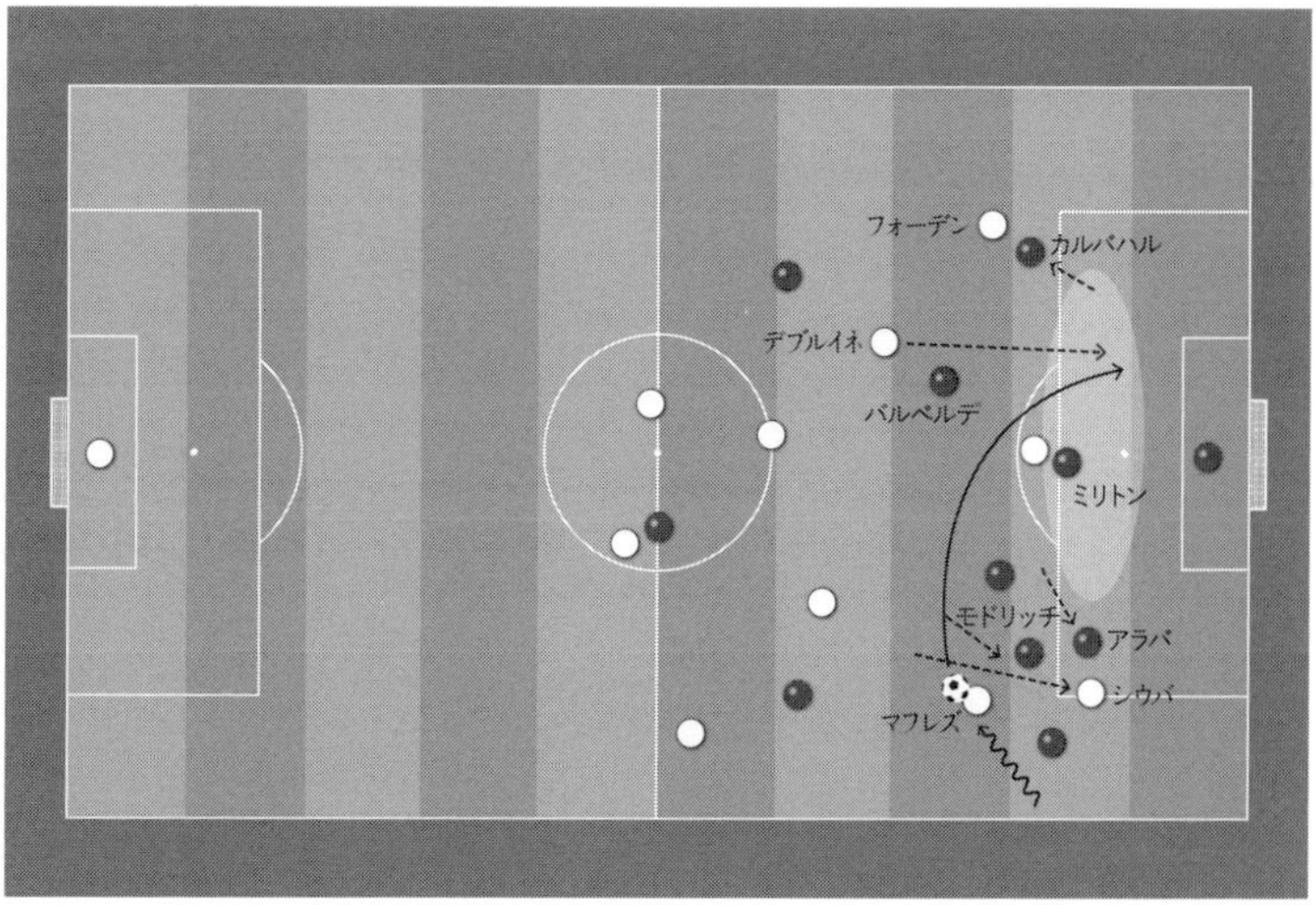

を活かしてサイドへフォーデンのケアに向かったところから始まる。ミリトンはフォーデンのキープ力を前に奪取とまでは至らなかった。【図17「チャンネルを突かれた失点②」】

　さらにチャンネルのカバーが曖昧となった上、ミリトンが不在となりゴール前に2人しかいない状況が生まれた。この試合アンカーに入ったクロースがカゼミロほどDFラインのカバーのためにポジションを落とさなかったのもひとつの要因である。CBがチャンネルのカバーに出る場合、カゼミロがゴール前に降りてスペースを埋める役割を果たしていた。こういった連携の欠けたレアル・マドリードに対し、デブルイネからの鋭いクロスがゴール前に位置するジェズスへと送り込まれた。

　チャンネルカバーのエラーからゴール前の人数を減らしクロスを送り込むという攻撃は、シティが徹底していた部分であった。

【図17「チャンネルを突かれた失点②」】

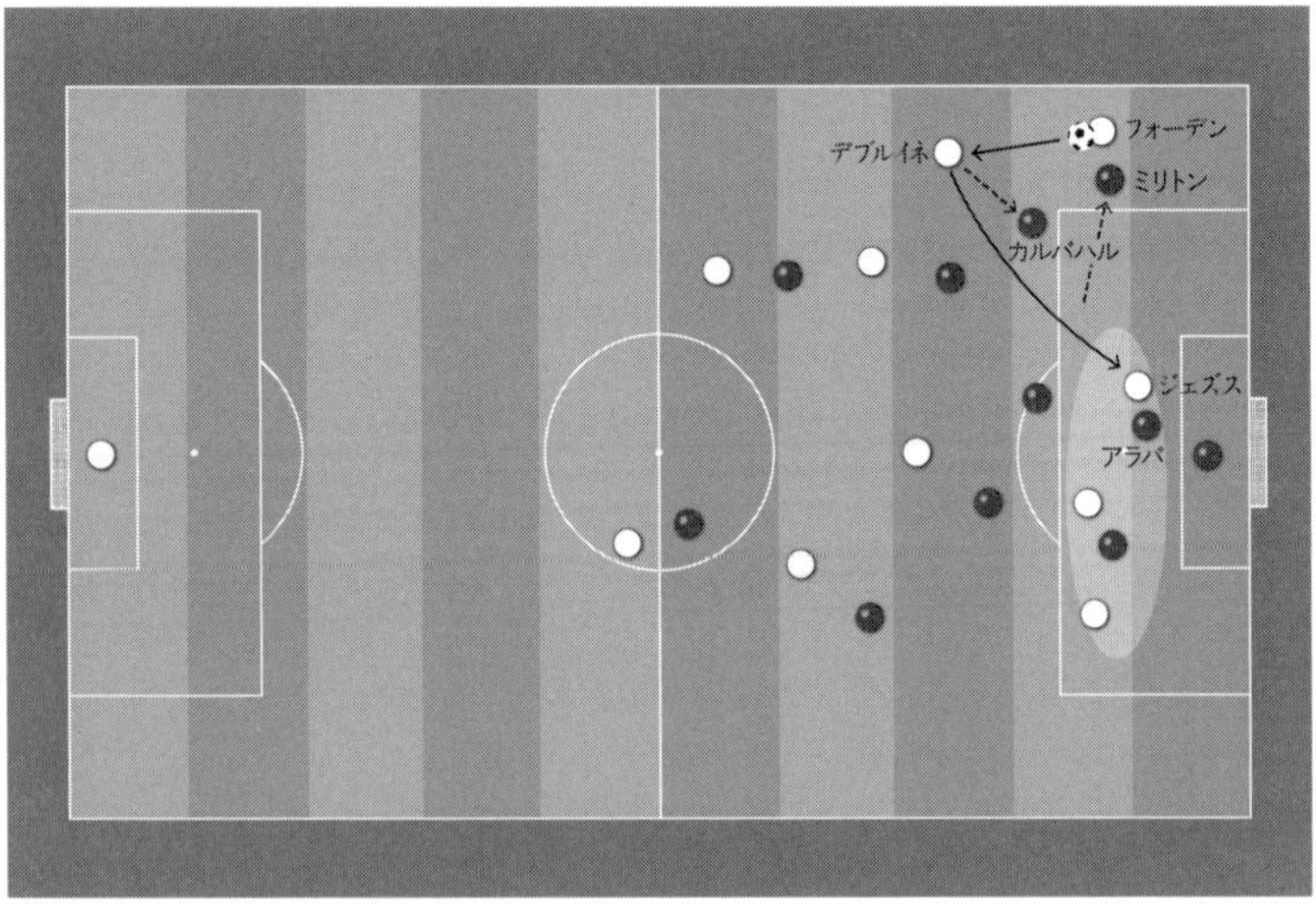

■おわりに

レアル・マドリードは非常にユニークなチームだ。ガチガチに戦術が固まっているわけではないものの圧倒的な個人能力を誇る選手とバランスをとれる選手が共存している。

モドリッチやクロースが力を発揮できる場所へ移動することで強い光を放ち、それに呼応して他の選手がポジションを移動するため、個がぶつかるだけの停滞した攻撃とならず、連動していく。個々の選手が様々なエリアに顔を出すため一見自由奔放に見えるが、ピッチに立つ選手全員でバランスを調整することで、チームとしての形を成している。

個の寄せ集めに成り果てることなくゴールに迫っていくサッカーは見ていて心地よいものであり、こういったチームは滅多に現れないだろう。

守備における落ち着きも異様なものだ。整然としたラインでないことが逆に功を奏しており、相手チームの攻撃の歯車を狂わせる。

22-23シーズンはカゼミロが退団し、アンカーのチュアメニとCBリュディガーが加入。カマヴィンガは左SBやIHもこなす等様々なポジションで起用され、ロドリゴの出場機会も増えた。メンバーの入れ替えはあったものの基本的な機能性は、21-22シーズンから変わることは無かった。戦術的縛りが少ないため、戦術が浸透しているというよりも、選手1人ひとりの個の能力とバランス能力が変わらずに際立っているということだ。これは戦術を浸透させるよりも難しい。アンチェロッティのマネジメントとレアル・マドリードというクラブがいかに特別なのかを感じずにはいられない。

第7章

Morocco

FIFA World Cup Qatar 2022

モロッコ代表

Morocco FIFA World Cup Qatar 2022

season 2022

W杯史に残るダークホース。5レーン「対策」と「攻略」の教科書

リオネル・メッシ擁するアルゼンチン代表の優勝で幕を閉じた2022カタールW杯。日本代表を含むアジア勢3チームが決勝トーナメント進出を果たし、ドイツ代表がグループステージ敗退、優勝候補筆頭のブラジル代表がベスト8で散る等サプライズに満ちた大会であった。静かな前半を過ごしたのち後半で豹変し戦況をガラリと変えるチームも多く、劇的な試合も多く見られた。

そんな熱を帯びた大会の中でも最大のサプライズとなったのがモロッコ代表だ。ベルギー代表、スペイン代表、ポルトガル代表といったヨーロッパの並みいる強豪を撃破し、アフリカ勢初となるベスト4進出を果たしたのだ。

アフリカ勢のチームの特徴としてしばしば「フィジカル」の強さが挙げられる。モロッコ代表においてもフィジカル能力に長けたプレイヤーは多かったものの、それ以上に1人1人のボールスキルが長けており、これまでのアフリカ勢の像とはかけ離れていた。

何より彼らの武器となったのが、4-1-4-1システムを駆使した守備戦術、「5レーン対策」だ。5レーンを活かした攻撃を繰り出すチームが増えている中で、モロッコ代表はまさに教科書と呼べるよ

うな対策を施したモダンなチームであり、戦術面での優位性もベスト4まで勝ち進むのに欠かせない重要なポイントとなった。

　彼らの戦術を学ぶことは、現代サッカーにおいて当たり前となっている「5レーン攻撃」、および「5レーン攻撃への対策」、そして「5レーン対策守備の攻略方法」を知るうえで極めて重要だ。

　アフリカ勢、そしてW杯の歴史を塗り替えたモロッコ代表。彼らの躍進の秘訣と戦術とはどのようなものであったのだろうか？


（※本文中の所属チームは2022年W杯当時）

■スターティングメンバー

モロッコ代表「スタメン」
　GKには好セーブを連発した守護神ボノ（セビージャ／スペイン）が君臨。両SBはチームで最もネー

【モロッコ代表「基本布陣」】

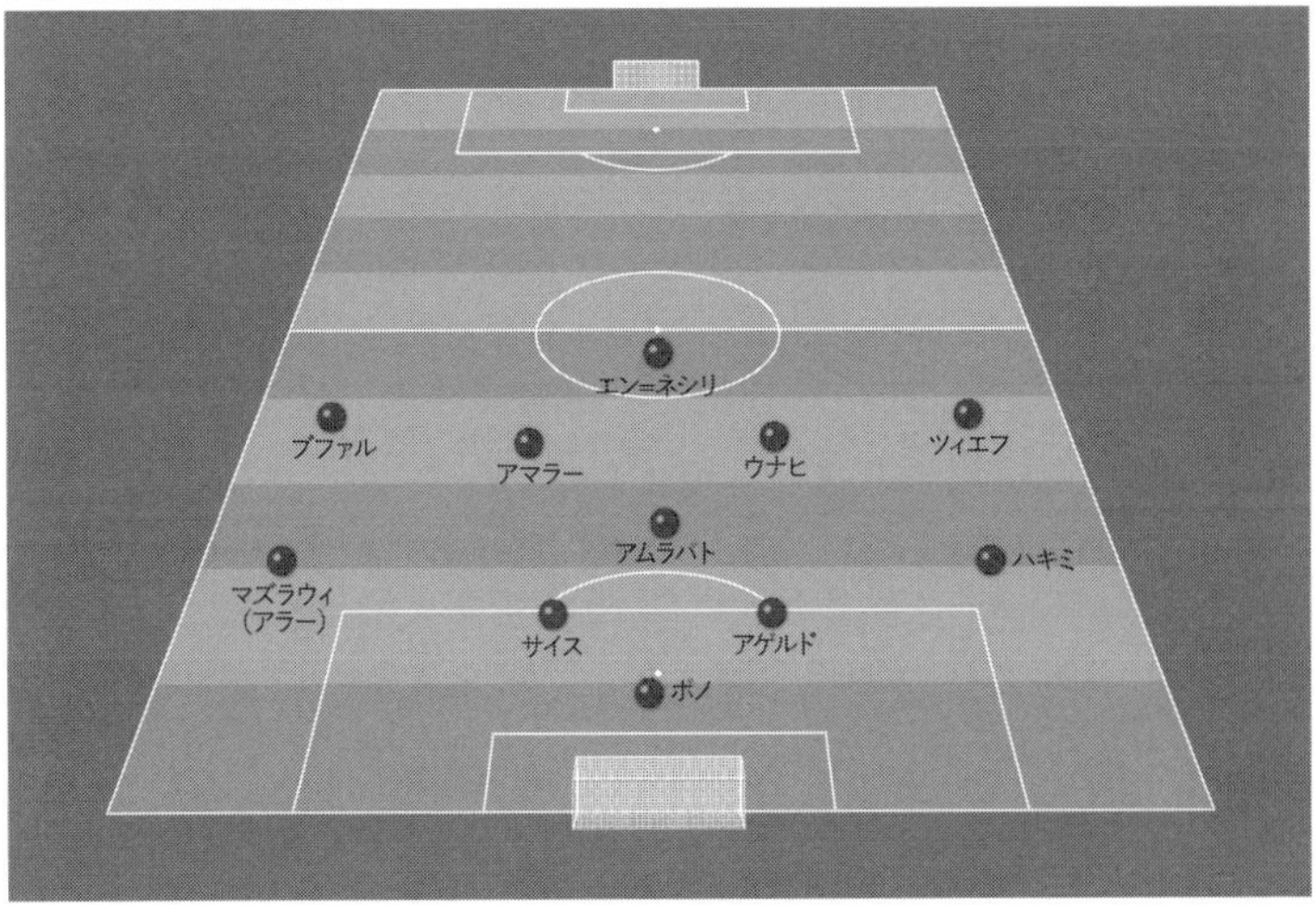

ムバリューのあるワールドクラスのプレイヤーが起用された。右のハキミ(パリ・サンジェルマン／フランス)、左のマズラウィ (バイエルン・ミュンヘン／ドイツ)共にスピードとテクニックに長けている。

CBは右に安定した守備を見せたアゲルド(ウエストハム／イングランド)、左に運ぶドリブルも得意とするサイス(ベシクタシュ／トルコ)が入る。

アンカーにはチームのキーマンとして攻守に存在感を放ったアムラバト(フィオレンティーナ／イタリア)、右IHには長い四肢を活かしたドリブルや柔らかなボールタッチを得意とするウナヒ(アンジェ／フランス)、左に同じくアマラー (スタンダール・リエージュ／ベルギー)が入る。

右SHには味方を活かすショートパスでチャンスメイクするレフティのツィエフ(チェルシー／イングランド)、左にドリブル突破が武器のブファル(アンジェ／フランス)が起用された。

1トップは守備での貢献度が高く、高い打点のヘディングで得点にも関与できるエン=ネシリ(セビージャ／スペイン)が務めた。

いずれのプレイヤーもタフで守備に走ることを厭わない献身性を備えていた。

■チームのスタイル

モロッコはセンターサークル付近をプレス開始位置に設定し、4-1-4-1の守備陣を敷く。基本的にはこの守備の時間が大半を占めた。前進してきた敵にアプローチをかけ、DFラインよりも高い

「中盤ライン」でボールを奪取し、ショートパスを軸としたカウンターを繰り出していく。

ボールスキルとスピードに長けた選手が多く、ボールを保持して攻撃を展開することもできる。守備においては敵の5レーン攻撃への対策をとり、攻撃においては2〜3人の小さなユニットで、1〜2レーンを利用する。守備は広く、攻撃は狭く展開した。

■守備戦術

まずはモロッコ最大の武器である守備戦術を見ていく。

モロッコは上述の通り、センターサークル付近をプレス開始位置に設定し、4-1-4-1の守備陣を敷く。

近年、5バックを用いて1人1レーンを守ることで敵の5レーン攻撃を抑える守備を採用するチームが増えた。

「5レーン」を活かした攻撃に対して4バックで守る場合、「ハーフスペースに入る選手に誰がつくのか?」という迷いが生まれる。このような迷いを無くすために、1人1レーンをケアし、役割を明確にするのが5バックや中盤5枚による5レーン攻撃対策となる。

同じくカタールW杯日本vsドイツ(P28コラム参照)において、前半4-4-2で臨んだ日本が歯が立たなかったのに対し、後半5-2-3に変更してから戦況が一変したのが分かりやすい例だ。

モロッコは中盤に5枚を敷いて5レーンに対応する形となっている。そのため「いかに中盤のラインを越えさせないか」という点が重要となる。

では、具体的にどう守るのか。

敵が3-2-5でビルドアップを行うことを想定する。【図1「ベース」】

このビルドアップ局面において、ボールホルダーであるHVに対してIHがアタックをかける。この時ボールホルダーのHVとプレッシングをかけるIHは基本的に同レーンに立つこととなる。5レーンに対応した守備だ。

両脇の選手(CFとSH)がやや絞ってパスコースを狭めることで、IHは難しいことを考えずに真っすぐにプレスをかけるだけで良い。

簡単に言えば、ボールホルダーに対するIHのチャレンジとCF&SHの絞り(カバー)による中盤5レーン対策守備をひたすらに繰り返すのが2022カタールW杯において最高レベルの堅守を誇ったモロッコの守備戦術となる。

【図1「ベース」】

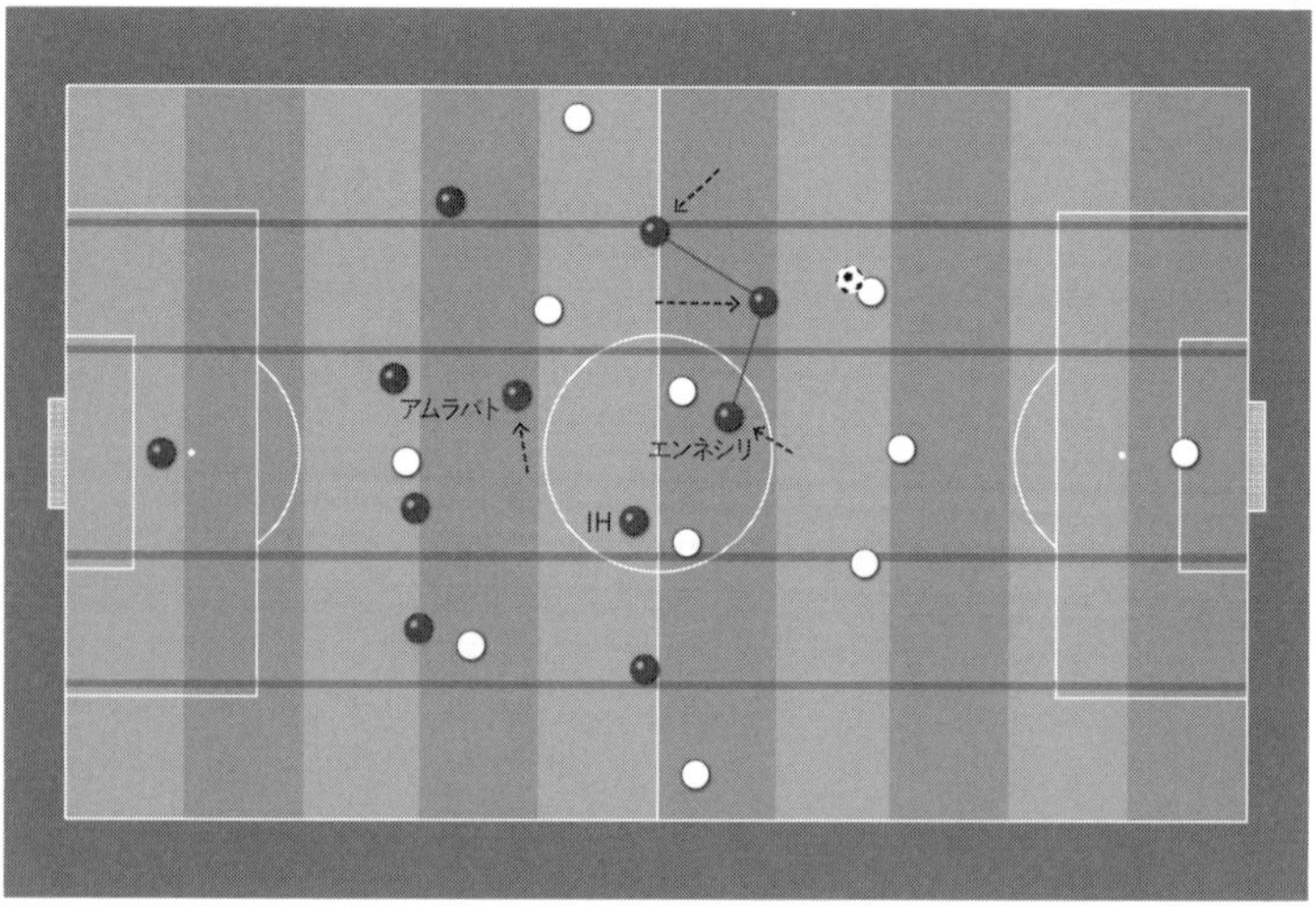

■ボールの奪いどころ

この守備戦術においては、敵の攻撃方向に制限をかけて能動的に奪いに行くことは難しい。ボールを持つCBにアプローチをかけるものの、もう一方のCBは空いた状態となるため、敵からすると横パスを回すだけであれば安全が保障されているからだ。つまりは、敵が前方へのパスを出さないことにはボールを奪うのが難しい守備戦術となる。

そのため、例えば敵からするとリードしている展開であればCB間で回しているだけでも良い。能動的に奪いに行くには、この形を崩していく必要が出てくる。これがこの守備戦術の大きな欠点となる。

では、敵が前方へのパスで攻めてくる場合の奪いどころはどこになるのか。【図2「アンカー脇」】

まずはIHの背後、アンカー・アムラバトの脇のスペースだ。このスペースに入ったボールは、アムラバトと周囲のメンバーで挟撃して奪う。カギとなる

【図2「アンカー脇」】

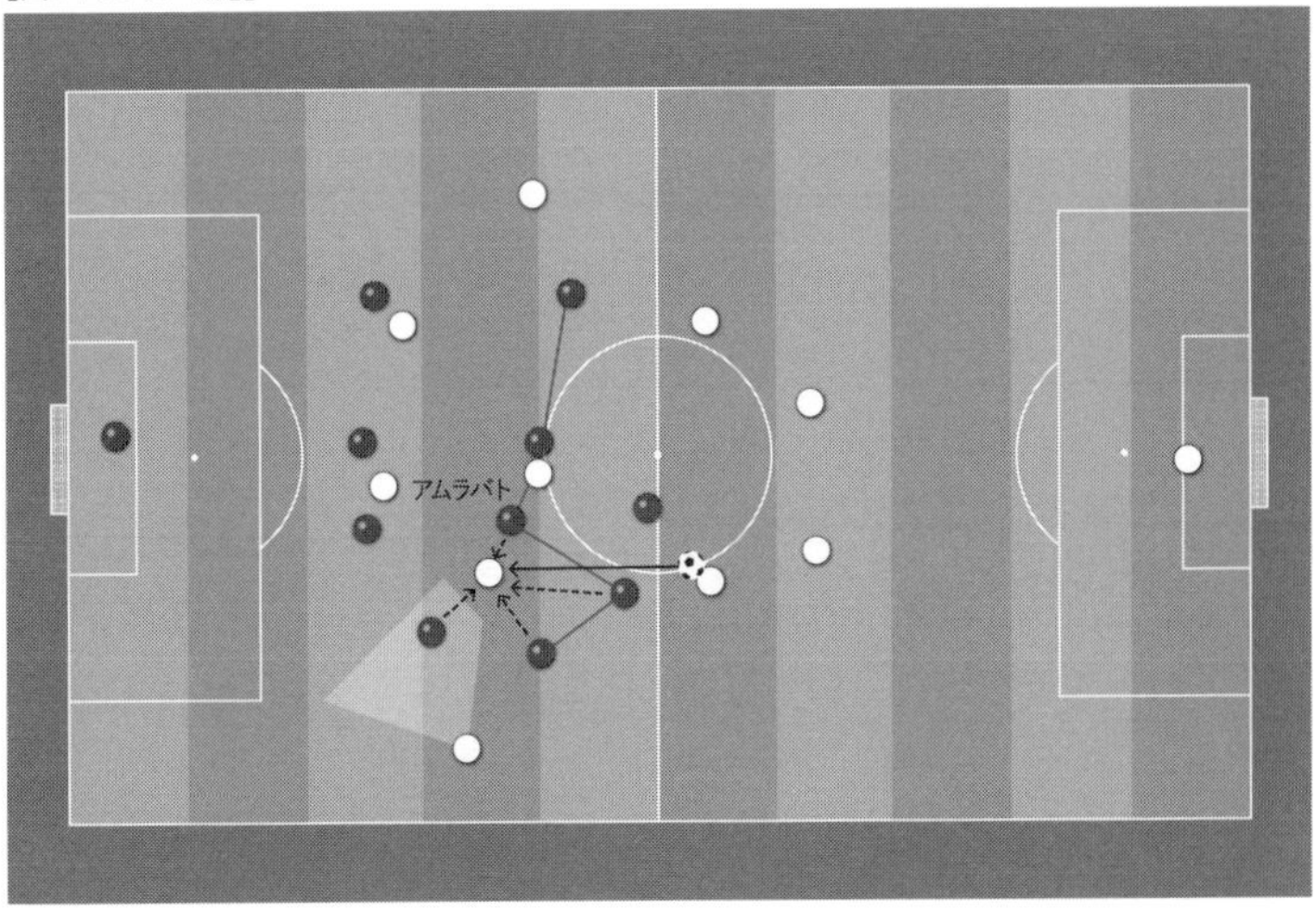

のはアムラバトだ。

彼はあらかじめスペースを消すというよりも、そのスペースで受けた選手にボールが入った瞬間に寄せる。ボールが入るまではスライドしきらずに、すぐに寄せられる位置までのスライドに留める。IHのプレス時にこのスペースへのパスコースの大半が切れているうえに、ここでアムラバトがスライドしきってしまうと、逆サイドに振られた際に大きなスペースが出来上がってしまうからだ。1vs1の守備で負けない球際とフィジカルの強さを持ち合わせ、奪いきることができるためこういった守り方が可能であり、モロッコの守備戦術を支えることとなった。

アムラバトと挟撃する周囲のメンバーとは、プレスバックをかけるIH、前進するCB、そしてSBだ。

SBに関しては大外の敵WGへのパスコースを切りながら寄せ、2人の敵を相手にする形で5レーン攻撃への対策につなげている。特に右SBのハキミはこの守り方が抜群に上手かった。

SHが絞ることで大外が空く場合、SBがカバーに前進するシーンも見られる。この時SBが前進することでDFラインが一時的に3枚となり、大きなスペースが空いてしまう。そのため、この瞬間のSBはどんな時よりも強く早いプレスをかけて前に展開させないようにする必要がある。SBの守備能力が大きく問われる守り方であるといえる。

奪いどころの2つ目はSHとSBの間のスペースだ。敵が中央を諦めサイドからの展開を模索する場合、両SHのプレスバックが発動し、SBと挟み込む。

そもそものモロッコによる「5レーン対策」は、中盤に5枚(中盤の補佐に入るCFエン=ネシリやアンカーのアムラバトを含む)を並べ、ボールホルダーへのアプローチと、その選手の両脇の選手による絞りを繰り返すことで横幅68mを5人で守るというものである。横のスライドが減るため、SHはサイドへプレスバックするのにかかる負荷が軽減される形となっているのだ。

■各国代表の対応

では、各国代表はどのようにしてモロッコの攻略を図ったのであろうか?

【Case1　ポルトガル代表】
～サイドチェンジ、オーバーロード、アンカー、偽SB～

3-2-5でビルドアップを図るポルトガルの打ち手はサイドチェンジとオーバーロード、そしてアンカーの導入と偽SBだ。【図3「ポルトガルの打ち手」】

モロッコは5レーンに対応した守備であり、横幅68mのピッチを5人で守る形をとっている。横幅を守ることに長けたシステムであるが、裏を返せば横に薄く広がった守備陣形は1点突破に弱くなる。

また4バックに対して5トップをぶつけることで、サイドチェンジが決まりやすくなる。ハーフスペースに立つ選手に対して敵ＳＢがケアを行うため逆の大外が空くのだ。
サイドチェンジに対してはＳＢ（主にハキミ）が素早くマークの対象を切り替えることで対応したモロッコであったが、オーバーロードにおいては巧みなマークの受け渡しが見られた。
オーバーロードは主にポルトガルの右サイドで行われた。ワイドに１人、モロッコＩＨの前後に２人、ハーフスペースの脇のいずれかのレーン（センターレーンか大外レーン）に１人置くことで、ＩＨの背後のスペースを狙っていった。ここで巧みな受け渡しを見せたのが左ＳＢのアラー（ウィダード・カサブランカ／モロッコ）と、左ＳＨブファルだ。【図４「オーバーロードへの対策」】
ＣＢがボールを持つ段階ではブファルがやや下がって大外の選手を、アラーがハーフスペースの選手を見る形を取る。そこから実際にハーフスペース

【図3「ポルトガルの打ち手」】
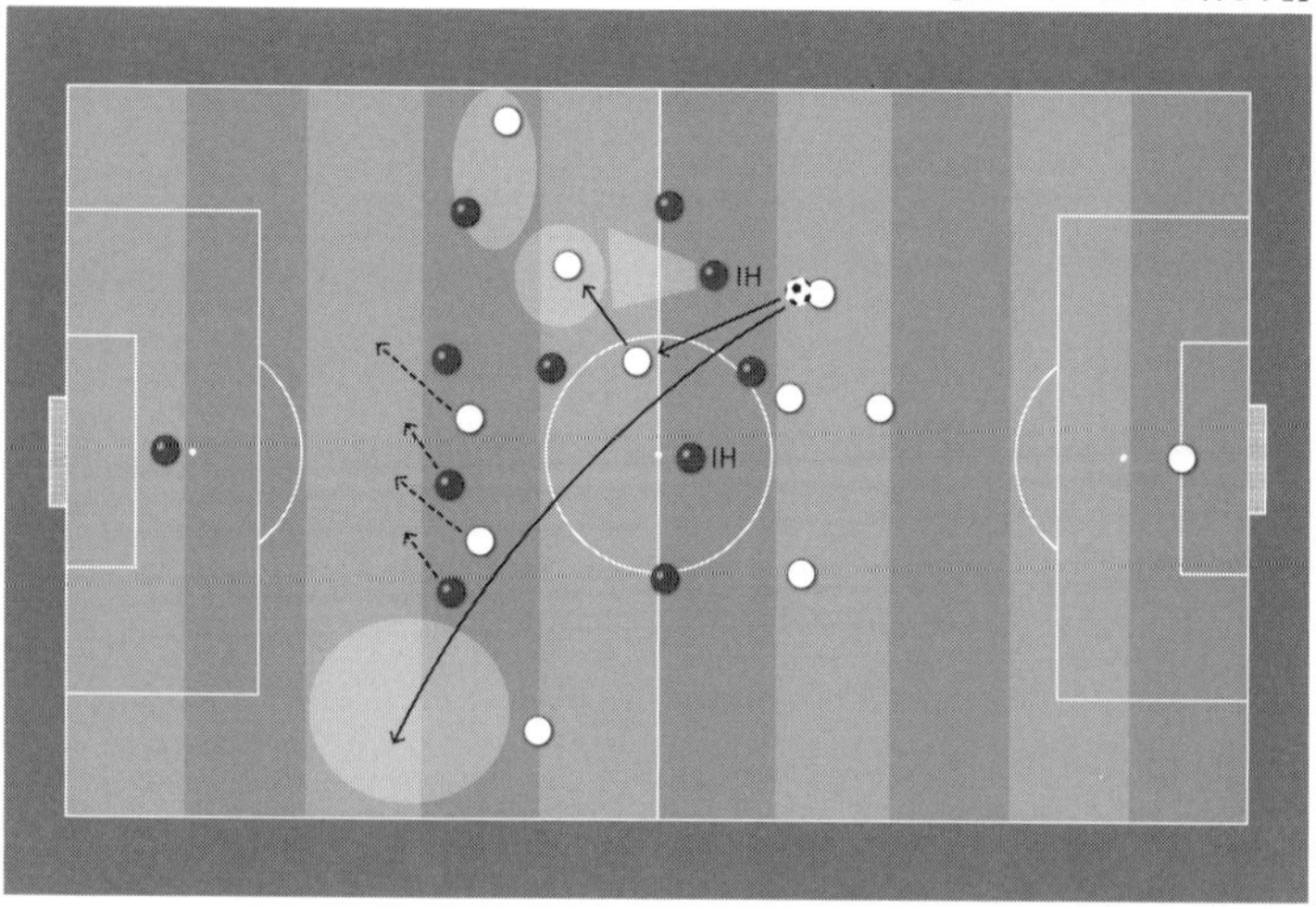

の選手にボールが入るとマークを切り替え、ブファルはハーフスペースの選手をアムラバトと共に潰し、アラーがワイドのケアを行う。システムだけでなくこういった細部まで浸透した守備戦術がモロッコ躍進の大きなポイントとなっている。

ポルトガルはモロッコの堅守を崩そうという心理によりポジション移動が増え、逆に人がいるべきエリアに誰もいない状態が頻発。さらに3バックでの組み立てという点は変わらなかったため、モロッコの守備配置と噛み合い、IHが迷いなく前進できる状況を許すこととなった。

後半のポルトガルは配置を修正。アンカーのネベス(ウォルバーハンプトン/イングランド)をCB間に落とすのを止め、敵IHとCFの三角形の間に配置した。【図5「配置の整備」】

これによりモロッコのIHとCFは「ネベスをケアしつつ縦のパスコースも消さなければならない」

【図4「オーバーロードへの対策」】

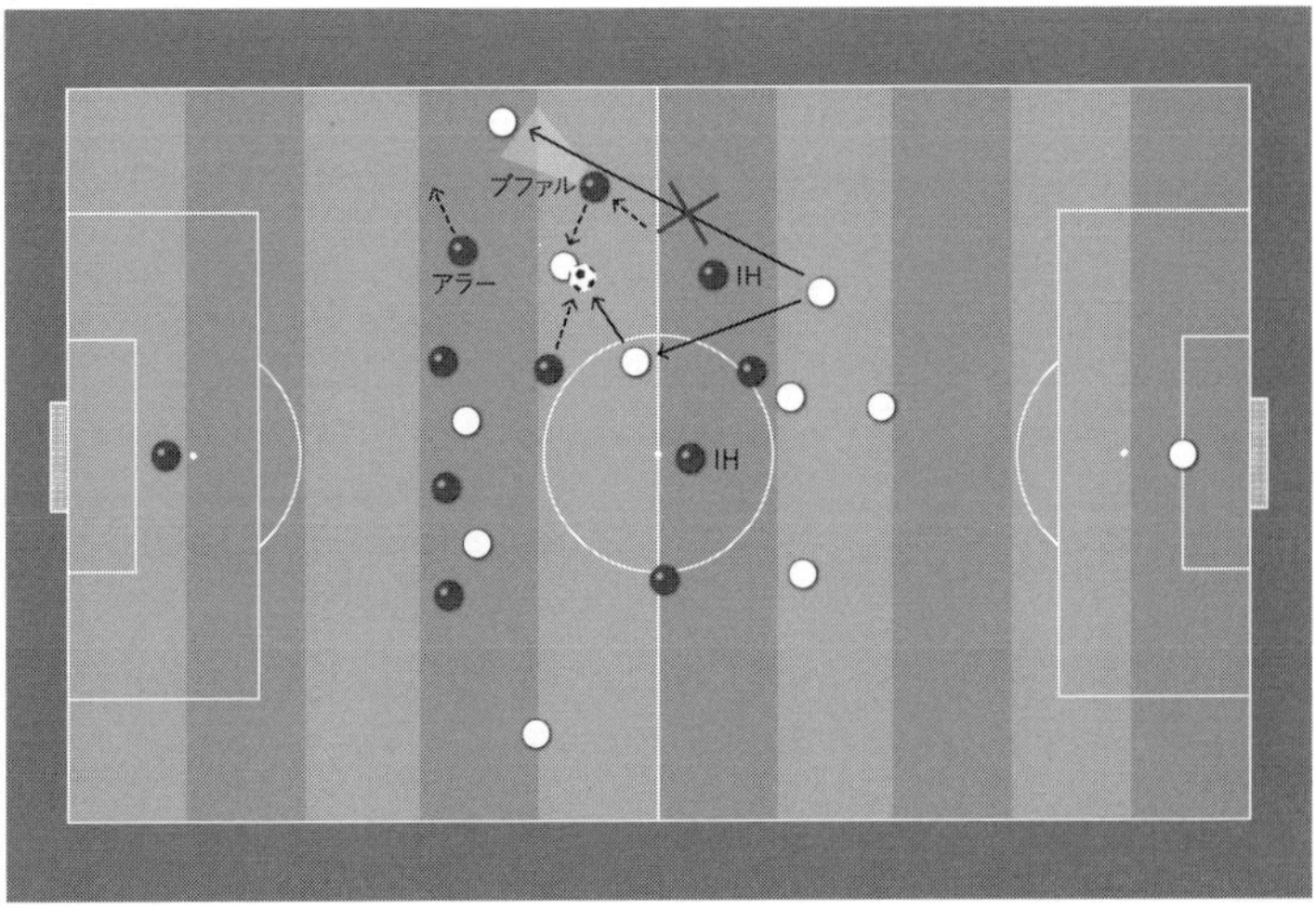

という前半とは違ったタスクを負うこととなった。配置が整備されたポルトガルは、偽ＳＢが効果的に機能するシーンも見られるようになった。

右ＳＢのダロット（マンチェスター・ユナイテッド／イングランド）が中に絞り、モロッコの左ＳＨを中央に寄せることでＣＢから大外のＷＧへのパスコースを空ける。モロッコの左ＳＢが外に出てきて空いたスペースにダロットが走りこむという連携だ。

その他にもアンカーを的確に配置したことでモロッコＩＨとＣＦを困らせ、中盤を破る楔等効果的な攻撃が生まれるようになった。

【Ｃａｓｅ2　クロアチア代表】
～レーンの境界線～

モロッコの「5レーン対策」はまさに教科書のよう

【図5「配置の整備」】

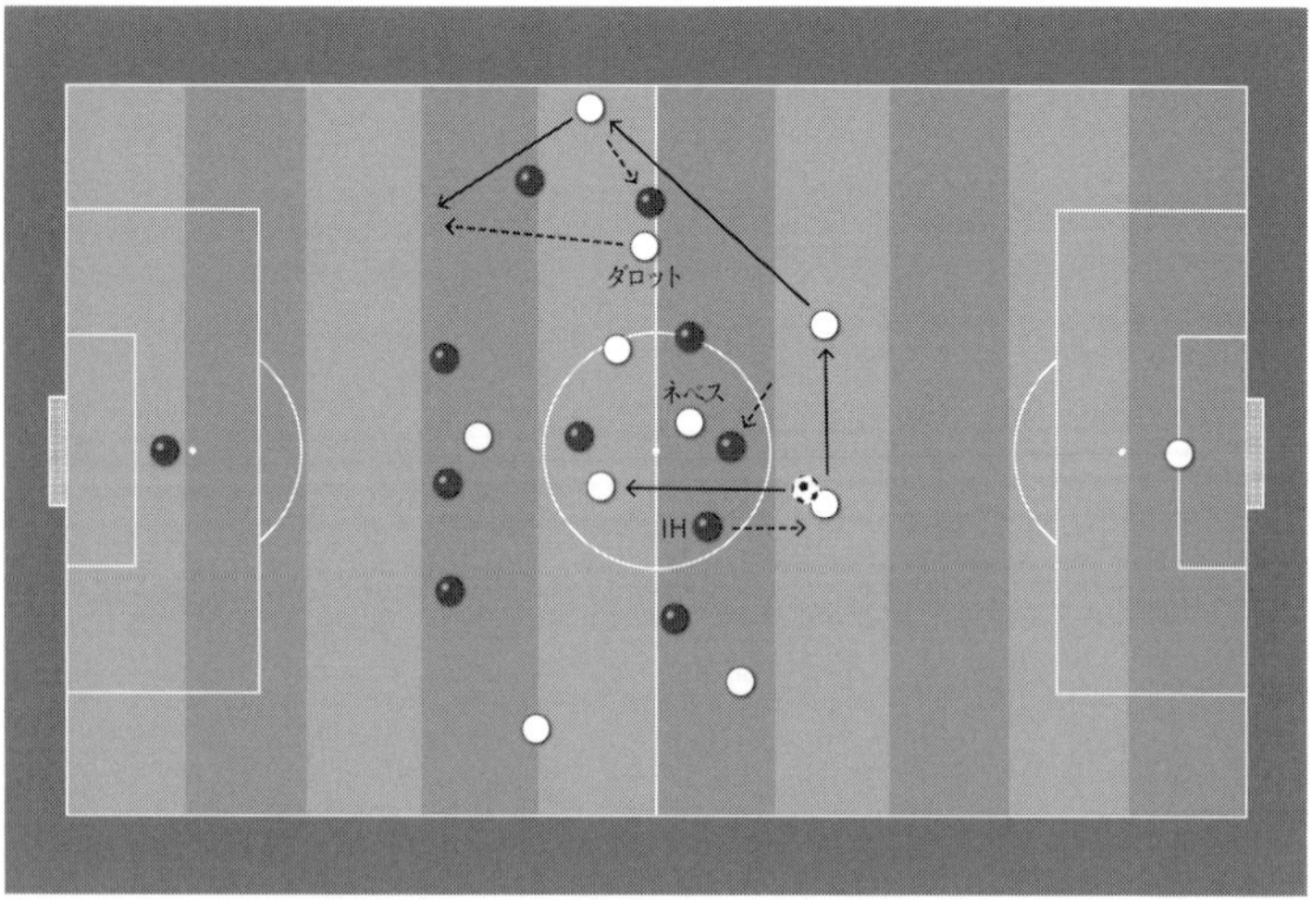

なものだ。ということは「5レーン対策」を破る教科書のような戦い方が生まれてくる。

クロアチアの戦い方はまさしく、モロッコの「5レーン対策」への対策として最も有効な「教科書」のような戦い方であった。

「5レーン」を活かした攻撃に対して4バックで守る場合、「ハーフスペースに入る選手に誰がつくのか?」という迷いが生まれる。このような迷いを無くすために、1人1レーンをケアし、役割を明確にするのが5バックや中盤5枚による対策だ。

ではこの「5レーン対策」をとるチームに対してどう攻めれば困らせることができるのか?

理論上は簡単だ。レーンの境界線に人を配置すれば良い。横幅68mのピッチを1人1レーン、計5人で守ると言っても、単純計算で1人13・6m(実際はスライドによりもう少し距離が狭まるが)を担当する必要がある。このレーンの境界線に人が配置されれば、「誰がマークにつく?」という問題を再び発生させることができる。

口で言うのは簡単であるが、実現するのは難しい。ピッチに明確に5レーンの境界線が引かれているわけではないため、相手の中間に入るという抽象的なものになる。しかし、これを実行に移したのがクロアチアだ。

クロアチアの場合、ボールの出し手となる2CBと2CHがレーンの境界線を利用した。モドリッチ(レアル・マドリード/スペイン)は相手のIHとSHの中間やIHとCF(もしくはアンカー)の中間付近に位置することで、相手がずれて空いたスペースを活用するよう配球して見せた。

【図6「レーンの境界線」】

【図6】の例でいうと、IHとCFの間に入ることで、モロッコのIHはどのパスコースを切りどう寄せるべきかという迷いが発生する。CFも自分が行くべきか？　と難しい判断が迫られる。

モドリッチはこれに加えて、SHの頭を越えるロブパスを放つことで、中盤5枚を無効化するという技術の高さも見せた。4バックに対して前線5枚で数的優位が作れている際は、この1本のパスだけで圧倒的に優位な状態に持ち込むことができる。

立ち位置、配球先の判断、パスの質共に、37歳のモドリッチは圧巻のパフォーマンスを見せた。

この5レーンの境界線は、ビルドアップを行う4バック(もしくは後方の4枚)が均等な横幅を保つことで成すことができる。モドリッチが主に位置したのは右サイドであるが、左サイドではCBグヴァルディオル(RBライプツィヒ/ドイツ)がその役割

【図6「レーンの境界線」】

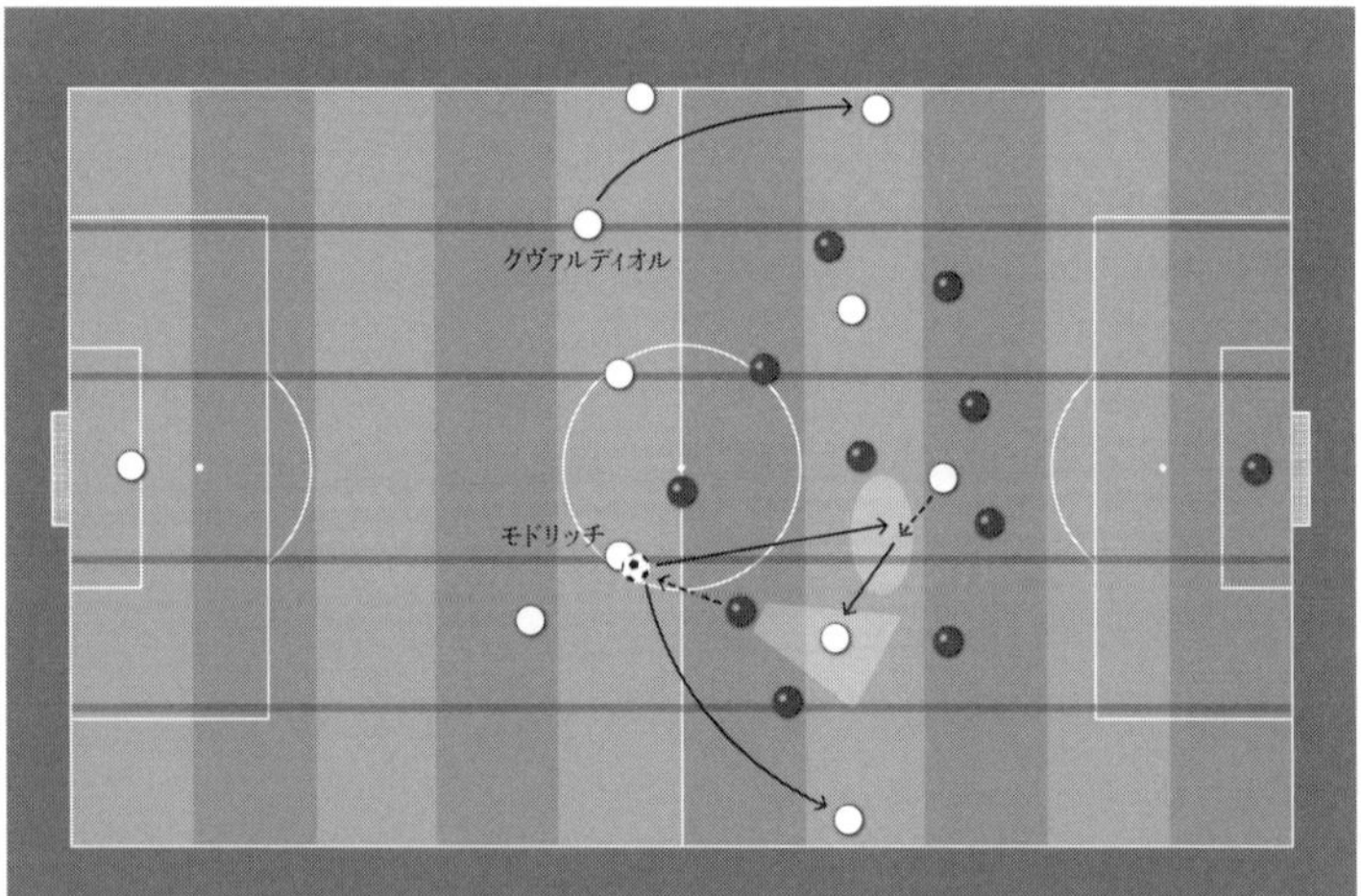

を果たした。彼はSHとIHの間に立ちSHを内に引き寄せ、左脚で巻くような形で、タッチラインに沿うように同サイドのWGにパスを出し、中盤5枚のラインを通過させることができる。このパスの重要度は今後さらに増していくだろう。将来世界最高のCBの1人になる可能性を秘めたグヴァルディオルは、ビルドアップの面でも技術と立ち位置を活かして貢献して見せた。

彼ら2人とコバチッチ（チェルシー／イングランド）は切り返しや横にボールを運ぶ動きでパスコースを生み出し、「斜めのパス」を入れるプレーも見せた。2レーンをまたぐような斜めのパスもまた「5レーン対策」を破るための有効な手段となった。

こういった立ち位置を活かして攻撃を進めるクロアチアであったが、アムラバトの奮闘を中心に、中盤5枚を通過した後のモロッコの素早い囲い込みに対応することは難しかった。モロッコの二重の策は見

【図7「クロアチアの得点」】

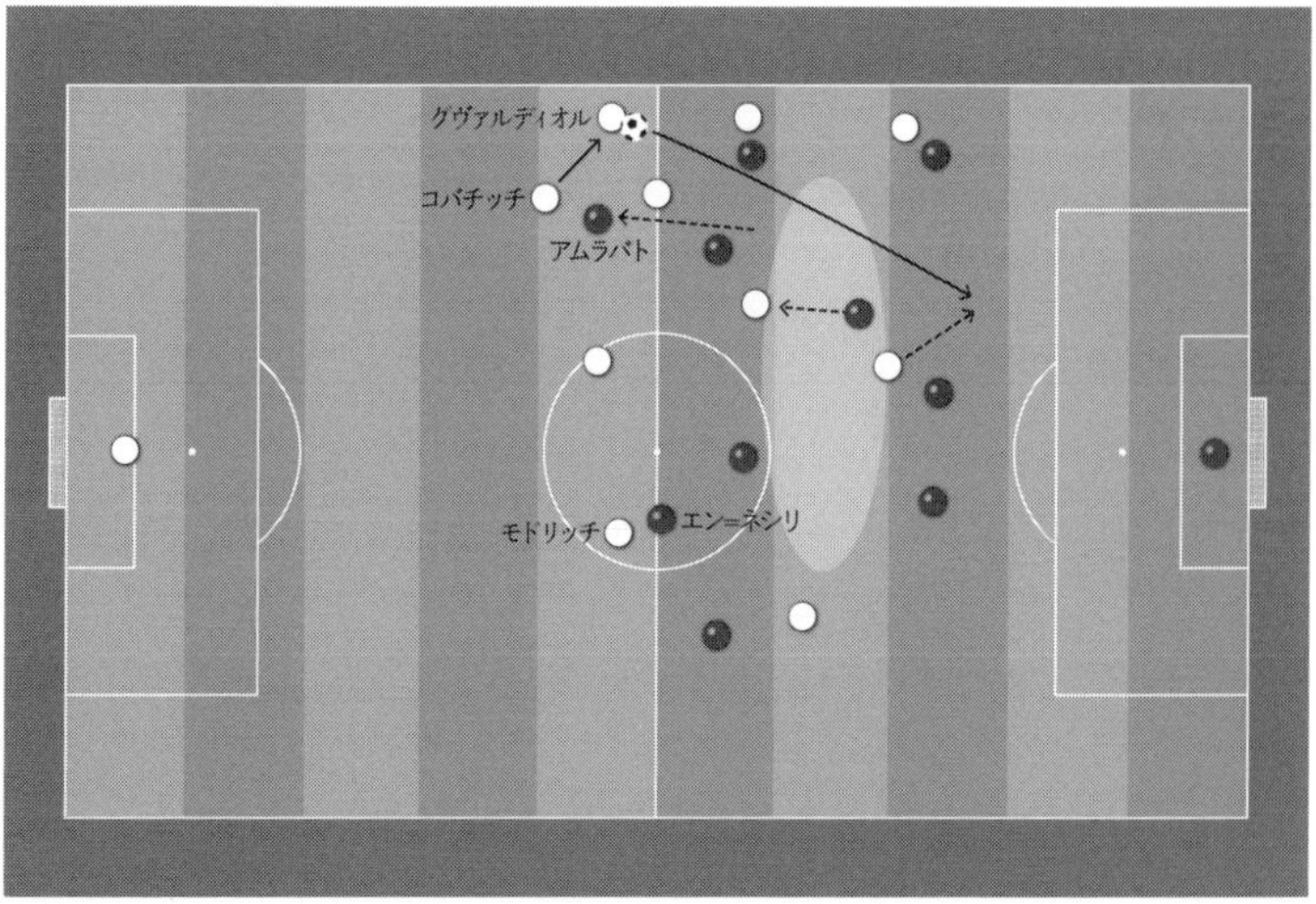

事であったものの、クロアチアの策も「5レーン対策」に一石を投じるものであった。
クロアチアの得点シーンは、モロッコの特性を利用した狡猾なものとなった。【図7「クロアチアの得点」】
モドリッチとコバチッチの2人をスライドで見ることができなくなったエン＝ネシリがモドリッチの対応に対象を絞ると、コバチッチとグヴァルディオルを中心としたレーンの境界を活かすパス回しにより、アムラバトが中盤の底から引きずり出された。これによりモロッコの守備の前提を覆すと、グヴァルディオルからの斜めの楔で一気に中盤ラインを突破。一時はモロッコがボールを奪回するものの、繋ぐ意識の強いモロッコに即座にコバチッチがプレスをかけて奪還に成功。SBハキミが数的不利に晒され、オルシッチ(ディナモ・ザグレブ/クロアチア)のビューティフルゴールにつながった。
この失点シーンに見られるよう、モロッコはボール奪取後無理にボールを繋ごうとしてピンチを迎えるシーンが少なくなかった。「5レーン対策」への対策だけに囚われず、こういった別局面で勝ることで得点を奪うというのも、シームレスな現代サッカーにおいては重要だ。狡猾なクロアチアらしい得点となった。

【Case3　スペイン代表】
～レーンの境界とIHの配置～

スペインの攻撃はクロアチアと同様レーンの境界の駆使、それに加えてＩＨの位置取りにより攻略を図った。

クロアチアはレーンの境界に関してモドリッチやコバチッチ、グヴァルディオルの裁量によるところが大きかったが、スペインの場合はよりシステマチックに、誰がどこに入るかが決まっていた。そして最も活用されたのがハーフスペースと大外レーンの境界だ。この位置は、右にＳＢマルコス・ジョレンテ（アトレティコ・マドリード／スペイン）、左にＩＨペドリ（バルセロナ／スペイン）が入る形が主となった。

ペドリは低い位置に降りるプレーを好む傾向がある。彼の動きに連動してＳＢのジョルディ・アルバ（バルセロナ／スペイン）が位置を上げ、ＷＧのダニ・オルモ（ＲＢライプツィヒ／ドイツ）が絞るローテーションを見せる。【図8「ローテーション対応」】

【図8「ローテーション対応」】

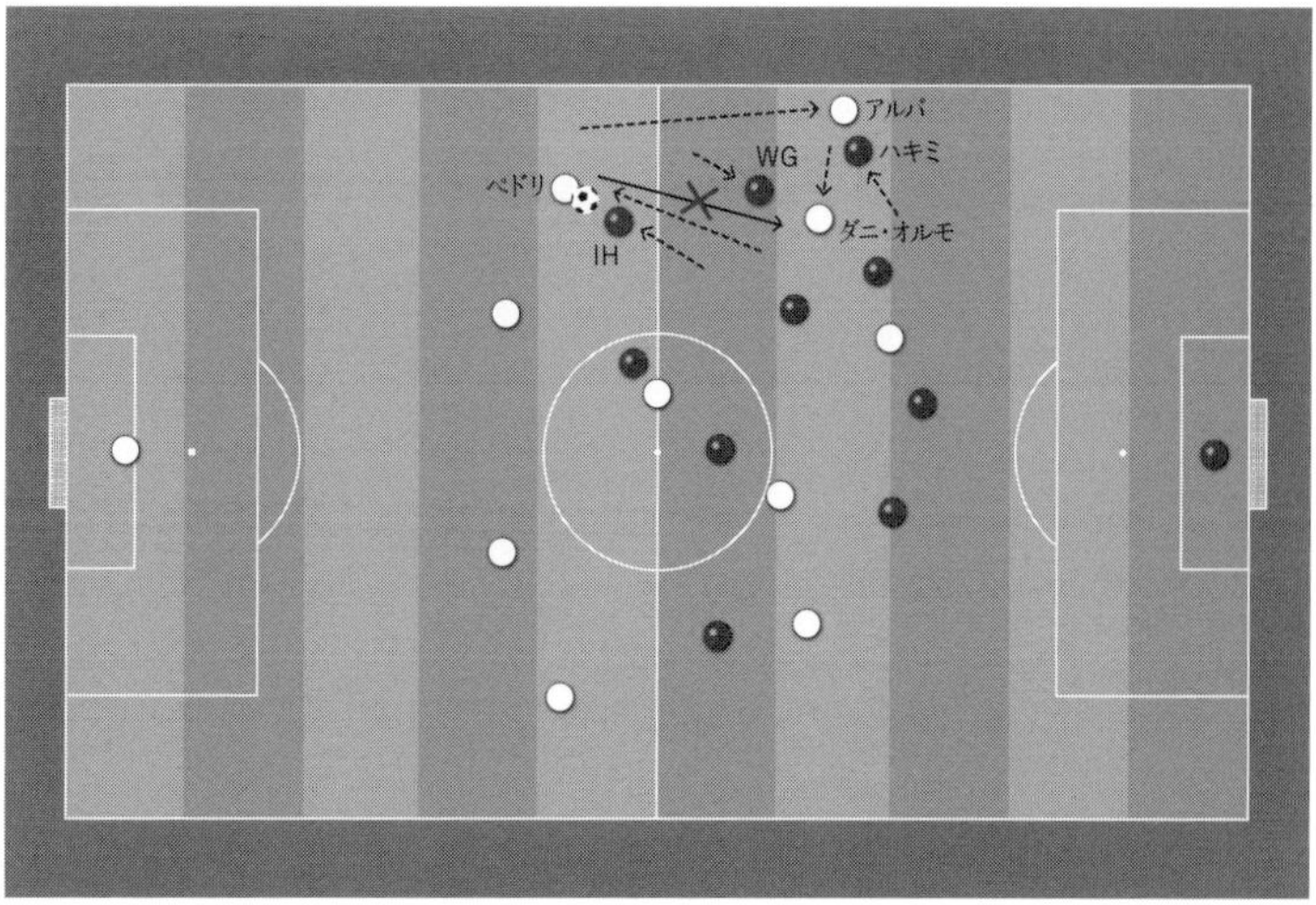

この攻撃に関しては、モロッコがスムーズな受け渡しで対応した。

ＩＨが前進し、ＷＧが絞り、ＳＢが外を見ることでＩＨ同士、ＳＢ同士、ＷＧ同士マークをする形をとった。大外へのパスコースが通常よりも空く傾向が見られたが、ハキミの寄せの早さで攻撃の芽を潰すことに成功した。

スペインの右サイドはほとんど機能しない状態となった。配球役となるマルコス・ジョレンテは受け手として輝くタイプであったからだ。

そんな中でスペインはＩＨのペドリとガビ（バルセロナ／スペイン）の位置を入れ替えた。右サイドではペドリを配球役としてプレーさせ、左サイドではポジションチェンジなくシンプルにプレーさせた。この時ペドリに代わって左の配球役として大きな輝きを放ったのがＳＢのジョルディ・アルバだ。【図9「アルバの配球」】

【図9「アルバの配球」】

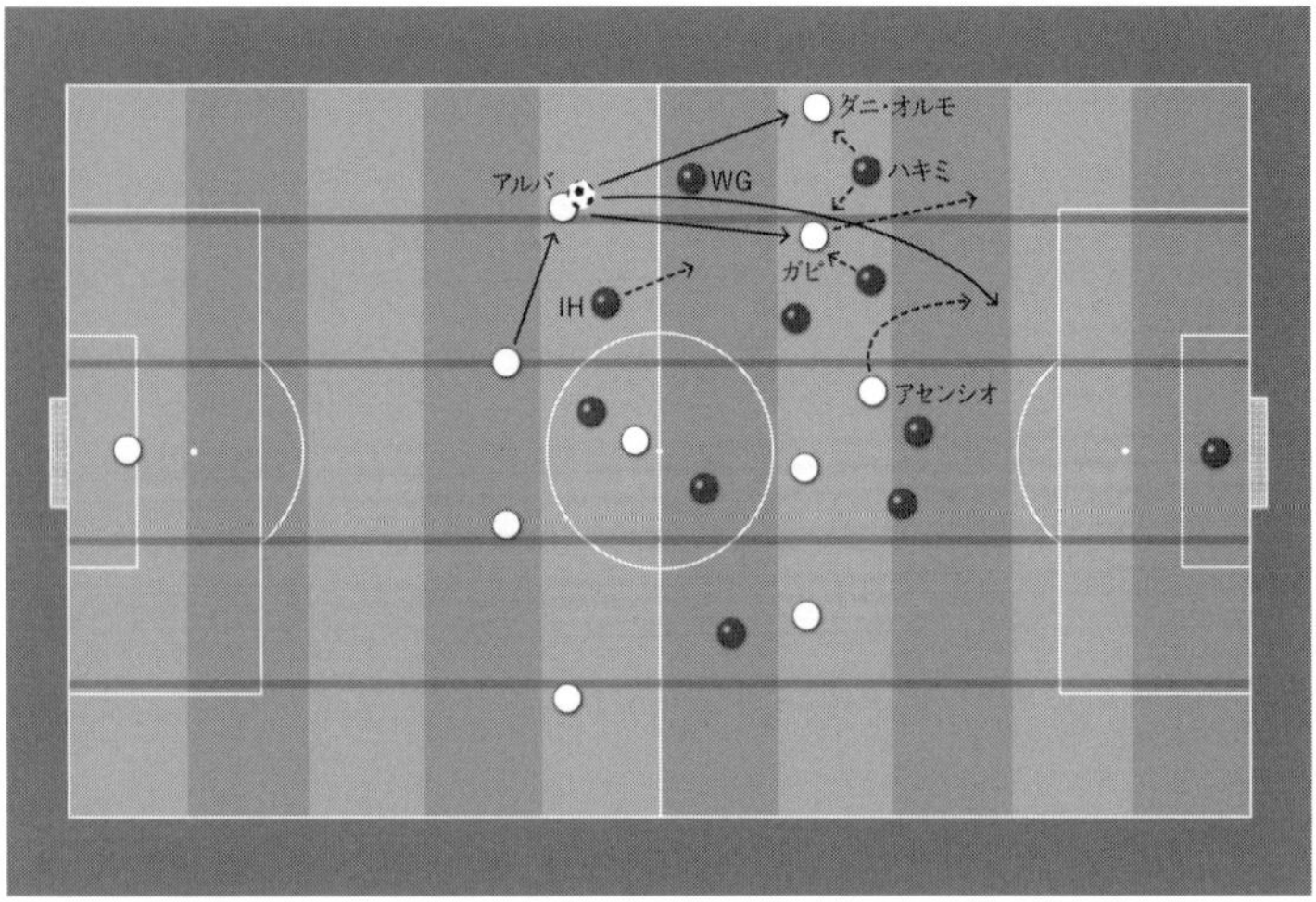

スペインの左CBラポルト(マンチェスター・シティ／イングランド)がボールを持った際、モロッコはIHが寄せに出る。すかさず隣のアルバにパスを送ると、IHは自らが空けたスペースを埋めるべく戻っていく。このIHの激しい上下動を狙い撃つのがスペインの、そして今大会におけるモロッコ崩しの最良の攻撃であった。レーンの境界に立つアルバに対し敵SHの絞りが甘ければIHのガビへ斜めのパスを選択。敵SHが絞っていればWGのダニ・オルモに展開すると同時にガビによるチャンネルランを選択。アルバへのアプローチが弱くCBがライン間のガビを気にしているようであればその背後に抜けるCFアセンシオ(レアル・マドリード／スペイン)へのパスを狙い攻撃を展開した。

レーンの境界を使うことをベースとしたこの攻撃は、今後の4-1-4-1崩しの教科書になりうるものであった。

「5」を用いて守るチームに対して、「4」本生まれるレーンの境界線を的確に使うことが、5レーン守備攻略のカギとなるのだ。

■カウンターへの移行

モロッコは中盤に5枚を並べることで5レーンを封鎖する守備戦術を採用した。冒頭に述べたとおり、いかに中盤のラインで敵の攻撃を絡めとるかがポイントとなる。

中盤のライン(アンカーのアムラバトのライン)でボール奪取ができるということは、その分カウンターの際の敵ゴールへの距離が短くなるということだ。さらに中盤に5人いるため、カウンターに割ける人数も増える。

そのため、モロッコはカウンターも武器のひとつとなった。ボールを奪った瞬間、ボール付近には多くの選手が群がっている状態となる。そのためボールを奪った最初のパスはショートパスを選択し、相手のプレッシングを外すことでスムーズなカウンターへの移行につなげている。守備の陣形をそのままカウンターに活かしているのだ。

カウンターにおいても遅攻においても、モロッコは2〜3人の小ユニットで、1〜2レーンのみを使って攻撃を展開する傾向が強い。ウナヒ、ハキミ、ツィエフで構成される右サイド攻撃がその代表例だ。5レーンを埋める守備は横幅を使った攻撃に強い反面、1点集中型の攻撃に弱くなる。モロッコは守備においては5レーンを意識した戦術をとり、攻撃

【図10「少人数ユニット」】

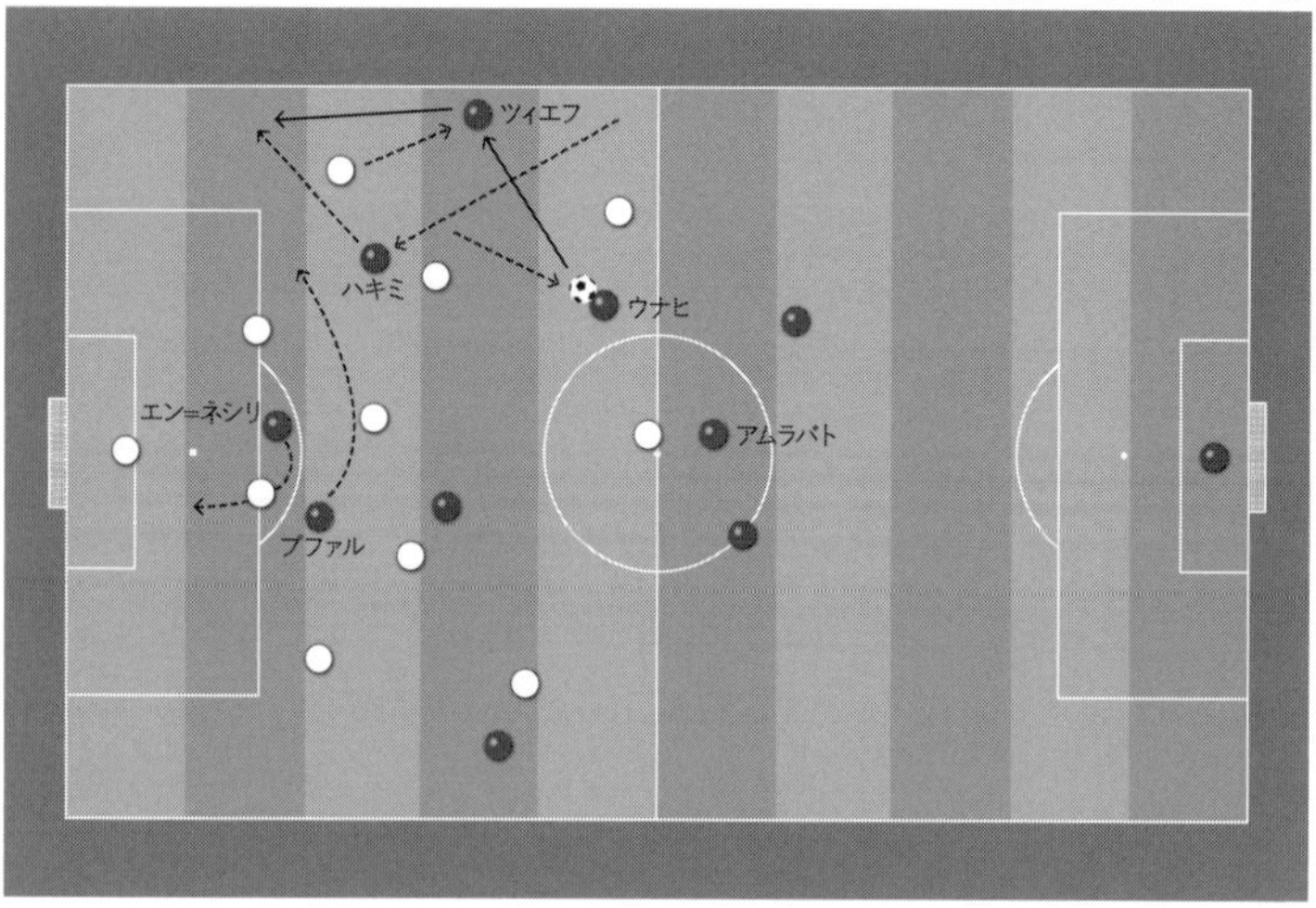

においては狭く、早く、少人数で展開していく。広く守り、狭く攻めるのである。【図10「少人数ユニット」】

モロッコにはスピードとテクニックに長けた選手が多く揃っている。細かいパスや背後への抜け出しを駆使し、1レーンを複数人で共有しながら攻めることも容易い。

ワンツーパス、インナーラップ、SB裏への抜け出しを駆使して三角形の頂点を入れ替えながら前進していく。ゴール前においてはCFのエン＝ネシリがファーに流れることでWGのブファルがニアサイドに潜り込み、崩しに参加するシーンも見られた。

■ウィークポイント

モロッコの4-1-4-1「5レーン対策」守備の機能性とその攻略方法については上述の通りだ。では、それ以外でのウィークポイントはどこであったのか？

まずは決勝進出を逃した準決勝のフランス戦に見られる、「インプレーへの切り替え」だ。

モロッコのゴールキックや相手チームのスローイン等、インプレーへの切り替わり段階では4-1-4-1の陣形が乱れ、スペースが生まれやすい状態となっていた。どのチームにも言えることであるが、いくらセットした守備が堅牢であっても、インプレーへの切り替えの場面から失点を喫するケースが少なくない。

モロッコはこの大会の序盤からインプレーへの切り替えでピンチを迎えるシーンがしばしば見られたが、フランス戦はまさしくそこから生まれた失点となった。

そして、2つ目にカウンターへの移行局面である。ボールを奪取した直後、モロッコは丁寧にショートパスを繋いでいく。しかしあまりに繋ぎの意識が強すぎて、相手のプレスをかいくぐれずにミスとなりピンチを迎えることも多かった。

敗北を喫した3位決定戦・クロアチア戦においても、コバチッチのプレッシングをいなすことができずにミスとなり失点を喫した。

「守備」の局面が堅いチームに対し、「インプレーへの切り替え」や「守備→攻撃」への移行局面で勝るというのも、現代サッカーにおいては必須の考え方である。

モロッコは非常にモダンなチームであり、4位という結果は決してフロックではない。スピードとテクニック、タフさを備えた選手たちによる魅力あふれるサッカーはW杯を大いに盛り上げた。

モロッコの戦い方、そしてモロッコに対する戦い方はいずれも現代サッカーの教科書と呼ぶにふさわしい代物であった。

第8章

Union Berlin

GERMANY BUNDESLIGA

ウニオン・ベルリン

Union Berlin

GERMANY BUNDESLIGA

season 22-23

最低のスタッツで最高の結果。旋風巻き起こすオールドスタイル

22-23シーズン開幕時点のスカッド市場価値はブンデスリーガ王者バイエルン・ミュンヘンの10分の1、リーグ内でも14位。突出した選手こそいないものの年々力をつけているのがウニオン・ベルリンだ。ウニオン・ベルリンは18-19シーズンで1部昇格を果たすと、翌シーズンからは11位、7位と着々と順位を上げ、21-22シーズンにはEL出場権を手にする5位でフィニッシュを決めた。

そして迎えた22-23シーズン、21節終了時点でバイエルン・ミュンヘン、ドルトムントと並んで首位タイの勝ち点を記録してみせた。シーズン序盤で上位に位置するチームはあっても後半戦まで持続するチームはそう多くない。

チームを指揮するのは56歳のスイス人監督、ウルス・フィッシャーだ。彼は1部昇格を決めた18-19シーズンに就任しており、まさにウニオン・ベルリン躍進の立役者といえる。

フィッシャーのサッカーにおいて何よりも求められるのはハードワーク。最大の武器はそれをベースとした守備戦術だ。泥臭く、かつ連動性に長けた堅固な守備を構築する彼らのサッカーは、ビルドアップの質を高め効率よくゴールを目指す他の上位陣と一線を画す。

ここからはEL出場権を勝ち取り、バイエルン・ミュンヘンやドルトムントとシーズン後半戦まで首位の座を競るまでに成長したウニオン・ベルリンが、オールド・スタイル・フットボールでいかにして勝ち点を積み上げていったのかを紐解いていく。（※スタッツはリーグ首位タイとなった22-23シーズン第21節終了時点のリーグ内順位とする。）

■ウニオン・ベルリンのスタイル

ウニオン・ベルリンのスタッツは、同じく首位に立つバイエルンとは全く異なる、驚くべき数値となっている。

ポゼッション：17位
シュート数：17位
デュエル勝利数：17位
インターセプト数：18位
スプリント数：18位
被シュート本数の少なさ：5位
失点の少なさ：3位

走行距離：4位
クロス本数、空中戦勝利数：2位
セットプレー得点数：1位
勝ち点：1位タイ

ポゼッションが低く、シュートまで持ち込む機会が少ないが、クロスやロングボール、セットプレーからの空中戦で得点を重ねている。守備の時間が長いもののインターセプト数やデュエル勝利数は最低レベルだ。ただし、運動量と守備戦術を駆使してシュートまでは持ち込ませず、失点数自体は少ない。首位に立つチームとは考えられないスタッツである。

ウニオン・ベルリンの採用するシステムは5-3-2。ハードワークをベースとした堅い守備ブロックで相手の攻撃をしのぎ、ロングボールを主体に手数をかけずにゴールに迫るスタイルだ。

センターサークルの敵陣先端近辺をプレス開始位置に定め、相手がそこまで前進してくるとすかさず全体で連動してプレッシャーをかけ、ボールを奪うと時間をかけずに早めにロングボールを前線に送り込んでいく。

■極端な「ロングボール&セカンドボール回収」戦術

ウニオン・ベルリンの攻撃面でのスタッツで特徴的であるのが支配率の低さである。ビルドアップの整備を着々と進める上位陣に対し、ウニオン・ベルリンはほとんどパス回しをせずに前線にロングボールを送り込む。ただし後方からのフィードは特別精度の高いものではなく、無謀なチャレンジも少なくないため、支配率は極めて低い。極端にロングボールに傾倒した攻撃スタイルとなっている。

ロングボールのターゲットとなるのは2トップ、アメリカ代表ジョルダン・シエバチュとスリナム代表シェラルド・ベッカーだ。

22年夏にヤングボーイズから新規加入したシエバチュは191cmという恵まれた体躯を活かした空中戦を得意とし、空中戦勝利数はリーグ10位を記録した。シーズン途中から徐々に出場機会を増やした185cmのベーレンスも空中戦勝利数リーグ5位を記録しており、空中戦担当となっている。

180cmでスピードのあるベッカーはサイドに流れるプレーとシュートへもっていく鮮やかな身のこなしを武器にスプリント数リーグ3位、トップスピードはリーグ5位、7ゴール4アシストを記録している。地上戦における最重要プレイヤーだ。

高さとスピード、タイプの異なる2トップがウニオン・ベルリンの攻撃を牽引している。特にシエバチュは守備にも非常に積極的で、時に自陣ペナルティエリア付近までプレスバックをかけることができる。

彼らのロングボール戦術の特徴は、「セカンドボールを拾った相手選手」に対するプレッシングだ。

【図1「ロングボール」】

ロングボールはほとんどの場合シエバチュ（もしくはベーレンス）と敵CBが競り合う形となる。

裏に抜ける動きをするのは1～2人、後方でセカンドボールの回収に向かうのは必ず2人以上となる。

相手選手がセカンドボールを拾う場合、最後方のCBが競り合ったこぼれ球を拾うこととなるため必然的に後ろ向きでボールを収めることとなる。

対してウニオン・ベルリンの選手はセカンドボールの回収だけではなくセカンドボールを拾った選手へのプレッシングも意識している。そのため、仮にセカンドボールを回収できなくても、敵選手の背後から前向きにプレッシングをかけることができる。状況によってWBも内側に絞ってアプローチをかけることで、セカンドボール回収に厚みをもたせる。

背後に抜ける動きを見せた選手は敵CBへのパスコースを切るようにプレスバックをかけることで、セカンドを回収した敵を一気に囲い込むことも可能となっている。最前線から中盤、ワイドの選手までがロングボール戦術に関わっていくのだ。

【図1「ロングボール」】

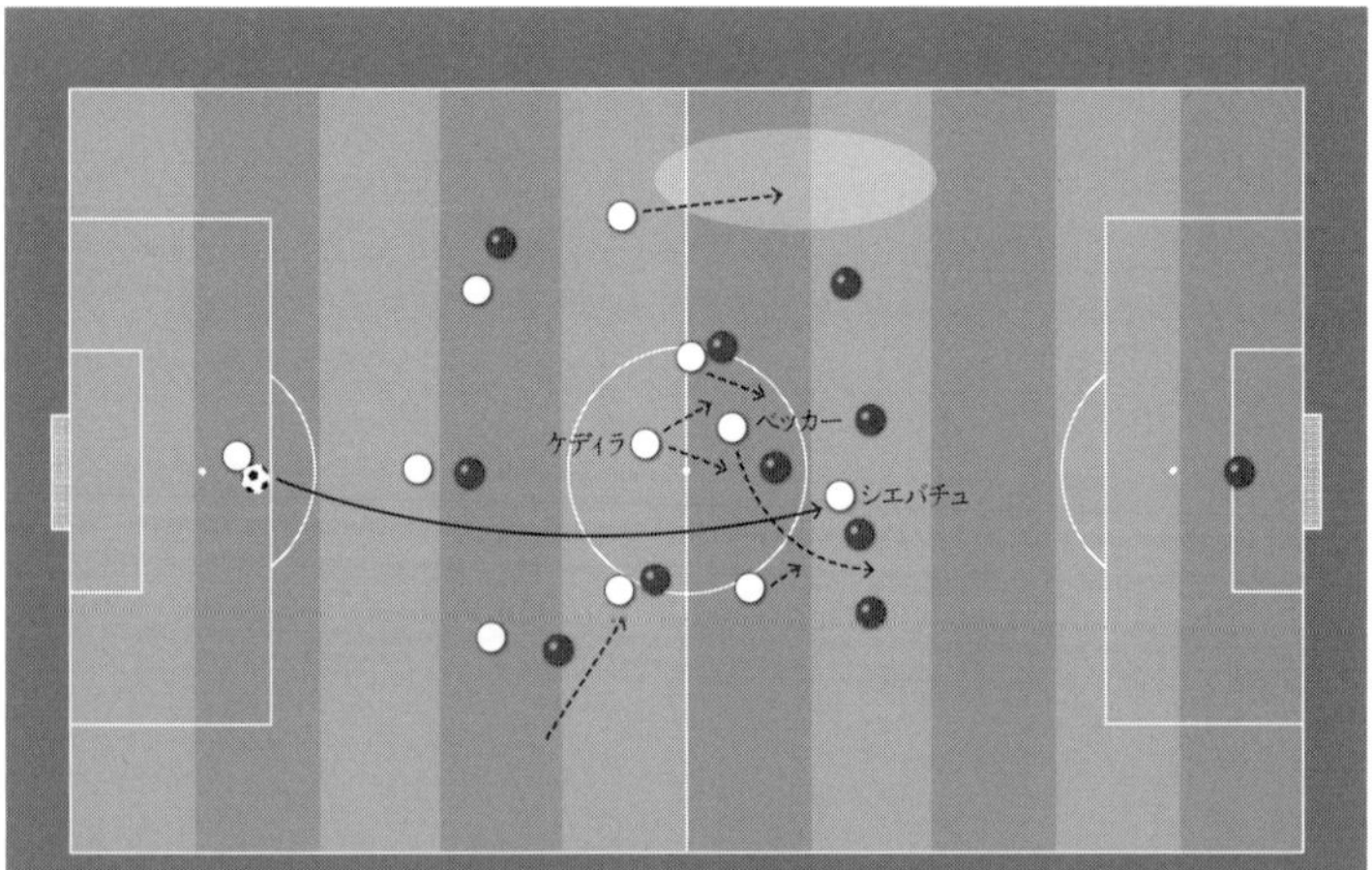

高い位置でのボール奪取と速攻につなげることのできるロングボール戦術を採用しているためボール支配率は低く、豊富な運動量を要するものとなっている。また、過剰に前に人数を割くことがないためリスクの低い攻撃が実現できる。

敵が中央のロングボールを警戒しサイドに割く人数が少なければ、WBが駆け上がり後方からのフィードを受ける幅のある攻撃も見られる。これは攻撃の数少ないオプションとして効果的だ。

■連動性に富んだ「前向き」の守備戦術

ロングボールを主体とした攻撃を採用し、支配率の低いウニオン・ベルリンは必然的に守備に回る時間が多くなる。ここで興味深いスタッツが、被シュート本数の少なさである。守備に回る時間が多いながらも被シュート本数が少ないということは、ゴール前に運ばれる前にボールを奪取している、もしくは単にボールを回させているだけの状態に陥れることができているということだ。結果として、リーグ3位という失点数の少なさにつながっている。ここからはウニオン・ベルリン最大の特徴である守備戦術についてみていく。

プレス開始位置はセンターサークルの敵陣先端近辺だ。特定エリアに誘導するような守備戦術は持ち合わせておらず、待ち受ける形だ。

敵がプレス開始位置まで前進すると、2トップがアプローチをかける。この時相手が採用する3バックの両脇のCB、もしくは4バックのSBにプレスがかからない状態であればボールサイドの

IH（ハベラーもしくはライドゥニ）が前進して寄せる。

　敵アンカーの見方は特徴的だ。兄である元ドイツ代表のサミ・ケディラさながらの運動量と強靭なフィジカルを活かした奪取力を備えるアンカーのラニ・ケディラが前進して寄せに出る。アンカーにボールが入った場合でも2トップはプレスをかけることはほとんどせず、アンカーからの横パスのコースを切るようにポジションを取り2トップ＋ケディラで包囲するような形をとる。

　このように2トップで埋めきれない位置を中盤が前進してサポートしていく。この中盤の前進で穴が開いた個所に関しては5バックの選手が次々に前進して埋めていく。

　チーム内走行距離トップ3をアンカーのケディラ、CBクノッヘ、左HVレイテの順で後方のメンバーが上位を占めていることからも分かるように、

【図2「vs 4バック」】

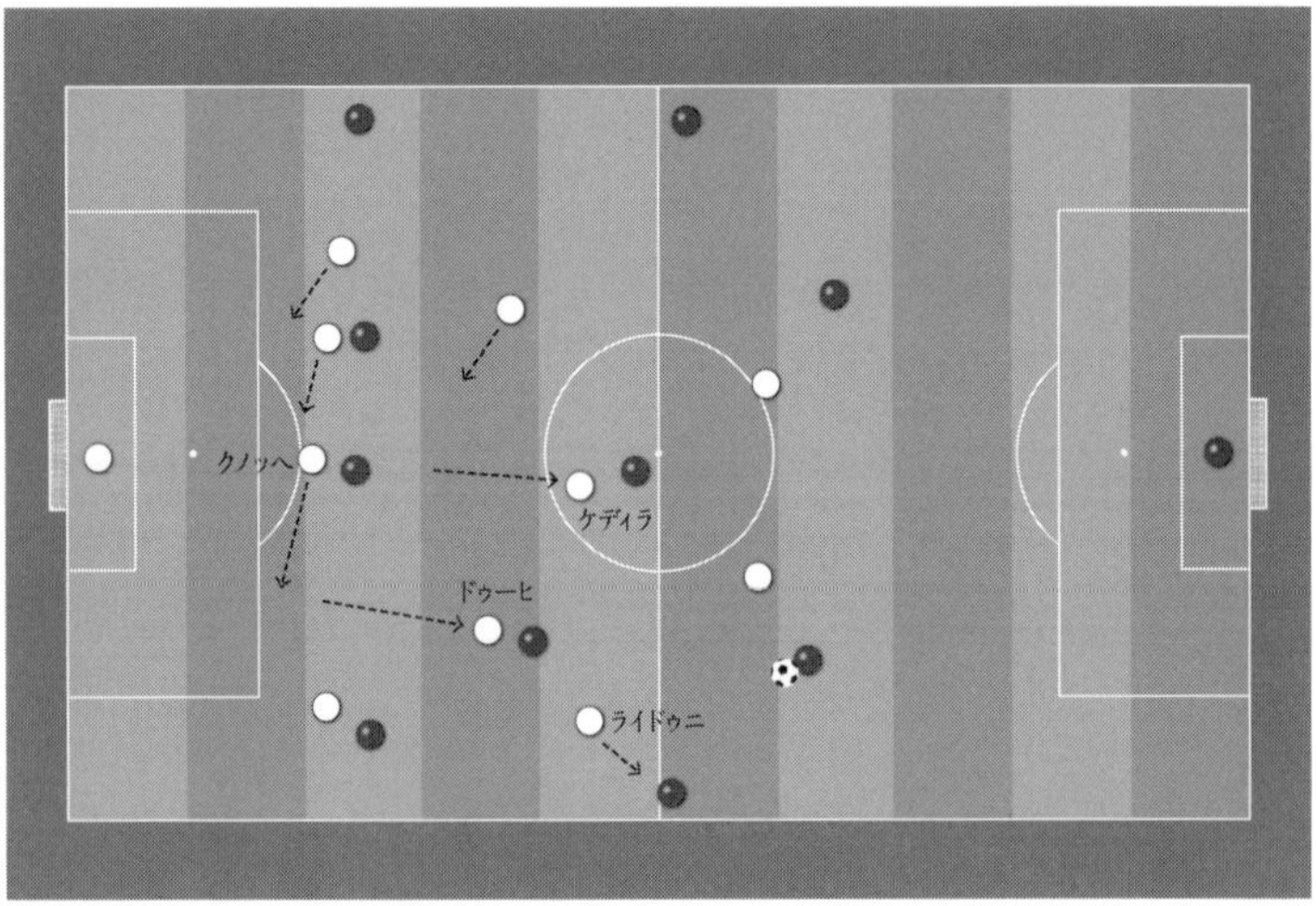

後方の選手の連動性が肝となる。

【図2】は4バックに対するプレッシング例だ。【図2「vs 4バック」】

右IHのライドゥニが敵SB、アンカーのケディラが敵アンカーへアプローチをかけ、ハーフスペースの敵に対してはドゥーヒもしくは前季1試合当たりのインターセプト数リーグ4位を記録した右CBのイェッケルが前進。空いたスペースをカバー範囲の広いCBクノッヘが埋める。

【図3】は3バックに対するプレッシング例だ。【図3「vs 3バック」】

左IHのハベラーが右CBに、左WBのリエルソンが敵WBに、ケディラがアンカー、クノッヘがCFを見るために前進していく。チーム3位の走行距離を誇る左CBレイテがサイドのケアを、右CBのドゥーヒ(イェッケル)が中央を埋める。

このように敵とボールの位置に応じて後方の選手

【図3「vs 3バック」】

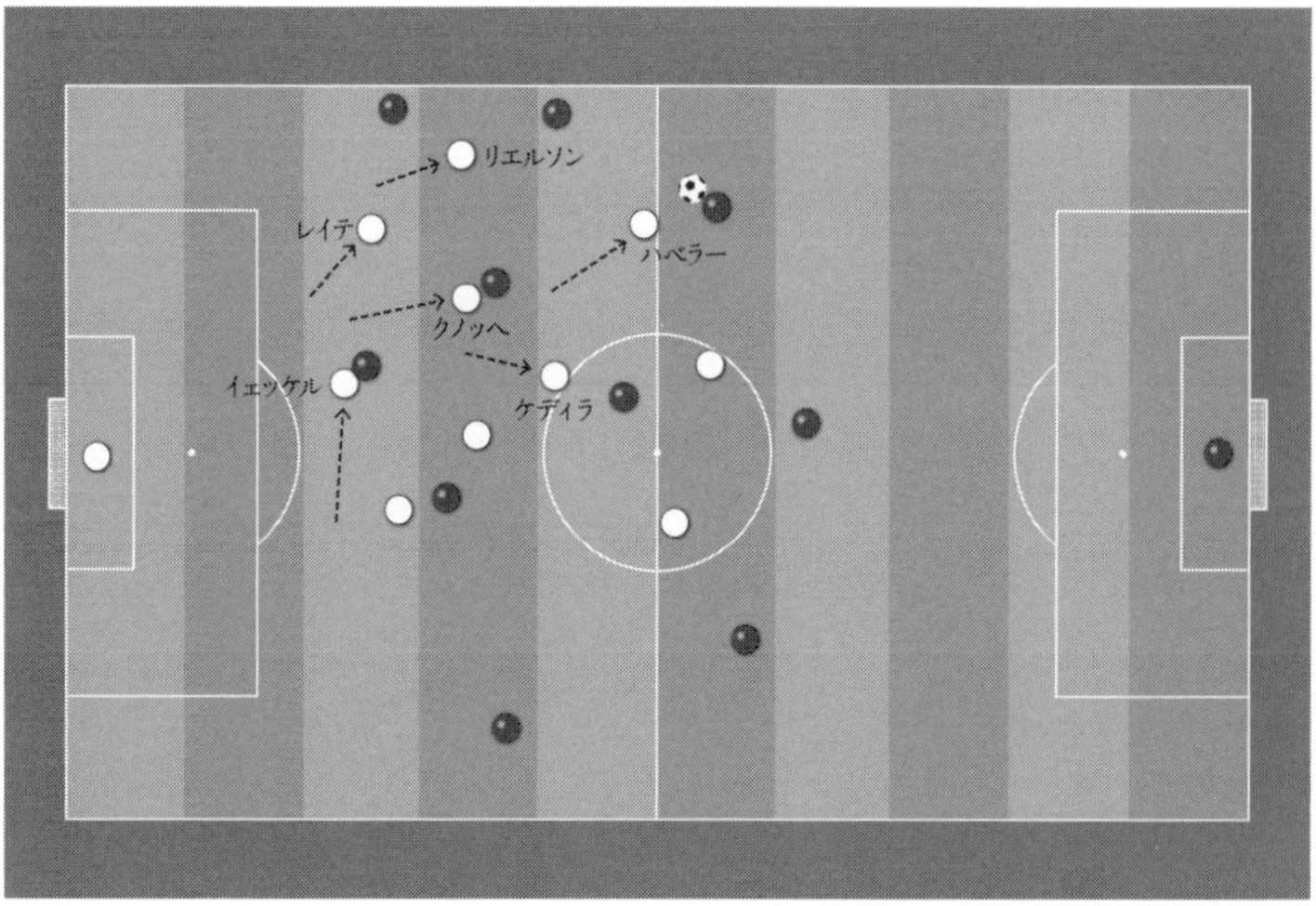

が前進し、マンマーク気味にアプローチをかけ、残る後方の選手が空いたギャップをボールサイド側にスライドして埋めていく。基本的な動きを全員が勤勉にこなしているだけといえばそれまでだが、それを常に実行できるのが彼らの強みである。DF陣の思い切りの良い前進は、元々中盤のエリアを守っている選手だと勘違いを起こすほどだ。

後方に5枚の選手がいるため、前方に空いたエリアやフリーの選手がいれば続々と選手を送り込んで対応できるのがこの守備の強みだ。ギャップに入る選手を確実に捕まえることができるため、そういった攻撃を採用するチームに強い。

逆に敵の後方の選手がどんどん低い位置から抜け出してくる場合でも、後方での枚数が足りているため前線の選手は深追いをせずに受け渡すことができる。敵のビルドアップメンバーに前線の選手が噛み合わせるようにプレスをはめる本来の守備を忘れず

【図4「受け渡しの失敗」】

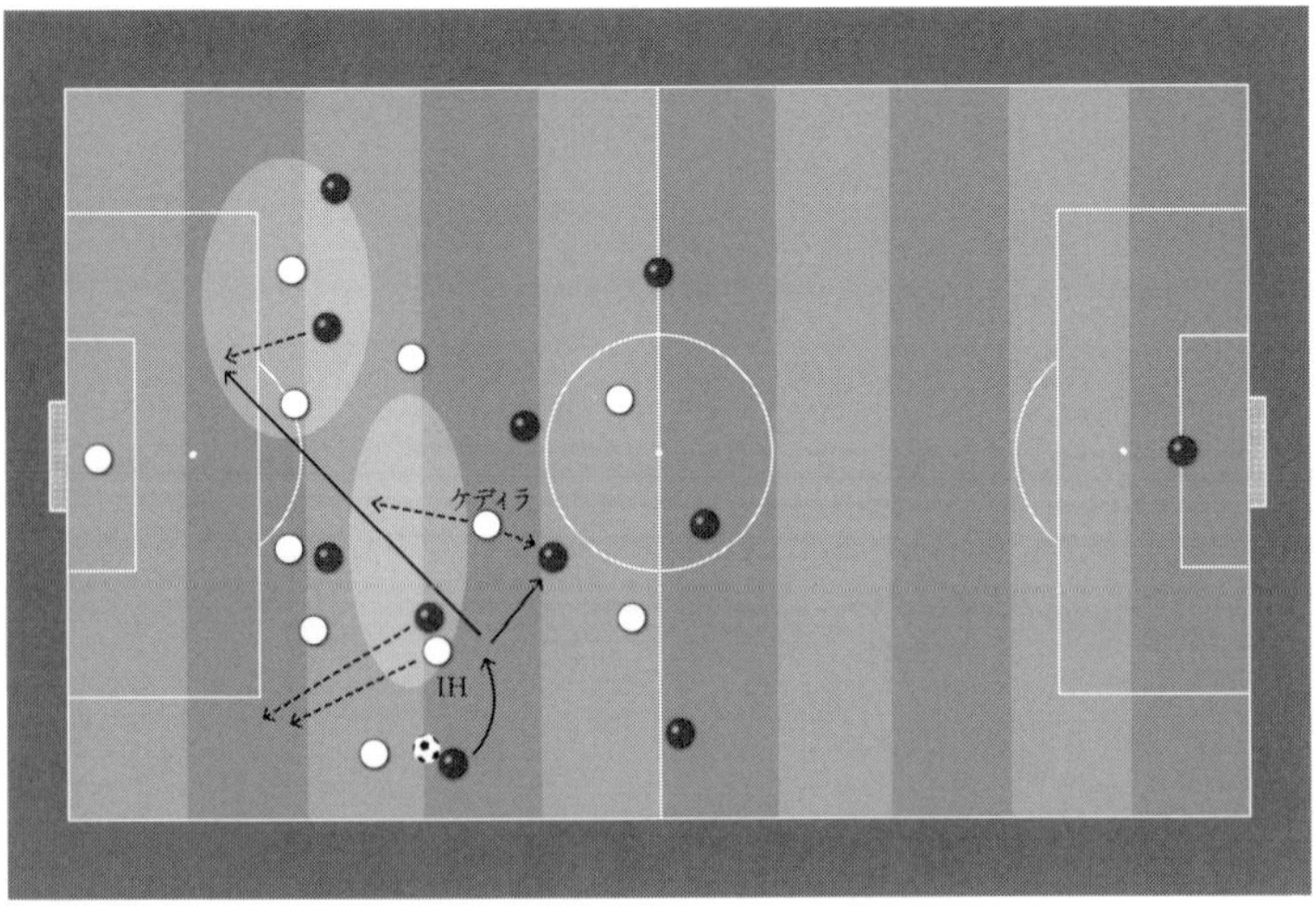

に遂行できるのだ。

逆に、後方から前線に抜けていく敵選手に対して、ＩＨが受け渡しをせずについていってしまうと厳しい状況となる。【図4「受け渡しの失敗」】

ケディラが敵のアンカーを抑えていれば良いが、敵ＷＧがカットインをしてきた場合、ケディラは縦や斜めのパスを警戒して引く必要が出てくる。そうなると、カットインからの楔の供給もしくはアンカーを使った逆サイドへの展開で永遠と危険な状態でボールを回される形に陥ってしまう。ウニオン・ベルリンの守備は後方に多く選手を配置することで前進可能な選手を確保した「前向きの守備」であることがポイントだ。そのためＩＨが受け渡しをせずにずるずると下がる「後ろ向きの守備」を見せるとチームとしての機能性が落ちてしまうのだ。

ゴールから遠い、なるべく前のエリアでマンマーク気味に捕まえる意識が強いため、シュートまで持ち込ませていないというのが被シュート本数の数字に表れている。

ただしこの守備は、連携をとるのが非常に難しい。マークの受け渡しを誤るとポッカリと大きなギャップが生まれてしまうため、特にレイテ、クノッヘ、ドゥーヒ(イェッケル)のＣＢ陣には出足の良さと的確な状況判断、カバーリング能力と密な連携のためのコミュニケーションが求められる。

「ＤＦラインの選手が自分の空けたスペースを埋めてくれる」という信頼感がないと、ＦＷ、中盤そしてＤＦの選手ともに前進の出足が鈍りこの守備戦術は機能しなくなってしまう。

各ライン間での連携だけでなく、当然ＤＦラインの間でも連携が必要だ。クノッヘが前進して守り、レイテが中を埋めたとすれば、状況に応じてクノッヘは元のエリアに戻るのではなくレイテが元いたエリアに戻る。相手の連続的な攻撃に対応するための工夫であり、ここでも連携して後方の人数の担保とギャップのケアが行われている。

後方の選手が前進してギャップを埋めていく守備戦術であるため、ライン間がコンパクトであるほどギャップを埋めるための前進距離が短くて済む。そのため、ウニオン・ベルリンは間延びの危険性を念頭におき、高い位置からプレスをかけることはあまりしない。逆にプレス開始位置をハーフウェイラインまで下げることは可能だ。カウンターへの移行が難しくなるが、ギャップの生まれにくい強固な守備ブロックを築くことができる。

■ウニオン・ベルリン式5-3-2の懸念

守備面の課題に関してみると、アーリークロスへの対応に苦戦する傾向が強い。ＣＢ陣は特別スピードに優れているわけではない。そのため、プレッシングの到達が遅れる、サイド浅い位置からのアーリークロスには苦戦する傾向があるのだ。

特に3-2-5を相手にする際に敵ＩＨが外に流れることでこちらのＩＨに対して数的優位を作られるとさらに難しい状況に陥る。【図5「vs 3-2-5」】

これに対して守備の上手いＩＨハベラーはＨＶに素早くプレスをかける、もしくは引いた位置をとり敵ＨＶと流れるＩＨを1人で見れる位置まで引き込むように守ることができる。ただし、他の選手ではそう上手くいかない。プレス開始位置を下げてコンパクトな陣形をとらなければハベラーの負荷が高くなってしまうが、下げた分チーム全体としてカウンターへの移行も難しくなる。

逆に、状況に応じてIHの動きに対してHVがそのままついていくことが可能だ。これはカバーリングと前進の意識の強いウニオン・ベルリンならではの長所となるだろう。

また、ボールサイドに大きくスライドするため、ゴール前には逆HVとWBしか残らない状況が度々発生し、大外で敵選手が1枚余ってしまうケースも見られる。クロスをあげられるにしてもいかに思い切りよく前進し、その精度を低下させられるかがカギとなる。

攻撃面を見てみると、得点力不足に陥る可能性が少なくない。ロングボールのターゲットが強力でかつセカンドボールに合わせてプレッシングをかけら

【図5「vs 3-2-5」】

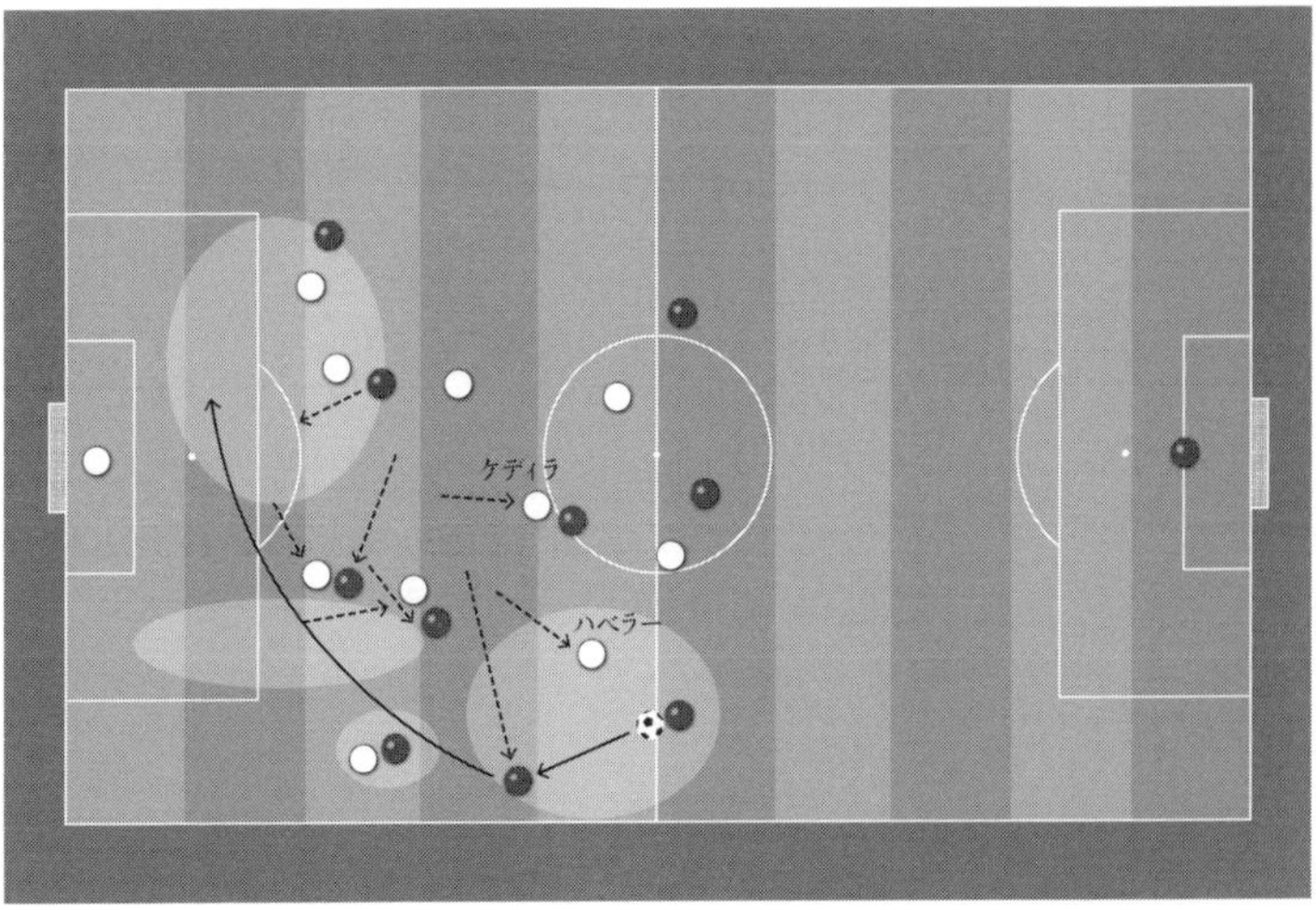

れるといっても、丁寧なビルドアップでギャップを狙う攻撃よりも不確実性は明らかに高い。ここが鈍らなかったこと、そしてセットプレーで得点を重ねることができたことが、21節まで首位を維持できた要因のひとつとなった。

そして、すべての土台となるハードワークに直結するスタミナの部分は不安要素だ。スカッド平均年齢がリーグで2番目に高いチームがＥＬと並行してリーグ戦を戦うのは極めて難しい。ＣＢにも運動量が求められる中で替えの選手が同様の連携を取れるか等も懸念点だ。ウニオン・ベルリンはこういったコンディション面での懸念が表面化しないよう、選手・スタッフが一丸となってシーズンを過ごすことができたのも成功要因のひとつとなった。

■オールドスタイルの強み

戦術はリバイバルを繰り返す。ウニオン・ベルリンが勝利を重ねることができたのは、オールドスタイルで強みを出せたからだ。

攻撃局面では、現代サッカーの守備トレンドであるハイプレスをロングボールで掻い潜る。密集を作り出すことで、5レーンに対応した守備を一点突破で攻略する。

守備局面では静的な配置をとる敵に対してマンツーマン気味に寄せに出る。

ゲームの4局面のうち2局面で、現代の戦術トレンドを破壊するオールドスタイルの強みを出すことに成功した。また、そういった4局面に左右されない「セットプレー」で得点を重ねたのも彼らの強さの要因だ。

ウニオン・ベルリンによるオールドスタイルでの健闘は戦術の進化だけでなく、循環・リバイバルを感じさせるものであった。

第9章

Sagan Tosu

JAPAN J LEAGUE

サガン鳥栖

Sagan Tosu JAPAN J LEAGUE

season 2022

躍進を支えた2CH制の機能美。失速の原因は?

2022シーズンのJリーグ。最終節までもつれこむ川崎フロンターレとの熾烈な優勝争いを制し横浜F・マリノスが栄冠を手にしたこの年、彼らのほかにも魅力的なサッカーを展開したチームがいくつも存在した。

なかでもサガン鳥栖は、美しい連動と距離感をベースとしたパスサッカーを武器に13節終了時点でリーグ5位に食い込むサプライズを見せた。効果的にボールを前進させるサガン鳥栖のサッカーはJリーグファンの中で話題となったものの後半戦で失速、最終的には11位に落ち着いた。

では、前半戦で大きなサプライズをもたらしたサガン鳥栖のサッカーはどのように機能していたのか、後半戦の失速の原因は何であったのか、考察していく。

■基本布陣

サガン鳥栖の基本システムは3-4-2-1だ。3バックと2CHが中心となり細かなパスを駆使したビルドアップを行う。このビルドアップが最大の特徴で、粘り強く細かいパス回しは、他チームと一線を画す。相手守備ブロックの1列目を通過するとサイドを中心に攻撃を展開していく。しばしば用いる4-4-2においても、この特徴は変わらない。

守備に関しても同様のシステムで、プレッシングや高めの位置にブロックを敷いて守る傾向が強い。ただし前からのプレッシングに関してはいなされることも少なくない。

被シュートはリーグで3番目に少ない数字であるが、失点は4番目に多い。攻撃面ではシュート数が3番目に少なく、得点も8位とさほど伸びていない。

走行距離のスタッツは圧巻で、堂々のリーグ1位を記録している。

【サガン鳥栖「基本布陣」】

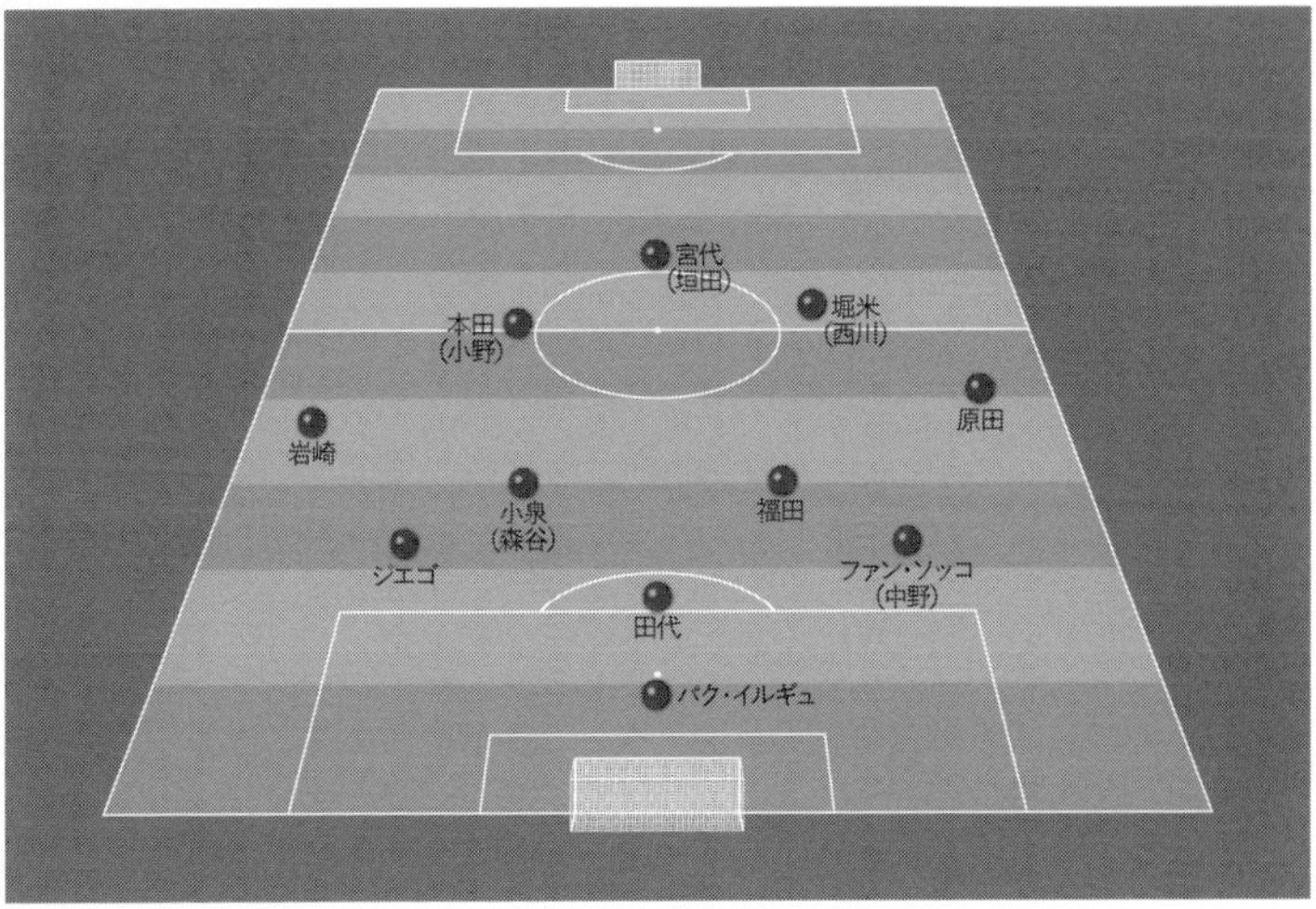

■ビルドアップの機能性

まずはサガン鳥栖最大の特徴、「ビルドアップ」の機能性からみていく。

サガン鳥栖のビルドアップの最重要人物はＣＨの２人、小泉と福田だ。彼ら２人は常に近い距離感を維持して共に移動を行う。ボールサイドのハーフスペースとピッチ中央、といった具合だ。この２人を中心に据えた位置関係が鳥栖のビルドアップを円滑にするキーとなった。

これを行うことによる利点は３点ある。

①局所的な数的優位の確立
②ターンをしない方向転換
③周囲の選手の連動

まずは近い距離をとることで相手の守備1枚に対して２人でボールを保持することができるという単純な「数的優位」面での利点だ。常に相手より人数をかけることでパス回しに安定感を生むことができる。

そして２つ目の「ターンをしない方向転換」は攻撃にテンポとつながりを生み出す。【図1「利点『ターンをしない方向転換』」】

例えば【図1】において福田がボールを受ける際、右サイドが空いている状態ができあがっているとする。このエリアを使いたい場合、たとえ福田が首を振って右サイドのスペースを把握できたとしても、ターンをして敵ＳＨをかわしてボールを展開するのは至難の業であり、リスクも高い。しかし小泉が近い距離感を保ち福田の背中側を覗くことで、福田→小泉→右サイドというパス回しでの打開が可能となるのだ。

互いを視野に入れておくことで互いの背中をカバーし合い死角をなくす、３６０度のパスコースを確保できるというのがビルドアップで相手に的を絞らせない上で重要となり、利点となっている。

ただし、福田も小泉もターンができないわけではない。むしろ得意とするタイプだ。ターンをする以上に確実で有用であると判断した際に２人でつなぐ、その判断力もポイントであるといえる。

このパス回しは頻繁に見られ、相手に的を絞らせることのない、バタバタしない落ち着いた攻撃を実

【図1「利点『ターンをしない方向転換」】

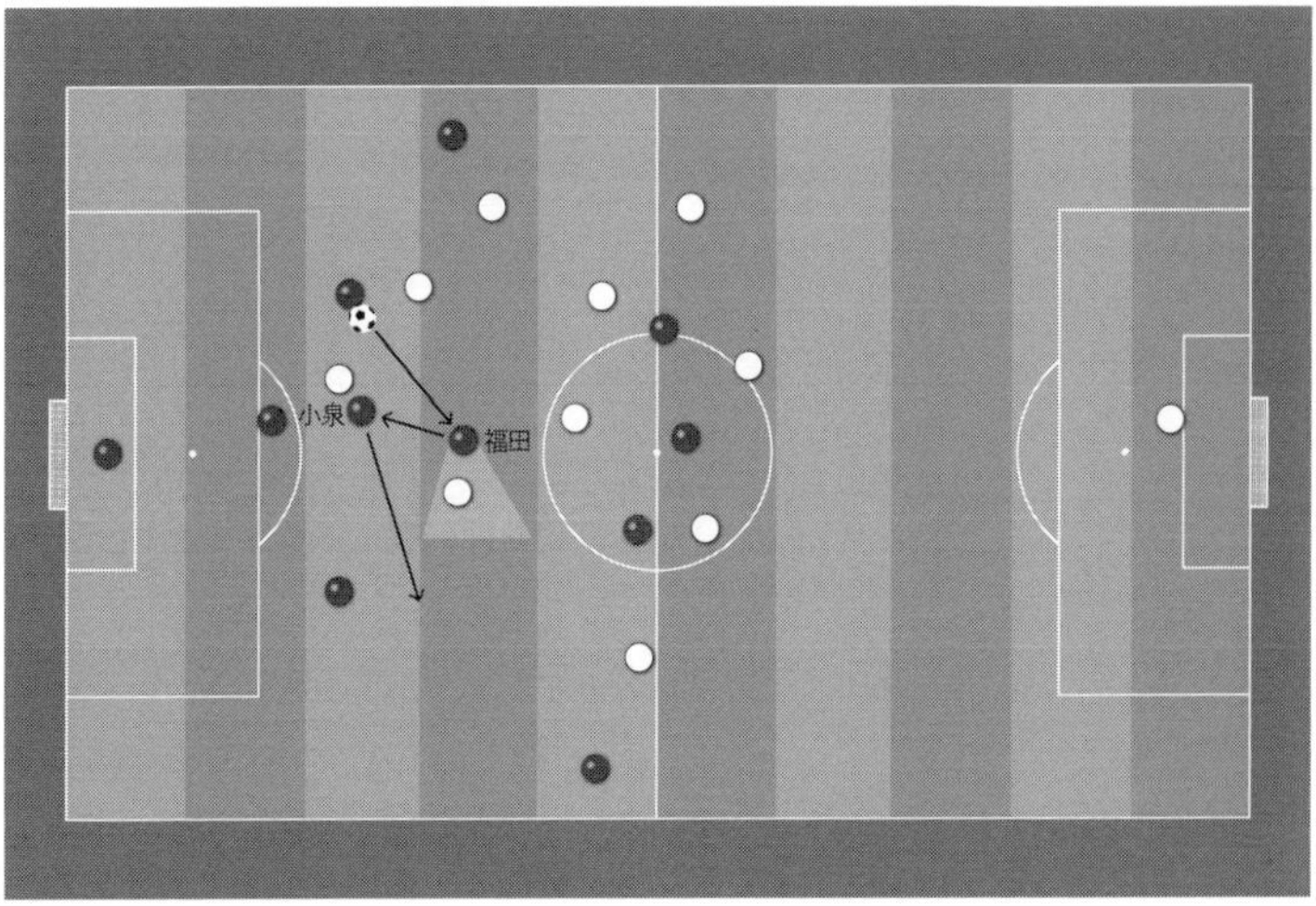

現するうえで有用なものとなっている。
そして3つ目の「周囲の選手の連動」についてであるが、これには2つの意味合いがある。【図2「利点『周囲の選手の連動』」】
まずは「3人目の動き」だ。3人目が関与することで攻撃の選択肢は飛躍的に増加するというのはサッカーにおける常識のひとつだ。鳥栖の場合、福田と小泉がセットで動くため、CHと関わる選手がいればそれだけで3人目ということになる。「ターンをしない方向転換」で扱った例においても2CH＋右サイドの3人で攻撃が展開されていることがうかがえる。この3人のうち1人でも欠ければ攻撃の選択肢は激減する。
そしてもう1つの連動の意味合いは「逆サイドのハーフスペースを活用しやすい」という点だ。CHがボールサイドで近距離をとるため、逆サイドのハーフスペースは大きく空くこととなる。ハーフスペー

【図2「利点『周囲の選手の連動』」】

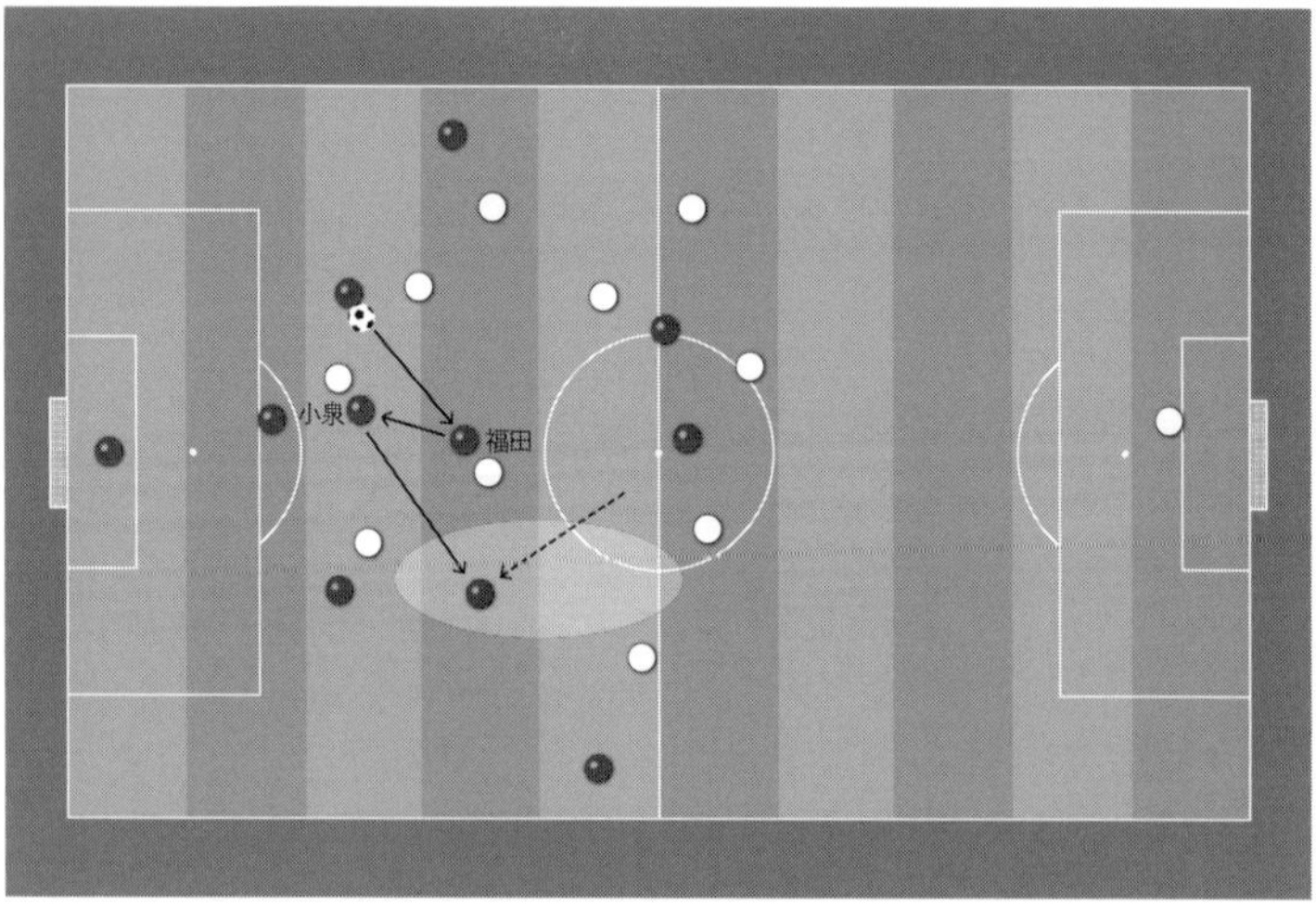

スを活用することで中央からもサイドからもゴールに迫りやすくなる。

【図2】の例では右ＣＢがハーフスペースを利用してボールを運ぶことができる。このチャンスにファン・ソッコは過剰ともいえるほど前進し、中野やジエゴ、ＣＢを務める際は原田も的確な前進を見せており、チームとして統一された意識が感じられた。

相手がより前からプレッシングをかける場合等は、シャドーの選手が降りてボールを受けることもできる。そこから相手のプレッシングをひっくり返し、ＷＢと協力してゴールに迫っていくのだ。

こちらも堀米と本田を中心にシャドーを務めるほとんどの選手に見られる共通認識であった。ＣＦを務める宮代は降りてボールを引き出してのポストプレーが抜群に上手く、垣田は背後への抜け出しにおいても相手の脅威となった。

敵陣にボールを運ぶと、ワイドに位置するＷＢからのクロスや、ＣＨも絡む「3人目の動き」を交えた中央での細かなパスワークでゴールに迫っていった。ＷＢの岩崎は独力で打開する推進力のあるプレイヤーであり、サイドでの仕掛けで貢献した。

シーズン終盤で出場機会を増やした2002年生まれの若手・西川潤も推進力のあるプレイヤーだ。降りる動きもこなせる長身の若武者は強烈なシュートも武器に輝きを放った。

こういった前線のプレイヤー達を活かすためにも、サガン鳥栖は積極的かつ丁寧にＣＨの2人にボールを預けるビルドアップを敢行していた。

■4-4-2における機能性

シーズン中盤で採用された4-4-2においてもコンセプトは変わらない。2CHが近い距離を維持しつつショートパスを細かくつなぐパス回しで攻撃を組み立て、逆サイドのハーフスペースをSHや2トップの一角が利用していく。【図3「4バック」】

このシステムにおいて輝きを放っていたのが右SBの原田だ。ポジショニングと配球が大きな武器となっている彼は、サイドの位置から攻撃を組み立てることで、中央の2CHの負担を軽減して見せた。サイド低い位置から一気に最前線のCFに当てるプレーは鳥栖にとって非常に有用な攻撃のオプションとなった。

脇でサポートする福田、SHとの間に降りて変化を生む小野、中央でCHの隙間やCBの背後でボールを引き出す宮代といった具合に、原田に対して複数のパスコースを提供する周囲の選手のポジショニ

【図3「4バック」】

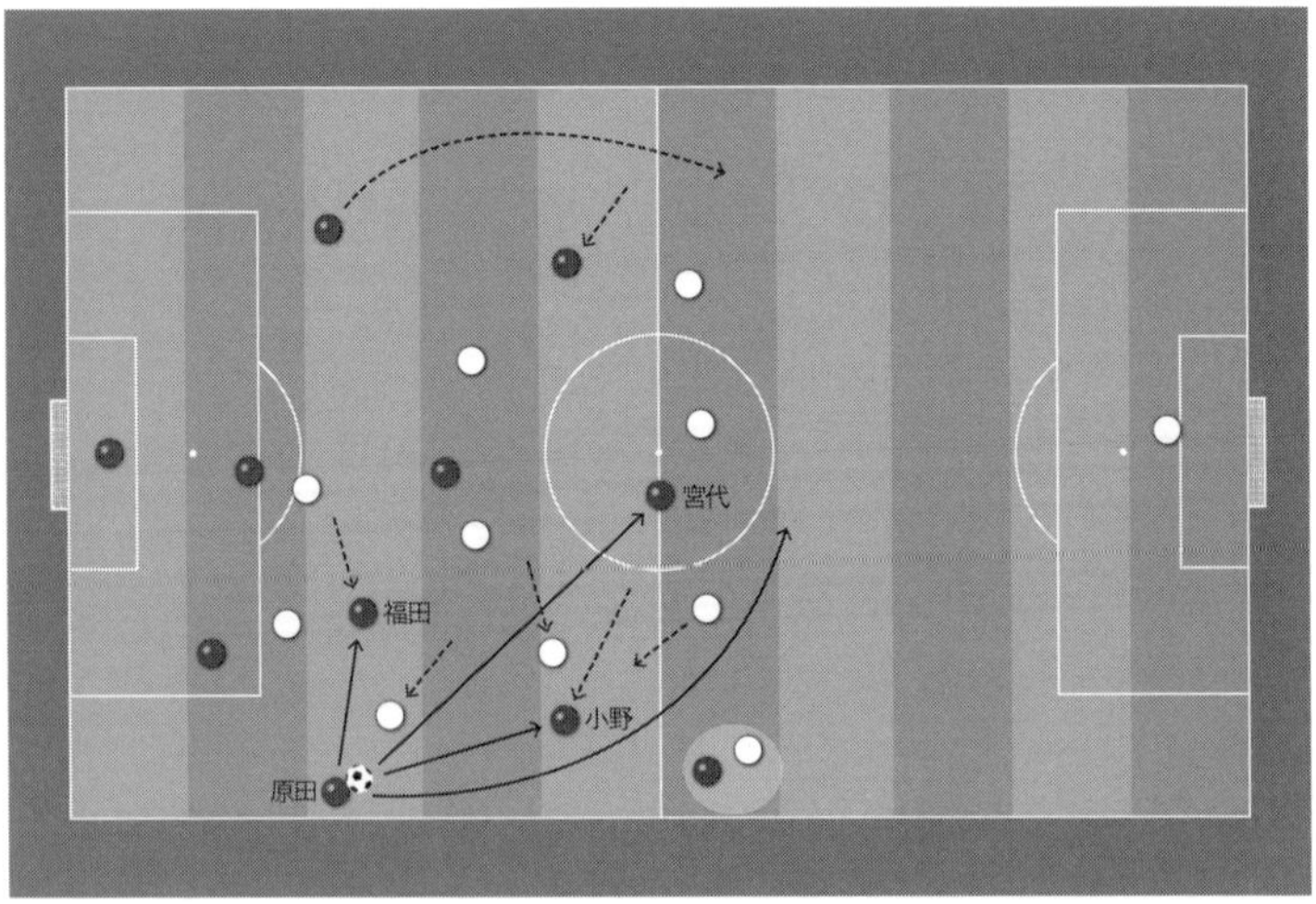

ングも見逃すことはできない。

　ボールが左サイドにある場合、原田はハーフスペースに絞り偽SBとして2CHからボールを受ける機会も多く、インテリジェンスの高さがうかがえるプレーぶりであった。彼の働きにより、鳥栖にサイドからの組み立てという3バックでは見られない選択肢が生まれることとなった。

　左SBのジエゴもそのスピードと力強いキックを携えて高い位置まで前進し、相手に脅威を与えた。GKのパク・イルギュは持ち味の足元の上手さで時にDFラインに入ってボール回しに加わり、数的優位の確立に貢献した。

　前述の例に似た形で、22節横浜F・マリノス戦の1点目は非常に良い形で奪った得点となった。【図4「マリノス戦」】

　GKパク・イルギュも含めた最終ラインでのパス回しで右SBの原田にボールが渡ると中央の福田

【図4「マリノス戦」】

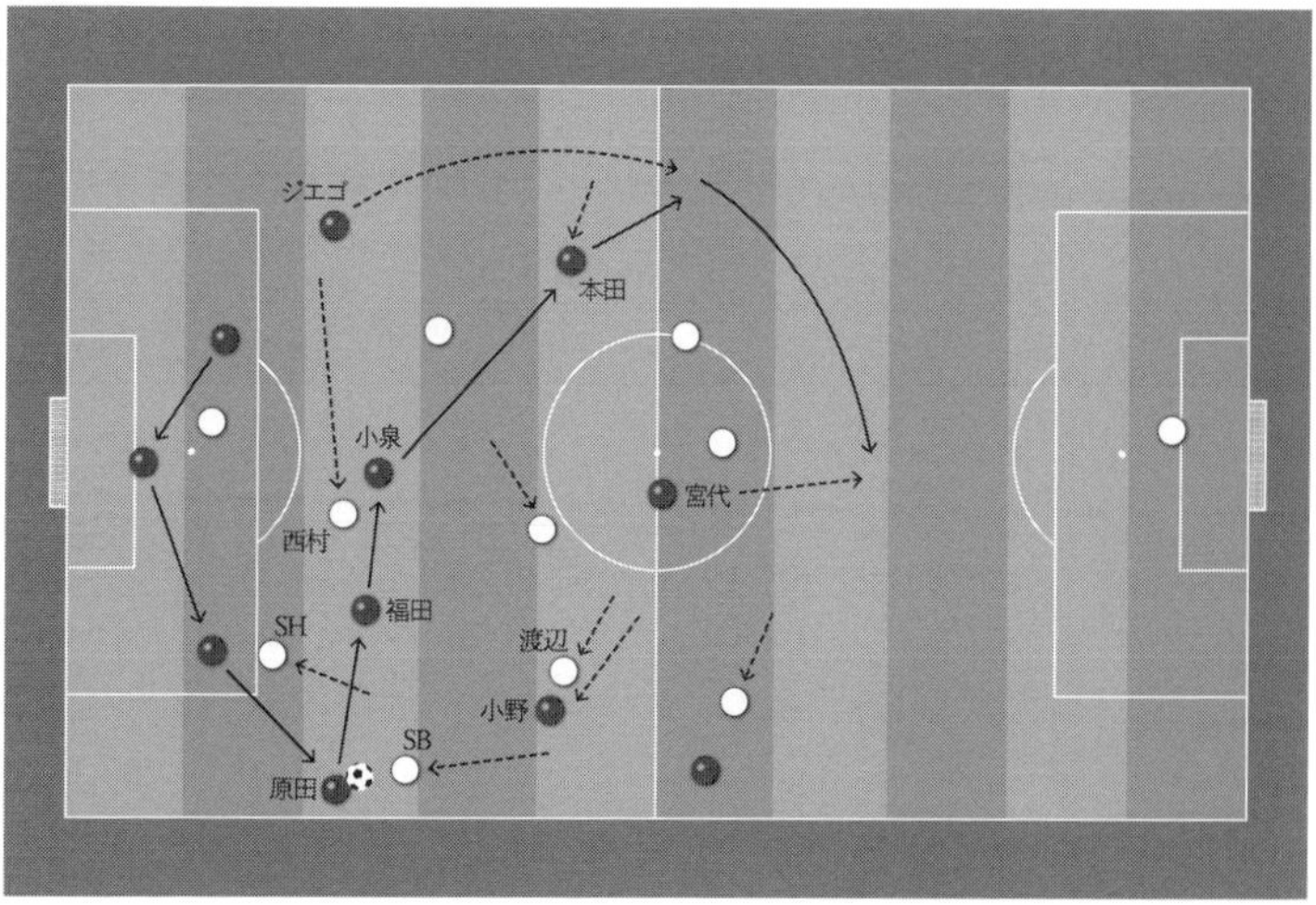

に展開。この時、マリノスのプレッシングの要・リーグトップの運動量を誇るトップ下の西村は広いエリア（左CB、2CHの計3人）をカバーする必要があり、CHの渡辺は2トップの一角に入る小野のケアに出ていたため、福田がフリーの状態となった。そこから小泉を経由し、逆サイドのハーフスペースに絞った本田にパスが回る。2CHに連動してこのエリアに入る、鳥栖の特徴的な動きだ。本田の動きに合わせて左SBのジエゴがオーバーラップを仕掛け、最後は宮代が押し込む形となった。サイドを起点に中央の2CHを使い、逆サイドのハーフスペースを経由して得点を奪う、4バックの鳥栖にとってまさに理想的な形のゴールであった。

■シーズン後半での失速

シーズン前半戦で好調を維持した鳥栖であったが、後半戦は失速することとなった。この原因は大きく3つ挙げられる。

まずは、選手の距離感だ。2CHが近い距離感を保ち、周囲の選手が連動するのが鳥栖の持ち味であったが、DFラインの選手の距離が近すぎ、効果的に相手の守備ブロックを動かすことができなくなった。加えて前線の選手も頻繁に降りるようになったため後方に人が集結する形となり、縦パスの受け手が減ってしまった。終盤は楔をほとんど打ち込まずに横パスで前進するような状態となった。

ボールをベースに人が動くことで、ボールホルダーに対する選択肢を提供することができるが、その次、2手先の攻撃で良いポジションを取れている選手がいなくなってしまったのだ。これは後方でのビルドアップに人数をかけすぎて後ろが重くなる「攻撃の先細り状態」である。シュート数がリーグで3番目に少ないという数字にも表れている。

ポストプレーの上手いCFの宮代も、周囲に誰もいない状態であればマークが集中する上にレイオフパスの出し先が無くなってしまう。WBが低い位置に降りてシャドーがSB裏に抜ける、等といった「配置を活かした攻撃」が生まれなかったのも、攻撃の歯車を狂わせた原因であった。

次に5-2-3で守る相手を苦手としている点だ。5-2-3という守備システムは、鳥栖の3-4-2-1攻撃システムとガッチリ噛み合うミラーシステムとなっている。こうなると鳥栖はポジションを崩しマークのかみ合わせをずらして攻撃を図るが、上述の選手の距離感がさらに乱れ、攻撃の先細りが加速することとなった。

そして3点目は守備の面である。失点数がリーグで4番目に多いというのは明らかな弱点だ。前線からプレスをかける場合、5-2-3の各ライン間のケアが曖昧となった。【図5「プレス」】

例えば、相手のSBがボールを持った際、FWはCBへアプローチをかけたのちにバックパスを消すような位置をとるため、敵CHが空いた状態が出来上がる。この時にCHの福田と小泉は前進して敵CHを見るか、背後にいる敵の2列目を見るかという判断に迫られる。

王者横浜F・マリノスを例に出すと、喜田、藤田、渡辺といったCH陣とトップ下の西村が的確にポジションをとり、このライン間の判断を必ず突き付けてくる。仮に敵2列目に対してCB陣が前進しても奪いきることができず、DFラインが乱れるといったケースも多々見られた。

引いて守る場合もＷＢがどの位置でプレスをかけるのかが曖昧となり裏を突かれる、ボールを奪われた際の陣形が乱れておりショートカウンターを浴びるといった形で守備の整備が行き届かなかった。こういった面が改善されていれば、後半の失速は防ぐことができただろう。

■おわりに

鳥栖の２ＣＨを中心とした攻撃が大きな武器であることは疑う余地のないものだ。機能性の優れた、見ていて面白いサッカーであるといえる。ただし、少しずつ距離感がズレ、上手くいかなかった際の打開策がなかなか出てこないとなると、守備面の粗だけが目立つようになる。

今一度ボールベースの配置（ボールホルダーに寄り過ぎる）から、ピッチ全体を計算した先細りの無い配置（２手先を考慮）に切り替えていく必要があるだ

【図5「プレス」】

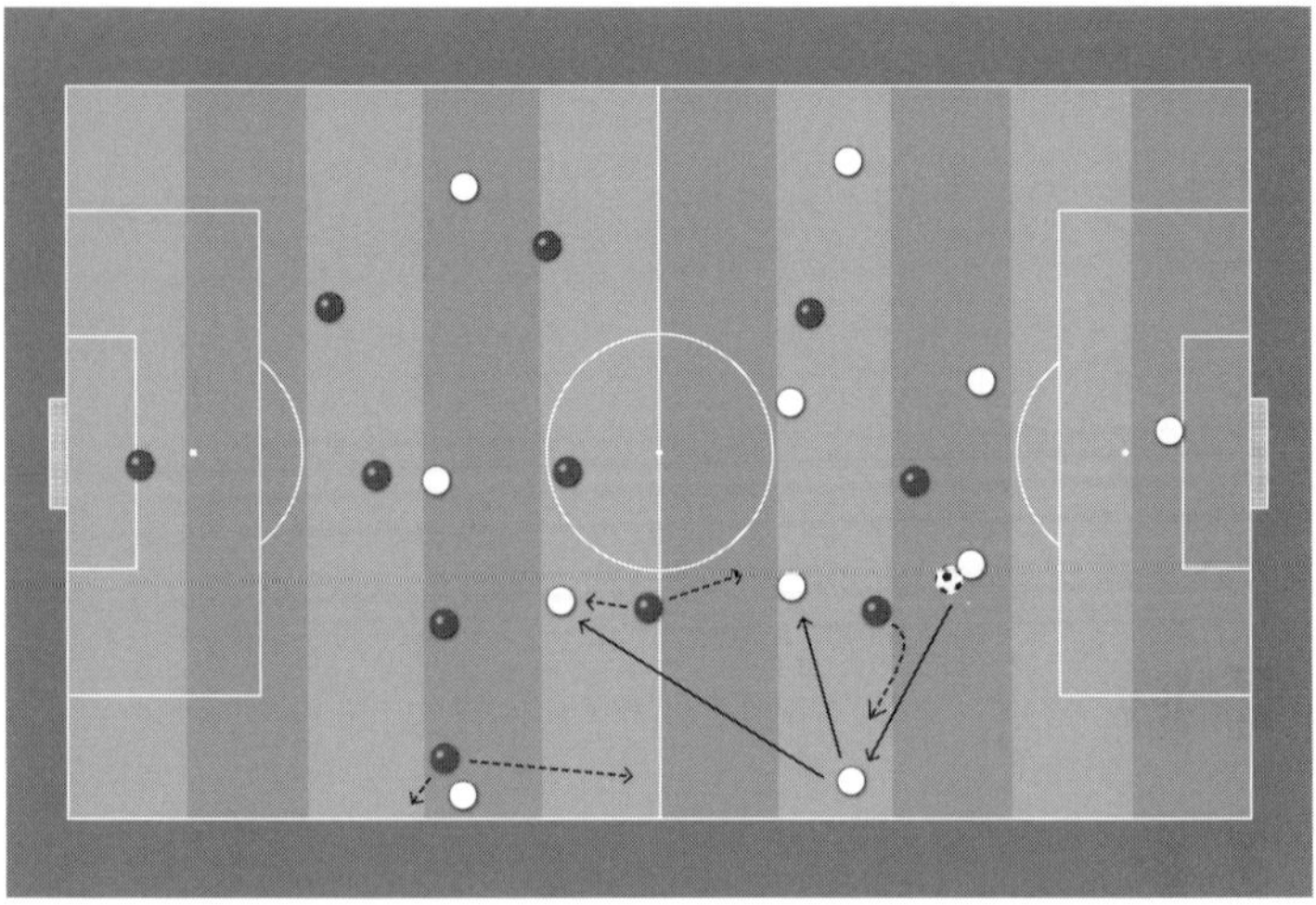

ろう。

4バックが機能していたことからも、コンセプトはぶれておらずチームに浸透していることがうかがえる。若き将・川井監督の下、サガン鳥栖のさらなる飛躍が期待される。

おわりに

サッカーにおける「戦術」の魅力はどこにあるのか？　筆者は「天井が無いこと」と「多様性」を挙げたい。

戦術のアップデートサイクルは年々短くなっている。新たな試みが生まれたかと思えば、それに対する策を講じるチームが現れる。失敗策が量産される中で良策が生まれると、またそれに対する策が生まれる。その策は必ずしも新たな策というわけではなく、既存の策のリバイバルであったりもする。いかに戦術が進化しようと、必ずしも最新の戦術トレンドが優位であるとは限らない。さらに、それを上回ろうと各チームが試行錯誤を凝らすため、天井に到達することは無い。

チームAに勝ったチームB、チームBに勝ったチームC、というように数珠つなぎで勝者の戦術を追っても、天井に達することは決してない。それがサッカーにおける戦術だ。最新の戦術トレンドが必ずしも優位であるとは言えないものの、それを学ぶことには意義がある。新たな知見を得ることで、これまでの考え方を別の視点から捉え、思考を再構築できるからだ。そうして戦術は発展を遂げてきた。

この「戦術」という監督の志向を表現するのはピッチの上の11人だ。彼らはそれぞれプレイヤーとしての特色が異なる。つまり、似通った戦術を採用しても表現者によってその機能性は千差万別であるのだ。そこに相手の戦術がぶつかり合うことで、様々な試合展開が生まれていく。

そんな複雑で多様で天井の無いところが「戦術」の魅力である。

現代サッカーにおけるトレンドに目を向ける。トレンドとして、5レーンを駆使した攻撃が真っ先に挙げられる。2014年頃には既に5レーンの一部を成す「ハーフスペース」というワードが使われ始め、今では多くの強豪チームが5レーンの考え方を取り入れている。マンチェスター・シティやアーセナルはその筆頭になるだろう。

ピッチの中央を的確に利用することのできる上記の2チームや2022シーズンのサガン

鳥栖のようなチームは、5レーンの利用効率を最大化することが可能となる。

5レーンを活かした攻撃を展開するチームに対して効果的に守る守備戦術を取り入れて躍進を果たしたのが、21-22EL王者フランクフルトや2022カタールW杯4強のモロッコだ。

中下位チームには5バック+マンツーマンプレッシングで対抗するチームも増えた。ブライトンのようにカバーシャドウを破るパス回しを備えるチームに対応するためでもある。それを代表するかのようにウニオン・ベルリンが23-24シーズンCL出場を決めてみせた。

こういったチームの策略に屈しないよう、複数局面で優位に立てる「全方位型」として大きな成果をあげたのが22-23シーズンセリエA王者ナポリ、そして22-23シーズン欧州王者マンチェスター・シティだ。

アーセナルも、ネガティブ・トランジションとプレッシングを強化することで定位置攻撃戦術を補完し、CL出場権を奪還した。

22-23シーズンのマンチェスター・シティは、CFのガブリエル・ジェズスを放出して、ハーランドを獲得した。単にパスを回してゴールを陥れるという一点だけを考えれば、CFとして適任なのは足元の技術に長けたジェズスだろう。

しかし上述のように、各チームが素早く対策を打ち出している。その対策スピードは年を追うごとに格段に早くなっている。

そんな中でハーランドを起用することでシティが得たのは戦い方の幅だ。一点を研ぎ澄ますよりも多様な戦い方のできる「全方位型」を選んだペップは欧州の王者となった。

なんでもこなせるチームは強い。当たり前だが、そんなチームを作るのは簡単なことではない。全方位型は、そのどれもが中途半端となり、チームがバラバラになってしまう危険性をはらむ。

全方位型の集団を作り上げたペップと選手達は、歴代でも屈指の強さを見せたチームとなった。今後もそうやすやすと生まれるレベルのチームではない。

21-22シーズンのレアル・マドリードは相手の戦術に対してそれを上回る機能性や相性の良い戦術ではなく、「組織をものともしない破壊的な個の力」で上回った。そういったことが起きうるのもサッカーの面白いところだ。

ここ数年だけみても、これだけ多くの戦術的変化や工夫が生まれている。

戦術の進化に終わりはない。「5レーン」と「全方位型」がトレンドとなる現代サッカーにおいて、戦術がどのような進化を遂げていくのか。ぜひ注目してみてほしい。

とんとん

著者PROFILE

とんとん

1993年、長野県生まれ。愛するクラブはボルシアMG。当時の監督ルシアン・ファブレのサッカーに魅了され戦術の奥深さの虜に。2018年4月よりサッカー戦術分析ブログ『鳥の眼』（https://birdseyefc.com/)を開設。ここでは欧州・Jリーグ・代表問わずチーム戦術分析や選手個人のプレー分析記事を執筆。フォーメーション図や試合映像を用いた丁寧で専門性の高い戦術解説は多くのサッカーファンの間で話題に。2021年2月『TACTICS VIEW ～鳥の眼で観る一流サッカーチームの戦術事例～』(小社)を刊行、本作が第二弾となる。『フットボリスタ』をはじめ、戦術分析記事を様々なメディアに寄稿。またnoteにて「鳥の眼で観る欧州CL」を執筆。

twitter: @sabaku1132

サッカー戦術分析『鳥の眼』（https://birdseyefc.com/)

絶賛発売中！

育成、普及、指導、教育、
リーダーシップ研究、スポーツ医療…
様々な分野でオシムの
フィロソフィーを受け継ぐ
11人の男たちの情熱と葛藤とは？
気鋭のスポーツジャーナリストが伝える
オシムが遺してくれたものを
日本の未来にどう活かしていくべきか？

**『オシムの遺産（レガシー）
彼らに授けた
もうひとつの言葉』**

島沢優子：著
四六判並製256ページ
定価：1,760円（10%税込）

日々の練習を通して
プロとして通用する技量と
互いを思いやる精神を育み
いずれは日本代表を送り出せるチームに

**『東京国際大学式
「勝利」と「幸福」を
求めるチーム強化論』**

東京国際大学サッカー部監督
前田秀樹：著
四六判並製192ページ
定価：1,760円（10%税込）

人が育ち、
クラブが育ち、
街が育つ
「育てながら勝つ」スタイルで
目指すは更なる高み、J1の舞台へ。

**『世界で最も
ヒトが育つクラブへ
「水戸ホーリー
ホックの挑戦」』**

株式会社フットボールクラブ
水戸ホーリーホック　取締役GM
西村卓朗：著
四六判並製208ページ
定価：1,760円（10%税込）

TACTICS VIEW2

鳥の眼で観る 進化する欧州サッカーの戦術事例

2023年7月21日初版第1刷発行

著　者：とんとん

発行人：後藤明信

発行所：株式会社 竹書房

〒102-0075
東京都千代田区三番町8番地1
三番町東急ビル6階
E-mail　info@takeshobo.co.jp
URL　http://www.takeshobo.co.jp

印刷所：共同印刷株式会社